贾文丰　主编

ZHONGYUAN WENHUA
JIAOCHENG

中原文化教程

河南人民出版社
·郑州·

图书在版编目(CIP)数据

中原文化教程 / 贾文丰主编 . -- 郑州 ：河南人民
出版社, 2025. 1 -- ISBN 978-7-215-13649-6

I. K296.1

中国国家版本馆 CIP 数据核字第 2024AS3651 号

河南人民出版社 出版发行

（地址：郑州市郑东新区祥盛街 27 号 邮政编码：450016 电话：0371-65788053）

新华书店经销　　　　　　　　河南灏博印刷有限公司印刷

开本　700 mm×1000 mm　　　　1/16　　　　印张　25.75

字数　378 千

2025 年 1 月第 1 版　　　　　　2025 年 1 月第 1 次印刷

定价：68.00 元

前　言

　　"文化兴则国运兴,文化强则民族强。"

　　立足强国建设、民族复兴的战略高度,着眼赓续中华文脉,推动中华优秀传统文化繁荣,是我们的重大使命,也是我们责无旁贷的大事情。大量的历史事实证明,在科技发展日新月异的当今,文化的作用不容小觑,其越来越成为强国建设、民族复兴的强大支撑,越来越成为综合国力竞争的重要力量。推动文化进一步繁荣兴盛,事关中国式现代化建设全局,事关国家的长治久安、民族的永续发展。欲实现中华民族伟大复兴的宏伟目标,就必须学习和了解中华优秀传统文化,这样才能便于我们增强文化自信。文化自信是一个国家、一个民族发展中最基本、最强劲、最持久的力量,有文化自信的民族,才能弘远坚毅,才能永葆青春活力,才能立于不败之地。文化自信来自我们的文化主体,在更广阔的文化空间中,只有充分运用中华优秀传统文化的宝贵资源,才能使中华民族具有独立精神而自立于世界民族之林。

　　欲学习和了解中华优秀传统文化,就必须先学习和了解中原文化。这是因为,中原文化是中华传统文化的"内核"和"根"。这并非妄自尊大之言。中原文化作为一种区域文化,所富有的"元文化"足以说明之。燧人氏钻木取火,肇始火文化,使人们舍生就熟,减少病痛疾苦。伏羲氏"一画开天",结束结绳记事;定婚姻、制嫁娶,叩启华夏文明之门。"河图""洛书"颇具义理,不啻经天纬地。神农氏创耒耜,尝百草,呕心沥血舍身为民。黄帝上承炎帝营造炎黄文化,凝聚华夏后世子孙;仓颉效天法地,造文字,惊天地而泣鬼神。女娲补天、羿射九日、愚公移山等神话传说,折射了中原先人战天斗地的浪漫情怀。最古老的诗歌《弹歌》诞生于中原沃土,为孝文化之滥觞。《夏小正》历法则反映了中原先人四时效天的规律生活。先天八卦和后天八卦孕育了《易》，遂使其成为"群经之首"。周公旦"测景"于嵩山之下，制礼于洛水之滨，影响甚巨而至今。《诗经》属中原者"居半之多"，奏响了中原现实主义文学之凯歌。"阴阳""五行"哲理蕴含，开浚朴素的辩证法之先河。先秦诸子，百家争鸣，奇思纷呈，相互论辩和成就。至于商圣范蠡、谋圣姜尚、兵圣鬼谷子、科圣张衡、医圣张仲景、字圣许慎、画圣吴道子等，乃为中原人的骄傲。小篆之祖李斯、楷书之祖锺繇、行书之祖刘德昇、飞白之祖蔡邕等，更是为人乐道。又有汉代经学、佛教论典中外文化在这里碰撞、相互融会，魏晋玄学、宋明理学兼容并蓄。酒文化、茶文化以及"文选学""通鉴学"等，无不诞生于中原。诸如此类，不可胜道！

中原文化作为一份宝贵的精神财富，其厚重无与伦比，其价值无法衡量，其影响力无以形容。它凝结了中原的历史，影响着中原的当代，并将开启中原的未来。它无处不有，无时不在，影响着人们的人生观和价值观，渗透到中华民族的血脉里，哺育了一代代的中华优秀儿女。他们或为思想家，阐微论道，成为一家鼻祖；或为政治家，纵横捭阖，经家纬国；或为农民起义领袖，呼出"王侯将相宁有种乎"，振聋发聩；或为军事家，运筹帷幄，决胜千里之外；或为科学家，探寻机理，识宏甄微，自达圣域；或为官一地，布施教化，治绩显著，民为立"生祠"，开后世立"生祠"之始；或为官一任，造福一方，离任之际，吏民攀卧辕辙，为立"去思碑"；或为史学家，伸张正义，遏恶扬善，秉笔书写春秋；或为文学家，以文载道，力挽"八代之衰"，道济天下之溺；或为民族英雄，精忠报国，肝脑涂地，令人唏嘘而高山仰止；或为艺术家，筚路蓝缕，精益求精而领袖群伦；或为人民的好公仆，以身作则，俯首甘为孺子牛。如此等等，无不彪炳青史，中原因之而骄傲，中原文化也因之而丰富了内涵。

传承和弘扬中原文化的途径有千万条，而在实现了高等教育大众化的今天，其最佳途径，莫过于在大学课堂上开设中原文化课程。这是因为，其是对当代大学生进行素质教育的立竿见影的有效措施。大学所开设的课程无非分属"道"和"技"两个范畴，以"道"御"技"，是教育的理想结果。《中原文化教程》显然归属于"道"者，其将对提高大学生乃至所有读者的思想道德素质起着潜移默化的作用,将会有益于增强人们的文化自信心和民族自豪感,有益于大学生理性地汲取中原乃至中华优秀传统文化的营养,以便今后更好地投身于中原崛起乃至中国式现代化的火热生活中。

文化虽美无典籍则不彰,文化虽盛不学习则不传。欲使梦想成为真实,目标不成为虚妄,就要求我们不仅须有知识,而且须有文化,只有如此,方可担当大任,方可成就一番大事业。如果说,这本小书能够彰往启来、厚裕当代的话,那么则实现了我们的初衷。

在此书将要付梓之际,谨向关心、支持本书编写工作的领导、专家以及河南开放大学教务处处长梁尔涛教授表示由衷的感谢。同时对为此书提供出版支持的河南人民出版社致以深深的谢意。

贾文丰

2024 年 8 月 26 日

目 录
CONTENTS

第一章　导论

第一节　中原文化及其内涵

中原文化是一种地域文化,也是中华传统文化的"根"和核心内容。其有着自身独特的含义和其他地域文化所不具备的特征。

一、何谓中原文化

要想弄清这一概念,必须了解以下内容。

（一）关于"中原"

"中原"一词开始并非指特定的地理区域,如《诗经·小雅·吉日》云:"瞻彼中原,其祁孔有。"①其"中原"是指"原野之中"。汉代以降,作为中原文化发源地的河洛一带,长期处于中国政治、经济、文化中心的位置,而提到"中原"的典籍又多指该区域。魏晋以后,"中原"一词所指意义逐渐明晰,与今天所言则大致相同。但在中国古典文献中,我们今天所说的中原,却另有中州、中土、中夏、中华、中国等多种称谓。

中州。这是因豫州居九州之中而得名。其南有荆州,东南有扬州,东有徐州、兖州,东北有青州,北有冀州,西有梁州,西北部有雍州。汉刘熙《释名》卷二之《释州国》载:"豫州,地在九州之中,京师东都所在,常安豫也。"②又,宋傅寅《禹贡说断》卷二载:"荆、河惟豫州。孔氏曰:'西南至荆山,北距河水。'李氏曰:'河南其气安舒,厥性宽豫,故曰豫。豫,舒也。'杜氏曰:'豫在九州之中,言常安逸也。'又云:'豫者,舒也。言禀中和之气,性理安舒也。'"③（孔氏,指汉孔安国。李氏,指汉李巡。杜氏,指晋杜预。）

中土。明王樵《尚书日记》卷五之《夏书·禹贡》道:"荆、河惟豫州。豫于九州为中土,南跨汉而抵荆山,北距河南。（荆、豫皆以荆山为界,其南为荆州,其北为豫州）。"④又,元陈悦道《书义断法》卷五说:"洛邑之作,成王所以中立

---

① 〔清〕阮元:《十三经注疏》（影印版）,中华书局1979年版,第430页。
② 〔汉〕刘熙:《释名》卷二,文渊阁《四库全书》（影印版）,第1页。
③ 〔宋〕傅寅:《禹贡说断》卷二,文渊阁《四库全书》（影印版）,第41页。
④ 〔明〕王樵:《尚书日记》卷五,文渊阁《四库全书》（影印版）,第56页。

于天下，而奠三极也。以对于上帝，以祀于上下，以布政于中土之民。"①

中夏。唐房玄龄等《晋书》卷五十四之陆机《辩亡论》下篇有："昔三方之王也，魏人据中夏，汉氏有岷、益，吴制荆、扬而奄有交、广。"②又，南朝宋刘义庆撰、梁刘孝标注《世说新语》卷下之上之《贤媛》载："李平阳，秦州子，（李重，已见。《永嘉流人名》曰：'康字玄胄，江夏人。魏秦州刺史。'）中夏名士，于时以比王夷甫。"③（李康，晋江夏人；今信阳市人）又，清段玉裁《说文解字注》卷六百四十五下载："夏，中国之人也。（以别于北方狄、东北貉、南方蛮闽、西方羌、西南焦侥、东方夷也。）"④

中华。汉郑玄注、唐贾公彦疏《周礼注疏》卷三十三之《夏官·职方氏》载："河南曰豫州，其山镇曰华山，其泽薮曰圃田，其川荥、雒。"⑤也就是说，豫州处九州之中，其山有华山，其湖泽有圃田，其河有荥水和洛水。中华因豫州处九州之中，拥有华山而得名。

中国。《诗·小雅·六月序》："《小雅》尽废，则四夷交侵，中国微矣。"⑥晋郭象《庄子注》卷七之《田子方》载："吾闻中国之君子，明乎礼义而陋于知人心。"⑦又，元何犿注《韩非子》卷四之《孤愤》载："夫越虽国富兵强，中国之主皆知无益于己也。"⑧上述引言中的"中国"，都是指相对于周围四方而言的中原。

之后，中华、中国成为国家的称谓，而本义所指最常用者唯有中原。至于中州，古籍中也常用之，但究其实，没有用"中原"恰切，这是因为，就《禹贡》九州而言，当今河南省地跨冀州（今焦作市、安阳市、鹤壁市和新乡市大部分地区）、兖州（今濮阳市一带和封丘县）、豫州和扬州（今信阳市一带）。今以"豫"作为河南省简称，为泛指而已。

下面我们来看当代大型辞书是如何定义"中原"的。《辞源》中对"中

① 〔元〕陈悦道：《书义断法》卷五，文渊阁《四库全书》（影印版），第2页。
② 〔唐〕房玄龄等：《晋书》，中华书局1996年版，第1470页。
③ 徐震堮：《世说新语校笺》，中华书局2001年版，第372页。
④ 〔清〕段玉裁：《说文解字注》卷五篇下，经韵楼藏版，第36页。
⑤ 〔清〕阮元：《十三经注疏》（影印版），中华书局1979年版，第862页。
⑥ 〔清〕阮元：《十三经注疏》（影印版），中华书局1979年版，第424页。
⑦ 〔晋〕郭象：《庄子注》卷七，文渊阁《四库全书》（影印版），第20页。
⑧ 〔元〕何犿注：《韩非子》卷四，文渊阁《四库全书》（影印版），第4页。

原"一词的解释为:"狭义的中原,指今河南一带。广义的中原,指黄河中下游地区或整个黄河流域。"①《辞海》则称中原"'中州',以别于边疆地区而言。狭义的中原指今河南省一带。……广义的中原或指黄河中、下游地区。……或指整个黄河流域而言"②。这里我们所讲的"中原",是指以当代河南省区域为主而辐射周边的区域。此定义与当前国家所划"中原经济圈"完全吻合。

(二)关于"文化"

对"文化"这一概念,中外学者众说纷纭,莫衷一是。我们不妨从二字造字本义来了解一下。汉许慎《说文解字》卷九上说:"文,错画也,象交文。"③具体来说,即万事万物所呈现的外部纹理。《说文解字》卷八上:"化,教行也。"④许慎对"化"如此解释,显然非其本义。有文字学者根据"化"的字形,则认为左为"人",右为倒立的"人",即俗言的"翻跟头",有变化之义。此种解释,倒令人信服。那么"文""化"二字放在一起,就与后来的"格物致知"义近了。即人们根据万事万物所呈现的现象而悟出道理,从而改变自己的活动计划或规划。三国魏王弼注、唐孔颖达疏《周易正义》卷三载:"观乎天文以察时变,观乎人文以化成天下。(观天之文则时变可知也。观人之文则化成可为也。)"⑤于是,《词源·文部》解释"文化"道:"文治和教化。汉刘向《说苑·指武》:'凡武之兴,为不服也,文化不改,然后加诛。'……今指人类社会发展过程中所创造的物质财富和精神财富,也特指社会意识形态。"⑥

为此,我们可将中原文化定义为:中原文化是历代中原人在社会发展过程中所创造的物质财富和精神财富,是中原地区长期积淀的精神文化、物质文化和礼制文化的综合体。

那么,我们应如何理解中原文化这一概念呢?

首先,中原文化具有"元文化"(或"根文化")性质。这是因为,《河图》

---

① 《词源》修订组:《词源》,商务印书馆2012年版,第95页。
② 陈至立等:《辞海》,上海辞书出版社2022年版,第2977页。
③ 〔汉〕许慎:《说文解字》,中华书局1998年版,第185页。
④ 〔汉〕许慎:《说文解字》,中华书局1998年版,第168页。
⑤ 〔汉〕许慎:《说文解字》,中华书局1998年版,第37页。
⑥ 《词源》修订组:《词源》,商务印书馆2012年版,第1483页。

《洛书》诞生于中原。晋韩伯注、唐孔颖达疏《周易正义》卷七之《系辞上》有：“河出《图》，洛出《书》，圣人则之。”①《河图》《洛书》都是“圣人”将具象的物体抽象化、符号化的结果，从而肇始了中华民族的文明；伏羲氏都陈（今周口市淮阳区），画八卦，制婚姻等，开启了中原人乃至中华民族文明的大门；炎、黄二帝诞生于中原，营造了说不尽的炎黄文化；仓颉造字于中原，惊天地，泣鬼神；《易》诞生于中原，以阴阳哲学启人睿智；最早的历法《夏小正》诞生于中原；“以德治国”的思想萌芽于西周时期的祭国（祭公谋父向周穆王所提）；中原是诗歌的主要诞生地，为中国文学的滥觞之源；先秦诸子学说大都诞生于中原；中原又是中华释教、道教的发源地；“文选学”诞生于中原；“通鉴学”诞生于中原；酒文化诞生于中原；茶文化诞生于中原（晋杜育《荈赋》启发了唐陆羽的《茶经》）；等等，不一而足。

其次，中原文化是动态发展的。其是随着时代的变迁和发展，不断地变化和丰富着本身的内涵。这是由于，各个朝代的治国理念和崇尚不尽相同，人们的价值观和生活习俗也在不断地变化着。其中便蕴含了历代中原人对中原文化的传承和创新。

第三，中原文化具有“多元性”。其虽然产生于中原地区，有着自身的独特“个性”特征，但也广泛汲取了其他文化的精华，不断地丰富着自身。如对佛教文化的吸收，便是极好的说明。再由于北方的少数民族如羌、氐、鲜卑、突厥、沙陀、契丹、女真、蒙古、满等民族一次次迁居甚至入主中原，其本族文化便一次次融合于中原文化，从而形成了中原文化的“多元性”特征。

第四，中原文化不能与黄河文化混为一谈。就水域来说，中原从南到北可分漳洹（邯郸至安阳一带）、淇卫、伊洛、黄淮、汉淮（南阳、信阳一带）几个流域。而黄河流经九省、自治区，其文化蕴含量之大，内容之丰富，不言而喻。但中原文化与黄河文化并非包含与被包含之关系。中原黄河中下游区域所形成的文化是黄河文化的重要组成部分。中原文化与黄河文化有着交集，其交集部分既属于中原文化，也属于黄河文化。虽然说，黄河文化是个大文化，但中原文化并非其子文化。所以说中原文化与黄河文化并称不悖。中原文化有其独立性，这也是中原人值得骄傲和自豪的。否则，河南人便在

_____

① 〔清〕阮元：《十三经注疏》（影印版），中华书局1979年版，第82页。

文化上失去了"自我"。

二、中原文化的内涵

根据中原文化的定义,中原文化的内涵总体上包括以下内容:

(一)中原精神文化

其是中原地区的人们在长期的社会意识活动中孕育出来的价值观念、审美情趣、思维方式等主观因素,相当于人们通常所说的社会意识等概念,这是中原文化的核心内容之一。它涵盖了中原思想文化、伦理文化、宗教文化、审美文化、艺术文化等许多层面。中原精神文化从萌芽、发展到形成经历了相当长的历史发展阶段,长期影响着中原人乃至整个中华民族的精神世界,并对整个中华民族精神的形成与发展产生了"根性"的影响。

(二)中原礼制文化

中原素有"礼仪之邦"之称。所谓中原礼制文化,即历代中原人所遵循的一切关于社会、政治、法律、经济等方面的典章制度,以及祭祀、冠、婚、乡射、丧纪之礼。谈到"礼"文化,可谓源远流长。其始于中原人的祭神祈福。汉许慎《说文解字》卷一上载:"礼,履也,所以事神致福也。"[①]而礼制则萌芽于"三皇五帝",发展、兴盛于夏、商,而完备于西周。西周初期,周公旦为了治国安邦,遂于成周制"礼",有着"经礼三百,曲礼三千"之说,并且于成周首先实施,继而普及中原,乃至全国。大凡古籍所言之"礼",便包括"经礼"和"曲礼(亦称威仪)"。经礼,即礼制,而"曲礼"则是指人们的日常生活礼节仪式。清盛世佐《仪礼集编》卷首下载:"吕氏大临曰:《礼器》云'经礼三百,曲礼三千,其致一也。'《中庸》云'礼仪三百,威仪三千,待其人而后行。'然则曲礼者,威仪之谓,皆经之细也。布帛之有经,一成而不可变者也。故经礼象之经,礼三百,盖若祭祀、朝聘、燕飨、冠昏、乡射、丧纪之礼,其节文之不可变者,有三百也。布帛之有纬,其文曲折有变而不可常者也,故曲礼象之曲,礼三千,盖大小、尊卑、亲疏、长幼并行兼举,屈伸损益之不可常者有三千也。"[②]孔子有感于春秋末期"礼崩乐坏"的社会状况,一生奔走呼号"克己复

---

① 〔汉〕许慎:《说文解字》,中华书局1998年版,第7页。
② 〔清〕盛世佐:《仪礼集编》卷首下,文渊阁《四库全书》(影印版),第17页。

礼"。其所复"礼",即为周公之礼。唐陆德明《经典释文》卷一将"礼"的作用及其发展情况阐述得明白:"安上治民,莫善于礼。郑子太叔云:'夫礼,天之经,地之义,民之行也。'《左传》云:'礼所以经国家,定社稷,序民人,利后嗣者也。'礼教之设,其源远哉!帝王质文,世有损益,至于周公代,时转浮,周公居摄曲为之制,故曰'经礼三百,威仪三千'。及周之衰,诸侯始僭,将逾法度,恶其害己皆灭去。其籍自孔子时而不具矣。"①我们说,春秋战国时期,无论中原的儒家、道家、法家、墨家,还是名家、兵家、农家、阴阳家,尽管他们的政治理想或学术观点各异,但对于治国安邦的礼制并无非议,至于战国诸侯为达僭越称王的目的,而蔑视西周礼制,但始终没有忘记维护自己权威的礼制。随之而形成的礼制文化,对中原乃至后来的整个中国产生了很大影响,直至当代。长期作为都市所在的中原大地,有着大量的制度文化遗存得以保留,如各种典籍中的制度建设思想,反映制度建设实践的各种文物资料,都市遗址及州、县衙府遗址,以及祭祀、婚丧嫁娶仪式等。

(三)中原物质文化

中原物质文化是指中原地区的物质生产活动方式及其产品的总和,是可观、可触的具有物质实体所呈现的文化。其直接见证了中原文明乃至中华文明的历史进程。中原物质文化的种类大致包括以下几种形态:

1. 原始社会的各类遗址。如河南仰韶文化遗址、龙山文化遗址、舞阳贾湖遗址、裴李岗文化遗址、二里头文化遗址、灵宝市西坡遗址、巩义市花地嘴夏代城址、新密市新砦遗址、登封市王城岗遗址、郑州市大师姑遗址、郑州市大河村遗址等。

2. 王城遗址。如周口淮阳区平粮台古城遗址、郑州商城遗址、安阳殷墟、隋唐洛阳城遗址、开封市龙庭、商丘市睢阳古城等。

3. 宗教寺庙建筑及遗址。如洛阳龙门石窟,洛阳白马寺,登封少林寺,开封大相国寺,开封祐国寺塔(俗称"铁塔"),开封延庆观,登封中岳庙,登封会善寺净藏禅师塔,嵩岳寺塔,许昌文峰塔,安阳天宁寺塔,新密屏峰塔,太康寿圣寺塔,尉氏兴国寺塔等。

4. 衙署和会馆。如河南南阳府衙,南阳内乡县衙,平顶山叶县县衙。洛

---

① 〔唐〕陆德明:《经典释文》卷一,文渊阁《四库全书》(影印版),第24—25页。

阳的潞泽会馆与山陕会馆,社旗的山陕会馆,开封的山陕甘会馆等。

5. 书院和科技活动遗址。如登封嵩阳书院,商丘应天书院;如河南登封观星台,禹州钧瓷遗址,汝州汝瓷遗址等。

6. 各类陵墓。包括帝王陵墓、官吏陵墓、名人陵墓等,如周口淮阳区的太昊陵,三门峡灵宝市的铸鼎原黄帝陵,太康县的太康陵,孟津的光武帝陵,新郑的后周皇陵,鄢陵县的商彭祖墓,太康县的高柴墓,原阳县的陈平墓,南阳的张仲景墓,中牟县的潘岳墓,洛阳龙门的白居易墓,河南郏县的"三苏"坟,伊川县的"二程"墓,封丘县的韩凭妻息氏墓等。

(四)中原伦理文化

中原伦理文化是中原人在日常生活中所表现出的以敬畏天地、尊卑亲疏而形成的礼俗、风俗、品行操守,乃至语言等行为准则形态。其渗透于民俗文化、孝道文化、姓氏文化、节令文化、武术文化、民间传说以及宗教信仰等。其不仅在意识形态上对中原人产生着久远的影响,而且还深刻地影响着中原人的社会心理和行为规范。可以说,伦理文化对于中原人来说,无处不在,无处不有。比如孝亲敬祖、尊师重道、尊德尚齿、仗义疏财、乐善好施、乐天安命、知恩图报、尚信笃行、重诺尚义,以及崇尚英雄等。这其中,便有"道德使之然"的必然性。同时,对每件事,中原人心中都有一个"道德评判标准"和是非观念。

第二节　中原文化的形成与发展

中原文化的形成和发展与中原特殊的地理条件有着密不可分的关系。中原文化在漫长的历史发展中,不仅形成了独具特色的"个性"特征,而且长期主导着中华文化的发展方向。明、清以后,随着中原政治、经济中心地位的丧失,中原文化的发展便相对缓慢,但其基本精神对中华文化的影响却一以贯之,直至当今。

一、中原文化的形成得益于农耕文明

中原文化的最初形成,与中原特殊的地理特征、气候条件有着密不可分的关系。古代中原地区有大量的冲积平原，土地肥沃，气候湿润，四季分明，有利于农业文明的发展，同时又得益于神农氏发明"耒耜"之先导。宋李衡《周易义海撮要》卷八载："神农时，民厌鲜食而食草木之实，圣人因是以达其不忍之心，故教以耒耜之利，其益无方矣。"①又，三国吴韦昭注《国语》卷四载："昔烈山氏之有天下也，(烈山氏，炎帝之号也。起于烈山，《祭法》以烈山为厉山。)其子曰柱，能殖百谷百蔬。(柱为后稷，自夏以上祀之。草实曰蔬。)夏之兴也，周弃继之，故祀以为稷。(夏之兴，谓禹也。弃能继柱之功，自商以来祀之。)共工氏之伯九有也，(共工氏伯者，在戏、农之间。有，域也。)其子曰后土，能平九土，(其子，共工之裔子句龙也，佐黄帝为土官。九土，九州之土也。后，君也。使君土官，故曰后土。)故祀以为社。(社，后土之神也。)"②其所述即是中原人崇拜炎帝神农氏以及祭祀"社""稷"的原因所在(以致后世全国各地都建有社稷坛)。中原不仅地理条件优越，而且气候条件适宜，四季分明，冷热适度，有利于农作物的生长，形成了中原人独特的劳作方式——农耕经济，以致形成了中原人"春种夏长秋收冬藏"的规律性生活。如此农耕节奏，又直接引发了"圣人"们的一系列发明创造。唐房玄龄等《晋书》卷十七之《律历中》载："逮乎炎帝，分八节以始农功，轩辕纪三纲而阐书契，乃使羲和占日，常仪占月，臾区占星气，伶伦造律吕，大挠造甲子，隶首作算数。容成综斯六术，考定气象，建五行，察发敛，起消息，正闰余，述而著焉，谓之《调历》。"③这有力说明黄帝为服务于农耕，造福于百姓，即命大臣根据日、月的运行规律，定数造律，以天干地支"甲子"纪时、纪日、纪月，乃至后之纪年。这一系列发明便直接导引了中原文明，大大发展和丰富了中原文化。从燧人氏钻木取火，到人文始祖太昊伏羲氏"一画开天下"，将具象的万事万物抽象化，以及建立家庭婚姻制，肇始了中原文明，到炎帝神农氏舍身尝百草和发明"耒耜"，再到黄帝轩辕氏时的系列发明，无不对中原文化做出了巨大的贡献。从而提高了人们的总体生活水平，丰富了人们的精神生活。所以说，中原文化精神的形成，首先得益于中原高度发达的农

---

① 〔宋〕李衡：《周易义海撮要》卷八，文渊阁《四库全书》(影印版)，第10页。
② 〔三国吴〕韦昭注：《国语》卷四，文渊阁《四库全书》(影印版)，第9页。
③ 〔唐〕房玄龄等：《晋书》，中华书局1996年版，第497页。

业文明。

　　细究起来，我们说，中原文化本质上是一种以农业文明为核心的文化，这种农业文明对中华民族精神个性的形成产生了重要影响，诸如中华民族精神的中和仁爱、尚事重功、勤俭节约、廉洁自律、自强不息等，几乎无一不与中原农业文明的影响有关。受特定的农业生产方式的影响，中原人对待自然和人文的基本态度，崇尚天人和合，讲究"人道"与"天道""地道"的和谐统一。这与中华民族所崇尚的"天人合一"精神也是一致的。这不仅表现了中原文化的"根源性"特点，同时也充分说明了中原文化具有以精神导向为主旨的文化致用功能，以及以物质开掘为主旨的事功致用的功能。

二、中原文化发展的历史脉络

　　从中原地区考古发现的古文化遗址看，早在新石器时代，中原文化的核心区域已具雏形。如密布于嵩山地区的裴李岗文化和豫北的磁山诸文化，反映了新石器时代早期的文化面貌。这些文化遗址形制已很完整，从生产工具上看，裴李岗遗址的出土石器多数已从打制石器转化为磨制石器，反映了中原地区古老的农业文明。仰韶文化便是当时中原文化的典型形态，其中不仅发现城址，而且发现一定的陶器制品，这说明中原文化渐趋成熟，且达到了一定的水准。新石器时代晚期的龙山文化则发现了青铜工具，表明了当时生产工具的进步和社会文明的提高。

　　到了夏、商时期，中原文化达到了相当的高度和繁荣，夏代的二里头文化，以及殷商甲骨文和金文的出现，便是其有力的佐证。西周时期青铜器的繁荣，及其礼制的建立与完备，包括《易》演绎得相当成熟等，这一切促使了中原文化的跨越式发展。

　　春秋战国时期，是中原文化的核心时期，也是中华文化的核心时期。这一时期，周祚式微，王权旁落，导致了诸侯国坐大，从而形成了特色鲜明的封国文化，推动了中原文化的繁荣和昌盛。这时期，诸子百家争鸣，异彩纷呈。道家、儒家、法家、墨家、名家、纵横家、农家、杂家等重要学术思想互相碰撞，均不同程度地得到应有的发展和传播，于是出现了老子、列子、庄子、墨子、商鞅、韩非、苏秦等一大批中原思想家。在这一时期，中原文化的思想基础得以进一步强固,政治、哲学、法律、伦理、艺术等不同领域均取得了丰硕的成果。同时,这一时期的中原沃土还诞生了"商圣"范蠡,其治国治家和经商理念,千古传诵。我们说,这一时期的中原文化空前繁荣,其不仅奠定了中原文化的地位,也对整个中华文化起到了很好的奠基作用。

秦朝时期,随着中央集权制的建立,推行"车同轨,书同文"等一系列强权政策,封建政治、文化得以全面确立和发展。其中中原法家、政治家、书法家李斯的《谏逐客书》一文,可谓千古雄文!这篇文章从思想上说,改变了中国的历史发展轨迹;从艺术上讲,论证严谨,字字珠玑,"太山不让土壤,故能成其大;河海不择细流,故能就其深;王者不却众庶,故能明其德",脍炙人口,对后世影响甚巨。汉代,中原思想家贾谊鉴于秦朝的历史教训,或上疏,或著述,积极推动西汉政治制度的建设,为中原政治文化和制度文化的稳固和发展做出了巨大贡献,其最突出的思想就是推行民本政治。这在其所著《新书》中有着充分的体现。秦汉时期,中原的艺术和科技也取得了一定的成就。张衡既是著名的诗赋家,也是优秀的科学家,他制作的候风仪、地动仪和浑天仪,为人称道,后世称作"科圣";张仲景解民疾苦,弃官行医,所著《伤寒论》,造福于后世,人称"医圣";许慎启人睿智,所撰《说文解字》,阐述汉字造字法,解释造字本义,首创部首编排法,人称"字圣"。就书法艺术而言,锺繇人称"楷书之祖",刘德昇人称"行书之祖",蔡邕首创"飞白书"及其书法理论,均对后世产生了很大的影响,在书法史上均有重要的地位。而此期造纸术的发明,也有力地推动了中原文化的传播和发展。

魏晋时代是思想大解放时代,也是中原文化的自醒时代。这一时期的代表学术思想是应时而生的"玄学"。其思想源流、基本义理、重要命题和代表人物都与中原文化有着密不可分的关系,其首倡者宛人何晏,而其谈论的对象即所谓的"三玄"(《周易》《老子》和《庄子》)也都是中原诞生的文化典籍。与玄学思潮相呼应的"竹林七贤"主要活动于洛阳和山阳(今焦作市东)一带,其中的阮籍、山涛、阮咸、向秀都是中原人士,他们不拘礼法、超然潇洒的生活和创作,带动了中国文化的自醒。魏晋时期道教和佛教都得到了长足的发展,并成为中原文化新的思想资源,丰富了人们的精神生活。在这种思想背景下,阳夏(今太康县)人谢灵运的山水诗、涅阳(治所在今邓州市穰东镇)人宗炳的山水画及其理论、阳武(治所在今原阳县东南)人毛惠远的花鸟画、白马(今滑县)人成公绥的书法及其理论等,则代表了当时中原艺术文化的成就。更值得一提的是,魏晋四大"文化世家"(王、萧、袁、谢),仅太康县就占了"袁、谢"两大文化世家。

南北朝时期,北魏孝文帝迁都洛阳,并将代郡(治所在今山西大同市)数十万户王公贵族和百姓迁至中原。随之,中原文化呈现了异彩,具有了兼容并包的特点。这一时期,佛教大兴,著名的龙门石窟艺术即为此时期的代表作。由此,也进一步丰富了中原文化的内容。

我们说,魏晋南北朝文化主要依托的是老庄哲学,并渗透了一定的佛教因子,所以儒家文化相对式微。到了隋唐时期,儒家文化重新受到统治者的重视,儒家思想和中原"礼"文化,得以全面恢复和发展。儒、道、释三教在中原互渗共融,合流共振,为隋唐盛世的社会稳定和社会繁荣起了积极作用。唐代诗歌、绘画、书法、音乐、舞蹈、雕刻等艺术都得到了长足发展,高度发达。就诗歌艺术来说,中原诞生了许多著名的诗人,如杜甫、白居易、韩翃、刘禹锡、李贺、元稹、李商隐、岑参、元结、韩愈等。此期,中原又出现了很多书法世家,如河内温县司马氏,陈郡阳夏袁氏、谢氏,江夏锺武(治所在今信阳市)李氏,济阳考城(治所在今民权县林七乡西南)江氏等。至于书画名家,诸如褚遂良、李嗣真、孙过庭、殷仲容、吴道子、郑虔、郑万钧等,更是不胜枚举。这一切,决定了此期为中原文化发展的高潮时期。

宋代,中原文化达到了高度繁荣,为中原文化的鼎盛时期。但就文人所著典籍而言,其数量之多,可谓历朝历代之最。由于统治者倡导私学,书院文化兴起。宋"四大书院"中有两个在中原地区,即应天书院和嵩阳书院,后者是"二程"讲学的地方,是儒学重要的传播场所,是宋理学的发源地。于宋,中原文化最大的思想成果就是理学的产生,这是一种旨在将儒学义理化的思想,其重要的奠基人为程颢、程颐弟兄。宋代中原艺术文化也有很大的成就,如岳飞的词,郭熙、李唐的山水画等。同时,在北宋时期,以宋都东京为核心,各种市井、勾栏等文化形式全面繁荣,从《清明上河图》中便可略见一斑。此期的科技文化也是值得称颂。如印刷术、火药、指南针的发明。尤其是印刷术的发明,对于中原文化的发展和传播,提供了绝佳的条件,可称得上厥功至伟,以致当时刻书、印书活动空前繁荣。如新郑人李诫的《营造法式》,被后世建筑人奉为圭臬。再如医学也有了长足的发展,当时官编的著作有《太平圣惠方》《图经本草》《铜人腧穴针灸图经》等。此期的书画艺术更是空前繁荣,京都东京设有书画院,汇集了全国优秀书画家,并编著了《宣和书谱》《宣和画谱》。

　　随着靖康之变,赵构南渡,宋王朝政治和文化中心南移,中原先后为金、元所统治。中原文化随之呈现衰落趋势,发展相对缓慢。但中原文化所包含的一些优秀品质却得到应有的保留和递传,而少数民族文化则为中原文化所同化。此期统治者,更看重中原地域的优越地位,依然认为中原是其帝国统治的核心之一。中原文化的政治伦理观念依然是用于征服异族的重要手段。尤其是中原文化中的“忠君报国”“舍生就义”理念为元统治者和贵族士子所接受,并渗透其骨子里。如元大臣拜住面对明军兵至时,便从容对家人说:“今吾生长中原,读书国学,而可不知大义乎! 况吾上世受国厚恩,至吾又食禄,今其国破,尚忍见之! 与其苟生,不如死!”①遂赴井死。由此可见元人汉化之一斑。但不能不说,元人的汉化,也为衰落中的中原文化注入了新的“血液”。

　　明、清时期,随着中原政治、经济核心地位的丧失,中原文化的兴盛不再,但中原及其中原文化在人们心中的地位仍然重要。清张廷玉等《明史》卷二百一十四载:“中原者,边鄙之根本也。”②又,《明史》卷一百三十六:“帝以旧韵出江左,多失正,命与廷臣参考中原雅音正之。”③这说明,中原虽然不再是中国政治、经济中心,但中原文化依然是统治阶级不可忽视的思想源泉。清王朝时期,统治者虽一厢情愿地竭力想把以中原文化为价值核心的汉文化纳入自身的价值体系,但并未改变中原制度文化和精神文化对社会发展的重要影响。

　　中华人民共和国成立以后,中原文化开始复兴,一方面继承了优秀的历史传统,另一方面又赋予了时代新的内容。尤其是新时期以来,涌现了一大

---

① 〔明〕宋濂等:《元史》,中华书局 1976 年版,第 4431 页。
② 〔清〕张廷玉等:《明史》,中华书局 1976 年版,第 5670 页。
③ 〔清〕张廷玉等:《明史》,中华书局 1976 年版,第 3939 页。

批中原文化研究学者,其对中原文化的研究领域不仅具有一定广阔性,而且具有相当深度。就目前来说,新兴的"中原学"将中原文化作为研究对象,使中原文化的地位提升到了应有的高度。

第三节　中原文化的地位及影响

中原文化作为中华文化的"根文化",在中华民族的历史发展中发挥了奠基和主导性作用,从而导引了中华民族精神的形成和发展。

一、中原文化催生了中华文明的形成

古代中原人们凭借优越的自然条件和先进的生产方式而繁衍生息,从而缔造了华夏文明,继而形成了中华文明的核心与主体。

大量的考古资料表明,早在新石器时代,中原就有了先进的生产技术和丰富的器物而进行创造性活动,最终成为中华文明诞生的摇篮。如,在舞阳县北舞渡镇所发现的贾湖遗址,年代跨度为公元前7000—5800年。其中有新石器时代的各类遗址,如房址、陶窑、墓葬、壕沟、坑等,出土的陶、石、骨等各种质料的遗物有数千件之多。特别是出土的七声音阶骨笛,被认为是世界上年代最早、保存最完整的骨笛;而出土的成组随葬内装石子的龟甲及其契刻符号令人猜想到甲骨文之前的文字创造;出土具有原始形态的栽培粳稻和家养动物骨骼,使人们想到当时种植业和养殖业的发达状况。此外,同属新石器时代的裴李岗文化、仰韶文化、龙山文化、二里头文化和二里岗文化等,以及这些原始文化所出土的大量遗物,证明在古老的新石器时代,中原地区就有了高度发达的社会文明,并通过夏、商、周三代的继承和发展,催生并导引了中华文明的形成和发展。

二、中原文化主导了中华文化的发展

从历史实践上看,中原文化不仅历史悠久,文明程度较高,而且在漫长的发展过程中,凭借其强有力的政治依托,产生了极大的向心力。其通过自

身的更新与向外传播,对周边文化产生了持续不断的影响。同时,其又通过不断吸收周边和外来文化而发展壮大自身。正是在中原文化和其他文化的整合、融合之中,渐渐形成了丰富多彩、兼收并蓄、博大精深的中华文化,而在这一过程中,中原文化始终处于主导地位,可以说,中原文化是整个中华传统文化的母体和主干。换句话说,整个中华传统文化,在很大程度上是以中原文化为起点和核心,同时吸收和融会其他文化而形成的。不可否认,我国各地因自然环境不同,在古代形成了多种不同的地域文化,这些不同的地域文化都有其独立的价值体系和理念追求,它们并非都与中原文化有关。但大量的历史事实表明,在很多时候,中原文化的主导地位是无可置疑的。

三、中原文化引导了中华民族精神

文化的形成与发展是以其所保有的基本精神为依据的,历史上的任何一种文化都有其特定的精神趋向。中原文化的基本精神形成于古代中原高度发达的农业文明,是中原文化的个性所在,并在整个中华民族精神史上具有奠基性与核心性的意义。农业文明注重人与自然的和谐,受其影响,中原文化从一开始就以阴阳五行学说为核心,形成了一种辩证和谐的文化精神。后来,随着中原文化的不断扩展、传播和深化,逐渐渗透到中原文化的方方面面,突出表现为宇宙观上的天人合一、人生观上的中庸和合、审美观上的美善相乐等。在此基础上,中原文化还从以下方面导引了中华民族精神的形成与发展。

(一)自强不息精神

三国魏王弼注、唐孔颖达疏《周易正义》卷一载:"《象》曰:天行健,君子以自强不息。"①中原人得《易》之先,此语可谓人们"法天"的精神写照。天体周而复始,为人类的发展营造了良好的条件,中原人在与大自然作斗争的过程中,深深领悟到"法天"而"自强不息"的重要性。"自强不息"是一种精神,是一切行为的动力源泉,其无疑是中原文化的核心内容。从上古时期的夸父追日、愚公移山的传说,到夏后大禹的治水,再到当代的林县人民修建红旗渠的壮举,无一不是这种精神的最好诠释。具有这种"自强不息"的精

---

① 〔清〕阮元:《十三经注疏》(影印版),中华书局1979年版,第14页。

神,才能谈继承和开拓。中原人在长期的社会实践中,磨炼出了一种审时度势、拼搏进取、百折不挠的精神,这使他们不愿安于现状、坐以待毙,而是认识到只有顽强奋斗,才能安居家园,才能繁荣发展。

(二)"日日新,又日新"精神

汉郑玄注、唐孔颖达疏《礼记正义》卷六十载:"汤之《盘铭》曰:'苟日新,日日新,又日新。'"[1]商汤此语原本刻在沐浴之盘上,以警诫自己。汤推翻夏朝,一统天下,得到人们的爱戴,与他"日日新,又日新"的精神是分不开的。此语告诉人们,大至国家,小到个人,要想更好地安身立命,达到国富民强,就不能故步自封,必须树立创新意识,并付诸行动。

这种精神遂被后世人们所效法,成为中原人乃至中华民族革故鼎新、锐意创新的精神动力。这种精神与"自强不息"精神一起构成了中原文化乃至中华文化的内核。

(三)尊师重道精神

自古以来,尊师重道是中原的一种风尚,是中原文化的重要内容之一。汉郑玄注、唐孔颖达疏《礼记正义》卷三十六载:"凡学之道,严师为难。(严,尊敬也。)师严,然后道尊。道尊,然后民知敬学。"[2]《礼记》为西汉梁(都今商丘市睢阳区)人戴圣编著,所载此语强调了尊敬老师的重要性。同时说明只有尊重老师,才能尊重知识、学问,从而学到真正的东西。这种理念遂影响到全国,也成为中华文化的重要组成部分。可以说,任何一个民族或国家,要想繁荣昌盛、强国富民,就必须走尊师重道这条途径。当前的科教兴国便是与其一脉相承的。

(四)允执厥中精神

《尚书·大禹谟》载:"人心惟危,道心惟微,惟精惟一,允执厥中。"[3]这是舜帝在大禹治水成功后,告诫他的话。人心危则难安,合乎道义之心微则难明,所以告诫他只有精心专一,诚实地保持那中正之道,才能达到人安道明,事情成功。所谓中正之道,或称作中庸之道,即做事情要不偏不倚,不走

---

① 〔清〕阮元:《十三经注疏》(影印版),中华书局 1979 年版,第 1673 页。

② 〔清〕阮元:《十三经注疏》(影印版),中华书局 1979 年版,第 1524 页。

③ 〔清〕阮元:《十三经注疏》(影印版),中华书局 1979 年版,第 136 页。

极端,才不至于失败。中原人对圣贤这种深含哲理的话语,深有感悟,口耳相传,以致影响到当今。中原人的口头语"中",即是"允执厥中"雅言的简省,了解了这一点,方谓俗言不俗! 那么,这种"允执厥中"的思想,为后世圣贤所演绎光大,遂有"中庸""中和"之说,以致影响了整个中华民族,成为中华文化的精髓。

(五) 勤俭节约精神

一粥一饭来之不易,半丝半缕成之惟艰。天下事常成于困约,而败于奢靡。中原人在长期的生活实践中深深体会到这些语言所蕴含的道理。因而勤俭节约是中原人的良好生活习惯,也是中原文化所包含的基本内容之一。《尚书·大禹谟》有:"克勤于邦,克俭于家。"①这也是舜帝在大禹治水成功后,告诫他的话。可见"勤俭"对于家国的重要性。"勤俭"二字,不仅是立家之本,也是立国之本。勤俭持家,勤俭治国,遂成为中原人民所崇尚的道德品质。《周易·否》所谓"君子以俭德辟难,不可荣以禄"②之语,则将"俭"看作立身、立国之法宝。从大量的历史事实看,上自帝王将相,下至平民百姓,有勤俭美德者,立身则久;否则,灭身则速。因而勤俭节约成为中华民族的美德,成为中华文化的基本精神,也是顺理成章的。

中原文化作为中华文化的"根",其基本精神自然也是中华民族精神的重要组成部分。中华民族的精神个性在某种程度上说,就是中原文化精神的扩充、发展、完善,以及与其他文化精神的交融互渗。可以说,中原文化在中华文化形成中起到了培育、导引、促进、提升和凝聚的作用,在中华民族精神形成和发展的历史上,起到了他文化不可替代的作用。

四、中原文化丰富了世界文化

中国是世界四大文明古国之一,而文明离不开文化。中原文化作为中华文化的"根文化",对世界文化的影响和丰富是极大的,尤其是随着国家地位的提高,国家与世界各国各种友好往来的增加,世界各地华人的地位也随之提高,中原文化的普世意义也越来越显著。如《道德经》一书,有关资料表

---

① 〔清〕阮元:《十三经注疏》(影印版),中华书局1979年版,第136页。
② 〔清〕阮元:《十三经注疏》(影印版),中华书局1979年版,第29页。

明,到20世纪四五十年代,欧洲就有60余种译文。老子的"人法地,地法天,天法道,道法自然",以及"无为""行不言之教"等思想,为越来越多学者所欣赏、所接受、所研究和付诸行动,以致20世纪后半叶的世界形成了"老子热"。如《周易》对世界的影响也是深远的。外国学者对《周易》赞赏有加,被其所蕴含的阴阳哲学和预测功能所深深折服,并先后成立了规模大小不一的易经研究会。再如中国的中医药、书画艺术业已走向国外,尤其是瓷器,随着"丝绸之路"早已被世界各国所珍爱,这些文化艺术在世界各国都产生了不小的影响,很多国家的博物馆,藏着中国的稀世珍宝,便充分说明了这一点。儒家思想成熟于中原,为中原文化的重要组成部分。当前,随着世界各国孔子学院的建立,儒家的"仁""仁政"思想被世界各国有识之士所喜爱而深入人心,从而得到了进一步发扬和光大。正如有的论者所言:"长期以来,中原文化都以其文化理想引领着东方文明的进程。近古以来,中原文化的文化理想甚至远播西方文明而绽放出瑰丽的文化魅力。《马可波罗游记》对当时和谐的东方国度的赞誉,至今还为人们称道。中原文化在精神层面建构的文化理想,已经成为全人类共同的文明成果。如天下大同的文化气度,天人合一的理念境界,尊道贵德的理性气质,大德曰生的人文情怀,中庸辩证的思维理络,在环境恶化、能源危机、人为灾难频繁发生的今天,不仅是引领人类社会发展建设的美好理想,而且对于我们今天进行道德建设、人格完善,对于整个民族素质的提升,乃至世界文明的进步,都仍具有积极的引领作用。"[①]诚哉斯言!

思考与练习

1. 在古代,中原有哪些别称?

2. 何谓中原文化?其内涵包括哪些内容?

3. 简述中原文化的发展脉络。

4. 为何说中原文化是中华文化的"根"?

5. 为什么说中原文化引导了中华民族精神?

---

① 徐光春:《中原文化与中原崛起》,河南人民出版社2007年版,第33—34页。

第二章　中原文化的区域形态

第一节　概述

中原文化的形成,离不开中原人所赖以生存的自然地理环境和历史人文地理环境。常言说,一方水土养活一方人。毫无疑问,一方人必然造就一方文化。

关于文化区域的概念,中外学者见仁见智。

我们说,所谓文化区域,即一个区域的人们,依赖特定的自然环境和历史人文地理环境,经过长期的文化积淀所形成的具有独特个性的文化区域形态。其形成过程,既是这个区域文化长期积累的过程,也是与他文化碰撞和融合的过程。这就决定了其具有空间性、时间性、相对的个体稳定性和绝对模糊的融合性特征。就其特征来说,一个文化区域的形成,一定有其原生态文化的起源和长期积淀,且有其相对的文化中心。同时,其也随着时代的变化不断地充实和完善自身。

文化区域起源的初始形式应该说是这一区域的远古文化。“南召猿人”的发现,说明了早在五十万年前,中原这块最适合人类居住、劳作和繁衍的热土,就有猿人生息。“许昌人”的发现,则说明了旧石器时代的中原先人在向新石器时代过渡期间,已具有了相当的创造力。经历了旧石器时代的中原先人,在新石器时代则创造了裴李岗文化、仰韶文化、二里头文化等为人称道的史前文化。

文化区域的真正形成,是始于我国的分封制时期。封国作为一种隶属于王权的政治实体,在相对独立的治理中逐渐形成一种文化形态。

西周之初,周王为巩固自己的统治地位,按公、侯、伯、子、男爵位,对同姓贵族和异姓功臣谋士、先王圣贤后裔,以及殷商王族进行分封。汉高诱注《吕氏春秋》卷十六载:“此周之所封四百余,(封建。)服国八百余,今无存者矣。”[①]由此可见,当时除了周王朝所封的封国之外,还有一些臣服归顺的方国。时至春秋时期,诸侯之间的战争连绵不断,一些弱小的邦国相继被强国

---

① 〔汉〕高诱注:《吕氏春秋》卷十六,文渊阁《四库全书》(影印版),第4页。

吞并,据清顾栋高《春秋大事年表·列国爵姓存灭》载,此时的诸侯国仅余148个。按《史记·六国年表》所列,至战国时代,仅余周、秦、魏、韩、赵、楚、燕、齐8国。诸侯强国的出现,带来了诸侯国都和地域的相对繁荣,随之也出现了新的地域文化。因此,中原文化区域往往与都城和封国同名。

诸侯强国的相对稳定,其制度也各具特征,人们的思想、风俗习惯等也因制度的不同而成为封国文化的重要组成部分。这也使文化的地域性更加明显。《诗经·国风》就是按照15个诸侯国汇集诗歌的。《诗经·国风》生动地展现了各个文化区域的风土人情,是将文化按封国分类的滥觞。汉司马迁在《史记·货殖列传》中,以风俗的异同和中心城市的有无为依据,将整个中国划分为山西(崤山以西的关中地区)、山东(崤山以东至沿海地区)、江南(长江以南至沿海地区)、龙门(今山西河津县西北)和碣石(今河北昌黎县北)以北4大经济区,以及18个小区。汉班固《汉书》卷二十八之《地理志下》中,以风俗的异同以及星区的分野将整个中国划分为秦地、魏地、周地、韩地、赵地、燕地、齐地、鲁地、宋地、卫地、楚地、吴地、粤地等13个风俗区。[①]

秦代以降,中央集权专制制度是国家的政治制度,地方行政区划代替了封国,随之以地方行政区划为地域特征的区域文化代替了相对独立的封国文化。地方行政区划的治所所在地城市成为该地区的文化中心。文化中心从物质、精神方面直接影响着该地区的文化发展方向。这一时期的区域文化,一般也是通过宗教信仰、学术倾向、人文理念、风俗习惯、语言等展现出来。而区域文化作为一种文化现象,随着历史的发展,社会的变化而不断发展完善,从而形成了自己的新文化形态。

中原位于黄河中下游,包括其南部的汉淮流域和北部的海河流域部分地区。从南北位置上说,境内横贯的淮河、黄河形成两条天然的界线。秦岭—淮河一线又是我国重要的地理分界线。由于此线南北气候差异很大,所以人们的生活方式、风俗习惯,乃至所形成的文化也有着较大的差异。而黄河则孕育了高度发达的古代文明,同时也成为南北文化交流的天然障碍,由此也形成了黄河南北地域文化的差异。从东西位置上说,河南省的地势西高东低,南、北、西三面有大别山、桐柏山、伏牛山(嵩山属其山系)和太行

---

① 〔汉〕班固撰,〔唐〕颜师古注:《汉书》,中华书局1962年版,第1641—1669页。

山四大山脉分布,其间有盆地,中、东部则有黄淮海冲积大平原。因此,东西南北自然环境的不同,以及山区、平原生活的差异,再加上历史上的封国和行政区划的相对固定,从而形成了中原文化区域的基本格局。

正如中国文化具有齐鲁文化、湖湘文化、荆楚文化、吴越文化、巴蜀文化、岭南文化、闽南文化、燕赵文化、三晋文化、三秦文化、徽文化、关东文化、云贵文化、青藏文化、游牧文化、西域文化等典型的区域形态,中原文化也具有自己典型的区域形态。

从自然地理特征上看,中原文化区域可分为"一山四水"的典型区域,即嵩山文化区、河洛文化区、黄淮文化区、汉淮文化区、河内文化区。从考古学的新石器文化角度看,可分为仰韶文化区(豫西)、屈家岭文化区(豫南、豫西南)、大汶口文化区(豫东、豫中)。从行政区划、地理位置、天文星区、人文理念、风俗习惯等特征看,可将其分为"五方"的典型区域,即豫中文化区、豫东文化区、豫西文化区、豫南文化区、豫北文化区。其中殷商文化、郑韩文化、陈宋文化、汴梁文化、河洛文化、汉淮文化、濮卫文化、河内文化等尤为突出。它们作为中原文化的重要组成部分,都具有各自独特的文化特色。

第二节 中原文化的"五方"区域(上)

一个文化区域的形成依赖于该区域的历史地理。历史地理主要包括历史自然地理环境,如地貌、地形、水文、气候、植被、土壤、动物等,以及历史人文地理环境,如经济开发、产业分布、城市、聚落、交通、人口、疆域、政区、文化、风俗、语言、宗教等。下面将中原文化的"五方"区域形态分而述之。

一、豫中文化区

豫中文化区,北濒黄河,与豫北文化区隔河相望,南毗豫南文化区,西依豫西文化区,东临豫东文化区,大致相当于今天河南省的郑州市、许昌市、平顶山市和漯河市辖区。这一文化区域,地处河南腹地,星分角、亢、氐,属东方苍龙星区。汉班固《汉书》卷二十八之《地理志下》载:"韩地,角、亢、氐之分野也。……及《诗·风》陈、郑之国,与韩同星分焉。"①此区域地势西高东低,属于豫西山区向豫东平原的过渡地带。区内主要有嵩山、具茨山、陉山、嶂山、梅山、箕山(大鸿寨)、荟萃山、二龙山、荆山、崆峒山、大雄山、尧山(石人山)等山脉。主要河流有双洎河(古洧水)、黄水河(古溱水)、溟水河、颍河、沙河、澧河等。

从交通条件来看,这一区域古为"九州通衢",今是中国重要的交通枢纽。该文化区域不仅是中华民族的重要发祥地之一,也是中原文化的中心区域。

(一)豫中文化区的历史渊源

先秦时期,尤其是黄帝至商代,这里是中国的主流文化区。它的中心城市为新郑、禹州、郑州和许昌。

新郑在上古称"有熊",轩辕黄帝在此建都。帝喾时代,新郑为祝融氏之国。南朝宋裴骃《史记集解》卷一载:"黄帝者,(徐广曰:'号有熊。')少典之子,姓公孙,(谯周曰:'有熊国君,少典之子也。'皇甫谧曰:'有熊,今河南新郑是也。')名曰轩辕。"②又,《史记集解》卷四十二载:"郑桓公友者,周厉王少子而宣王庶弟也。(徐广曰:'《年表》云母弟。')宣王立二十二年,友初封于郑。封三十三岁,百姓皆便,爱之。幽王以为司徒,(韦昭云:'幽王八年为司徒。')和集周民,周民皆说。河、洛之间,人便思之。为司徒一岁,幽王以褒后故,王室治多邪,诸侯或畔之。于是桓公问太史伯(虞翻曰:'周太史。')曰:'王室多故,予安逃死乎?'太史伯对曰:'独洛之东土,河、济之南可居。'公曰:'何以?'对曰:'地近虢、郐,(徐广曰:"虢在成皋。郐在密县。"骃案,虞翻曰:"虢,姬姓,东虢也。郐,妘姓。")虢、郐之君贪而好利,百姓不附。今公为司徒,民皆爱公,公诚请居之,虢、郐之君见公方用事,轻分公地。公诚居之,虢、郐之民皆公之民也。'……桓公曰:'善。'于是卒言王,东徙其民洛东,而虢、郐果献十邑,(虞翻曰:'十邑谓虢、郐、鄢、蔽、补、丹、依、㽥、历、莘也。')竟国之。……二十一年,韩哀侯灭郑,并其国。"③又,汉班固《汉书》卷

①　〔汉〕班固撰,〔唐〕颜师古注:《汉书》,中华书局1962年版,第1651页。
②　〔南朝〕宋裴骃:《史记集解》卷一,文渊阁《四库全书》影印版,第1页。
③　〔南朝〕宋裴骃:《史记集解》卷四十二,文渊阁《四库全书》影印版,第1—16页。

二十八之《地理志下》也载："郑国,今河南之新郑,本高辛氏火正祝融之虚也。(师古曰:'虚读曰墟。后皆类此。') 及成皋、荥阳,颍川之崇高、阳城,皆郑分也。本周宣王弟友为周司徒,食采于宗周畿内,是为郑。(师古曰:'即今之华阴郑县。')郑桓公问于史伯曰:'王室多故,何所可以逃死?'史伯曰:'四方之国,非王母弟甥舅则夷狄,不可入也。其济、洛、河、颍之间乎!(师古曰:"济音子礼反。")子男之国,虢、会为大,(师古曰:"会读曰郐,字或作桧。桧国在豫州外方之北,荥播之南,溱、洧之间,妘姓之国。")恃势与险,崇侈贪冒,(师古曰:"冒,蒙也,蔽于义理。")君若寄帑与贿,周乱而敝,必将背君;(师古曰:"帑读与孥同,谓妻、子也。")君以成周之众,奉辞伐罪,亡不克矣。'……桓公从其言,乃东寄帑与贿,虢、郐受之。后三年,幽王败,桓公死,其子武公与平王东迁,卒定虢、郐之地。…… 自武公后二十三世,为韩所灭。"①

《史记》《汉书》所载虽文字有所出入,但都介绍了郑国都于新郑的前因后果。郑国都于此历时 395 年。周威烈王十八年(前 408),韩景侯将韩国国都自平阳(今山西临汾市)迁至阳翟(今禹州市)。周烈王元年(前 375),韩哀侯灭郑,将国都自阳翟迁于郑城。仅 5 年,即公元前 370 年,韩懿侯又将国都城复迁回阳翟。韩国在新郑、禹州立都长达 145 年。秦王政二十六年(前 221),秦始皇统一六国,实行郡县制。为了区别陕西之郑县,将韩之郑县改为新郑县,属颍川郡(治所在今禹州市)。

作为郑韩文化的中心城市禹州,历史也相当悠久,是禹的始封所在地。唐张守节《史记正义》卷二载:"夏禹,(夏者,帝禹封国号也。《帝王纪》云:'禹受封为夏伯,在豫州外方之南,今河南阳翟是也。)名曰文命。……'禹之父曰鲧,鲧之父曰帝颛顼,颛顼之父曰昌意,昌意之父曰黄帝。禹者,黄帝之玄孙而帝颛顼之孙也。"②今天的全国重点文物保护单位禹州瓦店遗址,作为夏代的都城级王城遗址也足以说明之。后禹治水成功,舜禅位于他,建都阳城(今登封市告成镇)。汉司马迁《史记》卷二之《夏本纪》载:"帝禹立而举皋陶荐之,且授政焉,而皋陶卒。封皋陶之后于英、六,或在许。而后举益,

---

① 〔汉〕班固撰,〔唐〕颜师古注:《汉书》,中华书局 1962 年版,第 1651—1652 页。
② 〔唐〕张守节:《史记正义》卷二,文渊阁《四库全书》影印版,第 1 页。

任之政。十年帝禹东巡狩,至于会稽而崩。以天下授益。三年之丧毕,益让帝禹之子启,而辟居箕山之阳。禹子启贤,天下属意焉。及禹崩,虽授益,益之佐禹日浅,天下未洽。故诸侯皆去益而朝启,曰'吾君帝禹之子也'。于是启遂即天子之位,是为夏后帝启。"[①]由此看出,禹在执政 8 年,任用贤人皋陶、益等,励精图治,后又传位于益,不失尧舜之德。并且他的德行影响诸侯,以至于他们离开益而拥戴启,才有了后来的夏朝"家天下"。

秦王政十七年(前 230),秦灭韩,秦王政二十六年(前 221),置新郑、苑陵(治所在今新郑市龙王乡)二县,属颍川郡(治所在今禹州市)。后虽历有汉以降诸朝代,新郑、禹州这两座文化名城都有着千丝万缕的联系。尤其是东汉建安元年(196)八月,汉献帝迁都至这一区域的许县(今许昌市),魏文帝曹丕又将其改名为许都。这一区域又一度成为全国政治、经济、文化的中心。

另外,作为该区域又一中心城市的郑州,为我国"八大古都"之一。经考古发掘和相关专家研究,郑州商城作为商代早期建立的一座都城,距今已有 3600 年的历史,是中国迄今为止发现的有文字记载以来的最早都城。西周时期,这里又是管国、祭国的属地,也可谓历史悠久。

所以,黄帝—禹文化是豫中文化区域的内核,郑韩文化则是它的主流成分。另外,嵩岳文化也是其重要的组成部分。

(二)豫中文化区的文化特征

豫中文化区域的独特区位优势和悠久的历史,铸就了璀璨辉煌的文化。它拥有距今 8 万—10 万年的许昌灵井文化遗址,8000 年前的裴李岗文化和贾湖文化遗址,5000 年前的黄帝文化,3600 年前的商都文化,2700 年前的郑韩文化以及嵩岳文化。

2005 年开始发掘的许昌灵井遗址,发现了古人类化石。经考古学家研究发掘出土的古人类头盖骨化石、同层伴出的石器和动物化石标本后认为:此次出土的人类头盖骨化石层位明确可靠,距今 8 万—10 万年。国家文物局和河南省文物局 2008 年 1 月 23 日在北京正式宣布了这一考古结果,并将其命名为"许昌人"。"许昌人"的发现,填补了中国古人类进化的空白。

---

① 〔汉〕司马迁:《史记》,中州古籍出版社 1996 年版,第 9 页。

如果说许昌灵井文化遗址找到了旧石器时代人类活动的线索，那么1977年发掘的新郑裴李岗文化遗址和1983年至1987年发掘的舞阳贾湖文化遗址，则映照了早期新石器时代农业文化的情景。裴李岗文化说明，先民在新石器时代早期已经从事谷物种植、饲养家畜和制作陶器等活动，同时也已会修建房屋、制作衣服，结束了穴居野处过着较为文明的生活了。贾湖文化遗址出土的一批七孔骨笛和具有原始文字性质的甲骨契刻符号，让世人惊叹。骨笛已具备七音节结构，它把人类音乐史向前推进了3000年，是目前世界上最早的乐器；出土的甲骨契刻符号比安阳殷墟甲骨文早4000多年，比素称世界最早的古埃及纸草文字还早1000多年，是世界上最早的文字雏形。可以说，贾湖文化遗址是中华民族历史长河中第一个具有确定时期记载的文化遗存，是"人类从愚昧迈向文明的第一道门槛"，是人类文明史上的一个重要里程碑。

5000年前的黄帝，因为出生并长期居住在轩辕之丘（今新郑市西北），故取名轩辕。后继承父亲少典之位被拥立为有熊部落首领，故又称为有熊氏。又因他成长于姬水流域，因而改姓姬。他一统天下，带领百姓开垦农田，定天文，创文字，造舟车，养蚕丝，建宫室，播五谷等，谱写了中华古代文明的历史篇章。

黄帝之后的诸多帝王，如颛顼、帝喾、尧、舜等生活的舞台都在此区域。其中黄帝的玄孙大禹在禹州、登封演绎了中华古代的文明。而郑州商城文化遗址说明，郑州商城作为我国历史上第一座建有城垣的古都，是商代早期政治、经济、军事、文化的中心，其文化内涵非常丰富。

在有汉以降的各个历史时期，该区域保持着自己的独特文化特色。

从经济文化层面看，农商并重，本末兼行。这一区域除了保持"以农为本"的农垦经济思想外，还注重商业的发展。据《周礼·冬官考工记》载，郑国的铸造业非常昌盛，尤其是所铸"刀"，享誉当时。宋代五大名瓷，这里有其二，一是钧瓷，二是汝瓷。《左传·昭公四年》载有"夏启有钧台之享"语，是指夏启在阳翟（今禹州市）城南15里处的钧台大宴诸侯，宣布夏王朝建立。至汉代，重建钧台。唐代在阳翟城北门里建禹王庙，庙前立山门台基，命名为"钧台"。至于"钧台"之"钧"，取自"钧天"之说。刘文典《淮南鸿烈集解》卷三载,天有九野。何谓九野?中央曰钧天,其星角、亢、氐。为韩国、郑国之分野。这是因为,"二十八宿"皆随斗杓所指而言,而角、亢、氐三宿离斗杓最近,故古法以此三星为中央天。东方曰苍天,其星房心、尾。东北曰变天,其星箕、斗、牵牛。北方曰玄天,其星须女、虚、危、营室。西北方曰幽天,其星东壁、奎、娄。西方曰颢(或作昊)天,其星胃、昴、毕。西南方曰朱天,其星觜巂、参、东井。南方曰炎天,其星舆鬼、柳、七星。东南方曰阳天,其星张、翼、轸。① 至宋代,阳翟盛产瓷器,又因八卦洞在城北门钧台之下,遂称其瓷为"钧瓷"。汝瓷则因产于汝州而得名。元末明初陶宗仪《辍耕录》卷二十九载:"宋叶寘的《坦斋笔衡》云:'陶器自舜时便有。三代迄于秦汉,所谓甓器是也。……本朝以定州白磁器有芒,不堪用,遂命汝州烧青瓷,故河北、唐、邓、耀州悉有之,汝窑为魁。'"②另外,禹州还享有"药材之都"的美誉。禹州中药材种植有着悠久的历史,明朝洪武年间已成为全国四大药材集散地之一。其中药材种植具有得天独厚的条件,禹白芷、禹南星、禹白附、金银花等均为名药。

从政治文化层面看,隆礼重法,尚贤贵和。由于黄帝—禹文化的影响,以及这一区域的特殊位置,各种思想交融相摄。如有隆礼重法的子产,又有重法的申不害、韩非等就是明证。尤其是东汉时期颍川豪族的出现,也足以证明这一区域的尚贤贵和。据汉班固《后汉书》记载,东汉一朝尚书令共55人,而颍川豪族就有7人,占总数的12.73%,居全国第一位。颍川豪族一改西汉几乎没有私人传授经学的窘境,纷纷开门传业、授徒,产生了张兴、丁鸿两位经学大师。

从学术思想看,儒、道、法、墨、兵等兼包并容。这里的文化"土壤"不仅孕育了隆礼重法的子产,也孕育了墨家墨翟,名家邓析,道家列御寇,杂家吕不韦,法家申不害、韩非、晁错,水利家郑国,军事家张良、郭嘉,史学家褚少孙,字圣许慎,书法家刘德昇、锺繇、褚遂良,文学家潘岳,画圣吴道子,诗人杜甫、元结、白居易(生于今新郑市),建筑学家李诫,天文学家许衡等。

从民风民俗层面看,朴实敦厚,崇尚自由。这一特征,从《诗经·郑风》

① 刘文典撰,冯逸、乔华点校:《淮南鸿烈集解》,中华书局1989年版,第84—88页。
② 〔元末明初〕陶宗仪:《辍耕录》卷二十九,文渊阁《四库全书》影印版,第13页。

中可略见一斑。《郑风》多为情歌,这与当地民风淳朴、风气开放不无关系。

尤其是这一区域的嵩岳文化更值得一提。嵩岳文化的载体是五岳之一的嵩山。嵩山古又名太室、崧高、嵩高,北濒黄河,南临颍水,东西绵延起伏60多公里;以少林河为界,东为太室山,西为少室山;主峰峻极峰海拔1512米。《诗经·大雅·崧高》:"崧高维岳,骏极于天。"郑玄笺:"崧,高貌。山大而高曰崧。"孔颖达疏:"正义曰:'崧者,山形竦然,故为高貌。'刘熙《释名》云:'崧,竦也。亦高称也。山大而高曰崧。'……郭璞曰:'今中岳崧高山盖依此名是也。'"①

据史书记载,嵩山为黄帝、尧、舜、禹等活动的场所,也为历代帝王所青睐。南朝梁沈约《竹书纪年》卷上载:"帝舜有虞氏,母曰握登,见大虹意感而生舜于姚墟。……元年己未,帝即位,居冀,作《大韶》之乐。……十五年,帝命夏后,有事于太室。"②《史记》卷十二之《孝武本纪》载:"三月,遂东幸缑氏,礼登中岳太室。从官在山下闻若有言'万岁'云。问上,上不言;问下,下不言。于是以三百户封太室奉祠,命曰崇高邑。"③(崇高邑,在今登封市西北。)又,汉班固撰、唐颜师古注《汉书》卷六之《武帝纪》也载:"元封元年……春正月,行幸缑氏。诏曰:'朕用事华山,至于中岳。(文颖曰:"嵩高也,在颍川阳城县。")获驳麚,见夏后启母石。(应劭曰:"启生而母化为石。"文颖曰:"在嵩高山下。"师古曰:"启,夏禹子也。其母涂山氏女也。禹治鸿水,通轘辕山,化为熊。谓涂山氏曰:'欲饷,闻鼓声乃来。'禹跳石,误中鼓。涂山氏往,见禹方作熊,惭而去,至嵩高山下化为石,方生启。禹曰:'归我子。'石破北方而启生。……")翌日亲登嵩高,(应劭曰:'翌,明也。')御史乘属,在庙旁吏卒咸闻呼万岁者三。(服虔曰:'乘,同乘。属,官属也。'……晋灼曰:'天子出,御史除二人为乘曹,护车驾。'荀悦曰:'万岁,山神称之也。'……)登礼罔不答。(师古曰:'罔,无也。言登礼于神,无不答应。')其令祠官加增太室祠,(韦昭曰:'嵩高山有太室、少室之山,山有石室,故以名云。')禁无伐其草木。以山下户三百为之奉邑,名曰崇高,(师古曰:

① 〔清〕阮元:《十三经注疏》(影印版),中华书局1979年版,第565页。
② 〔南朝〕梁沈约:《竹书纪年》卷上,文渊阁《四库全书》(影印版),第7—9页。
③ 〔汉〕司马迁:《史记》,古籍出版社1996年版,第87页。

'谓之崇者,示尊崇之。奉音扶用反。')独给祠,复亡所与。"①自此至清光绪三十四年(1908),有史可查的就有65位皇帝近200次亲至或遣使到嵩山进行祭祀。尤其是女皇武则天,曾十登嵩山。武周天册万岁元年(695),她命人在峻极峰筑登封坛,翌年,临嵩山封禅,并在登封坛上,奉嵩山为"五岳"之首,改嵩阳县为登封县。并取《尚书·禹贡》"禹赐玄圭,告厥成功"意,改阳城县为告成县。

嵩山是世界上稀有的自然地质宝库,又拥有丰富的人文内涵。自古及今,嵩山的奇观吸引了历代的墨客骚人。他们或游历于此,流连忘返;或隐居于此,修身养性。这些人又大多同僧人和道士交游,于是僧、道及寺观成为他们吟咏的主题之一,从而留下许多脍炙人口的诗文、碑刻。

嵩山素有"文物宝库"之称,拥有众多的名胜古迹,计有三观、三坛、四庵、四洞、五庙、五宫、十寺和宝塔270多座。其中的"六最"驰名中外。即禅宗祖庭——少林寺,现存规模最大的塔林——少林寺塔林,现存最古老的塔——北魏嵩岳寺塔,现存最古老的石阙——"汉三阙"(启母阙、少室阙、太室阙),树龄最高的柏树——汉封"将军柏",现存最古老的观星台——告成元代观星台。太室山东南麓黄盖峰下的中岳庙更是值得称道。它始建于秦,兴盛于唐宋,是中原现存规模最大的寺庙建筑群。庙内所存的《嵩岳庙史》《龙潭寺记》等版刻千余块和道教经典版刻百余块,是研究我国道教史、建筑史和艺术史的宝贵资料。与中岳庙相邻的嵩阳书院原为道教场所,后成为儒家传道授业之地,为宋四大书院之一,宋代理学家程颢、程颐曾讲学于此。而嵩山文化的亮点则是少林文化。少林寺自北魏太和十九年(495)建寺以来,千古禅灯熠熠,将"禅"与"武"相融,打造了独特的"少林文化",将"佛"光大的同时,也影响了世界武术和艺术之林。

所以,嵩山是中原佛、道、儒三教荟萃之地,集政治、经济、宗教、科技、文化、艺术等于一身,是豫中文化区域文化的独到之处。

二、豫东文化区

豫东文化区,北濒黄河并与山东省接壤,南临豫南文化区,西依豫中文

---

① 〔汉〕班固撰,唐颜师古注:《汉书》,中华书局1962年版,第190—191页。

化区,东接安徽省,大致相当于今天河南省的开封市、商丘市和周口市辖区。这一文化区域,地处豫东黄淮大平原,古属豫州和兖州。由《汉书·地理志下》可知,周口市星分角、亢、氐,开封市、商丘市星分氐、房、心,均属东方苍龙星区。区内仅有主峰海拔 156.8 米的芒砀山一座。主要河流有济水、睢水、汴水、通济渠、鸿沟、溗水(今沙河)、颍河、贾鲁河、涡河、废黄河、大沙河、惠济河等。从交通条件来看,这一区域东连齐鲁,南通荆楚,水陆交通两便。该文化区域是华夏文化、东夷文化、荆楚文化碰撞、融合的中心区域。作为中华民族的重要发祥地之一,它呈现了厚重的文化内涵。

(一)豫东文化区的历史渊源

豫东文化区域在先秦时期,尤其是在伏羲至商代,是中国的主流文化区。它的中心城市为淮阳、商丘和开封。

今周口市古属淮阳。淮阳古称"宛丘"或"陈"。据古文献载,太昊伏羲氏建都于此,后炎帝神农氏继都于太昊伏羲之旧墟,故易名为陈,陈由此始。汉班固撰、唐颜师古注《汉书》卷二十七下之下:"宋,大辰之虚;陈,太昊之虚;郑,祝融之虚;(师古曰:'虚读皆曰墟。其下并同。')皆火房也。"①宋李昉等《太平御览》卷一百五十五载:"《帝王世纪》曰:宓羲为天子,都陈,在《禹贡》豫州之域。……于周,陈胡公所封。故《春秋传》曰:'陈,太昊之墟也。于汉,属淮阳,今陈国是也。神农氏亦都陈。'"②其中的太昊、宓羲即伏羲。伏羲氏是我国远古的一个圣明帝后,"为百王先",列三皇五帝之首,都于陈,死后也葬于此。又,《易·系辞下》中说:"古者包牺氏之王天下也,仰则观象于天,俯则观法于地,观鸟兽之文与地之宜,近取诸身,远取诸物,于是始作八卦,以通神明之德,以类万物之情。作结绳而为网罟,以佃以渔。……包牺氏没,神农氏作,斫木为耜,揉木为耒。耒耨之利,以教天下。……日中为市,致天下之民,聚天下之货,交易而退,各得其所。"③(在古文献中,虙羲、虙戏、宓羲、宓牺、伏牺、伏戏、庖牺、庖羲、包牺等,属读音相同而书写不同而已。)唐司马贞《史记索隐》卷三十说得更为详细:"太皞庖牺氏,风姓,代燧人

① 〔汉〕班固撰,〔唐〕颜师古注:《汉书》,中华书局 1962 年版,第 1514 页。
② 〔宋〕李昉等:《太平御览》(影印版),中华书局 1995 年版,第 753 页。
③ 〔清〕阮元:《十三经注疏》(影印版),中华书局 1979 年版,第 86 页。

氏继天而王。母曰华胥,履大人迹于雷泽,而生庖牺于成纪。蛇身人首。(按伏牺,风姓,出《国语》。其华胥已下,出《帝王代纪》。然雷泽,泽名,即舜所渔之地,在济阴。其成纪亦地名。按天水有成纪县。)有圣德,仰则观象于天,俯则观法于地,旁观鸟兽之文与地之宜,近取诸身,远取诸物,始画八卦,以通神明之德,以类万物之情,造书契以代结绳之政。于是始制嫁娶,以俪皮为礼。(按谯周《古史考》,伏牺制嫁娶,以俪皮为礼也。)结网罟以教佃渔,故曰宓牺氏;(按事出《汉书·历志》。宓音伏。)养牺牲以庖厨,故曰庖牺。有龙瑞,以龙纪官,号曰龙师。作三十五弦之瑟。木德王,注春令,故《易》曰帝出乎震,《月令》孟春其帝太皞是也。(按位在东方,像日之明,故称太皞。皞,明也。)都于陈,东封太山。立一百一十一年,崩。"①(其中《帝王代纪》之"代",应为"世",属唐人避唐太宗李世民名讳而改。)由上可知,在中华民族从母系氏族向父系氏族的过渡时期,伏羲以自己的聪明才智作"八卦",将具象义理化;结网罟,教民渔猎;创造书契,结束结绳记事;制定嫁娶之礼,推动社会文明;驯养禽兽,以充庖厨之用;将"龙"作为图腾,以龙名设官,肇始了龙文化;创制了三十五弦瑟,促进了音乐的发展。可以说,伏羲为中华民族的文明演进做出了巨大贡献。后人誉之为"人文始祖",当之无愧!继伏羲兴起的神农氏,发扬了伏羲为民造福的优良传统,尝百草,医民病;造农具,教民稼穑,也大大推动了中华民族的种植技艺。所以,该区域的百姓得人文教化沾溉之先,较早迈进了文明社会。

伏羲墓通称"太昊陵"或"太昊伏羲陵",系中国十八大名陵之一,号称"天下第一陵"。其陵庙历史悠久。三国时曹植曾被封思王于陈,拜谒伏羲陵后作《庖羲赞》曰:"木德风姓,八卦创焉;龙瑞官名,法地象天。庖厨祭祀,罟网渔畋。瑟以象时,神德通玄。"②另外,传说中的女娲氏也在此建都(西华县有女娲城遗址)。宋乐史《太平寰宇记》卷十载:"西华县,(西八十里。旧十乡,今四乡。)本汉长平县,属汝南郡。……柳城,在县西二十里。古老传云女娲氏之都,本名娲城。"③(柳城,今西华县红花集镇柳城村。)

① 〔唐〕司马贞:《史记索隐》卷三十,文渊阁《四库全书》(影印版),第 21—22 页。
② 〔三国魏〕曹植:《曹子建集》卷七,文渊阁《四库全书》(影印版),第 3 页。
③ 〔宋〕乐史撰,王文楚等点校:《太平寰宇记》,中华书局 2007 年版,第 192 页。

夏时,陈属豫州,商汤封舜后虞遂于陈,西周封舜后妫满于陈。《左传·襄公二十五年》中说:"昔虞阏父为周陶正,以服事我先王。(阏父,舜之后,当周之兴,阏父为武王陶正。阏于葛反。)我先王赖其利器用也,与其神明之后也,(舜圣,故谓之神明。)庸以元女大姬,配胡公,(庸,用也。元女,武王之长女。胡公,阏父之子满也。)……而封诸陈,以备三恪。(周得天下,封夏、殷二王后。又封舜后谓之恪,并二王后为三国,其礼转降示敬而已,故曰三恪。)"①汉班固撰、唐颜师古注《汉书》卷二十八下之《地理志下》载:"陈国,今淮阳之地。陈本太昊之虚,周武王封舜后妫满于陈,是为胡公,妻以元女大姬。……自胡公后二十三世为楚所灭。陈虽属楚,于天文自若其故。"②公元前479年,楚国置陈县,前278年,楚国迁国都于陈;秦初,设陈县,后置陈郡;秦末,陈胜、吴广起义据陈城建立"张楚";西汉,由于陈在淮水(淮河)之北,改陈郡为淮阳郡,汉帝封子友为王建淮阳国;东汉,复建陈国;三国魏帝封曹植为陈王;南北朝至清,为郡、为州、为府,皆以陈州名之。民国二年(1913),改为淮阳县;中华人民共和国成立,置淮阳专区;1953年,淮阳专区撤销,淮阳县属商丘专区;1959年,商丘专区撤销,淮阳县改属开封专区;1962年,恢复商丘专区,淮阳县再属之;1965年,置周口地区,淮阳县属之;2000年,周口地区改为周口市,淮阳县仍属之;2019年,淮阳县改为周口市淮阳区至今。

今商丘市历史也相当悠久。宋乐史《太平寰宇记》卷之五十七:"《历代帝纪》云:'颛顼居高阳,故曰高阳氏。'皇甫谧《帝王世纪》云:'相土徙商丘,本颛顼之墟。陶唐氏火正阏伯之所居。'《左传》云:'阏伯居商邱,祀大火,相土因之。商主大火,故辰为商星。'于周为卫,'迁于帝丘'。"③又,《左传·昭公元年》载:昔高辛氏有二子,伯曰阏伯,季曰实沈,居于旷林,不相能也。日寻干戈,以相征讨。后帝不臧,迁阏伯于商丘,主辰。商人是因,故辰为商星。迁实沈于大夏,主参。唐人是因,以服事夏、商。④ 又,汉司马迁《史记》卷三之《殷本纪》载:"殷契,母曰简狄,有娀氏之女,为帝喾次妃。三人行浴,见玄鸟堕其卵,简狄取吞之,因孕,生契。契长而佐禹治水有功。帝舜乃命

---

① 〔清〕阮元:《十三经注疏》(影印版),中华书局1979年版,第1985页。
② 〔汉〕班固撰,唐颜师古注:《汉书》,中华书局1962年版,第1653页。
③ 〔宋〕乐史撰,王文楚等点校:《太平寰宇记》,中华书局2007年版,第1179页。
④ 〔清〕阮元:《十三经注疏》(影印版),中华书局1979年版,第2023页。

契曰：'百姓不亲，五品不训，汝为司徒而敬敷五教，五教在宽。'封于商，赐姓子氏。契兴于唐、虞、大禹之际，功业著于百姓，百姓以平。契卒，子昭明立。昭明卒，子相土立。相土卒，子昌若立。昌若卒，子曹圉立。曹圉卒，子冥立。冥卒，子振立。振卒，子微立。微卒，子报丁立。报丁卒，子报乙立。报乙卒，子报丙立。报丙卒，子主壬立。主壬卒，子主癸立。主癸卒，子天乙立，是为成汤。"①（五教，即父义、母慈、兄友、弟恭、子孝。）

以上古文献所载，介绍了商丘和所祭祀"阏伯"的由来和缘由。是说，上古时，帝喾（高辛氏）之子契在尧、舜、禹时因为有功被命为"火正"，封于商丘，一是管理火种，以便人们可以随时取到火（因此后人又称他为火神）；二是祭祀火星并观察火星的运行，以便及时地告知人们防灾避祸和适时从事农业生产。古人用"天干""地支"与"太岁"（假想星）相对应，用来纪年和计时。"太岁"在甲时，叫"阏逢"，"太岁"在卯（大火）时，叫"单阏"。甲年是年干之首，卯时是早晨，所以"阏逢"和"单阏"比较引人注意。由于研究岁时与太岁之间的关系的"火正"造福于民，所以人们就将契称为"阏伯"。契死后，人们就在他生前观察火星的高地上葬之，后人称之为阏伯台或火神台，至今香火不断。后契的 13 世孙成汤，灭夏称商，初都南亳（今虞城县谷熟镇西南 35 里处）。汉司马迁《史记》卷三之《殷本纪》又载："周武王崩，武庚与管叔、蔡叔作乱，成王命周公诛之，而立微子于宋，以续殷后焉。"②汉刘熙《释名》卷二之《释州国》载："宋，送也。地接淮、泗而东南倾，以为殷后若云滓秽所在，送使随流入海也。"③封商王纣的庶兄微子启于宋，都睢阳（今商丘市睢阳区）。将其封地命之为"宋"，是周王朝安邦治国的策略。

周赧王二十九年（前 286）齐、楚、魏灭宋而三分宋地，商丘属魏。秦时，本地分属砀郡与陈郡（治所在今周口市淮阳区）。西汉高祖五年（前 202）改为梁国，属豫州。三国魏文帝黄初元年（220），将梁国改为梁郡。后赵、前燕、前秦、后燕、后秦时仍为梁郡。南朝宋、齐为南梁郡，属南徐州。北魏为

---

① 〔汉〕司马迁：《史记》，中州古籍出版社 1996 年版，第 10 页。
② 〔汉〕司马迁：《史记》，中州古籍出版社 1996 年版，第 10 页。
③ 〔汉〕刘熙：《释名》卷二，文渊阁《四库全书》（影印版），第 2 页。

梁郡,属南兖州。隋开皇初梁郡废,十六年(596)置宋州,大业三年(607)复置梁郡。唐武德四年(621)又改为宋州,天宝元年(742)置睢阳郡,属河南道,乾元元年(758)复为宋州。五代后梁开平三年(909)升为宣武军,后唐同光元年(923)改为归德军,后周时仍为宣武军。北宋初复置宋州,景德三年(1006)升宋州为应天府,属京东西路(应天府始为京东东路路治,后为京东西路路治),大中祥符七年(1014)诏升为南京。金太宗天会八年(1130)更名为归德府,属南京路。元为归德府,属河南布政使司。明太祖洪武元年(1368)降府为州,属开封府。嘉靖二十四年(1545)升州为府。清沿明制,仍为归德府,属河南省。民国二年(1913)裁归德府,所属各县划归豫东道。1914年改豫东道为开封道。1932年为第二行政督察区,直到1948年。1948年11月全区解放后为豫皖苏第一行政区,1949年3月改为河南省商丘专区,1953年1月,撤销淮阳专区,其所属淮阳、鹿邑、太康、沈丘、项城、郸城等6县归属本区。

历史上,周口、商丘这两个地区随着行政体制的变化,或分或合,有着千丝万缕的联系。

此外,开封是八朝建都之地,也是我国的"八大古都"之一。相传夏代第七世帝杼迁都于老丘(今开封市东北祥符区陈留镇北),直至第十三世胤甲才迁至西河,共历6世,成为当时政治、经济中心。开封建城史也有2700多年。今开封城春秋时为仪邑。战国时期,魏惠王为秦所迫,于公元前364年由安邑(今山西翼城附近)迁都大梁,此为开封城有史以来的第一次建都。魏在大梁共历6君140年,公元前225年为秦所灭。秦将其改置浚仪县,属砀郡(治所在今安徽砀山县)。据汉班固撰、唐颜师古注《汉书》卷二十八下之《地理志上》载,汉武帝元狩元年(前122)置陈留郡,属兖州。浚仪县属陈留郡十七县之一。[1] 直至东魏天平元年(534)设梁州,以浚仪为州治,辖开封县。北周时,梁州改名汴州。不久,隋炀帝开通济渠,使其与黄、淮沟通,发展水上运输,汴州地位日益显要。唐兴元元年(784)宣武军节度使治所由宋州(今商丘市)移来汴州,汴州遂成为唐王朝最强大的藩镇。唐末,宣武军节度使朱温废弃唐帝而自立,在开封建立后梁政权。升汴州为开封府,称东

---

① 〔汉〕班固撰,〔唐〕颜师古注:《汉书》,中华书局1962年版,第1558—1559页。

都;洛阳为陪都,称西都;长安则降为雍州。

　　至后晋、后汉、后周以及北宋相继在开封建都,开封最繁盛的时期是北宋,建都长达167年。靖康二年(1127),为金人所破,毁于兵燹。金人将开封降为汴京路。海陵王于1153年以开封为南京,作为南进的基地。至1214年宣宗完颜珣受蒙古逼迫,迁都于此,仍称南京。蒙古灭金建元,在中原地区设河南江北行中书省,这是河南称省之始,省会及路治都设在汴梁路的开封。元末刘福通率农民军于龙凤四年(1358)攻占开封建为国都,仅维持了一年零三个月,在元军围攻中又退回旧都安丰。明洪武元年(1368)三月,朱元璋攻下开封,改汴梁路为开封府,以开封为北京。洪武十一年(1378)又撤销了开封北京称号,并封五子朱橚为周王,镇守河南。此后开封一直是河南的省会,清代继之。民国二年(1913)废府改道,开封为豫东道治所。民国三年(1914)改豫东道为开封道。民国十六年(1927)废道,民国十八年(1929)成立开封市,市、县同城不相属,开封仍为河南省会。1948年10月,中国人民解放军接管开封,11月成立开封特别市,仍为省会。1954年10月,省会由开封迁往郑州,开封变为省辖市。

　　由上述史料也可看出,开封、商丘与淮阳这三座历史名城所承担的政体及其所辖县,分而合,合而分,相互依傍。

　　所以,伏羲—阏伯文化是豫东文化区域的内核,陈宋文化则是它的主流成分。另外,汴梁文化也是其重要的组成部分。

(二)豫东文化区的文化特征

　　豫东文化区域是我国大汶口文化在河南的中心区域,拥有距今7000年前的"三皇"(伏羲氏、女娲氏、神农氏)文化,6400年前的大汶口文化(郸城段寨遗址、淮阳平粮台遗址等),3600年前的殷商文化,3000年前的陈宋文化以及汴梁文化。

　　大汶口文化属于我国人类发展的新石器时期,发生在这里的"三皇"文化,正是该区域大汶口文化早期的代表文化。燧人氏、颛顼帝的造福于民,乃至契封于商丘,形成了阏伯文化。妫满作为舜的后代封于陈国,东楼公作为禹的后代封于杞国(都今杞县),微子启(与箕子、比干被称作"殷之三仁")作为殷纣王庶兄封于宋国,表现了周王朝"尚贤"的治国方略。陈、宋两国的治国理念和风俗民情,形成了独特的陈宋文化。而春秋战国时期老子和庄子的诞生,赋予陈宋文化以深刻的文化内涵。在历史上,人们往往将陈宋相提并论。唐房玄龄等《晋书》卷七十一:"老子、庄周生陈梁,伏羲、傅说、师旷、大项出阳夏,汉、魏二祖起于沛谯,准之众州,莫之与比。"①(傅说,商王武丁大臣。师旷,字子野,春秋晋国盲乐师,善弹琴,精音律。大项,即项橐,春秋神童,七岁为孔子师。阳夏,今太康县。汉魏二祖,指刘邦、曹操。)

基于此,豫东文化区域有着非常鲜明的文化特征。

从经济文化层面看,好稼穑,重储藏,辅以商业,崇尚自给自足。由于这一区域地势平坦,土地肥沃,利于农业生产,所以这里百姓的"以农为本"的思想根深蒂固,并向往自给自足的优裕生活,安土重迁。西周乃至春秋战国时期,宋国都城和陈国都城都是著名的商业城市。制陶、纺织、铸造业在这里得到了长足发展。据《周礼·冬官考工记》载,当时"宋之斤(似斧横刃)"享有盛名。

从政治文化层面看,礼贤崇道,尊儒尚仁。如同中华民族祭祀"社""稷"一样,这一区域的百姓礼拜伏羲、阏伯等造福于人民的先人,形成了特有的地域性文化。这里是道家的发源地,老庄"无为"的思想深深地影响着人们。这里还是孔子的先祖地。西汉司马迁《史记》卷四十七之《孔子世家》:"孔子生鲁昌平乡陬邑。其先宋人也,曰孔防叔。防叔生伯夏,伯夏生叔梁纥。纥与颜氏女野合而生孔子,祷于尼丘得孔子。"②唐司马贞《史记索隐》卷十四引《家语》:"孔子,宋微子之后。宋襄公生弗父何,以让弟厉公。弗父何生宋父周,周生世子胜,胜生正考父,考父生孔父嘉,五世亲尽,别为公族,姓孔氏。孔父生子木金父,金父生睪夷。睪夷生防叔,畏华氏之逼而奔鲁,故孔氏为鲁人也。"③孔子虽出生于鲁国,但他的家世及其宋地文化对他有着深远的影响。而孔子的"仁"道又广泛地影响了该区域的百姓。

从学术思想看,道家、儒家、纵横家、兵家等兼包并容。这里的文化"土壤"不仅孕育了老子、庄子,也孕育了盲人音乐家师旷,纵横家张仪,蔑视皇

---

① 〔唐〕房玄龄等:《晋书》,中华书局1996年版,第1892页。
② 〔汉〕司马迁:《史记》,中州古籍出版社1996年版,第549页。
③ 〔唐〕司马贞:《史记索隐》卷十四,文渊阁《四库全书》(影印版),第1页。

权的吴广，西汉经学博士戴德（著《大戴礼记》）、戴圣（著《小戴礼记》，又名《礼记》），东汉文学家、书法家蔡邕和他的女儿诗人蔡文姬，东晋政治家、军事家谢安、谢玄和"阳夏六谢"（谢灵运、谢道韫、谢朓、谢惠连、谢庄、谢瞻），南朝文学家江淹、江总、唐史学家吴兢、诗人崔颢、著名书法家和书法理论家孙过庭等。

从民风民俗层面看，祭祖祀神，忠孝信义。这一区域出于对伏羲、阏伯等先贤的敬仰，每年都要按一定节日或不定期地祭拜他们，同时也要对自己的列祖列宗祭祀。汉班固撰、唐颜师古注《汉书》卷二十八下之《地理志下》载："周武王封舜后妫满于陈，是为胡公，妻以元女大姬。妇人尊贵，好祭祀，用史巫，故其俗巫鬼。"①百姓的"忠义"也是受历代先贤的影响。东汉"强项令"董宣，陈留圉（治所在今杞县圉镇）人。唐张巡、许远忠君誓死守睢阳的事情发生在这里；明末状元杞县人刘理顺举家殉国难；清仪封（治所在今兰考县仪封镇）人张伯行以清正廉明著称；等等。

《汉书》卷二十八下之《地理志下》所概括的"其民犹有先王遗风，重厚多君子，好稼穑，恶衣食，以致畜藏"之语，可以说是对该区域民风的高度概括。

提到豫东区域的文化，不能不说宋代的应天书院、宣和画院和明清时的大梁书院等。

应天书院是宋朝四大书院之一。其历史可上溯到后晋。后晋虞城人杨悫在今商丘县城西北隅创办南都学舍，教授生徒。自宋建隆元年（960）到太平兴国元年（976）的10余年间，南都学舍的学子先后有100多人参加宋初的科举考试，"登第者五六十人"。大中祥符二年（1009），宋真宗下诏赐额"应天府书院"。景祐二年（1035），宋仁宗又赐应天府书院学田10顷，名为应天府学，成为地方官学。应天书院培养了范仲淹（后又两次主持应天府书院）、张方平、王洙等大批人才，大大吸引和鼓舞了该区域乃至天下的学子，同时促进了当地文化的发展。

宋宣和画院和明清时的大梁书院都设在开封。开封虽为"八朝古都"，但其真正繁华时期是在北宋。作为当时的都城，是世界上最大的城市。张

---

① 〔汉〕班固撰，〔唐〕颜师古注：《汉书》，中华书局1962年版，第1653页。

择端《清明上河图》所展现的情景,便是其繁华景象的影照。而宣和画院聚集和培养的出类拔萃的人才,为营造东京的先进都市文化有着不可磨灭的贡献。这里还有中国古代最大的图书馆——崇文院,其为《太平御览》《文苑英华》《册府元龟》和《资治通鉴》的诞生提供了便利条件。之后的大梁书院的发展,也为开封增添了光彩,同时丰富了汴梁文化的内涵。总之,汴梁文化为豫东文化区抹上了浓墨重彩的一笔。

第三节　中原文化的"五方"区域(下)

一、豫西文化区

豫西文化区,北濒黄河,与山西省、豫北文化区隔河相望,南临豫南文化区,西与陕西省接壤,东毗豫中文化区,大致相当于今天河南省的洛阳市、三门峡市辖区。这一文化区域,古属豫州。汉刘熙《释名》卷二之《释州国》载:"豫州,地在九州之中,京师东都所在,常安豫也。"①星分柳、星、张,属南方朱雀星区。汉班固撰、唐颜师古注《汉书》卷二十八下之《地理志下》载:"周地,柳、七星、张之分野也。今之河南雒阳、穀城、平阴、偃师、巩、缑氏,是其分也。昔周公营雒邑,以为在于土中,诸侯蕃屏四方,(师古曰:'言雒阳四面皆有诸侯为蕃屏。')故立京师。"②(穀城,今新安县。平阴,今洛阳市孟津区。巩,今巩义市。缑氏,治所在今洛阳市偃师区缑氏镇。)又由于其西依秦岭,东临嵩岳;北靠太行,南望伏牛,所以自古有"居天下之中""九州腹地"之称,"河山拱戴,形势甲天下"之誉。

该区域地势西高东低,山川丘陵交错,地形错综复杂,其中山区占45.51%,丘陵占40.73%,平原占13.8%,周围有郁山、邙山、青要山、荆紫山、周山、樱山、龙门山、香山、万安山、首阳山、嵩山等多座山脉;河渠密布,分属黄河、淮河、长江三大水系,黄河、洛河、伊河、清河、磁河、铁滦河、涧河、瀍河

---

① 〔汉〕刘熙:《释名》卷二,文渊阁《四库全书》(影印版),第1页。
② 〔汉〕班固撰,〔唐〕颜师古注:《汉书》,中华书局1962年版,第1690页。

等10余条河流蜿蜒其间。由于黄河、洛河、伊河是其中的三大河流,所以这里古也称"三川之地"。

从交通条件来看,洛阳是西周大交通网的中心;隋唐大运河,从洛阳东达于海,西至关陇,南下苏杭,北溯幽燕;以洛阳为东端起点的"丝绸之路",可以直驰地中海东岸。所以,洛阳是当时全国乃至全亚洲的经济、文化和商业的中心,也是当时重要的交通枢纽。

(一)豫西文化区的历史渊源

豫西文化区域是华夏文明的重要发祥地之一,也是中国的主流文化区。它的中心城市为洛阳。

伏羲、黄帝、帝喾、禹等都曾在这一区域生活或活动。汉孔安国释《尚书·顾命》"河图":"伏羲王天下,龙马出河,遂则其文以画八卦,谓之河图。"[①]汉班固撰、唐颜师古注《汉书》卷二十七上之《五行志上》载:"刘歆以为虙羲氏继天而王,(师古曰:'虙读与伏同。')受《河图》,则而画之,八卦是也;(师古曰:'放效《河图》而画八卦也。')禹治洪水,赐《雒书》,法而陈之,《洪范》是也。(师古曰:'取法《雒书》而陈《洪范》也。')"[②]宋李昉等《太平御览》卷八百七十二引晋皇甫谧《帝王世纪》云:"黄帝五十年秋七月庚申,天大雾三日三夜,帝之洛水上,见大鱼负图书。"[③]夏太康(启之子)迁都于斟鄩(都今巩义市西南一带)。北魏郦道元《水经注》卷二十六载:"太康居斟鄩,羿亦居之,桀又居之。"[④]约公元前16世纪,商汤灭夏,迁都于西亳(遗址在今偃师尸乡沟)。清顾炎武《历代帝王宅京记》卷一载:"《括地志》曰:宋州谷熟西南三十五里南亳故城,即汤都。北五十里蒙城为景亳,汤所盟也,因景山为名。河南偃师为西亳,帝喾及汤所都,盘庚所迁亳邑故城,在偃师县西十四里。"[⑤](谷熟,东汉县名,治所在今虞城县谷熟镇。)又,唐张守节《史记正义》卷三载:"按亳,偃师城也。商丘,宋州也。汤即位,都南亳,后徙西亳也。"[⑥]

---

① 〔清〕阮元:《十三经注疏》(影印版),中华书局1979年版,第239页。

② 〔汉〕班固撰,〔唐〕颜师古注:《汉书》,中华书局1962年版,第1315—1316页。

③ 〔宋〕李昉等:《太平御览》(影印版),中华书局1995年版,第3866页。

④ 〔北魏〕郦道元:《水经注》卷二十六,文渊阁《四库全书》(影印版),第11页。

⑤ 〔清〕顾炎武撰,顾宏义校点:《顾炎武全集(四)》,上海古籍出版社2012年版,第229页。

⑥ 〔唐〕张守节:《史记正义》卷三,文渊阁《四库全书》(影印版),第2页。

汉司马迁《史记》卷三之《殷本纪》载："帝盘庚之时,殷已都河北,盘庚渡河南,复居成汤之故居,乃五迁,无定处。……帝庚丁崩,子帝武乙立。殷复去亳,徙河北。"①据有关资料表明,商朝两次都西亳历经19帝,计400余年。

周武王灭商后曾想在此区域建都。汉司马迁《史记》卷四之《周本纪》载："武王至于周,自夜不寐。……武王营周居洛邑而后去。……成王在丰,使召公复营洛邑,如武王之意。周公复卜申视,卒营筑,居九鼎焉。曰:'此天下之中,四方入贡道里均。'作《召诰》《洛诰》。"②晋杜预注、唐孔颖达疏《春秋左传正义》卷五载："武王克商,迁九鼎于雒邑。(武王克商,乃营雒邑而后去之。又迁九鼎焉。时但营洛邑,未有都城,至周公乃卒营雒邑,谓之王城,即今河南城也。故《传》曰:'成王定鼎于郏鄏。')"③唐张守节《史记正义》卷四:"《括地志》云:'故王城,一名河南城,本郏鄏,周公新筑,在洛州河南县北九里苑内东北隅。自平王以下十二王皆都此城,至敬王乃迁都成周,至赧王又居王城也。'《帝王世纪》云:'王城西有郏鄏陌。'《左传》云:'成王定鼎于郏鄏。'京相璠《地名》云:'郏,山名。鄏,邑名。'"④这些文献表明,周武王克商后在洛阳察看地形,营建周人之居、迁九鼎后离开,没有来得及迁都,灭商后的第二年便在镐京病故,成王即位。因成王年幼,由其叔父周公辅佐代政。成王执政的那年,便派召公、周公先后来到洛邑,营建王城。从此,西方的镐京称为宗周,东方的洛邑称为成周。西周自成王始,诸王均来成周施政。洛、镐二都均设有中央最高官署,曾经是周公居洛、召公居镐,共同治国。洛阳作为西周的东都城,从成王五年至平王二年,历经10帝,计295年。

周平王元年(前770),平王决定废西都而迁东都,史称东周。洛阳作为东周都城历经25帝,计515年。

洛阳,作为这一区域的中心城市,是我国"八大古都"之一,为都时间长达924年。除夏、商、周三代之外,先后有东汉、曹魏、西晋、北魏、隋、唐、后梁、后唐、后晋等建都于此,所以有"十三朝古都"之称。自夏太康迁都斟鄩,

---

① 〔汉〕司马迁:《史记》,中州古籍出版社1996年版,第11—12页。

② 〔汉〕司马迁:《史记》,中州古籍出版社1996年版,第16—17页。

③ 〔清〕阮元:《十三经注疏》(影印版),中华书局1979年版,第1743页。

④ 〔唐〕张守节:《史记正义》(影印版)卷三,文渊阁《四库全书》,第14页。

商汤定都西亳,武王伐纣,八百诸侯会孟津,周公辅政,迁九鼎于洛邑,平王东迁,高祖都洛,光武中兴,魏晋相禅,孝文改制;到隋唐盛世,后梁唐晋,相因相袭,这里展现了璀璨的历史画面。汉魏以后,洛阳逐渐成为国际大都市,隋唐时人口百万,盛极一时。

三门峡市是黄河第一坝——三门峡大坝建成后,于 1957 年 3 月经国务院批准成立的省辖地级市。历史上曾是夏商王朝统治的中心区域,西周初期属于焦国。南朝宋裴骃《史记集解》卷四:“武王追思先圣王,乃褒封神农之后于焦。(《地理志》:弘农陕县有焦城,故焦国也。)”①西周晚期周宣王初年,西虢(都今陕西宝鸡市东)东迁,隔黄河形成所谓南、北二虢(实均为西虢)。三门峡市属于南虢。秦时属于三川郡(治所在今洛阳市东。一说治所在今郑州市惠济区古荥镇)。汉高帝二年(前 205)改三川郡为河南郡,又属河南郡,汉武帝时为弘农郡所辖,北魏属于陕州后,一直延续至明、清。

无论历史上,还是中华人民共和国成立后的三门峡市,其属区大都属于洛阳市属的一部分。直至 1986 年 1 月 18 日,国务院批准,三门峡市升为地级市,原洛阳所属的渑池、陕县、灵宝、卢氏等县划归三门峡市管辖。

由于豫西文化区的独特区位优势和历史地位,所以说,以洛阳为中心而形成的河洛文化,不仅是豫西文化区的独特区域文化,也是中国传统文化的主体。

(二)豫西文化区的文化特征

豫西文化区域是《河图》《洛书》的发源地,又是我国仰韶文化的中心区域,拥有距今 7000 年前的仰韶文化和距今 3800 年前的二里头文化等。

仰韶文化属于新石器时代文化,因 1921 年首次在三门峡市渑池县仰韶村发现而得名。其制陶工艺相当成熟,器物规整精美,并绘有精美的彩色花纹,反映了当时制陶工艺的水平,所以考古学上又常将仰韶文化称为彩陶文化。二里头文化,因 1959 年在洛阳偃师二里头村被发现而得名。二里头文化遗址为研究中国历史早期国家的出现及其特点,提供了最原始的研究资料,是考古学界公认的探索夏文化和夏商王朝分界的关键性遗址。仰韶文化和二里头文化与后来的商周文明一起,赋予了河洛文化博大精深的特质,

---

① 〔南朝〕宋裴骃:《史记集解》卷四,文渊阁《四库全书》(影印版),第 10 页。

形成了华夏文明的主流。

豫西文化区域作为中原文化的主流文化区域,由于其悠久历史和历代王朝的时尚,孕育了其独具特色的区域文化,尤其它的都市文化更为显著。

从经济文化层面看,农商并重,百业兼容。这一区域有便于发展农耕经济的洛阳盆地。据汉郑玄注、唐贾公彦疏《周礼注疏》卷三十三之《夏官·职方氏》载:"河南曰豫州⋯⋯其利林、漆、丝、枲,其民二男三女,其畜宜六扰,其谷宜五种。"①这里又是"丝绸之路"的起始点和货源地之一。杜康酿酒始于此地。东窑"唐三彩"享誉国内外。这一切,为该区域经济的发展和繁荣提供了便利的条件。

从政治文化层面看,隆礼重道,尊儒崇佛。周公旦在营建东都洛邑的同时,为安邦治国也制定了大量的礼教制度,即后世所称的"周礼"。由《史记·老子韩非列传》所载的孔子来东都"问礼于老子"看,周礼尽在东都成周。这里还是老子《道德经》(在函谷关写就)的诞生地。尤其是自李唐认老子为其始祖,"重道"遂成时风。由于汉武帝时"废除百家,独尊儒术"的影响,以及东汉察举、征辟制度的实施,洛阳作为国都,尊儒尤甚。自佛教传入中原,洛阳建立我国第一座寺庙——白马寺,这里又成为佛教在中国传播的"圣地"。

从学术思想看,道、儒、佛诸学交融,纵横家、谶纬之学异彩纷呈。洛阳作为"十三朝古都",是人文荟萃的地方。这里的文化氛围促成了老子《道德经》的诞生。之后《道德经》又被诞生于东汉的道教尊奉为经典之一。战国纵横家苏秦在此发奋读书,游说天下。西汉文学家贾谊论政著文,彪炳千秋。汉光武帝刘秀于建武中元元年(56),"宣布图谶于天下"②,把谶纬之学正式确立为官方的统治思想。汉章帝建初四年(79),又通过白虎观会议,将谶纬之学与儒学结合起来,使儒学神秘化。佛教三藏(经藏、律藏、论藏)法师玄奘也是从这里走出。北宋程颢、程颐兄弟奠定了宋明理学的根基,如此等等。

从民风民俗层面看,乐善时尚,豁达宽容。由于洛阳皇都文化的影响,

---

① 〔清〕阮元:《十三经注疏》(影印版),中华书局1979年版,第862页。
② 〔汉〕刘珍等:《东观汉记》卷一,文渊阁《四库全书》(影印版),第20页。

这里的百姓养成了乐善好施的优良品质。洛阳是中原官话的发源地,所以这里的百姓以说"官话"为时尚。至今洛阳一带较之他地方言不重便是明证。又由于洛阳为都时间久长,为八方辐辏之地,其人员来自"五湖四海",成分复杂,所以,百姓们又有着豁达宽容的胸怀。至北宋时期,随着中国政治中心东移开封,豫西文化区域的河洛文化尽管仍保持着自己的历史地位,但也很快融汇到中原文化的长河中。

二、豫南文化区

豫南文化区,北依豫西文化区、豫中文化区;南临湖北省;西与陕西省接壤;东毗安徽省,大致相当于今天河南省的南阳市、驻马店市和信阳市辖区。这一文化区域,古分属扬州、荆州和豫州。其大部分,古虽属荆州(属南方朱雀星区),但星分角、亢、氐,属东方苍龙星区。唐杜佑《通典》卷一百七十二之《州郡》:"韩地,角、亢、氐之分野。得汉之南阳及颍川之父城、定陵、襄城、颍阳、颍阴、长社、阳翟、郏城,东接汝南,西接弘农得新安、宜阳,皆韩分野。(今郏鄏之河南地,河南之西境、南境、东境,荥阳,临汝,颍川之西境,淮安,汉东,义阳之西境,南阳,武当等是。)"①(父城,治所在今宝丰县李庄乡古城村。定陵,治所在今舞阳县北。颍阳,治所在今襄城县东北20多里处。颍阴,治所在今禹州市东南40里。长社,治所在今长葛市东。阳翟,治所在今禹州市。淮安,治所在今江苏淮安市。汉东,治所在今湖北随州市。义阳,治所在今信阳市。武当,治所在今湖北丹江口市。)而驻马店市属的区域,星分翼、轸,属南方朱雀星区。汉班固撰、唐颜师古注《汉书》卷二十八下之《地理志下》:"楚地,翼、轸之分野也。今之南郡、江夏、零陵、桂阳、武陵、长沙及汉中、汝南郡,尽楚分也。"②据《汉书》卷二十八下之《地理志上》载,汉汝南郡辖平舆、西平、上蔡、汝阳(治所在今汝南县)、安成(治所在今汝南县东南汝河湾附近)、阳城(治所在今平舆县西北)、新蔡、慎阳(今正阳县)、弋阳(今潢川县)等37县(相当于今驻马店市、信阳市辖区)。豫南文化区属于汉淮流域,地处秦岭—淮河一线上,北部有俯卧的伏牛山和肥沃的淮河平原,

① 〔唐〕杜佑:《通典》卷一百七十二,文渊阁《四库全书》(影印版),第11—12页。
② 〔汉〕班固撰,唐颜师古注:《汉书》,中华书局1962年版,第1665页。

中部有著名的南阳盆地,南有大别山、桐柏山横亘,其间丘陵起伏,河渠纵横。此外,还有著名的鸡公山、独山、嵖岈山和宝天曼等。主要河流有淮河、丹江、白河(淯水)、唐河、史灌河、潢河、白鹭河、洪河、南汝河等。

从交通条件来看,这一区域东达苏皖,西通武关,南扼荆楚,北屏中原,自古是战略要地,又是南北经济文化交流的重要通道。

(一)豫南文化区的历史渊源

豫南文化区域是中原文化的河洛文化、郑韩文化、陈宋文化向南辐射,与荆楚文化、三秦文化、徽文化交融之处,自汉以后融入中原文化中,成为中原文化的一分子,但仍保持着自身所具有的特色。它的中心城市为南阳和信阳。

"南召猿人"、打石山文化遗址和屈家岭文化遗址的大量实物说明,豫南文化区域在史前就有先人在这里生活。这里也是"五帝"涉足争夺的地方。西汉司马迁《史记》卷一之《五帝本纪》:"天下有不顺者,黄帝从而征之。平者去之。披山通道,未尝宁居。……南至于江,登熊、湘。"①(熊,指熊耳山,在今陕西商州区西十里。湘,指湘山,在今湖南益阳市。)该区域正是黄帝达江通湘的必经之地。汉高诱注《吕氏春秋》卷二十载:"尧战于丹水之浦,以服南蛮。(丹水在南阳。浦,岸也,一曰崖也。)舜却苗民,更易其俗。(苗民,有苗也。却,犹止,更改。)"②夏时,此区域临近帝都,为历代夏帝所关注。春秋墨翟《墨子》卷五:"禹亲把天之瑞令,以征有苗。"③无论是舜帝南巡,还是禹征有苗,都说明该区域已成为他们的大后方。至商周时期,随着帝王的向南拓疆,中原文化更是以强劲的势头向南扩展影响。《诗经·商颂·殷武》:"挞彼殷武,奋伐荆楚。"④商周之际,这里分属于鄂、谢、申、沈、番、道、吕、赖、郦、蓼、曾、都、息、黄、蒋、蔡、柏、房等大小封国。春秋时期,即公元前688年始,上述各封国相继被楚国吞并。战国后期,楚顷襄王为强秦所迫,相继迁都信阳、淮阳和安徽的寿春。秦一统天下后,该区域分属于南阳郡、颍川郡。汉时又分别属于南阳郡、汝南郡。之后,无论政体如何变化,"郡国"的区域影响挥之不去,导致了相对固定的这一文化区域形态。

---

① 〔汉〕司马迁:《史记》,中州古籍出版社 1996 年版,第 1 页。
② 〔汉〕高诱注:《吕氏春秋》卷二十,文渊阁《四库全书》(影印版),第 11—12 页。
③ 〔春秋〕墨翟:《墨子》卷五,文渊阁《四库全书》(影印版),第 9 页。
④ 〔清〕阮元:《十三经注疏》(影印版),中华书局 1979 年版,第 627 页。

南阳,作为这一区域的中心城市,无论是在生活习俗方面,或是在时尚文化方面,都起着主导和引领作用。关于南阳命名的由来,汉张衡《南都赋》有:"陪京之南,居汉之阳。"其中所说的"京",是指东汉京都洛阳。这是说,南阳是"陪都",因地处洛阳(或伏牛山)之南,汉水之北而得名。南阳古又称"宛",战国时,原为楚邑。秦昭襄王攻占后,在这里置宛县。北周改为上宛县。汉班固撰、唐颜师古注《汉书》卷二十八下之《地理志下》:"宛,西通武关,东受江、淮,一都会也。"①秦以后历代为南阳郡治所,成为豫南政治、经济、文化的中心。又因汉光武帝刘秀发迹于南阳,其称帝后,将南阳作为洛阳陪都,所以,南阳又有"南都""帝乡"之誉。王莽时期,为了加强对工商业的物价和税收管理,这里设有五均官,为"五都"(设五均官的五大城市,即洛阳、邯郸、临淄、宛、成都)之一。

由于南阳的地理位置及其优越条件,西汉时期,封于此地的有冠军侯霍去病、博望侯张骞等20多位王侯。东汉时期更是有过之而无不及,光武帝刘秀的公主有7位被封于这里。刘秀的"二十八宿"将领及其他皇亲国戚封于此地的更多。这些因素也促进了南阳经济和文化鼎盛一时。

据有关专家论证,南阳还是"丝绸之路"的阶段性起止点和货源地之一。中国社会科学院文学研究所杨镰先生根据南阳汉画石以及其他考证,得出结论:"与大宛对应的,中原的丝绸古道起止点,一般认为是西安或洛阳。西安或洛阳,是汉代行政中心,还需要有旅客与商品的集散地:人流如织、村落衔接、物产丰饶、宾至如归。丝绸之路承接着精神文明与物质文明,越贴近基层,它的流动越畅通,脉搏越充满活力,存在越有实效。由此推断,中原的贴近基层的阶段性起止点、商贸中心,当在伏牛山麓的南阳。"②

张衡在他的《南都赋》里,将故乡南阳的地理形势、风物人文等淋漓尽致地描绘出来,于其中也可窥当时南阳繁华之一斑。

豫南文化区"割周楚之丰壤,跨荆豫而为疆"的独特区位优势和历史地位,形成了以南阳为中心的汉淮文化。这种融河洛文化、郑韩文化、陈宋文化、荆楚文化、三秦文化、徽文化等为一体的复合型文化,大大丰富了中原文

① 〔汉〕班固撰,唐颜师古注:《汉书》,中华书局1962年版,第1654页。
② 杨镰:《丝绸之路史二题》,《文史知识》2009年第6期,第7页。

化的内涵,同时,也使中原文化更加绚丽。

(二)豫南文化区的文化特征

豫南文化区域属于距今 5000 年前的屈家岭文化区。屈家岭文化因 1955 年至 1957 年发现于湖北京山屈家岭而得名。其虽然是新石器时代文化,但不同于仰韶文化。大量的石器和陶器等出土物说明,这里早已进入人类文明时期。屈家岭遗址的发现,也说明了汉淮流域同黄河流域一样,是中华民族的摇篮,是华夏文明的发祥地之一。

豫南文化区域所孕育的区域文化,其特征尤为显著。

从经济文化层面看,商农并重,百业并举。这一区域有便于发展农耕经济的南阳盆地和淮河平原,但老百姓却非常喜欢商贾和各种手工业。西汉司马迁《史记》卷一百二十九之《货殖列传》:"宛亦一都会也。俗杂好事,业多贾。"①汉代,这里便设有管理工业和铁的冶铸业的官署工官、铁官等。当时也出现了一批著名商人,如冶铁商人孔仅等。当时的郡太守在注重农商造福于民方面,也起了积极的作用。汉班固撰、唐颜师古注《汉书》卷二十八下之《地理志下》载:"南阳好商贾,召父富以本业。(师古曰:'召父谓召信臣也。劝其务农以致富。')"②召父,是指西汉元帝时的南阳郡太守召信臣,他看到百姓不以农为本,便兴修水利,引导百姓从事农业,使他们富裕。又,南朝宋范晔撰、唐李贤等注《后汉书》卷六十一载:"杜诗字君公,河内汲人也。……拜成皋令,视事三岁,举政尤异。再迁为沛郡都尉,转汝南都尉,所在称治。七年,迁南阳太守。性俭而政治清平,以诛暴立威,善于计略,省爱民役。造作水排,铸为农器,用力少,见功多,百姓便之。又修治陂池,广拓土田,郡内比室殷足。时人方于召信臣,故南阳为之语曰:'前有召父,后有杜母。'"③(水排,利用水力鼓风铸铁的机械。)由此看来,这里的百姓对"商贾"和手工业的喜好由来已久。这里毕竟孕育了"商圣"范蠡、"科圣"张衡,又是"丝绸之路"的货源地,人们经商原本又比务农发家致富得快。

从政治文化层面看,重兵尚武,崇尚建功立业。由于这里是兵家常争之

① 〔汉〕司马迁:《史记》,中州古籍出版社 1996 年版,第 911 页。
② 〔汉〕班固撰,〔唐〕颜师古注:《汉书》,中华书局 1962 年版,第 1654 页。
③ 〔南朝宋〕范晔撰,〔唐〕李贤等注:《后汉书》,中华书局 1965 年版,第 1094 页。

地,受"胜者为王,败者为寇"思想的影响,所以这里自古以来"重兵尚武"。由于这里的封国和东汉以后皇亲贵胄众多,建功立业、封侯拜相遂成为人们追求的目标。

从学术思想看,儒、墨、法诸学互摄,兵、农、医等家交融。由于这一区域的地理位置的特殊性,从而呈现了"百家争鸣"的局面。孔子周游列国,曾羁留蔡国讲学。据三国魏王肃《孔子家语·七十二弟子解》和清代《汝宁府志》《上蔡县志》记载,蔡国有孔门六弟子,即漆雕开、漆雕从、漆雕侈、曹邺、漆雕凭、秦冉等六人,其中前四位属于孔子"七十二弟子",漆雕开尤为著名,"习《尚书》,不乐仕"。墨子的故乡鲁山县汉代曾属于南阳郡所辖,其思想自然影响当地。著名法家李斯、法律学家张释之也先后诞生在这块热土上。历代诞生或生活在这里的著名人物的思想在此地都颇有影响。如政治家、人称"商圣"的范蠡,政治家、"五羖大夫"百里奚,西汉治《公羊春秋》、撰《盐铁论》的儒学大家桓宽,少好术数、曾为巫医的水利专家许杨,做官无"官官"之心的发明家张衡,从政不忘民生疾苦、撰写了传世巨著《伤寒杂病论》和《金匮玉函要略方》的"医圣"张仲景,政治家、军事家和战略家诸葛亮,撰写了《搜神记》的文学家、史学家干宝,思想家、无神论者范缜等。

从民风民俗层面看,"楚风豫韵",尚气力,喜夸奢,好商贾。由于南北文化的兼容并蓄的文化特征,从这一区域百姓的衣食住行、风俗习惯来看,兼具有"南方人"和"北方人"的特点,且"南方人"的特点较为突出。从性格来看,不但具有"北方人"的朴实仗义,而且具有"南方人"的精明细腻。从语言特色看,方言突出(尤其是信阳一带),是中原官话的变异。按《中国语言地图集》划分,其属于中原官话信蚌片。同时,民风具有"尚气力,喜夸奢,好商贾"的特点。汉班固撰、唐颜师古注《汉书》卷二十八下之《地理志下》有:"秦既灭韩,徙天下不轨之民于南阳,故其俗夸奢,上气力,好商贾渔猎,藏匿难制御也。"①至今,豫南地区商业、手工业发达也是其有力的佐证。

可以说,豫南文化区的文化特征既具有中原农耕文明的重教化、尚伦理的凝重,又有南方重机理、尚人为的激进。

---

① 〔汉〕班固撰,〔唐〕颜师古注:《汉书》,中华书局1962年版,第1654页。

三、豫北文化区

豫北文化区,东与山东济宁市、菏泽市隔黄河相邻,南濒黄河与豫西、豫中、豫东文化区隔黄河相望,西依太行山与山西省相毗,北与河北省邯郸市、山东省的聊城市接壤,大致相当于今天河南省的新乡市、安阳市、鹤壁市、濮阳市、焦作市和济源市辖区。这一文化区域,古分属冀州和兖州,周时属卫地,星分室(营室)、壁(东壁),属北方玄武星区。汉班固撰、唐颜师古注《汉书》卷二十八下之《地理志下》:"卫地,营室、东壁之分野也。今之东郡及魏郡黎阳,河内之野王、朝歌,皆卫分也。"①

豫北文化区地处黄河、海河两大流域,西部有绵延千里的太行山。此外,还有著名的王屋山、云台山、林虑山等。除黄河之外,主要河流有卫河、沁河、济水、洹水(今安阳河)、淇河、濮水、马颊河、徒骇河、金堤河、天然文岩渠、潴龙河和红旗渠等。

从交通条件来看,这一区域东达齐鲁,西扼三晋,北通燕赵,南屏中原,自古为帝王所青睐,是黄河南北经济、文化交流的必由之路。

(一)豫北文化区的历史渊源

豫北文化区域的本土文化主要是殷商文化和濮卫文化,在其形成过程中,深受河洛文化、郑韩文化、燕赵文化、三晋文化和齐鲁文化的影响,是中原文化的有机组成部分。它的中心城市为安阳和濮阳。

豫北文化区也是中华民族的主要发祥地之一。安阳"小南海"原始人洞穴说明,早在旧石器时代晚期,已有人类在这里生息繁衍。濮阳西水坡"龙虎墓"和磁山、裴李岗等文化遗址也说明,新石器时代这里的先人已具有相当的创造力和想象力。

这里还是历代王侯争夺和活动的主要区域。继黄帝之后,颛顼统一治理中原地区,都帝丘(今濮阳西南)。汉班固撰、唐颜师古注《汉书》卷二十八下之《地理志下》:"卫本国既为狄所灭,(师古曰:'卫懿公为狄人所灭,事在《春秋》闵公二年。')文公徙封楚丘,三十余年,子成公徙于帝丘。故《春秋经》曰'卫迁于帝丘',今之濮阳是也。本颛顼之虚,故谓之帝丘。夏后之世,

---

① 〔汉〕班固撰,〔唐〕颜师古古注:《汉书》,中华书局1962年版,第1664页。

昆吾氏居之。"①（楚丘，在今滑县东。）颛顼之后，帝喾继位，迁都帝丘，后又迁都西亳（遗址在今偃师尸乡沟）。帝喾赐颛顼玄孙陆终长子樊为己姓，封邑昆吾（今濮阳东南）。夏朝时期，这里是其活动的重要地区。商攻夏从这里开始。《诗经·商颂·长发》："韦顾既伐，昆吾夏桀。"②其中的韦、顾均为国名，其故址分别在今滑县东南的万古镇妹村和今范县东南。商帝河亶甲的都城相也建于这一地区。唐张守节《史记正义》卷三："河亶甲居相。（《括地志》云：'故殷城在相州内黄县东南十三里，即河亶甲所筑都之，故名殷城也。'）"③（相州，今安阳市。）之后，自商王盘庚迁都于殷（今安阳市郊小屯一带）始，历经12帝，计254年。公元前1046年，周武王伐纣于牧野（今淇县西南）。牧野之战宣告了商朝约600年的统治结束。

西周，这里分属于邶（今淇县以北和汤阴县东南一带）、鄘（今新乡市一带）、卫（今濮阳、长垣一带）、雍（今焦作市西南一带）、共（今辉县市一带）、殷丘（今安阳市一带）、朝歌（今淇县一带）、邗（今沁阳市一带）、原（今济源市一带）、楚丘（今滑县一带）、温（今温县一带）等大小封国。

春秋战国时期，这里又称作河内。唐张守节《史记正义》卷四十四："古帝王之都多在河东、河北，故呼河北为河内，河南为河外。又云：河从龙门南至华阴，东至卫州，折东北入海，曲绕冀州，故言河内云也。"④汉郑玄注、唐贾公彦疏《周礼注疏》卷三十三之《夏官·职方氏》："河内曰冀州。其山镇曰霍山，其泽薮曰杨纡，其川漳，其浸汾、潞，其利松、柏，其民五男三女，其畜宜牛、羊，其谷宜黍、稷。"⑤往小处说，河内也专指今焦作市和济源市一带。后晋刘昫等《旧唐书》卷三十九载："天授元年，改为河内郡。乾元元年，复为怀州。旧领县九：河内、武德、修武、获嘉、武陟、温、河阳、济源、王屋。"⑥此期的大小诸侯会盟以及后来宋、金的澶渊（在今濮阳县西南）之盟都在这里进行，其间的觥筹交错、唇枪舌剑的情形可想而知。

---

① 〔汉〕班固撰，〔唐〕颜师古注：《汉书》，中华书局1962年版，第1664页。
② 〔清〕阮元：《十三经注疏》（影印版），中华书局1979年版，第627页。
③ 〔唐〕张守节：《史记正义》卷三，文渊阁《四库全书》（影印版），第6页。
④ 〔唐〕张守节：《史记正义》卷四十四，文渊阁《四库全书》（影印版），第4页。
⑤ 〔清〕阮元：《十三经注疏》（影印版），中华书局1979年版，第863页。
⑥ 〔后晋〕刘昫等：《旧唐书》，中华书局1975年版，第1489页。

秦汉时期,这一区域分属河内郡和东郡。

据《汉书》卷二十八下之《地理志上》载,河内郡治怀(治所在今武陟县西南),高帝元年(前206)为殷国,二年更名。辖县十八:怀、汲(治所在今卫辉市西南25里)、武德(治所在今武陟县东南)、波(治所在今济源市东南20里)、山阳(治所在今河南焦作市东)、河阳(治所在今孟州市西35里)、州(故城在今博爱县东南约40里)、共(今河南辉县)、平皋(故城在今温县东20里)、朝歌(治所在今淇县朝歌镇)、脩武(故城即今获嘉县治。故城东有小修武)、温(故城在今温县西南30里)、野王(今沁阳市)、获嘉(故城在今新乡市西12里)、轵(故城在今济源市南13里)、沁水(故城在今济源县东北,沁水南王寨城)、隆虑(今林州市)、荡阴(今汤阴县)。东郡治濮阳(今濮阳市庆祖镇北)领22县:濮阳、白马(今滑县)、南燕(故址在今延津县东35里)、顿丘(治所在今清丰县西南)、范县等。

汉代以降,此区域的行政体制尽管有或"州"、或"道"、或"路"、或"省"的变化,但其文化区域形态都相对固定。

安阳,作为这一区域的中心城市,是中国"八大古都"之一。原称北蒙,自公元前1300年盘庚迁都于殷(今安阳市郊小屯一带)以后的254年,安阳遂成为中国的政治、经济、文化中心。周灭殷,分畿内之地为邶、鄘、卫三国。清王士俊等《河南通志》卷五十一:"邶城,在汤阴县东南三十里,纣子武庚所封地。"[①]安阳隶属邶。后邶、鄘、卫三国联合起来叛乱,周公旦灭之,封其弟康叔于卫,将邶、鄘两国归于卫,安阳此时又隶属于卫国。汉司马迁《史记》卷四之《周本纪》:"成王少,周初定天下,周公恐诸侯畔周,公乃摄行政当国。管叔、蔡叔群弟疑周公,与武庚作乱,畔周。周公奉成王命,伐诛武庚、管叔,放蔡叔,以微子开代殷后,国于宋。颇收殷余民,以封武王少弟,封为卫康叔。"[②](微子开,即微子启。避汉景帝讳而改。)唐张守节《史记正义》卷四:"武王灭殷国为邶、鄘、卫,三监尹之。武庚作乱,周公灭之,徙三监之民于成周,颇收其余众,以封康叔为卫侯,即今卫州是也。孔安国云'以三监之余

---

① 〔清〕王士俊等:《河南通志》卷五十一,文渊阁《四库全书》(影印版),第23页。

② 〔汉〕司马迁:《史记》,中州古籍出版社1996年版,第17页。

民,国康叔为卫侯。周公惩其数叛,故使贤母弟主之'也。"①

春秋末期,晋国崛起,安阳一度属于晋国。战国时代,韩、赵、魏三家分晋后,安阳又隶属于魏。魏文侯七年(前439),建都于邺(今河北邯郸市临漳县西南邺镇、三台村以东一带),以西门豹为邺令,安阳属都畿之地,为宁新中邑。战国时,秦昭襄王五十年(前257),秦攻克魏国宁新中邑,改"宁新中"为安阳,安阳之名始见史册。秦始皇统一中国后,行郡县制,始置安阳县,隶属邯郸郡。东汉末年以来,曹魏、后赵、冉魏、前燕、东魏、北齐,先后建都于邺,安阳为其属地。北周大象二年(580),杨坚摄政,相州总管尉迟迥看其有不臣之意,发兵讨伐杨坚而兵败自杀,于是杨坚下令焚毁邺城,并迁移相州、魏郡、邺县治所和邺地百姓到邺南20公里的安阳城,安阳城于是成为相州、魏郡、邺县治所。隋之后,这里或为州、为路、为府治所之地,从而再度成为以殷商文化为内核的文化中心。清光绪二十五年(1899)发现的甲骨文和后来的对殷墟遗址的发掘成就,荣列世界文化遗产名录,又使这一城市享誉世界。

在豫北文化区的区域文化形成过程中,虽然深受河洛文化、郑韩文化、燕赵文化、三晋文化和齐鲁文化的影响,但其个性特征较之其他四个文化区域来说,尤为突出。

(二)豫北文化区的文化特征

豫北文化区域拥有距今25000年前的"小南海文化",以及新石器时代的磁山文化、裴李岗文化和仰韶文化等,也是华夏文明的重要发祥地之一。

从经济文化层面看,以农为本,兼重工商。这一区域地处华北平原和太行山脉边缘,土地肥沃,资源丰富,便于农耕经济和工商业的发展。这里除注重农业的种植外,还因地制宜,采摘和种植中药材。早在唐宋时期,这里即为中药材集散地之一。其"四大怀药"(即怀地黄、怀山药、怀牛膝、怀菊花。怀,怀州,今焦作市一带),为中药材佳品,驰誉中外。汉代,这里也设有管理工业和铁的冶铸业的官署工官、铁官等。《汉书》卷二十八下之《地理志上》载,河内郡,高帝元年为殷国,二年更名。辖县十八:怀(今沁阳市),有工官。王莽改称河内。隆虑(今林州市),有铁官。避汉殇帝名,改曰林虑。② 今林州市河顺镇

---

① 〔唐〕张守节:《史记正义》卷四,文渊阁《四库全书》(影印版),第15页。

② 〔汉〕班固撰,〔唐〕颜师古注:《汉书》,中华书局1962年版,第1554—1555页。

申村和东岗镇东冶村的冶铁遗址,便足以说明当时冶铁业的兴旺。

从政治文化层面看,尚忠勇,尊谏诤。殷商时期,忠臣比干以死谏君,为人敬仰,被誉为"忠烈公",并立庙(址在今卫辉市比干庙村)祭祀至今;周末的子路(孔子弟子)、夏育(周时著名勇士,传说能力举千钧),忠勇刚武,为百姓仰慕;宋代岳飞精忠报国,被誉为"民族英雄",名垂千古;等等。

从学术思想看,尊儒尚法,兵家、纵横家并重。儒家思想在这一区域颇占上风。孔子周游列国,第一站就是卫国。这里不但有他的好友蘧伯玉(卫国大夫,今卫辉市人),还有他的众多弟子。据三国魏王肃《孔子家语·七十二弟子解》载,此区孔子"七十二弟子"有子贡(端木赐,今浚县人),子夏(卜商,今温县人),琴牢(卫人,今濮阳人),公孙龙(卫人,今濮阳人)等。其中子夏更值得称道。汉司马迁《史记》卷六十七之《仲尼弟子列传》:"孔子既没,子夏居西河教授,为魏文侯师。"①据钱穆先生考证,"子夏居西河,不在西土,而在东方相州之安阳"②。由此可知,子夏在这里培养了大批儒家人才。著名法家代表人物商鞅(今内黄县人)也诞生在这里。他"少好刑名之学",崇尚以法治国,思想在此地有着较大的影响。王诩(自称鬼谷先生)著书《鬼谷子》,在云梦山授徒讲学,培养了孙膑、庞涓、苏秦、张仪、尉缭等一批著名军事家和纵横家,享誉后世。

从民风民俗层面看,古朴仗义,好气任侠。从这一区域百姓的风俗习惯来看,具有北方古风,尚自然,重情感,不拘于礼仪。汉班固撰、唐颜师古注《汉书》卷二十八下之《地理志下》载:"卫地有桑间濮上之阻,(师古曰:'阻者言其隐陋得肆淫僻之情也。')男女亦亟聚会,声色生焉,(师古曰:'亟,屡也,音丘吏反。')故俗称郑卫之音。周末有子路、夏育,民人慕之。(师古曰:'子路,孔子弟子仲由也,性好勇。夏育,亦古之壮士。皆卫人。')……其失颇奢靡,嫁取送死过度,而野王好气任侠,有濮上风。"③至于"好气任侠",《史记·刺客列传》最能说明问题。其所载的"五大刺客",这里占其二。一是刺杀韩相侠累的聂政(今济源市轵城镇人),二是刺秦王嬴政的荆轲(今濮

---

① 〔汉〕司马迁:《史记》,中州古籍出版社 1996 年版,第 627 页。
② 钱穆:《先秦诸子系年考辨》,上海书店 1992 年版,第 117 页。
③ 〔汉〕班固撰,〔唐〕颜师古注:《汉书》,中华书局 1962 年版,第 1665 页。

阳市一带人)。太极拳发源在这里(温县陈家沟)和在这里普及的事例,也足以说明是这种古风影响的结果。从性格人情来看,"北方人"的仗义尤为显著。《诗经·卫风·木瓜》:"投我以木瓜,报之以琼琚。……投我以木桃,报之以琼瑶。……投我以木李,报之以琼玖。"[1]从语言特色看,语音沉浊、质直。该区域的话语,整体上属于中原官话。从地区性方言划分来说,属于河南方言片。但因与三晋相邻,加上历代与其文化、经济交流甚密,以及因太行山和黄河的天然阻隔,从而形成了有别于河南其他区域方言的独特豫北入声方言。其特色的形成,与明洪武年间山西洪洞等地移民的迁入,也有着很大的关系。据明姚广孝、胡广等《明太祖实录》卷之一百九十三载,洪武二十一年(1388)八月,"迁山西泽、潞二州民之无田者,往彰德、真定、临清、归德、太康诸处闲旷之地"[2]。

又,《明太祖实录》卷之二百二十三载,洪武二十五年(1392)十二月,"后军都督府都督金事李恪、徐礼还京。先是,命恪等往谕山西民愿徙居彰德者听。至是还报彰德、卫辉、广平、大名、东昌、开封、怀庆七府民徙居者凡五百九十八户"[3]。(彰德,即明彰德府,治所在今安阳市。归德,即明归德府,治所在今商丘市。怀庆,即明怀庆府,治所在今沁阳市。)

综上所述,豫北文化区域的特征十分突出,与其他四个文化区域共同构成了中原文化所具有的多元化的特质,从而确立了中原文化在中华文化中的主流地位。

思考与练习

1. 什么是文化区域?我国文化区域的真正形成始于什么时期?
2. 按照不同条件,中原文化区域有哪些划分方法?
3. 中原文化的"五方"区域分别有着怎样的文化特征?
4. 中原文化的"五方"区域的主流文化分别是什么?

---

① 〔清〕阮元:《十三经注疏》(影印版),中华书局1979年影印版,第327—328页。
② 〔明〕姚广孝等:《明太祖实录》卷一百九十三,国立北平图书馆藏明手抄本影印,第2页。
③ 〔明〕姚广孝等:《明太祖实录》卷二百二十三,国立北平图书馆藏明手抄本影印,第3—4页。

第三章 中原思想文化

第一节　概述

一、何谓思想文化

思想是客观存在反映在人的意识中经过思维活动而产生的结果,是人类一切行为的基础。思想文化主要是指处在最高层次、以精神形态存在的文化,即关于世界观、人生观、价值观和方法论的文化。人们也把这种对"知"和"行"的本质及其规律认识的文化,叫作哲学。思想文化与器物文化、制度文化等一起构成了文化的总和。

思想文化自产生以来,便在中华文化系统中发挥着主导作用。无论是文学艺术,还是教育、科学,乃至宗教和风俗民情等,无不受其影响和引导。其作为中华民族五千年文明发展的结晶,凝聚了中华文化的基本精神。在西方文化中,宗教居于核心位置,而在中华文化中,宗教只不过是附属物而已。这便是中华文化与西方文化最根本的相异之处。因而欲了解中原文化乃至中华文化,便不能不了解中原思想文化。

二、中原思想文化

中国思想文化历史悠久,内涵丰富,博大精深,但若刨根究底,其文化渊薮多系于中原思想文化。历史上的中原是中国传统思想的萌芽、发展和荟萃之地,中原思想文化,应该说原始于中原地区"尚天""崇地"的祭祀崇拜。这种崇拜,是中原先人在与大自然作斗争中的精神依托。其表现形式,即"巫术"的出现。三皇五帝以及夏、商、周三代时期,人与天地沟通的主要角色就是"巫觋"。究其实,这"巫觋"就是当时极其聪慧的"哲人"。其既能预测客观事物的发展规律,又能迎合统治者的心理需要,而后杜撰易为人们信服的朴素道理,借助人们对天神地祇的崇拜心理,而传达所谓的"天意地旨"。这种"巫觋"文化影响深远,甚至于说,当今仍存在着其生存"土壤"。但客观地说,这种"巫觋"并非完全起着消极作用,在某种程度上对人们起着一定的精神安慰作用。

我们说，中原思想文化的真正诞生期，应为春秋战国时期。这个时期，诸子百家活跃于中原政治舞台，他们的政治理念和学说，可谓相互碰撞，异中有同，同中有异，相互补充和成就，不同程度地为当时统治者所接受，或为后世所奉之"圭臬"，或为万世不易之经典，可谓中华文化的元文化。汉唐以降，儒道互补，再加上佛学的调适，在宋代最终形成了中国文化的主流意识形态，这也是在中原地区完成的。因此可以说，中原思想文化是中国传统思想文化的核心，也是百家思想集大成者。被誉为"群经之首"、中国传统文化源头的《易》，其先天八卦和后天八卦，都诞生于中原。伏羲始创阴阳两爻符号，作八卦，后周文王被因于河南安阳羑里城而演绎之。孔子是儒学的开山人物，虽然出生在山东曲阜，但其祖籍却在河南夏邑，而且孔子至东周"问礼"、收徒讲学、列国游说的主要活动场所在中原。世称"二程"的洛阳人程颢、程颐开创了宋代理学，又把儒学推向一个新的思想高峰，理学成为宋、元、明、清以来居统治地位的主流意识形态。道家思想的鼻祖老子，是鹿邑人，长期生活与活动在中原，文辞简短而深富哲理的《道德经》，就是他在灵宝函谷关所撰就。崇尚法治的法家代表人物，大多数为河南人，如子产、子罕、商鞅、申不害、韩非、李斯等。其他如墨家、名家、纵横家、杂家等学说的代表人物也大都或出生于中原或活动于中原，对中原思想文化产生着巨大的影响。世界"三大宗教"之一的佛教，由白马驮佛经不远万里远播中国，也是在中原这块土地上首先扎下慧根、结出善果，洛阳白马寺因此被称为中国佛教的"祖庭"和"释源"。

总的来看，中原思想文化以其刚健有为、自强不息、中庸尚和的特点，兼具日新进取和友好敦睦的精神境界，这些思想文化塑造了中华民族的基本文化形态和性格，丰富了中华民族的精神宝库，并对世界文化产生了很大影响。西方许多杰出人物如伏尔泰、狄德罗、托尔斯泰、布莱希特等都曾受到《道德经》的影响。托尔斯泰直至暮年还在阅读《道德经》，他说孔子、孟子对他的影响是大的，而老子对他的影响是巨大的。因此，了解中原思想文化的主要内容、价值及其影响，对于增强河南人自豪感和提升自身文化素质有着十分重要的意义。

就目前来说,学者公认影响中华民族的思想文化的古资源主要有以下几种,即《易经》、先秦诸子学说(主要为儒家、墨家、法家、道家等)、佛教和宋代理学。下面我们便分而述之。

第二节 《易经》文化

一、《易经》概说

《易经》始称《易》,又称《周易》,分为经部和传部。经部之原名就为《周易》,是对易卦典型象义的揭示和相应吉凶的判断。传部含《彖上传》《彖下传》《象上传》《象下传》《乾坤文言》《系辞上传》《系辞下传》《说卦》《序卦传》《杂卦》,共七种十篇,称之为"十翼",为孔子所撰写。清李光地《周易通论》卷一:"夫子赞《易》曰:'十翼者,《彖上传》《彖下传》《象上传》《象下传》《乾坤文言》《系辞上传》《系辞下传》《说卦》《序卦》《杂卦》也。'"①又,汉班固撰、唐颜师古注《汉书》卷三十之《艺文志》:"《易》曰:'宓戏氏仰观象于天,俯观法于地,观鸟兽之文与地之宜,近取诸身,远取诸物,于是始作八卦,以通神明之德,以类万物之情。'(师古曰:'下系之辞也。鸟兽之文,谓其迹在地者。宓读与伏同。')至于殷、周之际,纣在上位,逆天暴物,文王以诸侯顺命而行道,天人之占可得而效。于是重《易》六爻,作上下篇。孔氏为之《彖》《象》《系辞》《文言》《序卦》之属十篇。故曰易道深矣,人更三圣,(韦昭曰:'伏羲、文王、孔子。'师古曰:'更,经也,音工衡反。')世历三古。(孟康曰:'《易系辞》曰:"《易》之兴,其于中古乎?"然则伏羲为上古,文王为中古,孔子为下古。')及秦燔书,而《易》为筮卜之事,传者不绝。"②由此可知,我们现在看到的《周易》是由伏羲、文王、孔子三个圣人完成的。

《易经》在中国传统典籍中最具特色,是中国哲学之大成,是华夏五千年文明的活水源头。其据天文、地理,中通万物之情,探索人生必变、所变、不

① 〔清〕李光地:《周易通论》卷一,文渊阁《四库全书》(影印版),第2—3页。
② 〔汉〕班固撰,〔唐〕颜师古注:《汉书》,中华书局1962年版,第1704页。

变的大道理；阐明人生知变、应变、适变的大法则；形成了"天人合一"的哲学
体系，蕴含着人类社会生活的变化规律。儒家以它为"五经"（《易》《书》
《诗》《礼》《春秋》）之首，道家以它为"三玄"（《老》《庄》《易》）之一。在古
人看来，《易》道广大，无所不包，《易经》及其易学，囊括了天、地、人间的一切
知识，是社会科学和自然科学的总汇。可以说，《易经》对中国的哲学、文学、
史学、政治、法律、兵法、伦理、民俗、宗教乃至天文、地理、历法、数学、乐律等
都产生了重要的影响。从 17 世纪起，《易经》被介绍到欧洲，逐渐引起西方
哲学家和科学家的重视。

二、《易经》的表意系统

《易经》有着一套特殊的表意系统，被认为是世界文化史上的天书。该
系统由符号系统和文字系统有机组合而成。

《易传·系辞上传》："是故易有太极，是生两仪。（夫有必始于无，故太极
生两仪也。太极者，无称之称，不可得而名，取有之所极，况之太极者也。）……
两仪生四象，四象生八卦。（卦以象之。）"①《易经》的符号系统由八经卦（三
画卦）和六十四别卦（六画卦）组成，八卦和六十四卦的卦象都由阴爻"－－"和
阳爻"—"两个符号依一定的次序重叠组成。八卦每卦三画，即三个爻，是指
乾、坤、坎、离、震、巽、艮、兑，代表天、地、水、火、雷、风、山、泽，古人认为这是
构成宇宙之间万物的八种元素；六十四卦每卦六画，即六个爻，分别由两个
经卦重叠组成。六十四卦有一定的先后顺序，卦序中包含着深刻的哲理；每
卦六爻，又组成一个独立的系统，反映着事物运动变化的关系。《易经》的文
字系统，包括六十四卦卦辞，三百八十六爻（含乾卦用九、坤卦用六）爻辞。
《易经》的符号系统和文字系统各有特点，符号系统是用卦、爻象表达思想，
出现较晚的文字系统是对卦、爻象进行说明。六十四卦所要表达的思想，就
是用阴"－－"阳"—"对立统一来说明自然界和人类社会的一切事物，都是矛
盾双方的对立统一体，都永远不停地处于运动、变化、发展之中，而这种运
动、变化、发展，又都是有规律的，这就为人们提供了观察问题的思路和
方法。

---

① 〔清〕阮元：《十三经注疏》（影印版），中华书局 1979 年版，第 82 页。

三、《易经》的价值和影响

(一)《易经》中的哲学思想及其影响

1. "孚"是《易经》哲学思想的核心

在六十四卦中,仅"孚"字就出现26处之多。汉许慎撰、宋徐铉增释《说文解字》卷三下:"孚,卵孚也,从爪从子。一曰信也。(徐锴曰:'鸟之孚卵,皆如其期,不失信也。鸟裒恒以爪反覆其卵也。芳无切。')"①"孚"即是诚信。"孚"的对象有两个,一是对待祖先要讲诚信,二是在人的交往中要讲诚信。宋陈祥道《论语全解》卷一:"子曰:'人而无信,不知其可也。'大车无輗,小车无軏,其何以行之哉!'信之在人,犹輗、軏之在车。人而无信,虽仁、义、礼、智而不可行。车而无輗,軏虽轮辕辐辏而不可运,此太玄所以言车无輗、軏以贵信也。"②此语是说,人们如果不讲诚信,则寸步难行。

2. 体现出对立统一规律

《易经》中的阴"- -"和阳"—"两个基本符号,而卦体则由阴爻和阳爻所组成。这两个符号是贯通一切事物的对立而统一的两个方面。乾和坤是对立的,但它们又是统一的,阴阳调合才能有万物。比如:泰卦是下乾上坤,天地交而万物通;而否卦则是下坤上乾,天地不交而万物塞。《易经》就是这样来阐明和揭示事物的对立统一规律的,正所谓"一阴一阳之谓道"③。

3. 事物的发展是曲折的

《易经》认为"无平不陂,无往不复"(《泰》)——事物是曲线发展的,发展到一定阶段则"物极必反"。这一思想几乎贯穿了《易经》的始终。

4. 矛盾是可以相互转化的

《易经》通篇都充满着矛盾,每一个卦都是一个矛盾的个体。《需》卦是说人们在田野里劳动,"致寇至""需于血,出自穴",看来不单是遇到了从山洞里钻出来的几个强盗,还发生了械斗,流了血。解决这个矛盾的办法很简单,"需于酒食""敬之终吉",请他们喝了一顿酒,问题就解决了。另外一种

① 〔汉〕许慎撰,〔宋〕徐铉增释:《说文解字》,中华书局1962年版,第98页。
② 〔宋〕陈祥道:《论语全解》卷一,文渊阁《四库全书》(影印版),第23—24页。
③ 〔清〕阮元:《十三经注疏》(影印版),中华书局1979年版,第78页。

矛盾必须用"革"的办法解决。卦中提出解决类似殷纣这样的事情,要有"虎变""豹变"的决心和威力。

5. 应按客观规律办事

《无妄》卦下《震》上《乾》,雷在天下行,符合自然规律,谓之"天道";卦中"六二"与"九五"正应,阴阳各得其位,刚柔交合而不乱,这是"人道"。天道和人道都按一定的规律运行,故"元亨"。古人经过对自然界各种事物的观察,初步认识到了应该按客观规律办事,否则将受到惩罚。这一思想在许多卦辞中都有阐述。

《易经》还提出了许多古老的哲学思想,如"拔茅茹以其汇"(《否》)——事物都是相互联系的;"视履考祥"(《履》)——要进行考察研究;等等。《易经》的哲学思想非常丰富,这有待于我们去研究和开发。

(二)《易经》中的法治思想及其影响

1. 君权神授思想

法是统治阶级意志的最集中体现,而这种体现,首先表现在立法权上。"雷电噬嗑,先王以明罚敕法"正是这种意思的集中表达。《易传》的根本思想是专制,"法自君出"就成为题中应有之义,所以《易传》中反而没有对此加以论述。

2. "刑罚清"与"刑罚中"

豫卦的下体是坤,上体是震;坤的性质为顺,震的性质为动。上下结合形成顺与动的特点,而顺是动的前提条件。自然界的日月星辰、昼夜交替、四时更替,都是按照一定的顺序先后出现的,这才保证了自然界的正常运转;人类社会是自然界的必然产物,法律的实施也要依此而行。

3. 明罚敕法与明慎用刑

噬嗑"大象":"先王以明罚敕法。"这是从立法的角度讲的,因为要实现"明罚清"与"明罚中",前提是"明罚敕法"。也就是成文法或法律的公开化问题,把定罪与量刑以成文的形式固定下来,并公之于众,使天下民众清楚明白,知道其可为与不可为之事,尽可能不触犯法律;即使触犯法律,也因为有明文规定而定罪量刑适中,民心折服。以尽量避免执法者的主观随意性,显示法律的公正性。

4. 息讼思想

《易经》中专门有一卦——"讼"讲诉讼问题的,但卦义却不鼓励人们争讼,更不教人们如何取得诉讼的胜利。"终凶",卦中指上九,上九有终极其讼之象,也就是说,把官司彻底打到底的意思,这种行为无论胜诉还是败诉,皆凶;在《易经》看来,无讼为最理想境界,虽有争讼出现,但经过调解而平息争讼也不错,不听劝解把诉讼进行到底最不好。"君子以做事谋始",与"终凶"对应,从另一个角度告诫人们,与其争讼不止,不如一开始就谨慎从事,理顺各种关系,从根本上杜绝诉讼。

(三)《易经》中的经济思想及其影响

商周时期,开始由渔猎生产向农业生产转化,经济有了一定的发展,《易经》反映了这个时期的生产活动和经济思想。

1. 井田制及其阶级矛盾

井田制是将国有田地按沟、渠、路自然分割为方块,土质较好的地由贵族耕种,谓之"公田";将另一部分分给农奴一家一户耕种,称之"私田"。《需》卦描述了集体劳作的场面。人们在不同地块上劳动,"初六,需于郊,利用恒,无咎",是说在郊外一块地上劳动的时间很长,但没有发生什么事。"九二,需于沙,小有言,无咎",在一块水边沙滩上劳动时,却发生口角之争,但最后问题解决了。

2. 自求口实

《颐》卦提出了一个"自求口实"的重要经济思想。"颐"是养生之道,"观颐"就是观察养生之道。观察后得出的结论是:"自求口实",即自己养活自己,提倡自力更生。在养生问题上,应该"由颐",不断充实国库,采取的办法是"虎视眈眈,其欲逐逐",像老虎那样死死盯住"灵龟",使财富源源不断而来。

3. 损下益上,损上益下

损和益是一个问题的两个方面。损是减损下面而增益上面,将下面的税赋聚敛上来,充实国库;益是减损上面而增益下面,将国库的财富"利用为大作"——类似修洛邑那样大动土木,"益之用凶事"——用于救灾。两卦爻辞都说"或益之十朋之龟,弗克违",龟乃决疑之物,"十朋之龟"是贵重的,一个是从下往上征,一个是从上往下送,相互都不要推让,是说损和益都要舍得。

4. 商品经济萌芽

《易经》虽说不足 5000 字,但却记录了当时的许多物产和生产、生活用具等内容。植物有:杨、柳、桑、杞、茅、苋陆、蒺藜、瓜等,动物有:牛、羊、豕、鹿、虎、豹、狐、龟、鱼、雉、隼等,用具有:床、舆、鼎、缶、瓶、瓮、筐、樽、帛、袂等。这就给商品交换创造了条件。《大壮》卦"丧羊于易",《旅》卦"丧牛于易",说的是商祖王亥的事,赶着牛羊去有易国交易而被抢,这是最原始的商品交换。《小畜》《大畜》《旅》诸卦都反映了经商的情况。作者提出"不家食,吉,利涉大川"的思想,"不家食"就是不坐吃山空,要走出家门,翻山涉水,出外进行商品交易。

(四)《易经》的其他思想

在《易经》中还蕴含着有关教育主客体("匪我求童蒙,童蒙求我"),教学内容("筮""利用刑人,用说桎梏""包蒙""纳妇吉,子克家""勿用取女,见金夫,不有躬""击蒙"),教学方法("初筮吉,再三渎,渎而不告""发蒙")等教育思想,有关出师有名、纪律严明、选好主帅、一鼓作气、选择营地、善待俘虏等军事思想,有关讼事起因、不永所事、秉公执法、残酷用刑、以金赎罪等刑法思想,可谓内容丰富,包罗甚广。

第三节　先秦诸子及佛教文化

诸子百家是对春秋、战国、秦汉时期各种学术派别的总称,据《汉书·艺文志》记载,数得上名字的一共有 189 家,4324 篇著作。但流传较广、影响较大、最为著名的不过几十家而已。归纳而言只有 12 家发展成学派。诸子百家中流传最为广泛的是法家、道家、墨家、儒家、阴阳家、名家、杂家、农家、小说家、纵横家、兵家、医家。主要人物有孔子、孟子、墨子、荀子、老子、庄子、列子、韩非子、商鞅、申不害、许行、告子、杨子、公孙龙、惠子、孙武、孙膑、张仪、苏秦、田骈、慎子、尹文、邹衍、晏子、吕不韦、管子、鬼谷子等。诸子百家的许多思想给后代留下了深刻的启示。如儒家的"仁政""己所不欲,勿施于人"的"恕道";孟子的古代民主思想;道家的辩证法;墨家的科学思想;法家的唯物思想;兵家的军事思想等,在今天依然闪烁光芒。

可以说,诸子百家的主张和思想,对中原人有着不同程度的影响。以下是对中原人影响较大的几大流派的简述。

一、儒家

儒家是春秋战国时期重要的学派之一,是以春秋末孔子为师,以"六艺"为法,崇尚"礼乐"和"仁义",提倡"忠恕"和不偏不倚的"中庸"之道,主张"德治"和"仁政",重视道德伦理教育和人的自身修养的一个学术派别。

孔子是儒学的开山祖师。孔子(前551—前479),名丘,字仲尼,鲁国陬邑(今山东曲阜)人。孔子祖籍宋国栗(今河南商丘夏邑县),孔子讲学、游说的主要活动地域在中原。他为中原培养了众多弟子,对于儒家思想在中原的传播起着至关重要的作用。据《史记》《汉书》等史籍记载,秦与西汉时期两百多位儒生中,六分之一左右的儒生是中原籍;《后汉书》等史籍记载的近百位儒生中,中原籍儒生占了三分之一左右。这足以表明,中原地区已成为儒家思想重要的成长与传播地。

中原地区儒学人物众多,宛如灿烂群星,也足以说明这一问题。春秋战国时期,陈(今周口市淮阳区)人子张,卫国牟(今浚县)人子贡,温(今温县)人卜商,蔡(今上蔡县)人漆雕开等;汉、唐时期东郡顿丘(治今清丰县西南)人京房,颍川(今禹州市)人晁错,颍川鄢陵人张兴,颍川定陵(今舞阳县北)人丁鸿,东昏(今兰考县)人刘昆,杞县人蔡邕,召陵(今漯河市召陵区)人许慎,荥阳人服虔,开封人郑兴,河阳(今孟州市)人韩愈等;宋、元时期洛阳人聂崇义,应天府宁陵人张绎,河内(今焦作市)人许衡,共城百泉(今河南辉县市)人邵雍,嵩县人程颢、程颐等。他们或著书立说,或开馆讲学,均对儒家思想的发展和传播起到了重要的作用。当代著名哲学家唐河人冯友兰先生,是中原新儒学的代表人物。他把自己的哲学体系称为"新理学"。其人生境界说以中国儒学的心性论和道德理想主义为归宿,产生了很大的社会影响。

　　总归起来,儒家思想的内核是"仁",即"爱人"。对人"己所不欲,勿施于人""己欲立而立人,己欲达而达人",即"忠恕"之道。"克己复礼"为其处世态度,即积极参与政治,达到维护社会之"礼制"的目的,从而使天下由"小康"过渡到"大同"的理想社会。而孔子的再传弟子孟轲则将这种思想发展为"施仁政"。至汉武帝时期,"废黜百家,独尊儒术",儒家思想于中原占主导地位。而后的历朝历代,儒家思想或时而不彰,但毕竟是短暂的。其思想已经深入人心,践行于人们的生活中。儒家思想在中原的影响之大、之深远是不言而喻的。汉司马迁《史记》卷一百三十之《太史公自序》中曾对儒家作了客观的评价:"夫儒者以六艺为法,六艺经传以千万数,累世不能通其学,当年不能究其礼,故曰'博而寡要,劳而少功'。若夫列君臣父子之礼,序夫妇长幼之别,虽百家弗能易也。"①

二、墨家

　　墨家是春秋战国之际的重要学派之一。其创始人为楚国鲁阳(今鲁山县)人墨翟(约前468—前376),时人敬称为墨子。墨子曾官宋国大夫。初学习儒术,因不满其烦琐的"礼",而另立新说,聚徒讲学,成为儒家的主要反对派。墨子主张俭朴节俭,反对礼乐繁饰;主张勤劳刻苦,反对声色逸乐。他重质而轻文,弃华而务实,力主"兼相爱,交相利",不应有亲疏贵贱之别。墨子的主要思想有兼爱、非攻、尚贤、尚同、节用、节葬、非乐、天志、明鬼、非命等,反映了广大劳动阶层的呼声。墨子一生的活动主要在两方面:一是广收弟子,积极宣传自己的学说;二是不遗余力地反对兼并战争。其学说对当时思想界影响较大,与儒家并称"显学"。今存《墨子》,是研究墨子及其学说的基本材料。战国末期,墨子后学克服了墨子学说中宗教迷信成分,对认识论、逻辑学以至自然科学中的几何学、力学、光学等,都有一定研究和贡献。墨者组成的团体有严格的纪律,领袖称为"钜子"。相传其徒都能赴汤蹈火,以自苦为极。但后来有派别之分,即"墨家三派"(亦称"三墨")。元何犿注《韩非子》卷十九之《显学》:"自墨子之死也,有相里氏之墨,有相夫氏之墨,

---

①　〔汉〕司马迁:《史记》,中州古籍出版社1996年版,第915页。

有邓陵氏之墨。"①西汉以后,统治者崇儒抑墨,墨学渐趋衰微。至清中叶后,墨学著作才被学者们重视研究。墨家著作流传后世的有《墨子》一书。其中《墨经》反映了后期墨家的思想。

汉司马迁《史记》卷一百三十之《太史公自序》中曾对墨家也作了客观的评价:"墨者亦尚尧舜道,言其德行曰:'堂高三尺,土阶三等,茅茨不剪,采椽不刮。食土簋,啜土刑,粝粢之食,藜藿之羹。夏日葛衣,冬日鹿裘。'其送死,桐棺三寸,举音不尽其哀。教丧礼,必以此为万民之率。使天下法若此,则尊卑无别也。夫世异时移,事业不必同,故曰'俭而难遵'。要曰强本节用,则人给家足之道也。此墨子之所长,虽百家弗能废也。"②

三、法家

法家是中国历史上提倡以法制为核心思想的重要学派。其思想源头可上溯于夏、商时期的理官,春秋、战国亦称之为刑名、刑名之学,经过郑(都今新郑市)人子产、卫左氏(今山东菏泽市定陶区)吴起、卫国黄(今内黄县)人商鞅、郑国京(今荥阳市东南)人申不害、韩国(都今新郑市)人韩非、楚国上蔡(今上蔡县)人李斯等人予以大力发展,遂成为一个学派。战国末韩非对他们的学说加以总结、综合,集法家之大成。其范围涉及法律、经济、行政、组织、管理的社会科学,涉及社会改革、法学、经济学、金融、货币、国际贸易、行政管理、组织理论及运筹学等。法家因主张以法治国,"不别亲疏,不殊贵贱,一断于法",故称之为法家。春秋时期,子产即是法家的先驱。战国初期,商鞅、申不害、慎到等开创了法家学派。至战国末期,韩非综合商鞅的"法"、申不害的"术"和慎到的"势",集法家思想学说之大成。战国时期法家李悝、吴起、商鞅、申不害等相继在各国变法,废除贵族世袭特权,让平民有了做官的机会,瓦解了周朝的等级制度。从根本上动摇了贵族世袭的政体。法家政治口号是"缘法而治""不别亲疏,不殊贵贱,一断于法""君臣上下贵贱皆从法""法不阿贵,绳不挠曲""刑过不避大臣,赏善不遗匹夫"等,体现了于法面前"人人平等"的主张,从而充分满足了百姓的愿望。

---

① 〔元〕何犿注:《韩非子》卷十九,文渊阁《四库全书》(影印版),第13页。
② 〔汉〕司马迁:《史记》,中州古籍出版社1996年版,第915页。

　　法家思想作为一种主要派系,其思想对于一个国家的政治、文化、道德等方面的约束较强,对现代法制的影响也很深远。据汉班固撰、唐颜师古注《汉书》卷三十之《艺文志》载,法家著作有二百一十七篇。今存近半,其中最重要的是商鞅《商君书》(又称《商子》)和韩非《韩非子》。战国商鞅《商子》卷一之《更法》:"各当时而立法,因事而制礼;礼法以时而定,制令各顺其宜,兵甲器备各便其用。臣故曰:治世不一道,便国不必古。"①这种政治主张,无疑对旧贵族是莫大的冲击,但能够使国家迅速强大。商鞅不但具有理论,而且能够将其付诸实践,史称"商鞅变法"。

　　汉司马迁《史记》卷一百三十之《太史公自序》中曾对法家也作了客观的评价:"法家不别亲疏,不殊贵贱,一断于法,则亲亲尊尊之恩绝矣。可以行一时之计,而不可长用也,故曰'严而少恩'。若尊主卑臣,明分职不得相逾越,虽百家弗能改也。"②

　　法家的思想和治国理念,尤其是加强中央集权制的政治主张,遂被后世统治阶级所接受,而后和以儒家的思想,出现了影响至今的"外圣内王"治国模式。

四、道家

　　道家是春秋战国时期的一个重要思想学派。其以老子、庄子关于"道"的学说为中心以阐明政治主张和自身修为,代表作品为《道德经》和《庄子》。道家之名,始见于西汉司马谈的《论六家之要指》。春秋楚国苦县(今鹿邑县)人李耳(即老子)是道家的创始人,宋国蒙(今民权县)人庄周(庄子)是老子哲学思想的继承者和发展者。其哲学思想对后世影响很大,人们将他与老子并称为"老庄",将其哲学思想体系,称为"老庄哲学"。道家学说以老庄自然天道观为主,强调人们在思想、行为上应效法"道"的"生而不有,为而不恃,长而不宰"。政治上主张"无为而治""不尚贤,使民不争"。伦理上主张"绝仁弃义",以为"夫礼者,忠信之薄而乱之首",与儒、墨之说形成明显对立。其后,道家思想与名家、法家相结合,成为黄老之学。为汉初统治者所

---

① 〔战国〕商鞅:《商子》卷一,文渊阁《四库全书》(影印版),第2页。
② 〔汉〕司马迁:《史记》,中州古籍出版社1996年版,第915页。

重。到汉武帝"独尊儒术",黄老渐衰。同时,道家思想流入民间,对东汉道教思想的产生有所影响。魏晋间玄学盛行,王弼、何晏等以老庄解释儒家经文,促成儒、道融合。佛学传入中国后,学者用老庄诠释佛典,又出现释、道合流情景。宋明理学家则力倡儒家道统,佛、老并斥,但对道家思想仍有某些吸收。道家思想对中国的政治、思想、科技、文化、艺术等方面都有深刻影响,是中国传统文化中的重要组成部分。

汉司马迁《史记》卷一百三十之《太史公自序》中曾对道家也作了客观的评价:"道家无为,又曰无不为,其实易行,其辞难知。其术以虚无为本,以因循为用。无成势,无常形,故能究万物之情。不为物先,不为物后,故能为万物主。有法无法,因时为业;有度无度,因物与合。故曰'圣人不朽,时变是守'。虚者道之常也,因者君之纲也。群臣并至,使各自明也。"①

五、名家

名家是春秋战国时期的一个重要思想学派。亦称"辩者",又称"刑名家"。《汉书·艺文志》列为"九流"之一,并著录名家代表人物7家36篇,有《邓析》2篇,《尹文子》1篇,《公孙龙子》14篇,《成公生》5篇,《惠子》1篇,《黄公》4篇,《毛公》9篇。

其中,代表人物为邓析、惠子和公孙龙。

邓析(前545—前501),春秋末年郑国(都今新郑市)人。子产执政时,任郑国大夫。他是坚决反对"礼治"的先行者,不法先王,不是礼义,不满子产所铸刑鼎,自己编了一部刑书,写在竹简上,称"竹刑"。同时,聚众讲学,传授自己的主张,当时向他学讼者不可胜数。邓析又以擅长辩论著称,"操两可之说,设无穷之词",并能"持之有故,言之成理"。在他的倡导和鼓动下,当时郑国曾兴起一股革新浪潮,给新、老贵族的统治造成严重威胁,引发贵族的不满。最后被郑国执政者驷歂所杀,但其"竹刑"终被采用。

惠施(约前370—约前310),宋国(都今商丘市)人。亦称惠子,与庄子为友。曾任魏相,主张联合齐、楚,停止战争,并随同魏惠王见齐威王,使魏、齐互尊为王。知识渊博,"以善辩为名"。具有较丰富的自然科学知识。在

---

① 〔汉〕司马迁:《史记》,中州古籍出版社1996年版,第915页。

当时的名辩思潮中,代表名家两个基本派别中的"合同异"(合万物之异)派,与公孙龙主张不同。他的"合同异"命题,有"大同而与小同异,此之谓小同异;万物毕同毕异,此之谓大同异";"天与地卑,山与泽平";"物方生方死"等(见《庄子·天下》)。认为一切事物的差别、对立都是相对的,归结到"泛爱万物,天地一体"的思想。看到事物的矛盾统一,具有朴素的辩证法思想。但过分夸大事物之间的"同"而忽视事物之间的"异",也忽视事物的相对稳定性。其学说在当时与儒、墨、杨(朱)、秉(公孙龙)并列为五。对先秦逻辑学的发展有一定贡献。所著《惠子》,已佚。其言行片断散见于《庄子》《荀子》《韩非子》《吕氏春秋》等书。

公孙龙(约前320—前250),字子秉,赵国(都今河北邯郸市)人。曾做过平原君赵胜的门客。与赵惠王论偃兵,认为"偃兵之意兼爱天下之心也"。反对诸侯间兼并战争。为当时有名的"辩者之徒""诡辞数万"。在当时的名辩思潮中,代表名家两个基本派别中的"离坚白"(离万物之同)派。和惠施主张不同。他的名辩论题有离坚白、白马非马等多条。认为石头的"坚"和"白"两属性是可以互相分离的。"白马"和"马",存在特殊和一般的差别,是不同的概念("名"),不应混淆。其着重分析了概念的规定性和差别性,还提出并论述了"指""物""名""谓"等概念。对古代逻辑思维的发展,有一定贡献,著有《公孙龙子》。

名家所长,主要是"正名"。汉班固撰、唐颜师古注《汉书》卷三十之《艺文志》说:"名家者流,盖出于礼官。古者名位不同,礼亦异数。孔子曰:'必也正名乎!名不正则言不顺,言不顺则事不成。'此其所长也。"①

另外,以洛阳(今洛阳市)人苏秦和魏(都今开封市)人张仪为代表的纵横家的"权事制宜,受命而不受辞"的思想,以及农家"劝耕桑""重民食"的思想,都不同程度地在中原有着相当的影响。

六、佛教

想要全面了解中原文化,尤其是中原思想文化,便不能不提到佛教。佛教,相传公元前6—前5世纪中,古印度迦毗罗卫国(今尼泊尔境内)王子悉

① 〔汉〕班固撰,〔唐〕颜师古注:《汉书》,中华书局1962年版,第1737页。

达多·乔答摩(即释迦牟尼)所创。其与基督教、伊斯兰教并称为"世界三大宗教"。其以无常和缘起思想反对婆罗门的梵天创世说,以众生平等思想反对婆罗门的种姓制度,因此很快得到流行。其基本教理有"四谛""五蕴""十二因缘"等,以断除烦恼而成佛为最终目的。

如果就对待人生的态度将佛教与中国的儒教(即儒家)、道教(非道家)进行比较的话,儒教为"入世",道教为"出世",佛教则为"待来世"。

东汉明帝永平十年(67),佛教传入中原,初期仅被视为神仙方术的一种。至东汉末,随着安世高、支谶首译汉文本佛经的行世,佛教教义开始与中国传统伦理和宗教观念相结合。经三国两晋到南北朝四五百年间,佛教寺院广为建造,佛经的翻译与研究日渐发达,到隋唐达到鼎盛,产生三论、律宗、天台、华严、唯识、禅宗、净土、密宗等具有中国特色的许多宗派。对于中国哲学、文学、艺术和民间风俗都有一定影响。

佛教对中原文化产生过很大影响和作用,在中原文化历史上留下了灿烂辉煌的佛教文化遗产。例如,我国古代建筑保存最多的是佛教寺塔,现存的河南嵩山嵩岳寺砖塔、开封铁塔等,都是研究我国古代建筑史的宝贵实物。许多佛教建筑已成为中原各地风景轮廓的突出标志。那精巧的红墙青瓦、宝殿琼阁等佛教建筑为中原大地平添了几多亮色,比如登封的少林寺、洛阳的白马寺和开封的大相国寺等。龙门石窟则作为古代雕刻美术的宝库举世闻名,它吸收了犍陀罗和印度的特点而发展成为具有中国民族风格的造像艺术,是我国宝贵的文化遗产。近年来少林寺更是名闻中外,成为中原地区游客流量最大的旅游景点之一,众多游客不远万里来到这里,为的就是亲眼观看这座传说中神奇的千年古刹以及它所传承下来的经久不衰的佛学以及武学魅力。

佛教对中原地区的绘画也产生了很大的影响,尤其是魏晋南北朝和隋唐时期,大量佛寺在中原地区建造,佛教人物画像和壁画也纷纷出现,对中原地区绘画技术的日渐成熟起到了重要的促进作用。至于音乐方面,3世纪,中国已有梵呗的流行。唐代音乐又吸收了天竺乐、龟兹乐、安国乐等来自佛教的音乐,唐代音乐至今还有少部分保存在中原地区某些佛教寺庙中。

佛教还为中原文化带来了新的意境、新的文体、新的命词遣意方法。初唐时期,洛州偃师(今洛阳市偃师区)人玄奘带回的数千卷由梵文翻译过来的经典,本身就是伟大富丽的文学作品。马鸣的《佛本行赞》带来了长篇叙事诗的典范;《法华》《维摩》《百喻》诸经启发了晋唐小说的创作;般若和禅宗思想影响了白居易等的诗歌创作。变文、俗讲和禅师的语录体又都促进了中原俗文学的发展。

伴随佛教俱来的还有天文、医药等科学技术的传习。唐魏州昌乐(今南乐县人)人僧一行(俗名张遂)制定《大衍历》和测定子午线,对天文学做出了卓越贡献。隋唐史书上记载由印度翻译过来的医书和药方就有10余种。隋唐时期洛阳的一些重要图书和佛教经典都采用了刻版印刷。佛教经典印本在当时的数量之多,居天下之冠。

佛教在哲学上对中原乃至中国也有着较大的影响,程朱理学的形成,便是极好的例子。佛教在哲学上与中国固有哲学的渗透与融合始于魏晋南北朝时期,这是佛教哲学中国化的第一阶段。在这一阶段中,首先出现了玄学与佛教空论的相互渗透。玄学是魏晋时期中国哲学中的一种新派别,它从"无"的本体论展开哲学的探索。佛教哲学中的"空",在一定程度上被一些佛教理论家与玄学的"无"互相比附,出现了二者相互渗透的现象。南北朝时期,出现了"神不灭论"与"神灭论"的争论。佛教界坚持"神不灭论"表明,佛学已经被中国哲学中的鬼神概念所影响,佛学迈出了中国化实质性的第一步。隋唐时期经济的繁荣,为佛教的发展奠定了物质基础,同时也使佛教哲学在中原乃至中国的发展到达了顶峰。中国各大佛教宗派的建立,在佛学义理上以华严宗所创的华严哲学体系为中国佛教哲学发展的高峰;在佛教的实践上以禅宗所创的禅学体系为中国佛教实践哲学发展的高峰。佛教哲学在理论上和实践上完成了中国化的自我选择,为中国固有哲学出现高峰的发展奠定了基础。中国固有哲学发展的顶峰是宋明理学的出现,理学以程朱理学和陆王心学构成。华严哲学对程朱理学的建立,有着重要的影响。中国传统哲学的顶峰时期是儒、释、道三种哲学的合流,这种格局的出现是中国固有哲学对佛教哲学的回应,在这一过程中佛教哲学起了推动与催化的作用。

佛家文化中的一些节日还影响到了中原传统习俗的形成和发展,甚至深入到了广大中原人民生活的方方面面。如武则天如意元年七月十五日在洛阳南门举行的盂兰盆会,不仅有大量的佛教徒参加,而且统治者、士大夫都有参加。同时为了显示盛唐国威还"纵吐蕃使者以观之"。为此杨炯写下了有名的《盂兰盆赋》。目连戏也影响到后来的中国戏曲。在中国传统的戏曲中,目连戏占了一定的比例,它是印度佛教扎根东土后与中国儒家、道教以及民间信仰、民风、民俗相结合的典范。这些节日活动中的游乐活动,不仅大大地丰富了人们的生活,也将佛教思想和尊君、孝道思想潜移默化地传向广大百姓,同时我们可以判定佛教寺院是传播文化的一个重要场所。佛教传播过程中,很多佛教用语已经成为普通大众的口头语言。比如,世界、如实、实际、平等、现行、刹那、玄机、清规戒律、相对、绝对等词汇都是来自佛教的语汇。

宋欧阳修在谈到当时的佛教时道:"佛法为中国患千余岁,世之卓然不惑而有力者,莫不欲去之。已尝去矣,而复大集;攻之暂破而愈坚,扑之未灭而愈炽,遂至于无可奈何。"①此语虽然表达了欧阳修对佛教的深恶痛绝,但也使我们了解了佛教在当时的影响力之大及其顽强的生命力。

我们说,佛教之所以能够在中原乃至中国扎根、生长,是其汲取了中原文化的有机养分,二者可以说"你中有我,我中有你",但其始终不能够替代中原文化而成为中原的主流文化,从侧面也可看出中原文化所具有的强盛生命力。但也不能不说,佛教文化对中原人思想的影响是多方面、综合性的,其深度已经达到了不能辨清其界限的地步。

第四节　宋代理学

理学,又名为道学,是中国古代最为精致、最为完备的理论体系,其影响至深至巨。理学的天理是道德神学,于是也成为儒家神权和王权的合法性依据。作为一种文化现象,以现代眼光来看,其精华与糟粕并存。尽管如此,我们还是认为理学是中华文明的体现,对中华民族产生了极大的影响。

① 〔宋〕欧阳修:《文忠集》卷十七,文渊阁《四库全书》(影印版),第1页。

因而,这里就有必要对其作专节阐述。

宋代理学,从周敦颐开始,经过张载的精思构成、"二程"的深思发挥并完成理论体系,朱熹则集其大成,因而形成了博大精深、富于思辨、结构严密的哲学思想体系。关于宋代理学的创始人,南宋朱熹最初认为是周敦颐、邵雍、程颢、程颐、张载和司马光6人。到了宋孝宗乾道九年(1173),朱熹在所撰《伊洛渊源录》中,叙述道统渊源则把司马光去掉,将留下的五人称为"北宋五子"。宋、元以后的传统看法,则认为周敦颐、程颢、程颐、张载、朱熹,即"濂、洛、关、闽"代表人物是"道学"或"理学"的创始人。元脱脱等《宋史》,把以上五人的事迹一同列入"道学传",统称为"宋五子",就反映了这种传统的看法。钱穆先生在其《朱子学提纲》中则提出:北宋理学开山,有四巨擘:周敦颐濂溪,张载横渠,程颢明道、程颐伊川兄弟。

一、宋代理学产生的原因

(一)宋代理学产生与宋朝政治、军事、经济、文化有直接关系

政治上,显德七年(960),赵匡胤在河南开封东北的陈桥驿发动兵变,取后周而代之,建立北宋王朝。他总结和吸收了藩镇割据的教训,以及自己拥兵自重、夺帝位据为己有的经验,为了不重蹈覆辙,避免类似事情再次发生,并采取了一系列措施,加强中央集权统治。为此,北宋统治者逐渐把地方上的兵权、财政权、赏罚权都收回中央。但这并没有能够加强北宋的政治统治力量,以及巩固统治地位,也不能缓解和解决阶级矛盾和民族矛盾。相反,到了北宋中期,赵宋王朝逐步陷入了积贫积弱的颓势之中而不能自拔。

军事上,宋太祖"杯酒释兵权",削去统兵大将的兵权,汇聚京师,这既造成了大批的冗官冗员,又削弱了边塞的兵力。宋朝规定统兵之人有掌兵的权力,却没有发兵的权力,发兵权归于枢密院。这种掌兵权与调兵权的分离策略,增加了枢密院与掌兵将官之间的矛盾,造成彼此掣肘的局面。宋太祖还制定了"更戍法",规定每三年调动一次军队的驻地,使将卒之间互不相识,削弱了军队的指挥能力和作战能力。宋朝统治者的这些策略虽然加强了中央集权,但却削弱了军队的战斗力和防御力,既不可能有效抵御外敌的侵扰,也不可能收复已经丧失的国土。在与辽、夏的战争中,北宋军队之所

以一再失利,都和上述军事政策有直接关系。

经济上,宋朝统治者为了取得大官僚、大地主、大商人的支持,巩固政治统治,而采取了支持土地兼并的政策,还赋予以上集团种种政治特权。这些政治特权的不断扩大,又进一步加剧了土地兼并的发展,造成了严重的两极对立,阶级矛盾日益激化。同时,北宋王朝豢养了一支庞大的官僚群,每年耗费的金银不计其数,冗官冗员大大加重了政府的财政支出。加之军队频繁调动、镇压农民起义和抵抗辽、夏的侵扰,又增加了军费开支。战争失利后,宋朝政府每年都要向辽、夏进贡大量钱物,这些都增加了国库开支,加剧了经济危机。

文化上,北宋继承隋、唐以来的科举取士制度,却主要从经书记诵和文辞写作方面选拔仕子,因而选拔不出真正有补于时的人才,所选之人多是唯唯诺诺的庸才。为了改变这一状况,北宋的有识之士和开明进步的思想家要求改革,倡导创新,先有以范仲淹为代表的思想家、政治家所提出的改革方案,后有王安石所领导的熙宁变法,在北宋历史上掀起了改革的浪潮,思想的解放为宋代理学的产生创造了文化条件。

总之,宋朝统治者为了应付内外交困的凄惨局面,只好千方百计地从政治、经济、思想等方面维护其统治秩序。因此,便采取了因循守旧、苟且偷安、无所作为、不求进取的统治办法。这种保守的政治路线催生了尊儒学、崇佛学、尚道学的思想路线,从而为北宋理学的产生创造了条件。

(二)宋代理学产生与儒家思想发展有直接关系

儒学自先秦孔、孟奠基后,仁、义、忠、孝等政治伦理观念不断深入人们的思想观念之中。汉儒将孔子神圣化、儒学神学化之后,儒家思想占据了统治地位。汉、唐以后,以郑玄、孔颖达等为代表的儒家学者,不断对儒家典籍进行校订、注疏,使儒家思想广泛传播。到了宋朝,统治者为了维护统治,则极力提倡儒家思想,不断提高孔子的地位,这些都为理学的产生创造了良好的条件。不过,宋代理学家并没有继承汉儒的经注之风,而是在宋孙复、欧阳修、刘敞等人的倡导下,逐步确立了以疑经为思潮的新经学思想,从而打破了汉代以降的旧学风,形成了直追儒经义理的新儒学,后人把它叫作"宋学"。疑经思潮是理学思想的催化剂,也伴随着理学思想的发展历史。

（三）宋代理学也受到了佛教的影响

佛教自东汉时期由印度传入中国后,经过魏、晋、南北朝、隋、唐时期的发展,佛教思想日益成熟,形成了禅宗一派,影响愈来愈大。宋代许多学者受佛教思想影响很深,就连一些反对佛教的理学家,也与佛教有千丝万缕的联系:周敦颐师事鹤林寺僧寿涯,以其学传"二程";张载多年研读佛老之书,"二程"也是出入于佛老间几十年。他们吸取禅宗思想入于儒家,逐渐形成了新儒学之"理学"。钱穆先生"后世言理学,必谓其涉禅"一语,概括了后世公认的理学与佛教禅宗的关系。

（四）宋代理学还借鉴了道教的思想

道教自东汉末产生以来,糅合道家思想,将老子推为教主,逐步形成了自己的思想体系。在宋朝尊崇道教的大背景下,宋代理学很多思想也都来源于道教:宋明理学是以儒为主又吸收佛道的结果。周敦颐的"太极图说"与邵雍的"先天学"都来自道教。宋儒主修的修养方法亦得力于道教。

综上所述,理学是以儒家思想为基础,吸取了佛、道两教的思想,经过理学家的加工改造而形成的"新儒学",是北宋政治体制催生下的新的思想成果。

二、宋代理学的发展阶段

宋代理学的产生和发展经历了一个漫长的过程。

韩愈的儒学复兴运动和李翱的《复性书》是理学的理论先导。儒家思想在两汉时期虽被独尊,但由于孔、孟思想不善于理论思辨和抽象思维,汉儒们只埋头章句注疏,理论创造不够,所以到唐朝之时,佛教盛传,儒学式微。到了中唐时期,韩愈打起了复兴儒学的旗帜,提出了"性三品说"与"情三品说",确立了尧、舜、禹、汤、文、武、周公、孔、孟一脉相承的儒家道统。与此相呼应,李翱在《复性书》中提出了"性善情恶论"。韩愈、李翱的学说和思想得到了宋儒的认可和继承,开了理学的先河。

宋代学术之盛,学风之变,为理学的产生创造了有利条件。中唐以后,儒学家开始怀疑汉儒训诂经注的治经方法,逐渐突破汉儒章句注疏之学和笃守师说的家法束缚,转而以己意论经,发挥自己的思想,提倡义理之学。

在这一潮流中,"庆历三先生"胡瑗、孙复、石介为理学的创立做出了不可磨灭的贡献。胡瑗不喜荀子而喜孟子,探讨"情与性"的问题,这与理学家相同。孙复竭力倡导儒家的道统说,深究《春秋》,强调"尊王"大义和等级名分。孙复弟子石介力辟佛老两教,倡导古文,是推动新学术和新儒思想的主力干将。程、朱推尊三人,说不敢忘三先生先驱之功。理学讲心性、义理、伦常等,都由三先生开其端。因此,"庆历三先生"是宋代理学的思想先行者。

周敦颐、邵雍所创立的道学,为理学的产生奠定了理论基础。宋代理学,实自周敦颐、邵雍始,二者是理学的开山鼻祖。周敦颐糅合佛、道思想,熔铸《易经》《中庸》,提出"无极而太极"的宇宙本体论,在酝酿精思理气关系和心物关系的哲学问题探索中,具有发端之功,被推为宋代理学的开山祖。邵雍以真源(今鹿邑县)人陈抟《先天图》为模式,构造了自己的《先天图》,从本然之全体上来建立其哲学思想体系,从而把宇宙生成论与孟子"万物皆备于我"的主观唯心论糅合起来,把宇宙万物视为心中演化的产物。邵雍根据《周易》的数理,结合六十四卦的系统,构造了天地变化的数理体系。张载、二程在构造理学的过程中,从邵雍那里吸取了思想养料。张载为理学形成过程中的重要人物,他在各个方面都进行了理论创造,对理学发展做出了重要贡献,因而受到以后的理学家和统治者的推崇。"二程"作为理学的奠基者和理论系统的完成者,理所当然地被视为理学正宗而受到后世称颂。理学经过"北宋五子"的不断努力,得以逐步形成,并日臻严密。钱穆先生指出,"北宋诸儒实已为自汉以下儒统中之新儒,而北宋之理学家,则尤当目为新儒中之新儒",肯定了"北宋五子"在中国儒学中的突出地位和特异之处。

到了南宋时代,经过胡宏、吕祖谦、朱熹、陆九渊等理学家的进一步发展,理学发展到一个新阶段,成为理论完整、结构严密、富于思辨的博大精深的理论思想体系,也成为宋以后的几代的官方哲学意识形态。

三、中原文化视阈下的北宋理学思想

理学在北宋建立起来,在南宋进一步发展,至朱熹而集大成。在北宋理学建立过程中,"北宋五子"的地位无可替代。作为中原文化的杰出代表,邵雍、程颢、程颐的思想在理学理论构建和中华文化建设中都具有重要地位。

邵雍(1011—1077),字尧夫,北宋卫州共城(今辉县市)人。其先范阳人,随父亲邵古迁徙共城,后移居洛阳(今洛阳市)。邵雍居洛阳30余年,死后葬伊川县,宋哲宗赐号"康节"。因邵雍30岁之前在共城百源之上读书,故后世称他的学派为"百源学派"。

邵雍的哲学思想,主要是他的先天象数学。他在道教影响下,认为"太极"是永恒不动的绝对体,由太极生出天地(阴阳),阴阳的变化生出"数",数生出"象",最后衍生出万物,而天、地、物、人都是由"道"衍生出来的。所以,他的"太极"与"道"是同义词,是天地的本原,是先天而生的。其认为天生于动,地生于静,阴阳相互依存,而"阴"是体,属静,是事物的根本和基础。

邵雍反复提到观物,也就是如何认识外部世界的问题。他将观物分为"目""心""理"三个层次,而观"理"为最高。圣人之所以能够正确地观物,是因为圣人能够"不以我观物",而是"以物观物"。他认为"情"与"性"是相对的,"性"是物"理"的表现,是先天存在的,而"情"是人后天养成的。排除了"我"也就是偏暗的"情",超越自我地"观物"才能够有正确的结果。他的观物,是排除了观物者的"情"来观物,是"去情复性"的翻版。

邵雍把古往今来的历史全都套进一个自己发明的"数"的公式之中,用"元、会、运、世"四个时间单位来表示历史进程,认为一"元"为十二"会",一"会"有三十"运",一"运"有十二"世",一"世"为三十年。推算下来,每个时间单位"元"共包含有十二万九千六百年。他认为时间是无限的,每一个"元"前后又有另外的"元"。又认为历史是循环的,每"元"的终结便回到了另一"元"的起点。自然无为是"道"的本质,返回到这种"无为"的先天时代成了他最高的社会理想。

程颢(1032—1085),字伯淳,世称"明道先生"。程颐(1033—1107),字正叔,世称"伊川先生"。二人均为北宋河南(今嵩县)人,世称"二程"。二人为同胞兄弟,同为理学的奠基者和核心人物,他们的思想相近,其学说被称为"洛学"。

"二程"青年时曾"泛览于诸家,出入于老释者几十年,返求诸'六经'而后得之",也就是说,"二程"从儒家"六经"中终于悟到了"道"的真谛。他们认为"理"是宇宙的本原,是形而上的、永恒的、超越物质世界而存在的、适用于万事万物的,是"体"。阴阳之气则是形而下的,是"用",表现了具体事物的"理"不过是"天理"所"照"出来的结果而已。"二程"在构建其理论的过程中,吸取了佛老思想的一些素材,天理说就有佛教思想的影子。

"二程"认为父子、君臣之间的定理是"天理"在人世社会中的具体体现,各人在社会都处于一定的位置,大家各守其分,各尽其责,不可僭越,这就是"天理"。他们主张"存天理,灭人欲","人欲"是对于那些超出了他们认定的不合"天理"的"私欲"而言。

"二程"在认识论上又有所不同。程颢说"心是理",强调通过自我内省取得知识,使心寂然而内外两忘以达到"穷理""尽性"的境界;认为己之心与圣人之心无异,万善皆备,扩充此心即可传圣人之道,"天理"在这里成了主观的存在。程颐则认为"理"是超越事物而存在的,体认天理需要"用敬",用严肃的态度、虔敬之心,如此涵养之久,天理自然明朗。他又提出"致知"在于"格物",需要穷究事物之理,进而可以体悟到客观存在的"天理"。所以有人认为,"程颢开启南宋心学之源,程颐成为朱熹思想的先导"。此语不无道理。

思考与练习

1. 结合家乡的文化,谈谈中原思想文化对当下社会的影响。

2.《易经》体现出的哲学思想主要有哪些?

3. 儒家思想的核心内容有哪些?如何认识它们与社会主义核心价值观之间的联系?

4. 在生态文明视域下,如何认识道家思想主张的当代价值?

5. 如何客观评价佛教的基本教义?

6. 简述宋代理学产生的背景。

第四章　中原都市文化

第一节 概述

一、都市的前身

中原先人于旧石器时代的居住形式或穴居，或野处，或巢居。元何犿注《韩非子》卷十九之《五蠹》载："上古之世，人民少而禽兽众，人民不胜禽兽虫蛇。有圣人作，构木为巢，以避群害，而民悦之，使王天下，号曰有巢氏。"①此语告诉我们，上古之世，人们先是如同其他兽类，穴居野处。有了圣人有巢氏后，才有了像飞禽一样的巢居。后来逐渐告别了居无定所、游走不定的生活，步入定居状态，一些小邑落开始出现。进入新石器时代后，人们结束了"群婚"状态，建立了家庭，于是出现了氏族部落。

随之，人们的居住方式也有了较大改变。此时期黄河流域的聚落房屋样式多为半地穴式，即先在地上挖出一个圆形或方形的坑，坑中埋设立柱，然后用树枝等材料沿炕壁建起围墙，有的还在内外抹上草泥，以增强牢固性，最后在立柱和围墙上架设屋顶。而汉淮流域由于地势低洼，潮湿温热，房屋样式多为干栏式。这是一种木结构建筑，一般都由若干木桩、圆木、木板组成，下部有木柱构成底架，高出地面，上架横梁，再铺板材，然后在木板上立柱构梁架和屋顶，形成架空的建筑房屋。

氏族部落酋长所居住的地方即该部落的中心聚落，于是出现了都市的雏形。我国公元前 3500—3000 年间的仰韶后期、红山后期、大汶口后期、屈家岭前期等早期文化遗址均为中心聚落。

作为都市雏形——中心聚落相对于之前的农耕聚落有其鲜明的特征：一是中心聚落规模明显扩大，如河南郑州大河村遗址面积近 30 万平方米。二是以中心聚落为核心，形成有着主从关系的聚落群。

---

① 〔元〕何犿注：《韩非子》卷十九，文渊阁《四库全书》(影印版)，第 1 页。

二、都市的产生

氏族部落之间，为了争夺地盘和财产往往发生战争，于是具有防御和安居功能的部落城市出现。其或夯土筑墙，或石块堆砌，形成城墙环抱的城市。

我们说，城市是原始社会末期战争频仍的产物。氏族部落"先是为了争夺生存空间，再是为了争雄争长，最后完全蜕变为以掠夺为目的"①。

氏族部落争雄争长的结果，产生了大小邦国。随着疆域拓展，邦国的城市数量增多，于是具有"中心"地位的都城产生。都城具有以下特征：

其一，都城是邦国的宗教中心。古代国家政权普遍具有政教合一的性质，君主既是最高行政长官，又是最高宗教长官，执掌祭祀天地与祖先的权力。至于都城之都，《左传》庄公二十八年如此解释："凡邑，有宗庙先君之主曰都，无曰邑，邑曰筑，都曰城。"②由此，"大型庙宇的建立，以其庞大的建筑学体量及象征意义的威慑感，完成了神权同世俗权力的联合"③。

其二，都城是邦国的政治、经济与文化中心。三皇五帝之都，无不说明这一特征。

其三，都城是君主所居之地，人口众多。都城又称京师。汉何休学（学，即注述之意）《春秋公羊传注疏》卷五："京者何？大也。师者何？众也。天子之居，必以众大之辞言之。"④

三、三皇五帝都市

三皇五帝，是中华民族历史开端时期君临天下、功勋赫赫的帝王。

（一）三皇都市

三皇之名，最早见于《吕氏春秋·贵公》："此三皇五帝之德也。"《尚书大传》以三皇为上古时期的燧人氏、伏羲氏、神农氏。

---

① 王宇信等：《中国古代文明与国家形成研究》，云南人民出版社 1997 年版，第 29 页。

② 〔清〕阮元：《十三经注疏》（影印版），中华书局 1979 年版，第 1782 页。

③ 刘易斯·芒福德著，宋俊岭、倪文彦译：《城市发展史——起源、演变和前景》，中国建筑工业出版社 2005 年版，第 42 页。

④ 〔清〕阮元：《十三经注疏》（影印版），中华书局 1979 年版，第 2219 页。

燧人氏(生卒年不详),燧明国(都今商丘市)人,"钻燧取火"的发明者。卒葬之地为商丘古城西南 3 里的燧皇陵。元何犿注《韩非子》卷十九之《五蠹》载:"民食果蓏蚌蛤,腥臊恶臭而伤害腹胃,民多疾病。有圣人作,钻燧取火,以化腥臊,而民说之,使王天下,号之曰燧人氏。"①又,宋李昉等《太平御览》卷八百六十九:"有燧明国,不识四时、昼夜……有火树,名燧木,屈盘万丈,云雾出于中间,折枝相钻则火出矣。后世圣人变腥臊之味,游日月之外,以食救万物,乃至南垂,见此树表有鸟若鹗以口啄树,粲然火出,圣人感焉,因取小枝以钻火,号燧人氏。在庖牺之前,则火食起乎兹矣。"②这一传说反映了上古时期人类从利用自然火进化到人工取火的过程,这是人类社会的一大历史进步,燧人氏也被尊奉为"火祖"。而今燧皇陵(在阏伯台西北 2 里),被列为全国重点文物保护单位。

伏羲氏(生卒年不详),代燧人氏而起(一说为燧人氏之子),是我国旧石器时期向新石器时期过渡的一代圣王,定都宛丘(今周口市淮阳区)。清徐文靖《竹书统笺》卷首下载:"太昊庖羲氏。……太昊之母居于华胥之渚。(《笺》:按华胥,地名,在陕西蓝田县。小洲曰渚。)履巨人迹,意有所动,虹且绕之,因而始娠,生帝于成纪。(《笺》:按《汉志》,天水郡有成纪县,今巩昌府秦州也。)以木德王,为风姓。(《笺》:按《月令》,春盛德在木。……伏羲氏,燧人子也。因风而生,故风姓。)……元年即位,都宛丘。"③伏羲氏,又称太昊(皞)伏羲氏。伏羲氏,乃其国号。宋高承《事物纪原》卷一:"伏牺始以木德,出乎震,故曰太皞。……国号。《后汉书》班固典引曰:肇命人主,五德初始,厥有氏号,莫不开元于太昊。《注》谓太昊号庖牺,炎帝号神农,黄帝号轩辕,盖自燧皇而上止以自名,未为天下之号也。至太昊始以庖牺为代号云。"④今周口市淮阳区的太昊陵,为伏羲氏的葬处,是全国重点文物保护单位,被誉为"天下第一陵"。

神农氏(生卒年不详),即炎帝,号神农,是继伏羲氏而起的又一圣王,都陈(今周口市淮阳区)。相传他为农具耒、耜和医药的发明者。他发明耒、耜

① 〔元〕何犿注:《韩非子》卷十九,文渊阁《四库全书》(影印版),第 1 页。
② 〔宋〕李昉等:《太平御览》卷八百六十九,文渊阁《四库全书》(影印版),第 3 页。
③ 〔清〕徐文靖:《竹书统笺》卷首下,文渊阁《四库全书》(影印版),第 1 页。
④ 〔宋〕高承:《事物纪原》卷一,文渊阁《四库全书》(影印版),第 19—20 页。

等农具,以利民耕作。又尝百草,识药性,为民医疗疾病,被后世尊为"药祖"。唐孔颖达《周易正义》卷八载:"包牺氏没,神农氏作,斫木为耜,揉木为耒,耒耨之利,以教天下,盖取诸益。"①

（二）五帝都市

五帝之名,首见于《荀子·大略》。唐杨倞注《荀子》卷十九之《大略篇》:"诰誓不及五帝,(诰誓以言辞相戒约也。《礼记》曰:'约信曰誓。'又曰:'殷人作誓而民始畔。')盟诅不及三王,莅牲曰盟。谓杀牲歃血告神,以盟约也。交质子不及五伯。(此言后世德义不足,虽要约转深,犹不能固也。伯读曰霸。《穀梁传》亦有此语。)"②司马迁则全面系统整理了战国以来关于五帝的传说,作《五帝本纪》,详尽记述了黄帝、颛顼、帝喾、尧与舜五位帝王的历史功绩。

五帝都城有三者在中原,即黄帝都有熊(今新郑市)、颛顼都帝丘(今濮阳县西南)、帝喾都亳(今商丘市睢阳区高辛镇一带)。而就广义的中原来说,尧都平阳(今山西临汾市)、舜都蒲坂(今山西永济市西蒲州镇)也都在其范畴。

黄帝(生卒年不详),有熊国君少典之子。本姓公孙,因长于姬水,故改姬姓,居轩辕之丘(在今新郑市),因以为名,又以为号。有土德之瑞,故称黄帝。相传炎帝部落(神农氏后裔,仍以炎帝为号)扰乱各部落,他得到各部落的拥戴,在阪泉(今河北涿鹿县东南)将其打败。后又在涿鹿击杀蚩尤。从此他由部落首领被拥戴为部落联盟领袖,而定都有熊(今新郑市)。晋杜预《春秋释例》卷七:"《帝王纪》云:'黄帝都有熊。'今河南新郑县。(案《汉书·地理志》,新郑县属河南。)"③

颛顼(生卒年不详),号高阳氏(因其封地今杞县高阳镇为号)。黄帝之孙,昌意之子。曾辅佐东夷集团的帝王少昊,平定九黎之乱,又击败了与其争夺帝位的共工氏。定都帝丘(今濮阳县西南)。卒葬东郡濮阳顿丘(治今清丰县西南)城门外广阳里中。南朝宋裴骃《史记集解》卷一载:"帝颛顼高阳者,(皇甫谧曰:'都帝丘。今东郡濮阳是也。')黄帝之孙,而昌意之子也。

---

① 〔清〕阮元:《十三经注疏》(影印版),中华书局影印1979年版,第86页。
② 〔唐〕杨倞注:《荀子》卷十九,文渊阁《四库全书》(影印版),第23页。
③ 〔晋〕杜预:《春秋释例》卷七,文渊阁《四库全书》(影印版),第50页。

静渊以有谋,疏通而知事,养材以任地,载时以象天,依鬼神以制义,治气以教化,洁诚以祭祀。……颛顼崩,(皇甫谧曰:'在位七十八年,年九十八。'《皇览》曰:'颛顼冢在东郡濮阳顿丘城门外广阳里中。顿丘者,城门名顿丘道。')而玄嚣之孙高辛立,是为帝喾。"①

帝喾(生卒年不详),姬姓,名夋,号高辛氏(因其封地今商丘市睢阳区高辛镇为号)。黄帝的曾孙,玄嚣之孙,蟜极之子。生而神灵。普施利物,不于其身。聪以知远,明以察微。顺天之义,知民之急。仁而威,惠而信,修身而天下服。以亳(今商丘市睢阳区高辛镇一带)为都。汉戴德《大戴礼记》卷七载帝喾有四妃:"上妃,有邰氏之女也,曰姜嫄氏,产后稷;次妃,有娀氏之女也,曰简狄氏,产契;次妃曰陈锋氏之女也,曰庆都氏,产帝尧;次妃娵訾氏之女也,曰常仪氏,产帝挚。"②卒葬于今商丘市睢阳区高辛镇,此地有帝喾陵。唐李吉甫《元和郡县图志》卷第七载:"宋州……谷熟县,(上。西北至州五十七里。)本汉薄县地,置于古谷城,春秋时为谷丘,亦殷之所都,谓之南亳,汉于此置薄县,属山阳郡。'薄'与'亳'义同字异。后汉改置谷熟县,属梁国。隋开皇十六年属宋州。……高辛故城,在县西南四十五里。帝喾初封于此。"③史籍"玄鸟生商"之说,即帝喾妃简狄氏误吞燕子蛋而生商祖先契。因而说,帝喾都于今商丘市睢阳区高辛镇一带,可信。

尧(生卒年不详),姓伊祁氏,名放勋,号陶唐氏,谥曰尧。史称"唐尧"。帝喾之子。为父系氏族社会后期部落联盟领袖。定都平阳。在位期间,命羲和掌管时令,制定历法。咨询"四岳",选舜为其继任人。对舜考核3年后,命舜摄位行政。他死后由舜继位,史称"禅让"。

舜(生卒年不详),姓姚,名重华,字都君,号有虞氏,谥曰舜。帝颛顼七世孙。有才能,且以孝名世。尧去世后,其即位。定都蒲坂。在位期间,选贤任能,治理民事。任命禹治水,完成了尧未完成的盛业。他巡狩四方,整顿世风,要求人民"行厚德,远佞人",孝敬父母,和睦邻里。在其治理下,政教大行,八方宾服,四海咸颂其功。去世于南巡途中的苍梧之野,葬于九嶷

---

① 〔南朝宋〕裴骃:《史记集解》卷一,文渊阁《四库全书》(影印版),第4页。
② 〔汉〕戴德:《大戴礼记》卷七,文渊阁《四库全书》(影印版),第7页。
③ 〔唐〕李吉甫:《元和郡县图志》,中华书局1983年版,第179—182页。

山(在今湖南永州市宁远县境内)。

第二节　夏、商、周及其封国都市

古者并建诸侯以奉承天子,以尊宗庙而重社稷。自黄帝之画野分州,得百里之国万区,是为封建之旧制。然而史氏虽有所提及,但莫得其详。夏、商、周三代,帝王为了巩固统治,保护疆土,便实行分封制。分封制可以说是萌芽于夏朝之前,自夏、商而兴,完备于周朝。周朝鉴于夏、商二代,乃设公、侯、伯、子、男五等爵位而进行分封,封邑为公、侯方百里,伯方70里,子、男方50里。这就是《尚书·周书·武成》所说的"列爵惟五,分土惟三"。至春秋时期,周朝纲纪松弛,群雄吞据日烈,而后出现了"战国七雄"的局面。秦始皇一统天下,实行郡县制,分封制寿终正寝。汉代以降,虽也有分封,但名存实亡,实不足称。豫州所在的河南居天下之中,封国鳞次栉比,大多不可考,以见于史籍的,记录如下。

一、夏朝封国

提到夏朝,必须从禹说起。

禹(生卒年不详),亦称"大禹""夏禹""戎禹",姒姓,名文命。帝颛顼后裔,鲧之子。原被舜封为夏伯,封地为豫州外方之南,即今禹州市。父亲鲧治水失败,被舜殛杀于羽山。后禹奉舜命治理洪水,他汲取其父鲧以堵塞之法治水失败的教训,采用疏导方法,因势利导,引水入海。在治水13年中,他身先士卒,手足胼胝,三过家门而不入。因治水有功,舜将帝位禅让于他。于是国号曰夏后,都于阳城(今登封市告成镇)。汉班固撰、唐颜师古注《汉书》卷二十八上载:"阳翟,(夏禹国。周末,韩景侯自新郑徙此。……应劭曰:'夏禹都也。'臣瓒曰:'《世本》禹都阳城,《汲郡古文》亦云居之,不居阳翟也。'师古曰:'阳翟本禹所受封耳。应、瓒之说皆非。')……"①曾铸造九鼎。克平三苗之乱。后举皋陶且授以政。皋陶卒,而后举其子益任之政事。

---

① 〔汉〕班固撰,〔唐〕颜师古注:《汉书》,中华书局1962年版,第1560页。

禹东巡狩至于会稽(今浙江绍兴市)而卒,以天下授益。三年之丧毕,益让位于禹的儿子启。启即位,建立夏朝,确立了君主世袭的制度。

夏朝时存在一些方国,它们与夏朝中央王室存在不同程度的关系。需要注意的是,关于夏朝及其封国的历史,部分内容存在一定的争议和不确定性。由于夏朝距今久远,缺乏确凿的直接文字记载,很多信息是通过后世的文献和传说传承下来的。据古籍载,以下是其在中原较为重要的方国。

商国(都今商丘市睢阳区),帝喾之子契的封国。子姓。据史料记载,帝喾之子契因辅佐大禹治水有功,被帝舜封于商丘并任命为司徒,后被赐封建立商国。汉郑玄笺、唐孔颖达疏《毛诗正义》之《商颂谱》说:"商者,契所封之地。有娀氏之女名简狄者,吞鳦卵而生契。尧之末年,舜举为司徒,有五教之功,乃赐姓而封之。《正义》曰:"……《尚书·尧典》云:'帝曰:契,汝作司徒,敬敷五教。五教在宽。'由此言之,敷五教者是契之所为。举'八元',使布五教者,正谓举契使布之也。故云尧之末年,舜举有五教之功也。乃赐姓曰子,而封之于商也。……商之有契,犹周之有稷,成汤以商为代号,文王不以邰为代号者,自契至汤,虽则八迁而国号不改,商名未易,成汤以商受命,故当以商为号。"①夏朝商国国君王亥曾率领商部族进行以物易物的交易,为商人商业之滥觞。后商朝也始建都于此。

虞国(都今商丘市虞城县),妫姓,侯爵,帝舜儿子商均的封国。舜举荐于微贱,尧以二女娥皇、女英嫁给他,居住在妫水湾。其后因以为氏。舜将天下禅让于禹,禹封商均于虞国。后来,少康曾逃到有虞氏避难,得到其首领虞思的协助。宋潘自牧《记纂渊海》卷十七载:"虞城,本古虞国,即禹封商均之地。"②

扈国(都今原阳县原武镇一带),即有扈氏,姒姓,为夏启之庶兄。汉司马迁《史记》卷二之《夏本纪》说:"太史公曰:禹为姒姓,其后分封,用国为姓,故有夏后氏、有扈氏、有男氏、斟寻氏、彤城氏、褒氏、费氏、杞氏、缯氏、辛氏、冥氏、斟戈氏。"③又,刘文典《淮南鸿烈集解》卷十一之《齐俗训》载:"昔

---

① 〔清〕阮元:《十三经注疏》(影印版),中华书局 1979 年版,第 619 页。

② 〔宋〕潘自牧:《记纂渊海》卷十七,文渊阁《四库全书》(影印版),第 31 页。

③ 刘文典撰,冯逸、乔华点校:《淮南鸿烈集解》,中华书局 1989 年版,第 357 页。

有扈氏为义而亡,(有扈,夏启之庶兄。以尧、舜举贤,禹独与子,故伐启,启亡之。)知义而不知宜也。"由此可知,有扈氏与夏同源,均为姒姓部族。其受封扈地,以国为姓。启即位,其作为庶兄不服,结果被启灭掉。又按,清沈炳巽《水经注集释订讹》卷五:"河水又东北经卷之扈亭北。(《后汉书·郡国志》:'卷县属河南尹。'《注》曰:《左传》成十年,晋、郑盟修泽。杜预曰:县东有修武亭。按杜预云:扈,郑地,在荥阳卷县西北。今开封府原武县西北有扈亭。)"①南朝宋范晔撰、唐李贤等注《后汉书》卷五十四有:"初,卷人维汜,(卷,县名,属河南郡,故城在今郑州原武县西北。)妖言称神,有弟子数百人,坐伏诛。"②

　　斟鄩国(都今巩义市西南一带),即斟寻氏。又作斟。姒姓,为夏代早期重要的封国之一。夏代晚期斟鄩之地更成为夏后的都邑。汉班固撰、唐颜师古注《汉书》卷二十八上:"平寿,(应劭曰:'故斟寻,禹后,今斟城是也。'臣瓒曰:'斟在河南,不在此也。《汲郡古文》云"太康居斟,羿亦居之,桀亦居之"。《尚书序》云"太康失邦,昆弟五人,须于洛汭",此即太康所居为近洛也。又吴起对魏武侯曰"昔夏桀之居,左河、济,右太华,伊阙在其南,羊肠在其北",河南城为值之。又《周书·度邑篇》曰武王问太公曰:"吾将因有夏之居,南望过于三涂,北瞻望于有河。"有夏之居,即河南是也。'师古曰:'应氏止云斟本是禹后耳,何豫夏国之都乎?瓒说非也。斟音斟。')……"③这里颜师古只是说瓒不用涉及"夏国之都"问题,并不否认"斟在河南"。又,南朝梁沈约《竹书纪年》卷上载:"帝太康。元年癸未,帝即位,居斟鄩。畋于洛表,入居斟鄩。"④又,清徐文靖《竹书统笺》卷三:"元年癸未,帝即位,居斟鄩。(《笺》:……《汉志》北海平寿县。臣瓒引《汲郡古文》'太康居斟寻,羿亦居之',时斟寻又自河南迁北海也。)"⑤又,晋杜预《春秋释例》卷五:"二十三年鄩。河南巩县西南有地,名鄩中也。"⑥

　　① 〔清〕沈炳巽:《水经注集释订讹》卷五,文渊阁《四库全书》(影印版),第16页。
　　② 〔南朝宋〕范晔撰、〔唐〕李贤等注:《后汉书》,中华书局1965年版,第838页。
　　③ 〔汉〕班固撰、〔唐〕颜师古注:《汉书》,中华书局1962年版,第1584页。
　　④ 〔南朝梁〕沈约:《竹书纪年》卷上,文渊阁《四库全书》(影印版),第12页。
　　⑤ 〔清〕徐文靖:《竹书统笺》卷三,文渊阁《四库全书》(影印版),第9页。
　　⑥ 〔晋〕杜预:《春秋释例》卷五,文渊阁《四库全书》(影印版),第27页。

　　缯国(都今方城县八里桥一带),姒姓,子爵,以国为氏。"缯",亦作
"曾""鄫"。宋邓名世《古今姓氏书辩证》卷十七载:"缯,出自姒姓,鄫子之
后。以国为氏,亦作缯氏。《汉功臣表》有缯贺,以战彭城斩项羽功,封祁谷
侯。……鄫,出自姒姓,鄫子之后。仕鲁者以国为氏。……曾,出自姒姓,夏
少康封其少子曲烈于鄫。鲁襄公六年,莒灭鄫。"①又,清高士奇《春秋地名考
略》卷十四:"鄫。(僖十四年,季姬及鄫子遇于防,使鄫子来朝。杜注:'鄫
国,今琅琊缯县。'臣谨按,鄫,《穀梁》作'缯'。《国语》或作'鄫',或作
'缯'。姒姓,禹后,子爵。……《史记》申侯与缯、西夷、犬戎攻幽王,杀王骊
山下。当是时,申伯初受改封之命国于谢,在楚方城之内。度缯国必与之相
近,故得偕举兵。哀四年,楚'致方城之外于缯关',岂其故墟乎? 其徙于琅
琊也,不知在何时。当亦如杞之自雍丘徙至东国耳。)"②相比较而言,高士奇
阐述得颇中肯綮。

　　蓼国(都今固始县东北蓼城冈一带),偃姓,侯爵,夏禹以皋陶贤明有功,
封其后于蓼。入春秋,为楚盟国。鲁文公五年(前622),为楚所灭。

　　戈国(都城不详),猗姓,寒浞篡夺羿位,将自己的次子豷封于戈地。后
夏臣靡举兵灭掉寒浞。夏少康立,使儿子季杼灭豷。戈地在今商丘市和新
郑市之间。

　　葛国(都今宁陵县石桥乡葛伯屯村一带),嬴姓,又称葛伯国。其君不祭
祀祖先,放纵无道。后为汤所灭。

　　邓国(都今孟州市西古邓城),侯爵。夏仲康庶子的封国。后为商所灭。
战国时属于魏国的邑地。一说,商武丁叔父的封国。

　　顾国(都范县东28里处),己姓,夏之诸侯。宋王应麟《诗地理考》卷五
载:"《郡县志》:顾城在濮州范县东二十八里。(《寰宇记》:在县东南。)夏之
顾国。"③

　　昆吾国(都今濮阳县),己姓,名樊,夏之诸侯,为"五伯"之首。唐李吉甫
《元和郡县图志》卷第十一载:"濮州……濮阳县,(上。东至州八十里。)本汉

①　〔宋〕邓名世:《古今姓氏书辩证》卷十七,文渊阁《四库全书》(影印版),第8—9页。
②　〔清〕高士奇:《春秋地名考略》卷十四,文渊阁《四库全书》(影印版),第1页。
③　〔宋〕王应麟:《诗地理考》卷五,文渊阁《四库全书》(影印版),第23页。

旧县也，古昆吾国，即帝丘颛顼之墟也。昆吾即夏诸侯，为五伯之首。"①又，宋王应麟《诗地理考》卷五："《郡国志》：'东郡濮阳县，古昆吾国。'《通典》：'濮州濮阳县，即昆吾之墟，亦曰帝丘。'……《郑语》：'昆吾为夏伯。'韦氏注：昆吾，祝融之孙，陆终第一子，名樊，为己姓，封于昆吾。昆吾卫是也。其后夏衰，昆吾为夏伯迁于旧许。"②（旧许，今许昌市）

封国（都今封丘县），为封父侯国。不详其终。

二、商朝封国

杞国（都今杞县），姒姓，夏的后裔。商汤击败夏桀、灭亡夏朝后，将夏王室姒姓的一些遗族迁到杞国。周武王克殷纣后，寻找夏朝开国君主夏禹之后裔，找到东楼公，将他封到杞地，延续杞国国祚，主管对夏朝君主的祭祀。元齐履谦《春秋诸国统纪》卷六载："杞，姒姓国，夏亡汤，封夏后于杞。周武王克殷，求禹之后，得东楼公于杞，仍封其故国。"③

越戏国（都城于今荥阳市境内），又作戏国、越戏方。为商朝畿内之国。为周武王伐纣时所灭。清高士奇《春秋地名考略》卷六载："戏童，成十七年，诸侯伐郑，自戏童至于曲洧。臣谨按，襄九年，诸侯盟于戏，即此也。《山海经》有浮戏之山。《路史》：'武王克商，命昌伮伐越戏方。'《注》：戏方，纣畿内国，今郑州汜水县南四十里有浮戏之山。《水经注》曰：汜水出于浮戏之山。又竹川水出焉。又绥水出方山，亦即浮戏之山。"④

挚国（都今平舆县境内），祖己七世孙成的封国。任姓。商时，任姓中女出嫁给周国季（即周文王的父亲）。汉郑玄笺、唐孔颖达疏《毛诗正义》卷十六—二载："挚仲氏任，自彼殷商，来嫁于周，曰嫔于京，乃及王季，维德之行。（挚国任姓之中女也。嫔，妇。京，大也。王季，大王之子，文王之父也。《笺》云：'京，周国之地小，别名也。'及，与也。挚国中女曰大任，从殷商之畿内嫁为妇于周之京，配王季，而与之共行仁义之德。）"⑤又，明冯复京《六家诗

① 〔唐〕李吉甫：《元和郡县图志》，中华书局1983年版，第296页。
② 〔宋〕王应麟：《诗地理考》卷五，文渊阁《四库全书》（影印版），第23—24页。
③ 〔元〕齐履谦：《春秋诸国统纪》卷六，文渊阁《四库全书》（影印版），第1页。
④ 〔清〕高士奇：《春秋地名考略》卷六，文渊阁《四库全书》（影印版），第16页。
⑤ 〔清〕阮元：《十三经注疏》（影印版），中华书局1979年版，第239页。

名物疏》卷四十六载:"挚,《周语》:挚、畴之国,由大任。《注》云:挚、畴,二国。奚仲、仲虺之后,大任之家。《唐书·世系表》云:祖已七世孙曰成,徙国于挚。《国名记》云'蔡之平舆有挚亭'。"①

商朝虽封国不少,但缺少一定的史证,仅将以上三国列出。

三、周朝封国

管国(都今郑州市管城区一带),姬姓,侯爵,周文王第三子、武王同母弟叔鲜的封国。周初,管叔鲜为"三监"之一,治理殷朝遗民。武王去世,成王年少,周公旦摄政。管叔鲜流言周公将不利于成王,挟殷纣王的儿子武庚作乱。周公奉成王命讨伐而诛杀他,取消封国。

邶国(都今汤阴县东南32里瓦岗乡邶城村一带),武王推翻商朝,三分其畿内地。自殷都朝歌以北称作邶国,以南称作鄘国(纣都朝歌属鄘),以东称作卫国。邶国为纣王儿子武庚的封国,并以霍叔武监管;另以管叔鲜监管鄘国;则以蔡叔铎监管卫国,史称"三监"。后"三监"叛乱,被周公讨平。杀武庚,取消其封国。于是封康叔封(周武王同母九弟)于卫,而将邶、鄘两国百姓迁往成周(即今洛阳市)。其地一半并于卫国。

鄘国(都今新乡县大召营镇代店村一带),见上。又,宋王应麟《诗地理考》卷一载:"《通典》:卫州新乡县西南三十二里有鄘城,即鄘国。(《九域志》:熙宁六年,省新乡为镇入汲,鄘城在汲县东北。)《补传》曰:鄘,本鄘姓之国。汉有庸光及胶东庸生,是其后也。古或作庸。(傅氏曰:孟庸当是鄘国之姓。鄘为卫所灭,故其后有仕于卫者。)"②

卫国(先后都朝歌、楚丘、帝丘、野王),姬姓,侯爵,周文王第九子康叔封的封国。周公旦平定"三监"和武庚的叛乱后,将康叔封到卫国,并中分邶、鄘两国的土地,以其半划归卫国。卫国先都朝歌(今淇县朝歌镇)。后迁楚丘(位于今滑县东)。又迁至帝丘(位于今濮阳县西南)。后为秦国所迫,又迁往野王(今沁阳市),最终为秦所灭。今新乡市以北,淇县至濮阳市一带,即其地。

---

① 〔明〕冯复京:《六家诗名物疏》卷四十六,文渊阁《四库全书》(影印版),第4—5页。
② 〔宋〕王应麟:《诗地理考》卷一,文渊阁《四库全书》(影印版),第25—26页。

蔡国,姬姓,侯爵,文王第五子叔铎的封国。武王推翻商朝后,将其封于蔡国。今上蔡县西南10里的故蔡城,即其国都。叔铎与管叔鲜挟武庚作乱,周公诛武庚,杀管叔,而流放叔铎。其子胡率德改行,周公言于成王,复封于蔡,是为蔡仲。传至蔡平侯,迁都新蔡(今新蔡县),后为楚惠王所灭。

东虢国(都今荥阳市汜水镇),姬姓,公爵,周文王三弟虢叔的封国。周武王推翻商朝,封虢叔于制(今荥阳市汜水镇),为东虢。周幽王时,虢叔恃险而不修德,为郑武公所灭。

雍国(都今修武县西50里的府城村一带),姬姓,伯爵,周文王第十三子,周武王庶弟的封国。

桧(一作郐)国(都今新郑市东北32里古桧城一带),子爵,妘姓,高辛火正祝融的后裔。周武王封为桧子,居溱水和洧水之间。周平王初年(前770),为郑武公所灭。

应国(都今平顶山市新华区滍阳镇南一带),姬姓,侯爵,周武王第四子的封国。

邘国(都今沁阳市西北30里的西万镇邘邰村一带),姬姓,侯爵,周武王第五子的封国。北魏郦道元《水经注》卷九:"其水南流经邘城西,故邘国也。城南有邘台。……京相璠曰:'今野王西北三十里有故邘城,邘台是也。'"[1]又,清王士俊等《河南通志》卷五十一:"怀庆府……邘城,在府城西北三十里,古邘国。周武王子所封。……今为邘台村。"[2]

蒋国(都今淮滨县期思镇),姬姓,男爵,周公第三子伯龄的封国。后有功,进为侯爵。春秋时为弦邑。

祭国(都今郑州市祭城),姬姓,伯爵,周公第五子的封国。周公平"三监"叛乱,杀管叔鲜,取消其封国,将其第五子封于此。世为周卿士。周穆王时,祭公谋父,谏北伐,作《祈招》之诗。周桓王时。祭公为三公之一。

胙国(都今延津县胙城乡一带),姬姓,伯爵,周公旦庶子胙的封国。后为南燕国。

宋国(都今商丘市),子姓,公爵,商帝乙的长庶子启,食采于微国,谓之

---

① 〔北魏〕郦道元:《水经注》卷九,文渊阁《四库全书》(影印版),第14页。
② 〔清〕王士俊等:《河南通志》卷五十一,文渊阁《四库全书》(影印版),第43页。

微子。微,殷朝畿内国。纣王暴虐,微子抱祭器奔周。周成王时,封微子于商丘,为宋公。后为齐、魏、楚三国所灭。

杞国(都今杞县),姒姓,公爵,夏禹的后裔。商汤流放夏桀,其后稍绝。武王推翻商朝,求夏后氏苗裔,得东楼公,封于杞国,以奉夏禹祭祀。后为楚国所灭。

陈国(都今周口市淮阳区),妫姓,侯爵,帝舜的后裔。周武王推翻商朝,求帝舜的后裔,当时帝舜的后裔阏父为周陶正,能利器用,王赖之。于是周武王将长女大姬下嫁给他的儿子满,而封到陈国,以奉帝舜的祭祀。这就是胡公。后为楚国所灭。

虢国(都今三门峡市区青龙涧河北岸的李家窑村一带),姬姓,公爵,周文王二弟虢仲的封国。原封国,都今陕西宝鸡市东陈仓虢镇,后南迁至今三门峡陕州区上阳城(遗址位于三门峡市区青龙涧河北岸的李家窑村一带)。史称前者为北虢,后者为南虢。相对于东虢,又称其为"二西虢"。周室东迁,虢公忌父、虢公林父世为相。鲁僖公五年(前655),为晋献公所灭。即"假道灭虢"之"虢"。

郑国(都今新郑市),姬姓,伯爵,周厉王小儿子友,是周宣王的同母弟。宣王二十二年,封友于郑,在京畿内。其立二十三年,深受百姓的爱戴。周幽王以他为司徒。王室多难,友寄财物于东虢国和邻国,因得取二国部分地域。友为司徒二年,死于难,即郑桓公。其子武公掘突,助周平王迁于东都,也为司徒。终得东虢、郐、鄢(都今鄢陵县)、蔽(都今郑州市东圃田西一带)、补(都今新密市牛店镇打虎亭村北补子庙西南一带)、丹(都今荥阳市南部崔庙镇一带)、依(都今郑州市老城东郊7里的古城村)、𣔌(一作畴,任姓国。都今扶沟县东一带)、历(又作栎。都今禹州市一带)、莘(一作华。都今新郑市郭店北,即华阳古城一带)等10小国地。迁都于溱水和洧水之间的新邑。后为韩哀侯所灭。

许国(都今许昌市),姜姓,男爵,帝尧的四岳伯夷的后裔。周武王封其苗裔文叔于许国,以续其后嗣。后一度随楚灵王迁于叶地(今叶县),最终为楚国所灭。

鄢国(都今鄢陵县),妘姓,男爵。为郑武公所灭。

温国(都今温县),己姓,子爵。其先出自颛顼。周武王时,其后裔苏忿生为周司寇,封于温国,子孙因以苏为氏,世为周卿。鲁僖公十年(前650),为狄人所灭。

戴国(都今民权县东偏北处),子姓,侯爵。春秋隐公十年,宋人、蔡人、卫人伐戴,郑伯伐取之。汉章帝改为考城(治所在今民权县林七乡西南)。

申国(都今唐河县苍台镇谢家庄一带),姜姓,伯爵,炎帝四岳后裔的封国,其地在南阳市。周时,申伯因为周宣王的大舅,又资兼文武,入为卿士,出为诸侯,筑城于谢地而居住。

江国(都今息县西南10里阳安故城一带),嬴姓,子爵,颛顼帝元孙伯益后裔的封国。鲁文公四年(前623),为楚国所灭。

黄国(都今潢川县西北12里处的隆古乡一带),嬴姓,子爵,颛顼孙陆终后裔的封国。鲁僖公十二年(前648),为楚国所灭。

息国(都今息县),姬姓,侯爵,春秋初期,为楚文王所灭。

邓国(都今邓州市西南一带),侯爵。鲁庄公时,有邓侯吾离,不睦于楚。鲁庄公十六年(前678),为楚文王所灭。

唐国(都今唐河县),侯爵,附属楚国。楚昭王十一年(前505),以秦兵击退吴国军队,于是灭掉唐国。

滑国(都今偃师市南缑氏镇一带),姬姓,伯爵,始封未详。鲁僖公二十二年(前638),秦国孟明帅师袭击郑国,后知郑国有防备,于是灭滑国而还。

顿国(都今项城市西的南顿镇一带),偃姓,子爵,始封未详。后附于陈国而南迁,称作南顿。鲁定公时,欲事晋背楚,而绝陈好,鲁襄公十四年(前559),为楚国所灭。

胡国(都今漯河市郾城区一带),归姓,子爵,始封未详。鲁昭公二十三年(前519),胡子髡随楚国军队与吴国作战,军队溃败,胡子髡战死。

沈国(都今平舆县故城北),姬姓,子爵。鲁昭公二十三年(前519)的鸡父(在今固始县东南)之战,沈子逞、胡子髡同死。鲁定公四年(前506),晋国会合诸侯的军队于召陵侵楚,沈子不会。晋怒,使蔡国讨伐沈国。蔡国公孙姓率师灭掉沈国。

南燕国(都今延津东北45里的城上村一带),姞姓,伯爵,黄帝后裔伯儵的封国。

弦国(都今光山县),子姓,子爵,始封未详。世为楚盟国。齐桓公称霸,江、黄、道、柏等国都附从。四国都是弦姻亲国,所以弦子有恃无恐而背叛楚国。鲁僖公五年(前655),楚令尹子文率师灭弦。弦子逃奔黄国。

道国(都今确山县北故道城),姬姓,封爵未详。

柏国(都今西平县),子爵。春秋时期为楚国所灭。

赖国(都今息县东北包信镇),子爵,姓、封无考。鲁昭公四年(前538),楚灵王帅诸侯军队灭掉赖国。

焦国(都今三门峡市陕州区东北一带),姜姓,周武王封神农后裔于此,后为晋国所灭。

刘国(都今偃师市缑氏镇西刘亭一带),姬姓,子爵,王季的儿子食采于刘国,是为康公。其后子孙因以刘为姓,世为周卿士。鲁哀公三年(前492),晋国赵鞅攻打东周,杀苌弘以逼刘国,刘国灭亡。

凡国(都今辉县市西南20里凡城遗址一带),姬姓,伯爵,周公次子君陈的封国。为周畿内诸侯,封于凡,世为卿士。鲁隐公七年(前716),周王使凡伯聘鲁,戎因伐之于楚丘以归。

项国(都今沈丘县与项城市之间的沈丘县槐店镇西一带),子爵,姬姓,为周文王庶子的封国。鲁僖公十七年(前643),为鲁国所灭。

向国(都今济源市西南向城一带),姜姓,小国。炎帝后裔的封国。后为郑国所灭。

鄾国(都今湖北省襄阳市东北),子爵,曼姓。商王武丁曾封季父于汉水的北岸曼地,鄾子为其后裔。其地在邓国南边境,为邓国的附庸国,后为楚所并。

鄀国(都今西峡县丹水镇),允姓,封爵未详。原在秦国与楚国交界处,春秋时期迁往今内乡县,后为秦国所灭。

毛国(都今宜阳县境内),伯爵,姬姓,为周文王庶子郑的封国。

原国(都今济源市一带),伯爵,姬姓,为周文王庶子的封国。鲁僖公二十五年(前635),为晋文公所灭。

聃国(都今新郑市与开封市之间一带),姬姓,侯爵,周武王同母第十弟季载的封地,为周公旦东征平叛后成王所封。后为郑国所灭。

房国(都今遂平县),子爵,祁姓,始为帝尧的儿子丹朱的封国,后为其后裔的封地。鲁昭公十三年(前529),为楚国所灭。

密国(都今新密市大隗镇一带),姬姓,封爵未详。后为郑国所灭。

共国(都今辉县市一带),伯爵,姬姓。春秋时,为卫国所灭。

巩国(都今巩义市孝义镇康店村一带),伯爵,姬姓。鲁昭公二十二年(前520),巩简公率王室围攻王子朝于京邑,失败殉国,巩国为王子朝所灭。鲁昭公二十六年(前516)晋国军队攻克巩地,归于周王室。

荥国(都今巩义市一带),伯爵,姬姓,周初封国。

单国(都今孟津县东南一带),伯爵,姬姓,周初封国,原在今陕西省眉县,后随周王室东迁。

樊国(都今济源市西南一带),侯爵,姬姓,初为周公亶父次子虞仲后裔的封国。后为晋国所并。

西不羹国(都今襄城县东范湖乡宋庄尧城岗一带),姓、封爵未详。春秋时,为楚国所灭。

东不羹国(都今舞阳县西北章化乡前后古城村一带),姓、封爵未详。春秋时,为楚国所灭。

尹国(都城未详),伯爵,姞姓,尹吉甫后裔的封国,属随周平王东迁的畿内国。今新安县东南部、宜阳县西北部一带,即其地。

四、战国所属诸侯国

魏国(都大梁,今开封市),姬姓,战国七雄之一。始为周文王庶子毕公高后裔的封国。周武王初封高于毕,为毕姓,后绝封。其后裔毕万,为晋献公臣子。晋献公十六年(前661),晋国灭掉霍、耿、魏,因毕万有功,以魏国赐给他,从其国名,为魏氏。其后裔魏桓子与韩康子、赵襄子共灭智伯,三分其地。桓子的孙子魏文侯斯被周天子威烈王封为诸侯,后逐渐强大。公元前376年,魏武侯、韩哀侯、赵敬侯三家分晋。后魏惠王三十一年(前339)自安邑迁都大梁(今开封市)。其所辖区域,西自秦国高陵(今西安市高陵区)以东,包括山西南部和河南北部地区,南有扶沟县、西华县、舞阳县、许昌市区、鄢陵县、漯河市辖区,以及开封市区、中牟县、原阳县、延津县等地。公元前225年,为秦国所灭。

韩国(先后都阳翟、新郑、阳翟),姬姓。战国七雄之一。始祖韩武子为晋国臣子,封于韩原。韩武子后三世韩厥,始从其封姓为韩氏。其后裔韩康子,与赵襄子、魏桓子共灭智伯,三分其地。韩景侯时,与赵、魏俱被周天子封为诸侯。周威烈王十八年(前408),韩景侯将韩国国都自平阳(今山西临汾市)迁至阳翟(今禹州市)。公元前376年,韩哀侯、魏武侯、赵敬侯三家分晋。公元前375年,韩哀侯灭掉郑国,将国都自阳翟迁于郑国国都(今新郑市)。公元前370年,韩懿侯又将国都迁回阳翟。其所辖区域,北有巩(今巩义市)、洛(今洛阳市)、成皋险要,西有宜阳、武关关塞,东有宛(今南阳市)、穰(今邓州市穰东镇)、洧水,南有陉山(位于今新郑市南30里)。今南阳市和宝丰县、襄县、长葛县、禹州市、郏县,以及新安县、宜阳县等,都属韩国辖地。公元前230年,为秦国所灭。

赵国(都今河北邯郸市),嬴姓,战国七雄之一。伯益的后裔飞廉,生二子,长子恶来,事奉纣王为周所杀。后为秦祖。次子季胜,四世而至造父,得周穆王宠幸,赐以采邑赵城,姓赵氏。鲁闵公元年(前661),其后裔赵夙辅助晋献公灭耿、霍、魏,晋献公将耿地赐给赵夙。赵夙的孙子赵衰事奉晋公子重耳反国即位。重耳称霸诸侯后,以赵衰为原大夫。赵衰的儿子赵盾,专国政。至其后裔赵烈侯籍,周威烈王封为诸侯,都于今邯郸市。公元前376年,赵敬侯与韩哀侯、魏武侯三家分晋。今安阳市区和内黄县都属赵地。公元前222年,为秦国所灭。

楚国(一度迁都陈、寿春),芈姓,战国七雄之一。周文王的老师鬻熊曾孙熊绎的封国,都丹阳(今湖北秭归县西北)。至其后裔熊通,向周天子请求王号,不许,便自立为王。至其儿子楚文王时,建都于郢(今湖北荆州市荆州区西北)。后楚庄王称霸诸侯,伐陆浑,观兵周郊问鼎。楚国自春秋时,先后灭掉豫南、豫东南和豫中诸国,尽有淮、汝之地。在秦统一战争中,屡次被秦打败。公元前278年郢失守,迁都陈(今周口市淮阳区)。前241年又迁都寿春(今安徽寿县西南)。公元前223年为秦所灭。

第三节 "四大古都"

夏、商、周、汉、魏、晋、隋、唐、北宋时期,中原均为中华民族的政治、经济、文化中心,几度形成文明的巅峰与辉煌。今天的中国"八大古都",河南就有洛阳、开封、安阳、郑州四个;国务院批准的国家级历史文化名城中原有洛阳、开封、安阳、郑州、南阳、商丘、浚县、濮阳八个。古都和历史文化名城是中华民族历史悠久、文化灿烂最集中的表现,是珍贵的物质财富和精神财富。

一、洛阳

洛阳,古称洛邑、西亳、成周、王城、京师、京都、雒阳、洛京、东京、帝京、京洛、神都、南都、东都、西京、河南、中京、洛城等,因境内有伊、洛两水,也称伊洛,因地处洛水之阳而称之为洛阳。洛阳位于河南省西部,东邻郑州市,西接三门峡市,北跨黄河与焦作市接壤,南与平顶山市、南阳市相连。以洛阳为中心的河洛地区是华夏文明的重要发祥地之一,有着5000多年的文明史和3000多年的建都史,先后有100多位皇帝曾在这里指点江山。其为中国历史上唯一一个正统13朝的古都,分别是夏朝、商朝、西周、东周、东汉、曹魏、西晋、北魏、隋朝、唐朝、后梁、后唐、后晋。这些朝代在洛阳留下了丰富的历史文化遗产,如夏都(二里头遗址)、偃师商城、东周王城、汉魏故城、隋唐洛阳城遗址沿洛河由东向西一字排开,形成"五都贯洛"的都城遗址奇观。另外,洛阳的宫殿建筑、寺庙、古墓等也是闻名遐迩的人文景观,尤其是龙门石窟更是我国著名的古代石窟艺术宝库,被列为世界文化遗产。"若问古今兴废事,请君只看洛阳城"①,北宋史学家司马光如是说。从中华文明史的演进情况来看,洛阳"十三朝古都"的历史变迁过程如下。

(一)夏朝时期

夏朝(约前2070—前1600),立国约470年。大禹建立夏朝,定都阳城

---

① 〔宋〕司马光:《传家集》卷六,文渊阁《四库全书》(影印版),第17页。

（今登封市告成镇）。太康迁都斟鄩（今巩义市西南一带）。其后，仲康、后羿、韩浞、夏桀分别执政于此，约140年。南朝梁沈约注《竹书纪年》卷上载："帝太康，元年癸未，帝即位，居斟鄩，畋于洛表，羿入居斟鄩。四年陟。帝仲康，元年己丑，帝即位，居斟鄩。"①又，唐张守节《史记正义》卷四："《括地志》云：自禹至太康与唐虞，皆不易都城。然则居阳城为禹避商均时，非之都也。《帝王世纪》云：禹封夏伯，今河南阳翟是。《汲冢古文》云：太康居斟寻，羿亦居之，桀又居之。《括地志》云：故鄩城在洛州巩县西南五十八里也。"②

（二）商朝西亳时期

商朝（前1600—前1046），由汤开国到纣亡，共传17世31王，共554年。商汤代夏，定都亳（今虞城县谷熟镇西南35里处），后迁都西亳（今洛阳市偃师区），约220年。唐张守节《史记正义》卷三："自契至汤八迁，汤始居亳，（《括地志》云：宋州谷熟县西南三十五里南亳故城，即南亳汤都也。宋州北五十里大蒙城为景亳，汤所盟地，因景山为名。河南偃师为西亳，帝喾及汤所都，盘庚亦从都之。）从先王居。（按亳，偃师城也。商丘，宋州也。汤即位都南亳，从徙西亳也。《括地志》云：亳邑故城，在洛州偃师县西十四里。本帝喾之墟，商汤之都也。）"③偃师商城在河洛之间，历经成汤、外丙、仲壬、太甲、沃丁、太庚、小甲、雍己、太戊、仲丁10帝，前后200余年。

（三）西周成周时期

周成王亲政后，继承周武王遗志命周公营造新都成周（今洛阳市），迁都于洛邑作为天下的中心，即"宅兹中国"，加强了西周王朝的统治。西周时王城为周人所居，成周城则为被迁之殷民所居，由周公旦亲自训导之。王城故址在今洛阳市王城公园一带，成周城故址在今洛阳市白马寺东的汉魏洛阳故城附近。汉何休学《春秋公羊传注疏》卷十六："成周者何？……（即郑注《书序》云：居摄七年，天下太平，而此邑成，乃名曰成周也者，是其名作成周之义矣。）"④成周，取"周道始成而王所都也"之意，表彰周朝顺利完成统一大业的壮举。成周也是监视殷商顽民的军事要塞，加强了周人对东方的控

①　〔南朝〕梁沈约注：《竹书纪年》卷上，文渊阁《四库全书》（影印版），第12页。
②　〔唐〕张守节：《史记正义》卷四，文渊阁《四库全书》（影印版），第14页。
③　〔唐〕张守节：《史记正义》卷三，文渊阁《四库全书》（影印版），第2页。
④　〔清〕阮元：《十三经注疏》（影印版），中华书局1979年版，第2287页。

制。宋赵与时《宾退录》卷五:"《洛诰》序云:'周公往营成周',则成周乃东都总名。河南,成周之王城也;洛阳,成周之下都也。王城非天子时会诸侯则虚之,下都则保釐大臣所居治事之地。"①从周武王灭商到幽王亡国,共传11代12王。

（四）东周洛邑时期

公元前771年西周灭亡,次年周平王东迁洛邑,居于王城,拉开了东周的序幕。春秋晚期,周敬王迁至成周,至周赧王五十九年(前256)灭亡,共515年。东周分春秋和战国两个时期,历25王。这时期的周天子虽是名义上的"天下共主",但王权日渐衰微,相对诸侯来说,出现"尾大不掉"的现象。

（五）东汉雒阳时期

建武元年(25)六月,刘秀即位于鄗(治今河北柏乡县固城店镇)南千秋亭,以光复汉朝,史称东汉,定都洛阳。后以占"火德",忌水,遂改"洛"为"雒"。从其定都雒阳,表明光武帝刘秀及其统治集团意识到仅仅凭借有利的战略位置和强大的军事力量,是难以治理好天下的,于是转变为以文化传承和经济生产为主导。公元190年,董卓挟汉献帝从雒阳迁都长安。公元196年,曹操又挟汉献帝都许(今许昌市)。220年,曹丕在洛阳称帝,以"魏"为国号,建都洛阳,史称"曹魏"。东汉从公元25年至220年,立国195年,建都洛阳165年,建都长安6年,都许昌24年。东汉光武帝至献帝,共12帝。

（六）曹魏洛阳时期

196年,曹操挟汉献帝迁都许(今许昌市),此后其挟天子而令诸侯。220年,曹操去世,曹丕继任丞相、魏王,逼迫汉献帝禅让帝位后,在洛阳称帝,以"魏"为国号,建都洛阳。265年,司马昭之子司马炎废掉魏元帝曹奂,改国号为晋,曹魏灭亡。从魏文帝至魏元帝,立国45年,共5帝。

（七）西晋洛阳时期

265年,司马炎建立西晋,定都洛阳。316年,西晋被匈奴所灭。西晋承继曹魏,终结了汉末以来天下三分的局面,实现了国家统一。"八王之乱"起,西晋王朝摇摇欲坠,匈奴贵族刘渊趁机建汉称帝,大举进攻洛阳。建兴

① 〔宋〕赵与时:《宾退录》卷五,文渊阁《四库全书》(影印版),第17页。

四年(316),晋愍帝出降,西晋灭亡。从晋武帝至晋愍帝,传 3 世 4 帝,共 51 年。

(八)北魏洛阳时期

晋室南渡后,北方进入五胡十六国时期,直到 439 年被北魏统一。北魏孝文帝为更好地推行汉化改革,完成南北统一的大业,迁都洛阳,从此开启了北魏的洛阳时代。遂整修宫室,扩建外郭城,使其面积达到 100 平方公里,成为当时世界上大都市之一,影响力也远达万里之外。北魏杨衒之《洛阳伽蓝记》卷三谈及北魏的影响力时说:"自葱岭已西,至于大秦,百国千城,莫不欢附。"①至永熙三年(534)孝静帝迁邺,北魏都洛历 42 年,共 7 帝。

(九)隋朝东都时期

仁寿四年(604),隋炀帝杨广命尚书令杨素、纳言杨达、将作大匠宇文恺等"营建东京",即今洛阳市。唐魏徵《隋书》六十八之《宇文恺》载:"炀帝即位,迁都洛阳,以恺为营东都副监。寻迁将作大匠。"②历时十个月完工,大业元年(605)迁都于此。大业五年(609)改称东都。此时的洛阳城,设施完备,繁荣昌盛,成为全国政治、文化、经济中心。从大业元年(605)迁都东京至大业十四年(618)隋炀帝殒命江都,历 14 年。

(十)唐朝神都、东都洛阳时期

684 至 690 年,唐睿宗在位,武则天为太后掌大权。光宅元年(684),唐廷改东都为神都。神龙元年(705),唐中宗复辟,复称东都。904 年至 907 年,朱温胁迫唐昭宗迁都洛阳,这段时间内为京城。618 年至 657 年,唐朝只有一座都城长安城,当时的洛阳为洛州。在 657 年至 684 年、690 年至 761 年、762 年至 904 年,长安为京城,洛阳为都城,称东都或东京。

(十一)后梁洛阳时期

907 年朱温建立后梁,定都开封,建元开平,升汴州(今开封市)为开封府,称东都,以洛阳为西都。开平三年(909)正月,朱温自开封迁都洛阳。913 年,朱温之子朱友珪被杀,朱友贞于开封即位,洛阳不再作为都城。后梁以洛阳为京城仅 4 年多。历太祖、郢帝、末帝三朝。

---

① 〔北魏〕杨衒之:《洛阳伽蓝记》卷三,文渊阁《四库全书》(影印版),第 10 页。
② 魏徵等:《隋书》,中华书局 1973 年版,第 1588 页。

（十二）后唐洛京时期

后唐是五代十国时期由李存勖建立的国家,定都洛京(今洛阳市)。当时,后唐是版图最大的王朝,主要控制着中国北方地区,东接海滨,西括陇右、川蜀,北带长城,南越江汉。在其鼎盛时期,后唐的疆域包括了今河南、山东两省,山西、陕西的大部以及河北、宁夏、甘肃、湖北、江苏、安徽的一部分。传2世4帝,凡14年。

（十三）后晋洛阳时期

后晋为五代十国时期第三个政权,从后唐清泰三年(936)十一月石敬瑭受契丹册封为帝,到契丹于后晋开运四年(947)灭后晋,一共经历了两帝,凡11年,初定都洛阳,约2年,后迁都开封。

洛阳在历史上长期作为政治、经济和文化中心,有着丰富的历史文化遗产和重要的地位。其都城的变迁受到政治、军事、经济等多种因素的影响。不同朝代在洛阳的建设和发展,也为这座城市留下了众多宝贵的历史遗迹和文化传统。

二、开封

开封,古称老丘、大梁、浚仪、汴京、东京、汴梁、祥符等,位于河南省东部,地处黄河下游南岸、华北平原腹地,地势平坦,为中国"八大古都"之一。夏朝,战国时期的魏,五代时期的后梁、后晋、后汉、后周,北宋和金共8个朝代曾在此建都。丰富的文物遗存、浓郁的古城风貌、宏大的城市格局,集中体现了古城悠久的历史传统与丰富的文化内涵。以下是开封作为"八朝古都"的建都历史。

（一）夏朝老丘

夏朝自帝杼至帝廑都在开封建都,史称老丘,位于现在的开封市东北国都里村,以此为都146年,历经予、槐、芒、泄、不降、扃六帝。作为夏都的开封老丘,在当时是夏朝的政治、经济、军事、文化中心,在夏王朝兴旺发展史上,有其显赫地位。为以后战国魏都大梁,五代的梁、晋、汉、周都东京,奠定了坚实基础。夏朝共14世17王,其中在老丘有5世6王。

（二）魏国迁都大梁

战国初期,魏惠王三十一年(前339,一说魏惠王五年或六年),魏都从河东的安邑(今山西夏县北)迁都到中原的大梁(今开封市),大梁成了魏国中后期的都城。这也是今开封城创立之始。秦王嬴政二十二年(前225),王贲率秦军攻魏,水淹大梁。汉司马迁《史记》卷六载:"二十二年,王贲攻魏,引河沟灌大梁,大梁城坏,其王请降,尽取其地。"①魏国遂灭亡。

(三)后梁开封

唐哀帝天祐四年(907),梁王朱温逼迫唐哀帝李柷禅让帝位,唐朝亡。朱温于滑州白马驿(今属滑县)制造了"白马驿之祸",建立了后梁,升汴州为开封府,命名东都。后梁末帝龙德三年(923),晋王李存勖率军抵达开封城下,梁末帝自杀,后梁灭亡。从907至923年,后梁立国16年,建都开封16年。

(四)后晋汴州

辽太宗天显十二年(937),石敬瑭引契丹兵攻入洛阳,后唐灭亡。辽太宗耶律德光封石敬瑭为大晋皇帝,国号大晋,史称后晋,是为后晋高祖,都汴(今开封市)。石敬瑭称辽太宗为"父皇帝",自称"臣",为"儿皇帝"。盛时疆域约为今山东、河南两省,山西、陕西的大部及河北、宁夏、甘肃、湖北、江苏、安徽的一部分。947年,契丹军攻破汴梁,晋出帝石重贵降,后晋灭亡。后晋从937至947年,立国11年,历2帝。

(五)后汉开封

后晋灭亡之后,耶律德光在开封登基,改开封为南京,改汗称帝,定国号为"大辽"。由于不得民心,被迫北撤。947年,中书令、河东节度使、太原王刘知远在太原起兵反契丹,逐渐收复契丹所占领土。刘知远在太原称帝,是为后汉高祖,不久迁都开封,改国号为汉,史称后汉。后汉隐帝乾祐年间,枢密使、天雄军节度使郭威在澶州(治所在今濮阳市)兵变,杀后汉隐帝刘承祐,后汉亡。后汉从947年至950年,立国4年。

(六)后周开封

广顺元年(951)正月,郭威在开封称帝,国号周,史称后周。公元960年正月,殿前都点检赵匡胤在陈桥驿(今封丘县陈桥镇)兵变,迫使后周恭帝禅让帝位,后周灭亡。后周从951年至959年,立国4年。

---

① 〔汉〕司马迁:《史记》,中州古籍出版社1996年版,第35页。

（七）北宋汴梁

赵匡胤陈桥驿黄袍加身后，遂率军回京师，胁迫后周恭帝禅位，兵不血刃登基，改国号为宋，仍定都汴京。此期儒学得到复兴，科技发展突飞猛进，经济、文化空前繁荣。宋孟元老《东京梦华录序》载："太平日久，人物繁阜。垂髫之童，但习鼓舞，班白之老，不识干戈，时节相次，各有观赏。灯宵月夕，雪际花时：乞巧登高，教池游苑。举目则青楼画阁，绣户珠帘，雕车竞驻于天街，宝马争驰于御路，金翠耀目，罗绮飘香。新声巧笑于柳陌花衢，按管调弦于茶坊酒肆。八荒争凑，万国咸通。集四海之珍奇，皆归市易；会寰区之异味，悉在庖厨。花光满路，何限春游，箫鼓喧空，几家夜宴。"①此语可谓描绘了当时东京歌舞升平的盛况。然而，靖康二年（1127），金军南下，攻取北宋都城汴梁，掳走宋徽宗、宋钦宗、宗室、皇后、妃嫔、朝臣等共 3000 余人，史称"靖康之变"或"靖康之难"，北宋灭亡。北宋从 960 年至 1127 年，共 9 位皇帝，享国 167 年。

（八）金朝开封

完颜阿骨打于 1115 年在上京会宁府（今黑龙江哈尔滨市）称帝，国号大金。1127 年，金朝南下攻破开封，灭亡北宋，改东京为汴京。金朝在中原扶持过两个傀儡皇帝，一个是楚帝张邦昌，一个是齐帝刘豫，都以开封为都，期间南宋曾夺回过开封。1140 年，金兀术率金军又占领开封。完颜亮将汴京作为南下侵宋的后方基地，升为南京开封府。1214 年，金宣宗向成吉思汗献岐国公主，蒙、金达成和议。蒙军撤退后，金宣宗不顾徒单镒等反对，迁都汴京。1234 年，蒙古与南宋合围蔡州，宋军首先攻破蔡州城，金哀宗自杀，金国灭亡。从 1115 年到 1234 年，金朝立国 119 年，都上京会宁府（今黑龙江哈尔滨）38 年，都中京大兴府（今北京市）61 年，都南京开封府（今开封市）19 年，都蔡州 1 年。

三、郑州

郑州地处中原腹地，北临黄河，西依嵩山余脉，东面和南面为黄淮平原。"郑州"之名始于隋朝开皇三年（583），隋文帝实行州、县制，并将荥州改名为

---

① 〔宋〕孟元老撰，伊永文笺注：《东京梦华录》，中华书局 2006 年版，第 1 页。

郑州。开皇十六年(596)改郑州为管州,析中牟县为管城县,管州治管城县。隋大业二年(606),管州复称郑州。唐武德四年(621),李世民平王世充,分郑州为管州,新郑属管州。贞观元年(627),又废管州复入郑州。贞观七年(633)郑州迁治管城并延续至今。郑州有着丰富的历史文化遗产和深厚的文化底蕴。2004年,郑州被认定为中国"八大古都"之一,其独特魅力也随着古都的声誉而彰显于世。

(一)商朝隞都

3600年前,商朝第十任君主仲丁即位元年,遭遇河决之害,遂将国都亳西迁于嚣(亦作隞都,今郑州商城遗址)。据汉司马迁《史记》卷三之《殷本纪》载:"帝中丁迁于隞。"①又北魏郦道元《水经注》卷七:"皇甫谧《帝王世纪》云:'仲丁自亳徙嚣于河上者也。或曰敖。'"②(仲丁,即中丁。)

(二)西周管、祭都

第二节已述及,这里不再赘述。

四、安阳

安阳,是中国"八大古都"之一,拥有3000多年的历史,是甲骨文的故乡,是中华文明的重要发源地之一。安阳之名初见于战国时期的魏国,汉司马迁《史记》卷五载:"龁攻邯郸,不拔,去,还奔汾,军二月余,攻晋军,斩首六千,晋、楚流死河二万人。攻汾城,即从唐拔宁新中,宁新中更名安阳。"③变"宁"为"安",其意相近,又以其在洹水之北,故名。北周大象二年(580),杨坚破尉迟迥,焚邺宫,乃徙邺县于安阳,更安阳曰邺。历史上,商朝在安阳建都,从而安阳具有丰富的历史遗迹和文化瑰宝。

商朝中期河亶甲,将都城迁往相(今安阳市东),河亶甲去世后其子祖乙将都城迁往耿(今山西省河津市)。汉司马迁《史记》卷三载:"帝盘庚之时,殷已都河北。盘庚渡河南,复居成汤之故居,乃五迁,无定处。"④公元前1300年,盘庚再次将都城迁往殷(今安阳市),即著名的盘庚迁殷,此后商朝都城

---

①　〔汉〕司马迁:《史记》,中州古籍出版社1996年版,第11页。
②　〔北魏〕郦道元:《水经注》卷七,文渊阁《四库全书》(影印版),第8页。
③　〔汉〕司马迁:《史记》,中州古籍出版社1996年版,第33页。
④　〔汉〕司马迁:《史记》,中州古籍出版社1996年版,第11页。

便没有了大迁移,直至公元前 1046 年周武王灭商。后世也因商朝后期的都城一直在殷,遂将商朝称为殷朝,凡 8 世,12 王,共 255 年。

第四节 都市文化的影响

都市,从广义而言,指统一国家的帝王或封国的君主"建都""封邑"或"称帝"的中心城市。其是集国家政治权力、经济、文化、思想于一体的象征性地方。而都市文化通常指在历史上作为重要都城的城市所形成的文化。以中原"四大古都"文化为例,它主要是指洛阳、开封、郑州和安阳作为全国或地方性政治集团所形成的中心区域及对外交往与交流中枢,代表中华文化特质和当时文化发展最高水平并积淀传承至今的文化结构,以及文化要素和精神气质。

从中原"四大古都"在 3000 年的政治实践中呈现出来的思想文化气息来看,都市文化具有至正庄严、崇文厚德、协和宁远和兼容并包多元一体的显著特征。这些都市文化隐喻的精神内核不仅在当时能够起到支撑王权广布天下而不紊的功用,而且也是都市乃至全国精英荟萃、繁华兴盛的重要因素,在历史的长河中对当地乃至整个国家的政治、经济、文化等方面都产生了重要的影响,即使对都市所辖区域的当下城市发展和社会生活也依然产生着深远的影响。由此可知,中原都市文化是中原历史文化的重要组成部分,也是中华优秀传统文化的重要瑰宝,对于研究历史、传承文化具有不可估量的价值。其价值具体表现在以下几个方面。

一、树立了强烈的正统意识,展现了一脉相承的中华优秀传统文化

作为不同时代、不同朝代甚至不同部族会聚的中原都市,其文化体现出了强烈的国家和民族正统意识。这种正统意识,不仅体现在政治体制上,还深入文化、艺术、建筑等各个方面。"致天下于大治""厝天下于衽席之上"的士大夫理想沉淀为一种积极向上的城市精神和博大精深的都市文化。从中原"四大古都"的考古情况来看,在都市文化中,强烈的正统意识不仅体现在

建筑和历史遗存上,还深深地植根于人们的思想认知和行为习惯之中。这种意识表现在对传统礼仪和规范的坚守,对皇权象征和君权神授的崇拜,以及对国家统一和文化传承的执着追求。在古代,皇帝被视为"天子",是天地间最高的权威,他的意志就是国家的法律,他的行为代表着天意。这种"天人合一"的观念在广大人民群众中具有难以动摇的社会根基,使得都市文化中的正统意识变得尤为强烈。

在现代社会,虽然都市的职能和面貌已经发生了很大变化,但强烈的正统意识仍然存在。它不仅体现在对历史的尊重和传承上,还表现在对国家未来的期许和对社会主义核心价值观的坚守上。都市的文化活动和节庆仪式,如洛阳二里沟文化展览、安阳殷都文化展、郑州商城国家考古遗址公园的建立以及新郑黄帝故里拜祖大典仪式等,都延续了这种正统精神,成为连接过去和未来的桥梁,让人们在享受现代文明的同时,也能够感受到传统文化的魅力和力量。在新时代背景下,帝都文化的正统意识也在不断地演变和发展。一方面,它仍然承载着对历史传统的尊重和传承,另一方面,它也融入了现代社会的价值观念和行为规范。这种文化的融合和创新,使得都市文化在新的历史条件下焕发出新的生机和活力。此外,都市的正统意识还体现在对国家主权和民族尊严的坚定维护上。在国际交流中,都市文化作为中国国家形象的重要组成部分,展示了中国的文化自信和国家实力。如"文明交流与互鉴:仰韶文化国际论坛""世界大河文明论坛""巍巍亳都·漫游新体验"以及"行走河南·读懂中国"等大型国际活动,不仅促进了文化交流和理解,也提升了中原地区乃至整个国家的国际地位和影响力。

总之,都市文化的强烈正统意识在新时代焕发出新的光彩,它不仅是中华优秀传统文化的一部分,也是现代社会文明进步的体现。在未来的发展过程中,都市文化将继续发挥其在文化传承、民族融合、国际交流和社会发展中的重要作用,为中华民族伟大复兴的中国梦贡献力量。

二、形成了崇文厚德的优良传统,推动了文化传承与创新,同时增强了辐射周边的强大影响力

在中原都市形成的历史节点,无论是泱泱大国如夏、商、周、汉、魏、唐、宋的都城,还是蕞尔小国如郑国、卫国、管国等封国以及定都中原的五胡十六国、五代十国中的民族政权,对都市文化均做出了巨大的历史贡献。三皇五帝的禅让制时期及夏、商的家天下时代,都市观念尽管只是朦胧状态下的权力中心聚集地,道德和信仰的制高点,可是仍然也孕育了厚德载物的高贵品格,容纳万事万物和万众万象的涵养雅量。自周代礼教初始、教化天下的思想盛行于天下之后,历史上的帝王将相大多倡导尊崇儒家思想,强调以文教化。作为全国或地方的政治、经济和文化中心的都市,更是在统治者的大力支持和推动下设置了大量的文化机构,组织各类文化活动,使都市成为人才聚集和文化交流的重要场所,形成了崇尚人文、尊重才学的优良传统。众多人文传世经典在此诞生,都市也成为历朝历代统治区域的人才渊薮和文化津梁。

都市文化中,崇文厚德的传统一直深入人心。在都市,人们热爱文化、尊重知识、注重教育的价值判断和认知观念,吸引了大量的文人墨客、贤人志士以及治世能臣等。他们在这里吟诗作画,讲学论道,既传承了我国优秀的文化传统,又成了后人传承和发扬文化的重要载体,对文学、艺术、学术等方面的发展产生深远影响,为中华文化的传承创新和繁荣发展做出了应有的贡献。显而易见,崇文厚德的传统是都市文化的精髓和灵魂,其贯穿于都市的历史和现实,影响着每一个生活在这里的人。这种传统使得都市成为中华文化的重要发源地和传承地,也为世界文化的交流和发展做出了贡献。在未来的发展中,都市仍然将会继续弘扬崇文厚德的传统,为中华文化的繁荣和发展贡献力量。

不可否认,在都市文化核心聚能的带动下,强大的区域化影响力会辐射到周边地区,带动周边地区的同步发展,如都市制定的国家治理、社会管理政策和地方法律、法规会对周边地区产生重要影响;都市实施的经济制度、农垦措施及商业模式为周边地区的经济发展起到了示范作用;都市的文化

保护政策、文化遗产保护法会为周边地区的文化保护和文化产业发展提供指导和借鉴;都市高度发达的社会管理和公共服务体系也是周边地区提升自身社会文明和社会治理水平学习和借鉴的对象。从而促使整个地区的经济发展、政治理念、道德认知和文化水平均得到相应的提升和改变。由此可知,都市的辐射作用是一个全方位的过程,其通过各种渠道和方式,将自身的发展优势传递给周边地区。这种辐射作用不仅促进了周边地区的经济交流和社会发展,也使得都市文化的影响力得到了扩大。在中原"四大古都"的社会实践中,我们不难发现都市所发挥出来的中心城市功能,以及通过辐射作用,推动周边地区的共同发展,为不同民族的融合发展和华夏一统的政治格局奠定了良好基础。

三、促进了民族融合与交流,激发了民族自豪感和国家凝聚力

作为政治、经济和文化中心的都市,是各个民族交流、融合的重要场所,其以独特的区域优势和政治生态吸引着来自不同地区的人们。这里成了各个民族在相互尊重、相互理解的基础上共同生活、共同发展的理想圣地,各种民族文化、习俗、风情在这里交织、碰撞、融合,形成了独特的民族文化风貌和多元文化景观,呈现了都市文化的多彩风貌。

如东周时期,在周王城出现了"今三川、周室,天下之朝市"的经济贸易发展场景,反映了当时都市在各民族经济交流过程中所具有的崇高地位,另外从《周礼》记载文献材料中可以较为清晰地看出东周帝都之地的统治者对手工业者、商人,以及进行贸易往来的市场、市场秩序、赋税征收等的经济管理理念和思想。从《左传》和《史记》等相关文献还可以知道,"百工"是东周王城内一支不可小觑的力量。东周王城城市文化中蕴含的经济思想和经济管理理念,对现代城市经济社会发展仍有借鉴的价值。这种经济交流无形中促进了各民族之间的友好关系,也为即将到来的天下一统提供了一定物质支持和必要的社会基础。又如东汉与匈奴的民族关系,大多体现在都城洛阳之处。尤其是作为国际大都市的北宋都城东京更是如此,不同民族间的礼尚往来、佛释道文化的交织、民俗文化的兴盛等,均直接或间接地促进了国家的发展,以及民族的融合与周边文化的革故鼎新。从历史发展进程

上来看,其不仅促进了各民族之间的民族融合与文化交流,而且加深了各个民族之间的彼此了解和深厚友谊,丰富了帝都的文化内涵。

不仅如此,都市文化还是作为时代先进文化的风向标引领着时代潮流的发展方向。从都市文化所呈现出来的多样性元素来看,诸子百家如道家、墨家、儒家、法家、阴阳家、名家、兵家、纵横家、杨朱之学等学术流派在中原各地的形成与发展各有其侧重点,无论是对经邦治国、驭民平天下理论的探讨,还是对宇宙世界、社会人生的深刻研究等,先秦诸子的思想都充满了民本主义精神,闪耀着理性光芒和崇尚思辨的智慧,对当时乃至其后的中国社会产生了极其深远的影响,具有引领时代潮流的风向标作用。由此,也增强了芸芸众生的民族自豪感和认同感,进而增强了国家的凝聚力。总之,都市文化通过思想引领、文化传承与创新、经济促进、都市品牌塑造等多方面的作用,能够增强人们对都市和国家的认同感、归属感和自豪感,从而在增强凝聚力方面发挥重要影响。

需要注意的是,都市文化并不是单一的、固定不变的,它会随着时代的发展而不断演变和丰富。在当代社会,都市文化也应与时俱进,不断吸收新的元素和理念,以更好地适应社会发展的需求,持续为增强凝聚力发挥积极作用。同时,其他城市或地区的文化也都有其独特价值和作用,它们共同构成了丰富多彩的中华文化,为中华民族的凝聚力做出贡献。因此,不同朝代的都市文化可能会有不同的特点和影响,但总体来说,都市文化在历史上都具有重要的地位,对当时及后世的社会、文化、经济等方面产生了深远而广泛的影响。

四、都市独特的建筑格局,化生出雍容博大的都城气质,影响着后世社会关系和民族观念

都市的建筑格局,是都市文化的重要组成部分。从古代的宫殿、庙宇,到现代的高楼大厦,都体现了都市独特的建筑风格。这种风格,既有古代的宏伟壮观,又有现代的时尚简约。无论是开封铁塔、古城墙的雄伟,还是龙门石窟、白马寺、洛邑古城的沧桑,抑或安阳文峰塔、殷墟遗址的厚重,都展示了都市独特的建筑魅力。都市的建筑格局是独一无二的,其既体现了古

代封建社会的等级制度,又展示了我国古代建筑艺术的魅力。这些建筑不仅具有实用性,还具有很高的艺术价值。都市的建筑格局是中国古代城市规划的典范,蕴含了深厚的文化内涵和历史信息。这种格局的形成,与中国古代的封建社会结构和儒家文化传统密切相关。在封建社会中,等级制度极为严格,这种制度在建筑中得到了充分的体现,既展示了皇权的尊贵,也体现了古代建筑艺术的魅力。如果从小农意识的家庭起居考察,也易于发现他们同样遵循了一定的建筑规范和审美原则。在这种家庭建筑格局中,形成了独特的社会关系和民居文化,体现了中国人对村庄和谐和邻里友情的重视。

总之,都市的建筑格局是中国古代城市规划和建筑艺术的典范,既体现了封建社会的等级制度,又展示了古代建筑的魅力。其以博大高远的胸怀承载、吸引、融汇、萃取、发展各方文化,形成兼容并蓄、多元一体、包罗万象的自身文化。其化生出雍容博大的都城气质,影响着后世社会关系和民族观念。

思考与练习

1. 都市是如何形成的?

2. 夏、商时期,中原主要有哪些古封国? 国都分别为何?

3. 周朝封国的五等爵位是什么? 此时期,中原主要有哪些封国? 国都分别为何?

4. 中原都市文化的影响主要表现在哪些方面?

第五章　中原地名文化

第一节　概述

"地名"一词最早出现在《周礼》中："邍师,掌四方之地名,辨其丘、陵、坟、衍、邍、隰之名。"①冯骥才先生在《地名的意义》中指出:地名是一个地域文化的载体,一种特定文化的象征,一种牵动乡土情怀的称谓。随着历史的演进和时代的变迁,中原地区地理环境发生改变,出现民族迁徙和消亡,也有了语言的分化和融合,但地名却作为一种相对稳固的文化符号保存下来,较完整地保存了地名初命名时的文化特点和文化内涵。中原地名是对中原地域文化特色、历史发展演变的记载,对研究中原地区自然环境、人文地理、社会价值等具有重要的参考价值。中原地名具有丰富的文化内涵,其由来和发展演变是我们研究中原文化的重要依据,对开展中原文化推介、旅游文化推广等工作具有积极的指导意义。

中原,是中华优秀传统文化的起源地,也是华夏文明的发祥地和华夏民族的摇篮。中原地区拥有得天独厚的自然条件,在人类发展的漫长历史中,形成了丰富灿烂的文化遗产,地名文化便是中原文化遗产的重要组成部分。地名与人文地理和历史文化的发展密不可分,中原的地名既体现了中原地区丰富的地形地貌、独特的区域环境,又体现了中原地区的历史演进和文化发展,是了解中原历史的一面镜子。

中原地名文化内涵丰富,就河南而言,现有 18 个省辖市,1 个省直辖县级行政单位,21 个县级市,82 个县,54 个市辖区,1180 个镇,586 个乡,692 个街道办事处;河南的政区地名中,38%为单一社会人文轶事命名,37%为单一自然地理命名,25%为复合原因命名。地名的命名具有复杂性,但又具有相对的稳固性,是中原历史发展的最好见证。

中原地名,有以下特征。

第一,体现了古老的堪舆文化。堪舆文化源远流长,是中华优秀传统文化的一部分。从历代帝都、皇宫乃至皇陵的规划建设,到一般城市、村镇和

①　〔清〕阮元:《十三经注疏》(影印版),中华书局 1979 年版,第 227 页。

民居的选址,堪舆文化都起着很大的作用。堪舆文化即人们常说的"风水文化",并非神秘、玄不可测的东西。汉班固撰、唐颜师古注《汉书·艺文志》卷三十之"《堪舆金匮》十四卷"道:"许慎云'堪,天道;舆,地道也'。"①其中的"天道",即天体运行的规律和基本法则,也就是人们生活中所说的"天理";"地道",即是大地运行规律及其分布情况。人们生活在天地间,遵循"天道"和"地道",从而生活得幸福美满,这就是"人道"。而堪舆文化正是研究"天道"和"地道",借以彰显"人道"的一种专业文化。其充分反映了古人追求"天人合一"的情怀。

第二,体现了古老的阴阳文化。中原地区位于黄河中下游区域,具有优越的自然地理条件,人们逐水而居、城市因水而建,很多地区因水而得名。古人将阴阳文化融入与水有关的地区而命名,根据城市与河流所处的相对位置,将水之北、东谓"阳",水之南、西谓"阴",这种命名方式体现了古代中原人对方位的认知,也体现了人们对自然的描述和感知。因中原属于温带季风性气候,夏天多刮南风,而冬天则刮北风,夏热冬寒,人们向往适宜的居住环境,因而大多数城市和村邑在河流北岸兴建,由于水的北、东面相对湿润、阳光充足,因此以"阳"命名,如洛阳、濮阳、沁阳(原在沁水北岸,后迁至南岸)、荥阳市、汝阳县、泌阳县、舞阳县、淮阳区(隶属周口市)等;反之,水之南岸为"阴",如汤阴、汝阴(治所在今安徽阜阳市)、颍阴(治所在今禹州市东南40里)。以水之"阳"命名的地名明显多于以水之"阴"命名的,可以看出,自古以来中原人对阳光的依赖,对"阳"区居住的偏好。由于中原地处北半球,在山之南和东边,阳光充足,人们也倾向于在向阳温暖的山之南和东边繁衍生息。这在中原地名中也不乏其例,比如嵩阳、南阳等。

第三,体现了对山水自然环境的敬仰之情。中原一些地名以临近水域、处于水源头等位置为名,或直接以水名命名,如济源、伊川、临颍、汝州、潢川、漯河、淇县、淮滨、范县、唐河、扶沟、金水区(郑州市辖区)等。还有一些地方的地名与山有关,比如,栾川县、桐柏县、方城县、罗山县、光山县、新密市等。

第四,寄托了对安定生活的美好期望。由于中原地区优越的地理位置

---

① 班固撰,颜师古注:《汉书》,中华书局1962年版,第1769页。

和优美的自然环境,加之古代人"以中为尊"的理念,中原地区自古以来成为帝王争夺的宝地,统治者对巩固政权的希望和寄托也在地名的命名上有所体现。比如,永城,最早是隋代置县,因为城池屡遭水击而不破,所以被命名为永城,以示祥瑞;固始,汉代取其"固久之固,当自此始"的意思置县,表示绵延子嗣而永久稳定之义。

中原地名具有相对的稳定性和继承性,当今中原地区已经难觅踪迹的社会观念、地理特征、语言习惯等都可以在中原地名中找到答案,我们可以通过中原地名了解到历史上中原地区的政治、文化状况以及人文地理特征。例如,商丘,是上古帝王之都,颛顼、帝喾的都城,因地应商星,故得名商。帝喾子契辅佐禹治水有功封于商,是商族人的始祖。约公元前 16 世纪,契的 13 世孙成汤,灭夏称商,初都南亳(今虞城县谷熟镇西南 35 里处)。后商人先后迁都于西亳(今洛阳市偃师区)、殷(今安阳市)等地,原都便称为商丘。在漫漫历史长河中,中原地区的地理环境不断发生变化,山川河流的走向有所改变,但地名却保留下来,成为我们了解中原地区古代地理风貌的重要依据。除了上文提到的依山傍水的市县以山水命名之外,还有一些地名体现了古代中原地区的地形地貌。比如,平顶山,因建在"山顶平坦如削"的平顶山下而得名;罗山,县名出自境内的小罗山。

我们说,中原地名大多是前人根据中原山川河流和平原分布的自然地理情况,利用堪舆学知识遵循方位选择的原则、整体系统的原则、依山傍水的原则、适中居中的原则、顺应自然的原则、顺乘生气的原则以及历史情怀等而命名的。

中原地名见证了中原的发展变迁,为我们了解中原历史、挖掘中原文化打开了一扇窗,也是我们寻根问祖、维系乡愁和增强文化自信的重要载体,值得我们深入学习研究。

第二节　中原地名的由来

地名从何而来?一个地方在初获名称时可能具有偶然性和随意性,但随着时间的推移,地名在称谓属性之外,与文化地理、历史发展等方面的关联愈加密切,文化属性日渐突出。中原地名经过漫长的数千年演变,深深烙上了中原文化的印记,成为中原地域文化的重要载体。中原地区地名命名的由来和沿革,其大致体现在以下四个方面。

一、体现优越的地理环境

中原的地形地貌以山脉、丘陵、平原为主,水系密布,自北向南,地跨海河、黄河、淮河、长江四大流域,吸引了中原先民群居于此,繁衍生息。中原诸多地名也体现出中原地区的地理环境和风貌,其最突出的体现是以"山""水"而命名。

(一)以位于山之南而得名

嵩阳(治所在今登封市),因在嵩山的南面而得名。隋炀帝大业元年(605)改轮氏县为嵩阳县,隶属豫州。大业三年(607),隶属河南郡。唐贞观十七年(643)废除。唐高宗永淳元年(682)又设置,永淳二年(683)废除。武后光宅元年(684)又设置。万岁登封元年(696)改为登封县。唐中宗神龙元年(705)又改为嵩阳县。神龙二年(706)又改为登封县。

山阳(治所在今焦作市山阳区十里墙南村北),因在太行山的南面而得名。西汉置县,隶属河内郡。北魏孝明帝孝昌中(525—527)曾为山阳郡治所所在地。北齐废入修武县。曹丕即帝位,迁汉献帝于此,称为山阳公。

复阳(治所在今桐柏县吴城一带),因在大复山的南面而得名。汉宣帝元康元年(前65),封长沙顷王子延年为复阳侯,置复阳侯国于此。汉成帝元延二年(前11)改为复阳县,隶属南阳郡。西晋废除。

弋阳(治所在今潢川县西),因在浮弋山的南面而得名。西汉置县,隶属汝南郡。三国魏分汝南郡置弋阳郡。晋沿袭。东魏分置南、北弋阳县,北弋阳县仍治今潢川县西,为弋阳郡治;南弋阳县治今潢川县。北齐时,北弋阳县废入南弋阳县,南弋阳县改为定城县。隋文帝开皇初年(581),置光州。唐置东光城郡,隶属淮南道。唐宪宗元和初年(806),又称光州。宋属淮西路。明洪武初年(1368),光州隶属凤阳府。不久,改隶属汝宁府。

鲁阳(治所在今鲁山县),因在鲁山的南面而得名。西汉置县,隶属南阳郡。东汉、三国魏属南阳郡。西晋隶属南阳国。十六国后赵属南阳郡。北魏孝文帝太和十一年(487),改名山北县。北周又改为鲁山县。

红阳(治所在今舞阳县西北),因在红山的南面而得名。西汉置县,属南阳郡。东汉废除。

(二)以位于水之北和东而得名

洛阳(今洛阳市),因在洛水的北面而得名。先后有东周、东汉、曹魏、西晋、北魏、隋、唐、后梁、后唐等建都于此,所以有"十三朝古都"之称。

河阳(治所在今孟州市西冶戍镇),因在黄河的北面而得名。西汉置县,隶属河内郡。西晋末废除。北魏孝文帝太和(477—499)中,移治所于北中府城(今孟州市南15里)。北魏孝明帝孝昌中(525—527)又置县,北齐废除。隋文帝开皇十六年(596)又置县,隶属怀州。炀帝大业初年(605),隶属河内郡。唐高祖武德初年(618),改为大基县。唐高宗咸亨五年(674),又改为河阳县。后又为孟州治所。宋、金、元,均为孟州。金世宗大定中(1161—1189)迁治所于孟县(今孟州市)。明洪武初年(1368),仍为孟州。洪武十年(1377),改孟州为孟县,属怀庆府。清代沿袭。

荥阳(治所在今荥阳市),因在荥泽的西北而得名。秦置县,属三川郡。西汉时,属河南郡。西晋泰始元年(265),由河南郡分置荥阳郡,为郡治所。北魏时,在武牢(即虎牢关)设北豫州部,置荥阳郡。北周改为荥州,州治所设在成皋(即虎牢关)。隋文帝将北周荥州改名为郑州(治所仍设在成皋),辖荥阳县。唐太宗贞观七年(633),郑州的州、府治所从成皋移至管城(今郑州市管城区),辖荥阳县。宋、元、明、清沿袭。

颍阳(治所在今襄城县东北20多里处),因在颍水的北面而得名。秦置县,隶属颍川郡。西汉沿袭。晋代废颍阳县。北魏献文帝天安二年(467),又置颍阳县(治所在今登封市西54里颍阳镇)。北周废除。唐玄宗开元十五年(727),又置颍阳县。宋仁宗庆历二年(1042),废除。庆历四年(1044),又置颍阳县。宋神宗熙宁三年(1070),废颍阳县,并入登封县。宋哲宗元祐二年(1087),又置颍阳县,隶属河南府。金代废除。

昆阳(治所在今叶县),因在昆水的北面而得名。秦置县,隶属颍川郡。两汉沿袭。晋隶属襄城郡。北齐改为汝坟县,属汉广郡。后又隶属颍川郡。

唐太宗贞观初年(627)废除。元世祖至元初年(1264)又置,隶属裕州。至元三年(1266),又废入叶县。

舞阳(治所在今舞阳县西北),因在舞水以北而得名。秦置县,隶属颍川郡。三国魏隶属襄城郡。南朝宋废除。唐玄宗开元四年(716)又置(治所在今舞阳县北舞渡镇),隶属仙州(治所在今叶县)。开元二十六年(738),隶属许州。唐宪宗元和十三年(818),移治吴城镇(在舞阳县东)。北宋属颍昌府。金章宗泰和八年(1208),移治今舞阳县,隶属裕州。元世祖至元三年(1266)废除。后又置。清代属南阳府。

育阳(治所在今南阳市西南绿杨村),因在育水的北面而得名。西汉置县,隶属南阳郡。三国时又作淯阳县。东晋孝武帝时,为避简文帝讳(昱),改淯阳为云阳。后周废除。唐高祖武德三年(620),又置淯阳县。武德八年(625)又废除。

涅阳(治所在今邓州市穰东镇),因在涅水的东面而得名。汉高帝七年(前200),置涅阳侯国。汉文帝五年(前175),改涅阳侯国置县,隶属南阳郡。隋文帝开皇初年(581),改为课阳(因在课水的北面而得名)县。

堵阳(治所在今方城县东6里),一名赭阳。因在堵水的北面而得名。本秦阳城县,西汉改堵阳县置,隶属南阳郡。东汉、三国魏隶属南阳郡。西晋隶属南阳国。东晋隶属南阳郡。南朝宋改为赭阳县。

蔡阳(治所在今湖北省枣阳市西南),因在蔡水的北面而得名。西汉置县,隶属南阳郡。东汉改为侯国。三国魏又为县。晋武帝改隶属义阳郡,晋惠帝改隶属新野郡。南朝宋孝武帝大明元年(457)废除。南朝齐又置东蔡阳、西蔡阳两县。南朝梁仍并为蔡阳县,为蔡阳郡治所所在地。西魏又为南雍州、蔡州治所。北周因袭。隋代隶属春陵郡。唐代初年废除。

棘阳(治所在今新野县东北的前高庙乡张楼村),因在棘水的东面而得名。汉高帝七年(前200),封杜得臣为棘阳侯。汉武帝元朔五年(前124),改为县,隶属南阳郡。西晋隶属义阳郡。南朝宋属河南侨郡。北魏改为南棘阳县。隋文帝开皇初年(581),改为新野县。

比阳(治所在今唐河县),因在比水的北面而得名。西汉置县,隶属南阳郡。晋隶属南阳国。南朝宋改隶属广平郡。北魏改置阳平县。隋文帝开皇七年(587),改为饶良县。隋炀帝大业三年(607),又置比阳县。唐代为唐州治所所在地。唐昭宗天祐三年(906),比阳县隶属唐州。元世祖至元三年(1266),废比阳县并入泌阳县。

湖阳(治所在今唐河县湖阳镇),因在徽子湖的北面而得名。秦置县,隶属南阳郡。西汉隶属南阳郡。西晋废除。北魏孝文帝太和二十二年(498),又置县。隋文帝开皇初年(581)为湖州治所。唐隶属唐州。金宣宗贞祐元年(1213)废除。不久又置。元世祖至元三年(1266)废除。

滍阳(治所在今平顶山市新华区滍阳镇南),因在滍水以北而得名。北魏置县,隶属鲁阳郡。隋文帝开皇十年(590),改为湛水县。唐高祖武德四年(621),复置滍阳县,隶属鲁州。唐太宗贞观元年(627),废除鲁州,仍置滍阳县。贞观九年(635)废除。

朝阳(治所在今邓州市东南刁河南岸),因在朝水的北面而得名。西汉置县,隶属南阳郡。西晋隶属义阳郡,后改隶属新野郡。南朝宋孝武帝大明元年(457)废除。

顺阳(治所在今淅川县李官桥镇顺阳村),因在顺水的北面而得名。汉成帝初年(前32),为顺阳侯国。汉哀帝建平初年(前6),改为博山县,隶属南阳郡。汉明帝改博山县为顺阳县,隶属南阳郡。汉章帝建初四年(79),改为侯国。汉献帝建安十三年(208),分南阳郡置南乡郡,顺阳县隶属南乡郡。晋武帝太康十年(289),改南乡郡为顺阳郡,顺阳县隶属顺阳郡。南朝梁武帝避父讳"顺之",改顺阳县为从阳县。隋代,复名顺阳县(迁治所于今邓州市西),属南阳郡。唐高祖武德三年(620),置顺阳县。武德六年(623)降为顺阳镇。北宋太宗太平兴国六年(981),升顺阳镇为顺阳县。金代废入穰县,金末析穰县于顺阳镇置顺阳县。元初沿袭,元世祖至元二年(1265),废顺阳县并入内乡县。

睢阳(治所在今商丘市睢阳区),因在睢水的北面而得名。秦置县,隶属砀郡。西汉仍为县,隶属梁国。东汉、晋均因袭。后魏仍为县,隶属梁郡。隋代初年(581),置宋州。隋炀帝大业初年(605),改睢阳为宋城,隶属梁郡。唐高祖初年(618),仍为宋州,不久改为睢阳郡,隶属河南道。五代为宋城县,属宋州。后梁隶属宣武军。宋真宗景德二年(1005),升为应天府,隶属京东西路。金代改宋城县为睢阳县，为归德府治所，隶属南京路。元代沿袭。明洪武初年（1368），废除睢阳县，入为归德州，隶属开封府。明世宗嘉靖二十四年（1545）又为商丘县，隶属归德府。清代沿袭明制。

淇阳（治所在今林州市临淇镇淇阳城村），因在淇水的北面而得名。隋文帝开皇三年（583），废除林虑郡而分置淇阳县。隋炀帝大业初年（605）废除。

鮦阳（治所在今沈丘县西南35里），因在鮦水的北面而得名。汉置鮦阳县，属汝南郡。光武帝建武二年（26），改固始侯国。后复为鮦阳县。汉明帝永平六年（63），改为鮦阳侯国。汉顺帝永建元年（126），改为阜阳侯国。汉桓帝永兴元年（153）废除。三国魏又置鮦阳县，属汝南郡。西晋鮦阳县，属汝阴郡。晋成帝咸康二年（336），鮦阳并入新蔡县，后又置鮦阳县，属新蔡郡。北齐废鮦阳县，置褒信县。隋文帝开皇三年（583），废褒信县置沈州，褒信县分置鮦阳、沈丘两县，隶属沈州。唐太宗贞观元年（627），废鮦阳、沈丘两县，并入汝阴县。唐中宗神龙二年（706）分汝阴，又置沈丘县，属颍州。宋代属顺昌府。元顺帝至正十六年（1356），废除沈丘、汝阴二县。明孝宗弘治十一年（1498），又设沈丘县。清朝沿袭，属开封府。

淮阳（治所在今周口市淮阳区），因在淮水的北面而得名。秦置陈县，属颍川郡。汉高帝初年（前206），分颍川郡置淮阳郡，汉高帝十一年（前196），置淮阳国，陈县前后隶属。东汉，陈县属陈国，隶属于豫州刺史部。三国魏，陈县属陈郡，隶属于豫州。晋代，陈县属梁国，隶属于豫州。南齐置南陈县，属陈郡，隶属于豫州。北魏陈县省入项县，属陈郡，隶属于北扬州。北齐迁回古陈县城。隋文帝开皇初年（581），改为宛丘县，属淮阳郡，隶属于豫州。唐代，宛丘县属陈州淮阳郡，隶属于河南道。五代，宛丘县属陈州，隶属于忠武军；后晋、后周隶属于镇安军。宋代，宛丘县属陈州淮阳郡，后属淮宁府，隶属于京西北路。金代，宛丘县属陈州，隶属于南京路。元代，宛丘县属陈州，隶属于汴梁路。明代，废除宛丘县并入陈州，属开封府，隶属于河南等处行中书省。清初，沿袭明制，隶属于河南布政使司。清雍正二年（1724），改陈州为直隶州。雍正十二年（1734），又置淮宁，属陈州。民国二年（1913），改淮宁县为淮阳县。

济阳(治所在今兰考县东北堌阳镇),因在济水的北面而得名。秦朝置县,属砀郡。西汉沿袭,属陈留郡。西晋属陈留国。西晋末及十六国后赵属陈留郡。北魏属阳夏郡(治所在今杞县)。隋文帝开皇三年(583),废除阳夏郡。济阳县属济阴郡。唐高祖武德初年(618),属杞州(治所在今杞县)。唐太宗贞观元年(627),废入冤句县(治所在今山东省菏泽市西南)。

伊阳(治所在今嵩县西南旧县镇),因在伊水的北面而得名。唐玄宗先天二年(713),分陆浑县而置县,属河南府。五代时,废除陆浑县,而入伊阳县。宋代,又以伊阙县入伊阳县。金代为嵩州治所,辖伊阳。元世祖至元三年(1266)废除。明成化十二年(1476),析汝州及嵩县、鲁山二县地置伊阳县(治所在今汝阳县),属汝州。清代因袭不改。1959年,因易与宜阳相混,改伊阳县为汝阳县。

濮阳(治所在今濮阳县西南故县村),因在濮水的北面而得名。秦置县,属东郡,为东郡治所所在地。西汉初年,沿袭秦制。后改为顿丘县(治所在今清丰县西南),仍属东郡。晋武帝泰始二年(266),废除东郡,立顿丘郡和魏郡。北魏属濮阳郡。隋文帝开皇初年(581),废除濮阳郡。唐武德四年(621),设置澶渊郡,后避李渊名讳,改为澶州。五代,后晋高祖天福四年(939),迁治所于德胜城(今河南省濮阳县东南五里),属澶州。宋神宗熙宁十年(1077),迁治所于今濮阳县,后为开德府治所。金为州治,金熙宗皇统四年(1144)为开州治。明洪武二年(1369),省入开州。1914年改为开县(治所在今濮阳县),属河北大名道。1949年改属平原省。1952年归河南省。1983年撤销濮阳县,设立濮阳市。1987年复置濮阳县。

宜阳(治所在今宜阳县西韩城镇),因在宜水的北面而得名。战国韩置县。秦属三川郡。西汉隶属司隶部。东汉属弘农郡,隶属司隶部。三国魏属新安郡,隶属司州部。北魏改宜阳县为甘棠县,为宜阳郡治所。东魏又改为宜阳县。北周明帝二年(558),改宜阳县为昌洛县,为熊州治所。隋代,又改为宜阳县,属河南郡。唐高祖武德二年(619)改为寿安县,属宜阳郡。五代,属河南府。宋代沿袭前制。金代,改为宜阳县,属金昌府。元代,属河南府路。明代,属河南府。清代沿袭。

汝阳(治所在今商水县西北),因在小汝水的北面而得名。西汉置县,属汝南郡。三国魏属陈郡。西晋仍属汝南郡。东晋、南朝宋、齐及北魏、东魏属汝阳郡。隋炀帝大业初年(605),废汝阳县,改为溠水县,属淮阳郡。炀帝大业三年(607),又置汝阳县(治所在今汝南县),属汝南郡。唐高祖武德四年(621),属豫州。唐代宗宝应元年(762),属蔡州。元、明、清均属汝宁府。1913年又改为汝南县(东魏曾置汝南县)。

灈阳(治所在今遂平县东南),因在灈水的北面而得名。西汉置县,属汝南郡。东汉光武帝建武二十八年(52),封吴汉的孙子吴旦为灈阳侯。南朝宋作瞿阳县。北齐废除。

慎阳(治所在今正阳县北江口集),因在慎(本作滇,读zhēn,后误为慎)水的北面而得名。西汉高帝十一年(前196),置为侯国。汉武帝元狩五年(前118),改为县,属汝南郡。东汉、三国魏沿袭。南朝初年(420),改为真阳县。后复为慎阳县,仍属汝南郡。北魏改为真阳县。隋文帝开皇十一年(591)废除。隋炀帝大业初年(605),改为真阳县,属汝南郡。武后载初元年(689),改为淮阳。唐中宗神龙元年(705),又复真阳县。唐代宗宝应元年(762)属蔡州。宋、金沿袭。元世祖至元三年(1266)省入息州(今息县)。后又置,属汝宁府。明洪武四年(1371),省入汝阳县。明武宗正德元年(1506),又置慎阳县,属汝宁府。清代沿袭,雍正二年(1724),改为正阳县。

筑阳(治所在今湖北谷城县东4里),因在筑水的北面而得名。秦、汉置县,属南阳郡。东汉为筑阳侯国。三国魏又为筑阳县,属南乡郡。晋属顺阳郡(治所在今淅川县南)。北魏属襄阳郡,迁治所于今谷城县。隋文帝开皇初年(581)废除。

繁阳(治所在今内黄县西北),因在繁水的北面而得名。西汉置县,属魏郡。西晋属顿丘郡。北魏太武帝太平真君六年(445)废除。孝文帝太和十九年(495)又置。北齐废除。隋文帝开皇十六年(596)又置,属相州。文帝大业初年(605),废入内黄县。唐高祖武德四年(621)又置,属黎州。唐太宗贞观初年(627)废除。

黎阳(治所在今浚县东北),因在黎水的北面而得名。本春秋卫邑,汉为黎阳县,属魏郡,晋省。后魏置黎阳郡及黎州。隋初州郡皆废,寻复置黎州,大业初州废以县属汲郡。唐复置黎州,贞观中州废以县属卫州。五代晋置浚州。宋改为通利军,熙宁初改为黎阳县,属卫州,政和初升浚州浚川军,寻改平川军。金改通州,后复为浚州。元以黎阳县省入,属真定路,后改属大名路。本朝洪武初,改为浚县。明李贤等《明一统志》卷四:"黎水,卫河、淇水合流至黎阳故城为黎水,亦曰浚水。俗传旧水流至浚县南十里,有名外郎河,乃黎之故渠。"①

内黄,战国魏邑,西汉高帝九年(前198)置内黄县,属魏郡。古以黄河以北为内,故得名。宋乐史《太平寰宇记》卷之五十四载:"内黄县……本汉旧县,属魏郡。以河北为内,河南为外,以陈留为外黄,此为内黄。后魏省。隋开皇六年,于故城东南十九里重置内黄,属相州。唐武德二年于黎阳县置黎州,县属焉;贞观十七年废州,县还相州。今属魏州。"②(外黄,汉县名,治所在今河南民权县西北内黄集宁车湾村。)

(三)以位于水之南和西而得名

荡阴(今汤阴县),因在荡水的南面而得名。西汉置县,属河内郡。汉献帝建安十七年(212),改属魏郡。晋代沿袭。北魏废除。隋文帝开皇六年(586)又置荡阴县(治所在今汤阴县东)。开皇十年(590),并入安阳县。开皇十六年(596),又置荡源县(治所在今汤阴县西南)。隋炀帝大业三年(607)废除。唐高祖武德四年(621)又置(其治所在汤阴县城),属魏州。唐高祖武德六年(623),改属相州。唐太宗贞观元年(627),改称汤阴。宋徽宗宣和初年(1119),改属濬州。金代,属彰德府。明、清沿袭。

颍阴(治所在今禹州市东南40里),因在颍水的南面而得名。汉置县,属颍川郡。西汉高帝六年(前201),封灌婴为颍阴侯。北魏太武帝太平真君七年(446),并入临颍县。东魏孝静帝元象二年(539)又置,属颍川郡。北齐文宣帝天保元年(550),改为长社县(治所在今许昌市魏都区)。

河阴(初置治所在今孟津县东北),因在黄河的南面而得名。三国魏文帝黄初中(220—226),改平阴县为河阴县,属河南郡。东魏属河阴。隋文帝开皇初年(581),属洛州。隋炀帝大业初年(605),废入洛阳县。唐玄宗开元二十二年(734),又置河阴县(治所在今荥阳市东北),属河南府。唐武宗会

① 〔明〕李贤等:《明一统志》卷四,文渊阁《四库全书》(影印版),第36页。
② 〔宋〕乐史撰,王文楚等点校:《太平寰宇记》,中华书局2007年版,第1114页。

昌三年(843),改属孟州。金代,属郑州。元代,迁治所于今荥阳市东北广武山北。明洪武三年(1370),迁治所于今荥阳市东北广武镇。清乾隆三十年(1765),废入荥泽县(治所在今郑州市惠济区古荥镇北)。1913年析荥泽县又置河阴县,属河南豫东道。1914年属开封道。1927年直属河南省。1931年并入广武县(治所在今郑州市西北河阴旧城)。1949年废入成皋县(治所在今荥阳市汜水镇成皋城)。

舞阴(治所在今泌阳县西北古城寨),因在舞水的南面而得名。西汉置县,属南阳郡。东汉为侯国。西晋属南阳国。南朝宋属南阳郡。北魏属南阳郡。北魏孝明帝孝昌中(525—527),置舞阴郡。隋文帝开皇初年(581),废郡改为显冈县,属淮安郡。唐高祖武德四年(621),改为显州。唐太宗贞观三年(629),废除显冈县。贞观九年(635),废除显州。①

(四)以临山临水而得名

除了上述"山水阴阳"的组合之外,还有一些因靠近山水或处于山水间某种相对位置而得名的中原地名。

1. 临水得名

济源,隋开皇十六年(596)置县,析轵县北部置济源县(治所在今济源市区),属河内郡。"以济水所出,因名。"②

淇县,殷为朝歌,为纣王都城,秦置朝歌县,隋改卫县,元入淇州,明改淇县,以境内淇水而得名。

浚县,西汉置黎阳县,北宋政和五年置浚州,元省州治黎阳县入州,明洪武三年改浚县,以浚水而得名。

临颍,汉高祖六年(前201),于城颍邑置县,因濒临颍水,故名临颍,隶豫州部。临颍县"以在颍水之上,故名"③。

淅川,以淅水纵贯全境形成百里冲积平川而得名。清张廷玉等《明史》卷四十二载:"邓州……淅川(州西。成化六年析内乡县地置。东南有太白山。又有丹崖山。东有均水。又西南有淅水。北有丹水俱流入焉,南入于

① 李庚香、王喜成、李新年主编:《中原掌故》,河南人民出版社2022年版。
② 〔唐〕李吉甫:《元和郡县图志》,中华书局1983年版,第145页。
③ 〔宋〕潘自牧:《记纂渊海》卷十九,文渊阁《四库全书》(影印版),第8页。

汉水。)"①

唐河,唐时为唐州,以春秋唐国而得名。明朝降州为唐县。民国十二年（1923），因境内有唐河而改名。明李贤等《明一统志》卷三十："南阳府……唐县,在府城东南一百二十里。本汉北阳县,属南阳郡。后魏置东荆州,西魏改淮州,隋初改显州,后改淮安郡。唐初,复为显州,寻废州,以县属泌州。又改泌州为唐州,治北阳县。天宝初改淮安郡,乾元初复为唐州。五代梁改泌州,徙治泌阳。后唐复为唐州,晋又改泌州。汉又复旧。宋属京西南路,元属南阳府。本朝降州为县。"②又,清吴泰来、黄文莲《唐河县志》卷一之《地舆志》："唐河,系干河,发源裕州东门外七峰山,流入唐境,至邓家埠口始通舟楫,抵县西关遇水无溢涸,可驾舟直达襄阳。"③

潢川,春秋时属黄国、弦子国（据明沈绍庆《光山县志》卷一,黄、弦同壤）。北魏始置黄川郡,治所在定安县（今光山县南 40 里黄川古城）。梁废,入光州。1913 年由光州改设今潢川县,因黄水（潢河、小黄水）流贯县境而得名。清和珅等《大清一统志》卷一百七十六："黄川故城,在光山县西南,后魏置黄川郡,治定安县。梁废,入光州。《寰宇记》:故黄川城在光山县南四十里。相传古黄国别都,以带黄水故名。梁天监元年废。"④

临河,北魏东黎县。隋开皇五年置临河县,以南临黄河得名。唐武德二年重置黎州,县属之。贞观十七年废,县隶相州。天祐三年属魏州。天福九年隶澶州。金大定二十九年,以黄河水泛滥,城遂废。其治所在今浚县善堂镇临河村。

此外,还有一些城区因境内有水流经而得名,比如郑州市金水区,以境内的金水河为名;洛阳市涧西区因在涧河以西而得名、瀍河区内有瀍河穿过;商丘市睢阳区因地处古睢水之北而得名;新乡市卫滨区因坐落于新乡卫河之滨而得名;平顶山市湛河区因境内湛河而得名、石龙区因石龙河贯穿辖境而得名;开封市顺河回族区因古老的惠济河纵贯辖区、回族百姓相对聚居

① 〔清〕张廷玉等:《明史》,中华书局 1978 年版,第 989 页。
② 〔明〕李贤等:《明一统志》卷三十,文渊阁《四库全书》（影印版）,第 2 页。
③ 〔清〕吴泰来、黄文莲:《唐县志》（影印版）,台北成文出版社 1976 年版,第 79 页。
④ 〔清〕和珅等:《钦定大清一统志》卷一百七十六,文渊阁《四库全书》（影印版）,第 14 页。

而得名;漯河市源汇区由源汇寨而来,源汇寨于清咸丰二年置,取诸水汇流之意;信阳市浉河区因浉河贯境而得名;鹤壁淇滨区因淇河流经而得名等。

2. 临山得名

桐柏,隋开皇十八年(598)淮安县(一说义安县)改现名;因位于桐柏山麓,故名。唐李吉甫《元和郡县图志》卷第二十一载:"唐州……桐柏县,(中。西北至州一百二十里。)汉平氏县之东界也,梁于此置义乡县,隋开皇十八年改为桐柏,取山为名也。桐柏山在县西南九十里。"①

方城,以方城山为县名。据清宋名立《裕州志》卷一载,该县春秋时为楚之方城,汉置堵阳县,属南阳郡。东汉及晋皆为堵阳县。南北朝西魏置方城县,属襄城郡。又置襄邑郡,东魏置建城郡及建城县,北齐郡、县俱废。隋开皇初复置方城县,属南阳郡。唐武德二年,改淯阳郡曰北澧州,领方城、真昌二县,贞观九年省真昌,八年曰鲁州,九年州废,以方城属唐州淮安郡。宋庆历四年废方城为镇,入南阳县。元丰元年复置,隶唐州。金泰和八年,置裕州,方城以县属之。元因之。明以方城入州,属南阳府。②

罗山,以境内罗山而得名。据明李贤等《明一统志》卷三十一载,罗山县,春秋时蔡地,战国时为楚地。秦属颍川郡。汉为鄳县,属江夏郡。晋属汝南郡,北齐置高安县。隋初罢,后复置,改为罗山县。唐初置南维州,寻罢州以县属申州。宋初省入义阳,复置,属信阳军。元属信阳州,后迁州于故县,以县治移于西南,即今所也。明朝因之。又,"罗山,在罗山县西南一十里,峰峦环抱,隋因山名县"③。

鲁山,以县东北鲁山而得名。据唐李吉甫《元和郡县图志》卷第六载,鲁山县,本汉鲁阳县,古鲁县,属南阳郡。鲁阳公与韩战酣,挥戈,日为退三舍,即此地。后魏太和十一年,孝文帝南巡,置鲁阳镇,太和十八年改镇为荆州,太和二十二年罢荆州置鲁阳郡,改鲁阳县为北山县。周改为鲁山县。武德四年又于县置鲁州,贞观元年州废,以鲁山属伊州,贞观八年,改伊州为汝州,县仍属之。鲁山,在县东北十里。④

---

① 〔唐〕李吉甫:《元和郡县图志》,中华书局 1983 年版,第 166 页。
② 〔清〕宋名立:《裕州志》(影印版),台北成文出版社 1976 年版,第 46 页。
③ 〔明〕李贤等:《明一统志》卷三十一,文渊阁《四库全书》(影印版),第 6 页。
④ 〔唐〕李吉甫:《元和郡县图志》,中华书局 1983 年版,第 166 页。

　　确山,以县南确山而得名。据明李贤等《明一统志》卷三十一载,确山县,本春秋江国。汉为安昌县地,属汝南郡。东汉末置朗山县。晋改曰安昌。梁属陈州,后魏移县治朗陵故城,属初安郡。隋初复移县治今所,属豫州,仍改为朗山县。唐属蔡州。宋改为确山县,元因之。

　　明朝初省入汝阳。洪武十四年复置。又,"确山,在确山县南一十里。世传晋何曾见山有臼杵,自动有声,取之不出,寻失其所"①。

　　嵩县,因嵩山之起脉而得名。明李贤等《明一统志》卷二十九载,嵩县,古伊阙地。春秋时期,迁陆浑戎于此。汉置陆浑县,属弘农郡。晋属河南郡。东魏置伊川郡,隋改伊州,寻废。唐析置伊阳县,属河南府。五代时,以陆浑省入伊阳,宋又以伊阙县省入,绍兴初,升为顺州。金改嵩州,治伊阳县。元以县省入州,属南阳府。明朝改州为嵩县,属河南府。②

　　中牟,历史上,中原有二中牟,皆以境有内牟山而得名。一是今中牟县。此县春秋为郑国地。战国属魏国地。秦属三川郡。汉始有县名,属河南郡。晋属荥阳郡。北魏太武帝省并阳武,东魏孝静帝分荥阳,置广武郡。隋氏避讳,改为内牟,属管州,今县理是也。开皇十八年改为圃田县,大业十三年陷李密,武德三年李勣招抚东夏于此置牟州,复改为中牟。清和珅等《钦定大清一统志》卷一百四十九:"牟山,在中牟县北五里,高丈余,长数十里,上有牟山庙。又土山在县南三十里。"③二是今鹤壁市市区。清朱鹤龄《读左日钞》卷十一载:"晋车千乘在中牟。《注》:今荥阳有中牟县,迥远,疑非也。《疏》:《赵世家》献侯即位,治中牟。三家分晋,河南之中牟,属魏,则非赵得都之。此言晋车在中牟,又哀五年赵鞅伐卫'围中牟',《论语》佛肸为中牟宰,与赵献侯所都中牟或当是一,必非河南中牟也。此中牟在河北,但不复知其处。……今按《史记正义》云:邺即相州,荡阴西五十八里有牟山。盖中牟邑在此山侧。"④

　　平顶山,以境内平顶山而得名。据清和珅等《大清一统志》卷一百七十四载,平顶山,在郏县东南55里,接南阳府叶县界,延袤10里,绝顶平坦无峰

---

① 〔明〕李贤等:《明一统志》卷三十一,文渊阁《四库全书》(影印版),第5页。

② 〔明〕李贤等:《明一统志》卷二十九,文渊阁《四库全书》(影印版),第3页。

③ 〔清〕和珅等:《钦定大清一统志》卷一百四十九,文渊阁《四库全书》(影印版),第13页。

④ 〔清〕朱鹤龄:《读左日钞》卷十一,文渊阁《四库全书》(影印版),第28页。

峦,故名。

此外,中原还有一些地名与山水皆有关,比如扶沟县,据宋潘自牧《记纂渊海》卷十七记载,扶沟,本汉旧县,属淮阳国,以小扶亭有洧水之沟故名;柘城县以有柘沟而得名;洛阳市洛龙区因北界洛河,南括龙门山,因以洛水和龙门山而得名。

二、体现独特的区域环境

(一)以所处地形命名

巩义,古巩伯国,汉始称巩县。其南有嵩山,北有黄河。又东据虎牢关,西凭黑石关,南扼轘辕关,北依平津关。四面关河巩固,因以名巩县。唐李吉甫《元和郡县图志》卷第五载:"河南府……巩县,(畿。西至府一百四十里。)古巩伯之国也,春秋'晋师克巩'。战国时,韩献于秦。至汉以为县,属河南郡。……本与成皋中分洛水,西则巩,东则成皋,后魏并焉。按《尔雅》,'巩,固也'。四面有山河之固,因以为名。"①又,据清王士俊等《河南通志》卷六十四之《孝义》载,隋朝田真,巩县人。与弟田广、田庆同居友爱。后以田庆妇求分居,指庭前紫荆树,欲截为三,明旦忽枯死。田真说:"人不如木也。"于是兄弟感泣,不忍分爨,紫荆树亦复荣。②此义举遂被当地传为佳话,流传千古。因而1991年9月1日撤县建市,巩县去"县"字,又取"义"字,始称"巩义市"。

平舆,古挚国。春秋沈子国地。汉时置县,属汝南郡。相传为奚仲始造舆(车)之地。

又因其地势平坦,故取名平舆。一说,太任(周文王之母)归省,以"平舆"(即安稳之意)到达而得名。唐李吉甫《元和郡县图志》卷第九载:"蔡州……平舆县,(中。西至州六十二里。)本汉平舆县地,属汝南郡。高齐废,隋大业二年重置。十三年陷王世充,置舆州,管平舆一县。武德中属蔡州。贞观元年废,天授二年重置。"③

① 〔唐〕李吉甫:《元和郡县图志》,中华书局1983年版,第129—134页。
② 〔清〕王士俊等:《河南通志》卷六十四,文渊阁《四库全书》(影印版),第54页。
③ 〔唐〕李吉甫:《元和郡县图志》,中华书局1983年版,第237—239页。

鄢陵，周为鄢国。春秋为鄢邑，属郑国。战国称安陵，属魏国。秦属颍川郡。西汉始置县(治所在今县城西北古城村)，属颍川郡，武帝时改属陈留郡。后时废时置。因古属鄢国，又境内多冈陵、县城坐落于陵上而得名。唐李吉甫《元和郡县图志》卷第八载："许州……鄢陵县，(上。西南至州七十五里。)本汉旧县，属颍川郡。《春秋》郑伯克段于鄢，晋、楚战于鄢陵，并此地。后魏颍川置许昌郡，仍立鄢陵县以属焉。高齐文宣帝废鄢陵，以其地入许昌县。隋开皇三年复置，属许州。十六年又于县理，置洧州，县仍属焉。大业二年废洧州，以鄢陵属许州。洧水西北流入，经县西十里。鄢陵故城，县西北十五里。"①

沈丘，春秋楚寝邱邑。汉置寝县，属汝南郡。唐中宗神龙二年始置沈丘县。以县南有沈丘(即寝邱)而得名。唐李吉甫《元和郡县图志》卷第七载："颍州……沈丘县，(中。东南至州一百二十六里。)本汉寝丘，孙叔敖子之封，一名沈丘。汉为寝县，属汝南郡。后汉加'丘'字。东魏于此置才州，高齐文宣废州，改置褒信县。隋不置县邑，至神龙二年，十道使唐俭奏请分汝阴置沈丘县。"②又，唐张守节《史记正义》卷一百二十六："于是庄王谢优孟，乃召孙叔敖子封之寝丘。(今光州固始县，本寝丘邑也。《吕氏春秋》云：楚孙叔敖有功于国，疾将死，戒其子曰：'王数欲封我，我辞不受。我死，必封汝，汝无受利地。荆、楚间有寝丘者，其为地不利，而前有妒谷，后有戾丘。其名恶可长有也。'其子从之。楚功臣封二世而收，唯寝丘不夺也。)"③

即使是在现当代，地形地貌也是地名命名的重要因素。比如，周口川汇区因地处沙河、颍河、贾鲁河三川交汇处而得名；鹤壁山城区因地处太行山东麓而得名；三门峡市湖滨区，以其西、北、南三面为黄河与青龙涧河环抱，状若半岛，故名湖滨。

(二)以交通要处命名

孟津，以周武王伐纣，会八百诸侯于此处渡口盟誓，故称盟津，亦称孟津。一说孟是地名，津是渡处，在孟地致津，谓之孟津。据明李贤等《明一统

① 〔唐〕李吉甫：《元和郡县图志》，中华书局1983年版，第207—210页。
② 〔唐〕李吉甫：《元和郡县图志》，中华书局1983年版，第188—189页。
③ 〔唐〕张守节：《史记正义》卷一百二十六，文渊阁《四库全书》(影印版)，第5页。

志》卷二十九载,孟津此地,汉属河阳县(今孟州市),属河内郡。后废,隋复置。唐初析置河清县,属怀州。又改属孟州,后属河南府。宋初,治白波镇。金徙置孟津渡,改为孟津县(今洛阳市孟津区)。宋毛晃《禹贡指南》卷三载:"孟津,水经河水,又东经平县故城北。郦注云'河南有钩陈垒'。世传武王伐纣八百诸侯所会处。……八百诸侯咸同此盟,故曰孟津,亦曰盟津,又曰富平津。"①又,宋傅寅《禹贡说断》卷三载:"又东至于孟津。(南。西京洛阳北。孟州河阳。)孔氏曰:'孟津,地名,在洛北。都道所凑,古今以为津。'唐孔氏曰:'孟是地名,津是渡处,在孟地致津,谓之孟津。'《传》云'地名,谓孟为地名耳。'杜预云:河内河阳县南,孟津也。在洛阳城北,都道所凑,古今常以为津。武王渡之,近世以来呼为'武济'。"②

延津,春秋时,为郑国廪延邑。秦置酸枣县。宋政和七年(1117),以境内有黄河渡口改称延津县。金贞祐三年(1215)升为延州,属河南路。元至元九年(1272)复为延津县,属汴梁路。明属开封府。雍正二年(1724)以河限故,由开封改属卫辉府。雍正五年(1727)胙城县并入。

通许,汉属陈留、扶沟二县地。宋初始置通许镇,咸平中升为咸平县,属开封府。金时因与咸平府(今辽宁开原市)重名,遂改为通许县。因其地处汴京直通许州的交通要道而得名。

(三)以境内特生植物命名

酸枣(治所在今延津县城西南),春秋时,为郑国廪延邑。秦置县,属陈留郡,以地多酸枣,其仁入药用,故为名。其间或废或置,北宋政和七年(1117),以地处黄河渡口,改称延津县。唐李吉甫《元和郡县图志》卷第八载:"滑州……酸枣县,(望。东北至州一百二十里。)本秦旧县,属陈留郡,以地多酸枣,其仁入药用,故为名。后魏并入小黄,宣武帝复置,改属东郡。隋开皇三年属汴州,九年属杞州,十六年改属滑州。黄河,在县北二十里。酸枣故城,在县西南十五里。"③

杞县,夏、商、周三代古杞国。以其地多生杞柳(俗称簸箕柳,性柔韧宜

①　〔宋〕毛晃:《禹贡指南》卷三,文渊阁《四库全书》(影印版),第14页。
②　〔宋〕傅寅:《禹贡说断》卷三,文渊阁《四库全书》(影印版),第24页。
③　〔唐〕李吉甫:《元和郡县图志》,中华书局1983年版,第197—201页。

屈挠），又取"天子之圃,杞柳为藩"之意,故名杞国。而杞县则以杞国而名。明陈士元《论语类考》卷二:"杞,朱子曰'杞,夏之后'。元按,杞国,姒姓,伯爵。汤放桀,封少康之后于杞,分派于曹东之楼,是为东楼、西楼公。武王克商,求禹后,得东楼公而封于杞,即今开封府杞县。"①

三、体现历史发展演进

随着社会的发展和人类的进步,人们对地名命名时随意性的因素逐渐减少,逐渐融入了更多人文历史因素,包括历史事件、美好祈愿、人名命名、古国命名、经济发展等。

（一）以古国、州、府、邑、乡等命名

新郑,据《史记·五帝本纪》载:周平王元年（前770）,郑国国君武公掘突,随周平王东迁,定都于此,仍施旧号郑国。公元前375年韩国灭郑国后改为郑县,公元前221年秦统一六国后,改名为新郑县（今新郑市）。

郑州,此名始于隋开皇三年（583）,因所处地域为古郑国辖区而得名。581年,隋文帝杨坚建立隋朝,于开皇三年（583）,"悉罢天下诸郡",实行州、县二级制,并将荥州改名为郑州。

义马,因境内义马村而得名。义马本为驿马,为丝绸之路崤函古道的重要驿站。其地处黄河流域,处在两京（西安、洛阳）之间的崤函古道上,自古以来为兵家必争、商贾必经之地。

虞城,古虞国之地,夏禹封舜子商均于此,号有虞,后称虞国;秦以此设虞县。隋开皇十六年（596）置虞城县。

项城,今项城市在西周时为项国和顿国地,春秋时项国被鲁国所灭,仅存"项"字作为地名。项城置县始于汉朝,汉高祖在项地设置项县,在顿国置南顿县,均是以古国为名。

上蔡,西周蔡国之地。周武王封弟叔度于蔡,成王封其子蔡仲即此。汉置上蔡县,属汝南郡。后魏改临汝县,北齐省,隋初置武津县。隋大业中复称上蔡。

新蔡,古吕国之地。春秋时,蔡平侯徙都于此,故称新蔡。汉置新蔡县,

---

① 〔明〕陈士元:《论语类考》卷二,文渊阁《四库全书》（影印版）,第1页。

属汝南郡。

息县,古息国之地。后楚灭息国置县,秦因之。汉置新息县,属汝南郡。后汉、晋因之。

叶县,春秋为楚国叶邑(今叶县西南旧县)。战国秦昭王十五年(前292)取叶,自后亦称叶阳邑;又置昆阳邑(今叶县县城),属魏。秦置昆阳县(治所在今叶县县城),属颍川郡,又置叶县(治今叶县西南旧县),属南阳郡。

宁陵,古葛伯国之地。春秋时属宋,战国时属魏,魏安厘王以弟无忌为信陵君,邑于此(治所在今宁陵县城南关外)汉初封魏咎为宁陵君。秦为砀县地。汉元狩初,置宁陵县。

鹿邑,春秋时兼为陈国的苦邑、鸣鹿邑和宋国的訾母地。秦置郡、县,苦仍为县名,鸣鹿和訾母为郸县,均属淮阳国。后汉属陈国。晋初属梁国,咸康三年改曰谷阳,属陈郡。南朝宋因之,北魏属陈留郡,北齐省入武平。隋开皇六年复置谷阳县,属谯郡。北齐省入武平曰鹿邑,属淮阳郡。唐乾封元年(666)改谷阳曰真源,载初元年又改曰仙源,神龙元年复曰真源。五代因之。宋大中祥符七年又改真源曰卫真,金因之。元并卫、真入鹿邑,移鹿邑治卫真,仍属亳州。明初属归德州,嘉靖中属归德府(治所在今商丘市)。清朝因之。

南召,因县城东北部的鲁山县有北召店,南召县有南召店,都是宛洛大道上著名的驿站,故取名南召县。

长垣,西周时属卫国。春秋时为卫国的蒲邑、匡邑。战国时魏国并匡、蒲,置首垣邑。秦置长垣县,隶三川郡。汉置长垣县,属陈留郡。

原阳,为阳武、原武二县合并而成,1950年3月由平原省人民政府决定成立。

封丘,古封国之地。后属卫,亦属魏。原称延乡,汉高祖与项羽战,败于此地,有翟母者免其难,故以延乡为封丘县,以封翟母,属陈留郡。北魏并入酸枣。宣武帝又置封丘县,属陈留郡。隋开皇三年置郡,以县属汴州。

尉氏,春秋时郑大夫尉氏之邑。汉置县。自汉至北魏属陈留郡不改,高齐省,以地入开封府。隋开皇六年复置尉氏县,属汴州。武德四年于此置洧州,贞观元年废,以县属汴州。

兰阳，春秋户牖邑。秦为东明镇地。汉置东昏县，属陈留郡。东汉因之。三国魏、晋、南北朝、隋、唐俱废。五代为东昏镇。宋乾德元年（963）置东明县，属开封府。金时徙东明县于河北后，以故地六乡为县，取其首乡曰兰阳以为名，改置兰阳县，属曹州。元属汴梁路，明属开封府，清朝因之。

仪封，春秋卫仪邑，"仪封人请见夫子"即此（《论语·八佾》："仪封人请见。"仪，卫邑。封人，官名）。汉为东昏县地。南北朝北魏为孝阳县，属北梁郡。北齐郡、县俱废。隋、唐、宋俱废。金复置，始改曰仪封县，属曹州。元属睢州，明属开封府。

兰封，嘉庆二十四年（1819），仪封县西八个里并入兰阳县，取两县首字改为"兰仪"县。宣统元年（1909）为避宣统溥仪名讳，改兰仪为兰封。

考城，春秋为戴国地。秦戴甾县，属砀郡。汉置梁国，东汉改称考城，属陈留郡。晋初省，寻复置，属济阴郡。后魏孝昌中改置考阳县，兼置北梁郡。北齐天保七年郡废，改县称成安。隋开皇十八年，复称考城，属宋州。大业初，属梁郡。唐武德四年于县置东梁州，五年州废，属曹州，元和十四年属宋州，寻复属曹州。五代梁开平元年，改称戴邑，属开封府，后唐复称考城。宋崇宁四年改属拱州，大观四年还属开封府。金初属曹州，正隆中属睢州。元明因之。清朝属归德府（治所在今商丘市）。

兰考，中华人民共和国成立后，1954年将兰封、考城两县合并，各取首字而名兰考县。

邓州，春秋时邓国之地。秦为穰邑。汉为穰县，属南阳郡。后魏为南阳郡治，又于此置荆州。隋开皇初罢郡，改荆州为邓州，大业初复改南阳郡。唐为邓州，天宝初改南阳郡，乾元初复为邓州。五代梁置宣化军节度，唐改威胜军，周改武胜军。宋复为邓州，属襄阳府。金属开封府。元属南阳府。明朝以穰县省入。

中原地名中，不仅市县级行政单位以古国、州、府、邑、乡等命名，区级行政单位中也有很多以古城邑、村镇、建筑等命名的。比如，郑州市上街区，因境内的上街村而得名，上街村在明代为卢医庙街市，因地势较高，人们往返上下，故称为上街；郑州市管城回族区，以古管国为名；郑州市惠济区，因境内的古惠济镇为名，惠济镇寓意"平等互惠、和衷共济"，由此而得名；洛阳市西工区,命名源于袁世凯 1914 年组织兴建的西工兵营;洛阳市吉利区,区名来源于"吉利村";南阳市宛城区,从春秋时期起,在这里建宛邑,后叫宛城,县名叫宛县,宛城区由此得名;许昌市魏都区,因魏的基业昌盛于许,许县就被改称为许昌,后人也称为魏都,魏都区的名字即由此而来;焦作市山阳区,其前身为焦作市郊区,因始建于战国初期的山阳城而得名,为古山阳城所在地;焦作市马村区,因在马村工人村而取名马村区;安阳市殷都区,处于殷都所在地,因而得名;开封市鼓楼区,因辖区内有明建清修的鼓楼而得名;开封禹王台区,因区内的"禹王台"(为祭祀大禹的禹王庙之处)而得名;三门峡市陕州区,秦惠公十年(前 390)置陕县,以陕原得名;等等。

(二)以避帝王及其家讳命名

避名讳自周朝始,但不严格。自秦、汉以降,严格起来。中原城市也多因避讳而改名。

内乡,春秋楚国析邑,后属于秦国。汉置析县,属弘农郡。后汉改属南阳郡。晋属顺阳郡。刘宋省,魏置西析阳县,为析阳郡治。西魏改内乡,北周改中乡。隋避文帝父亲杨忠名讳,复称内乡。唐李吉甫《元和郡县图志》卷第二十一载:"邓州……内乡县,(上。东南至州二百四十里。)本楚之析邑,后属于秦,《史记》秦昭王发兵出武关攻楚,取析十五城是也。汉以为县,属弘农郡。后汉属南阳郡。后魏于此置析阳郡,废帝改为中乡县。隋开皇三年,以避庙讳,改为内乡,属邓州。"①

西华,战国魏长平邑。秦置长平县。汉分置西华县,并属汝南郡。东汉以长平属陈国。晋初省西华,入长平,永康元年复置,属颍川郡,东晋属陈郡,后魏因之。北齐省长平。隋开皇十六年改置鸿沟县,大业初改鸿沟称西华,属淮阳郡。唐武德元年改称箕城,贞观初省入宛邱县,长寿初又改置武城县,神龙初复称箕城,景云初复称西华,属陈州。五代、宋、金、元、明因之。清朝属陈州府。唐李吉甫《元和郡县图志》卷第八载:"陈州……西华县,(上。东至州八十里。)本汉旧县。属汝南郡。后汉因之。晋无西华县。宋复置,属陈郡。高齐省。后魏太和中复置武城县,神龙元年又为基城,景云

―――――――――

① 〔唐〕李吉甫:《元和郡县图志》,中华书局 1983 年版,第 532—535 页。

复为西华。"①又，民国二十七年《西华县续志》卷二："唐玄宗讳隆基，景云元年立为太子，监国，诸地名基者，皆避改焉。县于是年改西华。"②

南乐，春秋卫邑。汉置乐昌县，属东郡。东汉废。北魏太和二十一年，分魏县置昌乐县，永安初置昌乐郡。东魏天平中郡废，县属魏郡。隋开皇六年析置繁水县，大业初省昌乐入繁水，属武阳郡。唐武德五年复置昌乐县，属魏州。贞观十八年省繁水入之。五代后唐讳"昌"改为南乐。宋初属大名府，崇宁四年改属开德府，金还属大名府。元属大名路，明、清属大名府。宋欧阳忞《舆地广记》卷十载："畿。南乐县，汉东郡之乐昌也。宣帝封王武为乐昌侯。后汉省之。晋置昌乐县。……隋属武阳郡，开皇六年置繁水县，大业初废昌乐县入繁水。唐置昌乐，废繁水入焉。后唐避讳，改为南乐。晋属大名府。"③

商水，周为沈国地。汉置汝阳县，属汝南郡。东汉、魏、晋因之。东晋于县置汝阳郡，咸康三年郡废，寻复置。后魏因之。北齐郡废。隋开皇十六年分置溵水县，大业初省汝阳县入之，属淮阳郡。唐武德四年属沈州，贞观元年属陈州，建中二年属溵州，兴元元年还属陈州。五代因之。宋建隆元年，宋太祖赵匡胤避其父弘殷名讳，改溵水县为商水县（以"殷""商"为同一王朝名）。民国七年《商水县志》卷二载："建隆元年，避宣祖讳，改溵水为商水。"④

禹州，本夏禹所封地。春秋时为郑之栎邑，战国为韩国。秦为阳翟县，兼置颍川郡。汉因之。晋属河南郡。东魏置阳翟郡。隋废郡以县属襄城郡。唐废嵩州，后属许州。宋属颍昌府。刘豫置颍顺军。金改为州，又改钧州，以州有钧台故名。元仍旧。明朝以阳翟县省入。万历三年避神宗名讳翊钧，改为禹州。清张廷玉等《明史》卷四十二载："禹州，元曰钧州。洪武初，以州治阳翟县省入。万历三年四月避讳改曰禹州。"⑤

杞县，宋乐史《太平寰宇记》卷之一："雍丘县……古雍国，黄帝之后，姞

①　〔唐〕李吉甫：《元和郡县图志》，中华书局1983年版，第211—215页。
②　〔民国二十七年〕《西华县续志》（影印版），台北成文出版社1968年版，第73页。
③　〔宋〕欧阳忞：《舆地广记》卷十，文渊阁《四库全书》（影印版），第3页。
④　〔民国七年〕《商水县志》（影印版），台北成文出版社1975年版，第131页。
⑤　〔清〕张廷玉等：《明史》，中华书局1974年版，第981页。

姓。殷汤封夏后于杞。周武王克殷,封夏后东楼公于杞,是为杞国,即此地也。汉为雍丘县,隶陈留郡。魏为雍丘国,封鄄城王植为雍邱王;又国废复为县,归陈留。晋不改。后魏于县置阳夏郡。隋开皇三年郡废为县,至十七年置杞州;大业三年州罢。唐初复置杞州,贞观元年州废,县皆归汴。晋避讳改为杞,汉初复故。"①

据清钱大昕《十驾斋养新录》卷十一载,汉殇帝名隆,改隆虑县为林虑(今林州市)。晋简文帝郑太后名春,改平春县为平阳(今信阳市区内)。隋文帝父名忠,改中牟县为内牟。隋炀帝名广,改广武县为荥泽(治所在今郑州市区西北古荥镇北)。唐高祖名渊,改澶渊县为澶水(治所在今清丰县西南);改长渊县为长水(治所在今洛宁县)。唐代宗名豫,改豫州为蔡州(治所在今汝南县)。后梁朱全忠祖名诚,改襄城县为苞孚县。宋太祖父名弘殷,改弘农县为恒农县,避宋真宗名恒,又改为常农(治所在今灵宝市境内);改殷城县为商城县;改溵水县为商水县。宋太祖名匡胤,改匡城县为鹤邱县(治所在今长垣县)。宋太宗名光义,改义阳军为信阳。宋仁宗名祯,改浈阳为真阳(治所在今正阳县)。大中祥符五年,避圣祖讳,改朗山县为确山县。金正隆三年避太子光瑛名,改光州为蒋州(治所在今潢川县),改光山县为期思县。金章宗父名允恭,改共城县为河平县(治所在今辉县市)。

(三)以君王、贤士命名

太康,取夏后太康之名。县城为夏太康时所筑城。秦置阳夏县,汉仍之,隶淮阳国,隋开皇间改太康县。宋乐史《太平寰宇记》卷之二载:"太康县……夏后氏太康所筑城。汉为阳夏县,隶淮阳国。隋开皇七年改阳夏县为太康,取古太康之名,隶淮阳郡,十五年复置阳夏郡,县废,十八年改为匡城县。大业十三年李密举兵于此,遂废。唐初复置,隶淮阳郡。朱梁与晋属开封府。"②

清丰,古顿丘。周卫国之邑。汉为顿丘县,属东郡。唐大历七年(772),析顿丘及昌乐县置清丰县,属澶州,以孝子张清丰故名。后晋刘昫《旧唐书》卷三十九:"清丰　大历七年,割顿丘、昌乐二县界四乡置,以县界有孝子张

<hr />

① 〔宋〕乐史撰,王文楚等点校:《太平寰宇记》,中华书局2007年版,第14—15页。
② 〔宋〕乐史撰,王文楚等点校:《太平寰宇记》,中华书局2007年版,第28—29页。

清丰门阙,魏州田承嗣请为县名。"①

南阳市卧龙区,因境内有卧龙岗,又因人称"卧龙先生"的诸葛亮曾躬耕于此而得名。

(四)以历史活动命名

修武,商为宁邑。周武王伐纣治兵于宁,故得名修武。秦更名为南阳城。汉置修武县,属河内郡。东魏置广宁郡,又置西修武县,不久省。北齐移县治西修武故城。隋又移治浊鹿故城,唐仍徙治西修武,属怀州。宋省入武陟县,不久复置。金、元、明、清仍称为修武。唐李吉甫《元和郡县图志》卷第十六载:"修武县……本殷之宁邑,《韩诗外传》曰:'武王伐纣勒兵于宁,改曰修武。'……汉以为县,属河内郡。周武帝以为修武郡,修武县属修武郡。隋开皇三年罢郡,属怀州。武德初属殷州,贞观元年省殷州,依旧属怀州。"②

武陟,春秋晋之怀邑。汉为怀县。隋析置武陟县,属殷州。唐初于此置陟州,后州废,以县属怀州,省怀县入之。宋、金、元、明、清因之。据明秦之英等《武陟志》卷一载,以周武王牧野之师使此土兴盛,故名。

偃师,汉置县,取武王伐纣于此"息偃戎师"之意。宋乐史《太平寰宇记》卷五:"偃师县……周武王伐纣回,息偃戎师,遂名偃师。周为畿内之邑。秦属三川。汉属河南。即今县理是也。晋并入洛阳。隋开皇十六年复置。"③

登封,武周时武则天"登嵩山,封中岳",为昭告天下,诏改嵩阳县为登封县。后晋刘昫《旧唐书》卷二十三:"则天垂拱四年,将有事于嵩山,先遣使致祭以祈福助,下制,号嵩山为神岳,尊嵩山神为天中王,夫人为灵妃。嵩山旧有夏启及启母、少室阿姨神庙,咸令预祈祭。至天册万岁元年腊月甲申,亲行登封之礼。礼毕,便大赦,改元万岁登封,改嵩阳县为登封县,阳城县为告成县。"④

遂平,本名吴房,唐元和十二年(817),唐将李愬平吴元济之乱,敕改吴房县为遂平县。后晋刘昫《旧唐书》卷三十八:"遂平　隋吴房县。元和十二

① 〔后晋〕刘昫等:《旧唐书》,中华书局1975年版,第1459页。
② 〔唐〕李吉甫:《元和郡县图志》,中华书局1983年版,第446页。
③ 〔宋〕乐史撰,王文楚等点校:《太平寰宇记》,中华书局2007年版,第80—81页。
④ 〔后晋〕刘昫等:《旧唐书》,中华书局1975年版,第891页。

年,讨吴元济于文城栅,置行吴房县,权隶溵州。贼平,改为遂平县,隶唐州。长庆元年,复隶蔡州。"①

镇平,汉安众县,又为涅阳县,属南阳郡。东汉因之。晋改安昌县,属义阳郡。南北朝废为穰县北乡地。金初置阳馆镇,后以镇压了五朵山农民军,而于金正大三年(1226)置镇平县,属申州。元属南阳府。明朝初省入南阳县。(据元脱脱等《金史》卷十五载,兴定元年四月,南阳五朵山盗发,众至千余人,节度副使移拉羊哥出讨,遇之方城,招之不从,乃进击之,杀其众殆尽。)

在当代,也有一些因著名事件而得名的地名,比如郑州市二七区,因纪念1923年的"二七"京汉铁路大罢工而得名。

(五)以境内特殊产业命名

焦作,因出产煤,以炼焦作坊较多而得名。

焦作市中站区,中站的由来是和中站的煤炭事业发展分不开的,最早的中站兴旺于煤炭事业,一个王封矿(西大井),一个李封矿(东大井),这两个煤矿生产的煤炭集中在三道(现在的中站怡光路和解放路西北角)装车编组,发往外地,进行中转,故此叫中站。

舞钢市,1974年析舞阳县置舞钢区,以舞阳钢铁公司得名。

四、体现美好祝福的祈愿

中原先民们在地名中往往寄托了他们对丰衣足食、风调雨顺的祈望和对安居乐业、长治久安的美好愿景,以及对健康长寿、无病无灾的愿望。这类地名中常用昌、宁、安、固等字来表示。

洛宁,春秋战国属韩国之地。晋称崤县,西魏称北宜阳县,东魏称金门县,北周称熊耳县,隋又称熊耳县、长渊县,唐称长水县、永宁县,宋、金称长水、永宁县。至民国二年(1913)始改称洛宁县。② 其南北皆山,洛水横贯其中,故改称洛宁,以寓太平安安之含义。

许昌,周为许国。秦置许县。汉分置颍阴县,皆属颍川郡。后汉因之。

① 〔后晋〕刘昫等:《旧唐书》,中华书局1975年版,第1435页。
② 〔民国六年〕《洛宁县志》(影印版),台北成文出版社1968年版,第73—76页。

建安元年,自洛迁都于此。魏文帝于许受禅,虽云都洛,但其公室、武库多在许,以其业昌盛于许,故于魏黄初二年(221),改许县为许昌。①

新县,历史上,其北部属光山县,南部属湖北省。民国二十二年(1933)以国民党河南省政府主席刘峙的字"经扶"为县名,治所在县新集镇。1947年,刘邓大军攻克此地,改县名为新县,以寓新建政权之意。

此外,还有一些取义于美好希望、政治愿景的地名。比如,民权,取孙中山倡导的"三民主义"之一的"民权"二字作为县名。博爱,1929年置,依据孙中山建国大纲中的"博爱"二字取县名。社旗,1965年设立,县城驻赊旗镇,以谐音取"高举社会主义旗帜"意,改赊旗为社旗。

地名文化源远流长,囿于篇幅,在这里仅粗略地对中原地名进行了如上分类。

总之,中原地名文化是民族文化的遗产,是中原文化的重要载体。我们不仅要学习研究中原地名文化,而且要保护传承中原地名文化,挖掘地名文化资源,以讲好地名故事,维系人们的乡愁,从而增强文化自信和自豪感。

第三节　中原地名的文化内涵和作用

一、中原地名的文化内涵

国务院第二次全国地名普查领导小组办公室在《关于进一步加强地名文化属性信息采集工作的通知》(国地名普查办发〔2016〕11号)中指出:"地名是文化的载体,文化是地名的灵魂。"由此可见,地名的文化性是其重要属性,要充分挖掘地名文化内涵,包括与地名文化相关的俗语、名言、传说、民俗、诗词、文献、历史事件、乡土物产、民间艺术等地域文化信息。地名具有丰富的文化内涵,中原地名文化的内涵可以分为语词文化内涵、历史文化内涵和实体文化内涵。

---

① 〔唐〕李吉甫:《元和郡县图志》,中华书局1983年版,第207页。

（一）语词文化内涵

中原地名语词的基本文化要素包括语音、语义、书写等，与地名演变的历史沿革等共同构成了地名的语词文化内涵。地名标准化要求中原地名要有统一的称谓，符合正音的规定。按照1984年中国地名委员会、中国文字改革委员会、国家测绘局联合颁发的《中国地名汉语拼音字母拼写规则（汉语地名部分）》拼写。

我国语言文字形成发展历史悠久，还有方言、异读等情况，中原地名也存在此类情况。比如中牟县，读音为"zhōng mù"，而非"zhōng móu"，根据《现代汉语规范词典》，"牟"注解为"用于地名。如：牟平，在山东；中牟，在河南。"又如浚县，"浚"在现代汉语中的读音为"jùn"，根据《现代汉语规范词典》，"浚"读音为"xùn"时，仅有"浚县，地名，在河南"这一词条。

此外，还有一些中原地名，当地人的读音并未纳入标准现代汉语发音，却保留了古音或历史的痕迹，具有重要的语词文化价值。比如泌阳县，"泌"在"泌阳"中不读"mì"，而读作"bì"，根据《现代汉语规范词典》，"泌"（bì）注解中只有一个词条"泌阳"，释义为"地名，在河南"。需要指出的是，尽管"泌阳"按照现代汉语的标准读音应为"bì yáng"，但当地百姓习惯于把"泌"念作"bèi"，属方言发音所致。又如郑州祭城，为西周周公旦第五子的封国都城。因其爵位为伯爵，故也叫"祭伯城"。后为郑国所灭。"祭"在现代汉语中有"jì""zhài"两个读音，而郑州本地人却将"祭城"读作"zhà chéng"，为方言所致。究其实，一是当地人避讳与"宰""灾"音近，二是去其尾音"i"，变为开口呼，发音响亮。

（二）历史文化内涵

中原地名在长期的发展演变中，深厚的历史文化也沉淀其中，成为中原地名重要的文化内涵，包括名流贤达、历史事件、历史演进等。孝子张清丰只是我国文明史上一个不起眼的小人物，但他的名字却从唐代起作为县名流传下来，这在全国范围内是独一无二的，孝道文化也因此传承下来，直至今日，清丰县"孝子张清丰纪念日"仍是全国唯一一个县级孝子纪念日。还有一些地名以著名历史事件为名，比如登封，嵩山是五岳之中的中岳，在中国历史上有神圣的地位。夏、商之时这里称"嵩高""崇山"。由于历代帝王的多次登山祭祀封禅,以致成为人们心中的神山,其"姓寿,名逸群,呼之不病"。说其是自然山,有着几亿年的历史;说其为文化山,为"三教合流"之处。大凡每个中原地名,都有一段颇为值得称道的历史。

(三)实体文化内涵

地名作为代表某一地理区域的名称,不仅能够反映一个地方的文化历史、风土人情、区位地理等诸多方面的情况,而且具有丰富的实体文化内涵。其是地理风貌的生动的显现,如以山水命名的诸多地名。此外,地名也是经济的体现,比如舞钢、焦作。此外,地名也是一个区域民俗风情、传统文艺、传统工艺、传统饮食等文化内涵的代名词。中原地名文化对加强地名管理、传承历史文化、助力乡村振兴、发展红色旅游、开展青少年教育等方面具有他文化不可替代的作用和价值。

二、中原地名的作用

中原地名无不对人们起着潜移默化的作用,其主要表现在以下几个方面。

(一)有利于历史联想

中原地名发展至今,经过了几千年的演变和沉淀。当提起一地名,人们马上会有诸多联想,比如提起周口市淮阳区,人们会想到太昊陵,想到孔子所困之地"厄台",想到夏历二月二到三月三的庙会,想到当地独具特色的泥泥狗;提起洛阳,人们会想到"十三朝古都",想到龙门石窟,想到中国佛源白马寺,想到"牡丹甲天下"等;提到开封,人们会想到"八朝古都",想到大相国寺,想到铁塔和古色古香的河南大学;提到安阳,人们会想到西门豹治邺,想到殷墟和文字博物馆;等等。

(二)有利于文化传承

习近平在河南视察时用"伸手一摸就是春秋文化,两脚一踩就是秦砖汉瓦",形象地道出了中原深厚的历史底蕴和丰富的文物资源。中原文化是中华文化的主源主根,中原地名与中华文明也产生了千丝万缕的联系,中原地区曾出现的朝代更替、政权变迁,发生过的政治事件、军事战争,以及诞生的名人贤士和文化故事等,都以地名的形式固定下来,成为记载历史和文化的丰富史料。比如提到汤阴的岳庙街,大家会想到这里有岳飞庙,类似的还有南阳的百里奚路、孔明路、卧龙路、武侯路、范蠡路、仲景路、张衡路、雪枫路等。2024 年 3 月,中华人民共和国民政部发布了《地名管理条例实施办法》,以文件的形式加强对地名文化遗产的保护和传承,有利于擦亮地名的文化底色。

（三）有利于对青少年开展教育

地名对青少年了解区域历史和文化发挥着积极作用。中原历史上涌现出了一大批对中华民族有重大贡献的人物,比如鹿邑县道家的创始人老子;漯河召陵区的字圣许慎;汤阴县智勇双全、精忠报国的民族英雄岳飞等。这些著名的历史人物无疑是一地名最生动的代名词,成为对青少年开展爱国主义、英雄主义、民族主义教育的生动教材。此外,还有一些地名本身就与古代文学经典具有天然的密切联系,比如提到鹤壁淇县,我们首先想到的是朝歌、是"淇水汤汤"、是诗经文化,这些成为我们共同的文化基因,铭刻在每一个华夏儿女的心中。

（四）有利于维系乡愁

一个地名,就是一个文化地标。无论一个人或穷或达,但一提起家乡的名字,无不有着千丝万缕的特殊的感情,可以说魂思梦想。因为那里有着儿时的记忆,有着酸甜苦辣的成长过程,有着血浓于水的亲情等。

我们说,地名文化不仅影响着一代代生于斯长于斯的人们,而且辐射广泛,在海内外产生着广泛而深远的影响。当代兴起的"根亲文化"便足以说明这一点,无论是新郑的拜祖大典,还是太昊陵的庙会,都吸引着海内外华夏子孙寻根谒祖、祈福纳祥、旅游观光,随之,作为炎黄子孙,我们的自信心和自豪感便油然而生。

思考与练习

1. 请谈谈中原地名与文化的关系。

2. 举例说明中原地区以"山水"得名的地名。

3. 举例说明以美好祈愿得名的中原地名。

4. 中原地名具有哪些文化内涵和作用？举例说明之。

第六章　中原姓氏文化

第一节 概述

中原姓氏文化，是中华姓氏文化最重要的组成部分。其产生是中华民族进入文明社会的象征。姓氏不仅是家族的标记，是血脉的象征，而且是增强民族凝聚力和向心力的重要纽带。因而可以说姓氏文化是最为古老而有着无限生命力的文化。

关于"姓"，"三皇"时已有之，如太昊伏羲氏、女娲氏为"风"姓，炎帝神农氏为"姜"姓。唐司马贞《史记索隐》卷三十载："太皞庖牺氏，风姓，代燧人氏继天而王。……其后裔当春秋时，有任宿、须句、颛臾皆风姓之胤也。女娲氏亦风姓，蛇身人首，有神圣之德，代宓牺立号，曰女希氏。……炎帝神农氏，姜姓，母曰女登，有蟜氏之女，为少典妃，感神龙而生炎帝，人身牛首，长于姜水，因以为姓。（按《国语》，炎帝、黄帝皆少典之子。其母又皆有蟜氏之女。据诸子及《古史考》，炎帝之后凡八代五百余年，轩辕氏代之，岂炎帝、黄帝是昆弟而同母氏也！皇甫谧以为少典氏有女娲氏，诸侯国号。然则姜、姬二帝同出少典氏。黄帝之母又是神农母氏之后代女，所以同是有蟜氏之女也。）火德王，故曰炎帝。以火名官，斫木为耜，揉木为耒，耒耨之用以教万人，始教耕，故号神农氏。"①此语不仅道出了"三皇"之"姓"，而且驳斥了《国语》"炎、黄"为同母所生之误，阐明了炎、黄二帝之关系，颇有道理。

随着人类的繁衍，人口的逐渐增多，人们惊奇地发现"男女同姓，其生不蕃"②，即同姓男女结婚，其后代生育不昌盛。与今天所讲的近亲结婚不利同义。这样人们便考虑到同姓支系之间必须有所区别，于是"氏"便应运而生。

晋杜预注、唐孔颖达疏《春秋左传正义》卷三载："天子建德，（立有德以为诸侯。）因生以赐姓，（因其所由生以赐姓，谓若舜由妫汭，故陈为妫姓。《疏》:《注》'因其'至'妫姓'，正义曰:《陈世家》云:陈胡公满者，虞帝舜之后也。昔舜为庶人时，居于妫汭，其后因为氏姓，姓妫氏。武王克殷，得妫满，

---

① 〔唐〕司马贞:《史记索隐》卷三十，文渊阁《四库全书》（影印版），第21—23页。
② 〔清〕阮元:《十三经注疏》（影印版），中华书局1979年版，第1815页。

封之于陈,是舜由妫汭,故陈为妫姓也。案《世本》,帝舜姚姓。哀元年《传》称,虞思妻少康以二姚,是自舜以下犹姓姚也。昭八年《传》曰:及胡公不淫,故周赐之姓,是胡公始姓妫耳。《史记》以为胡公之前已姓妫,非也。)胙之土而命之氏。(报之以土,而命氏曰陈。胙,才故反,报也。)"①

如果将姓比作树木的"根本",那么"氏"就如同其"枝叶"。关于"氏",《春秋左传》所言只不过是"因生以赐姓,胙之土而命之氏,及以字、以谥、以官、以邑,五者而已"。而宋郑樵《通志·氏族序》阐述得更为详明,其论得姓受氏者有 32 类:一曰以国为氏,二曰以邑为氏,三曰以乡为氏,四曰以亭为氏,五曰以地为氏,六曰以姓为氏,七曰以字为氏,八曰以名为氏,九曰以次(指辈分、长幼)为氏,十曰以族为氏,十一曰以官为氏,十二曰以爵为氏,十三曰以凶德为氏(如英布被黥为黥氏,杨元感枭首为枭氏),十四曰以吉德为氏(如赵衰,人爱之如冬日,其后为冬日氏。古有贤人为人所尊,尚号为老成子,其后为老成氏),十五曰以技为氏,十六曰以事为氏(如夏后氏遭有穷氏之难,后缗方娠逃出,自窦而生少康,支孙以窦为氏。汉武帝时田千秋为丞相,以年老诏乘小车出入省中,时号车丞相,其后因以车为氏),十七曰以谥为氏,十八曰以爵系为氏,十九曰以国系为氏,二十曰以族系为氏,二十一曰以名氏为氏(如禹之后为夏氏,杞他奔鲁受爵为侯,后代遂为夏侯氏。妫姓之国为息氏,公子边受爵为大夫,后代遂为息夫氏),二十二曰以国爵为氏,二十三曰以邑系为氏,二十四曰以官名为氏,二十五曰以邑谥为氏,二十六曰以谥氏为氏,二十七曰以爵谥为氏,二十八曰代北复姓,二十九曰关西复姓,三十曰诸方复姓,三十一曰代北三字姓(如侯莫陈之类),三十二曰代北四字姓(如自死独膊之类)。②

此时,姓氏对于人们非常重要。在夏、商、周三代之际,姓氏有着"别贵贱""别婚姻"的作用。其应用分明,男子称氏,女子称姓;"贵者有氏,贱者有名无氏";不得乱用和僭越。宋郑樵《通志·总序》载:"生民之本,在于姓氏。帝王之制,各有区分,男子称氏,所以别贵贱;女子称姓,所以别婚姻,不相紊

---

①　〔清〕阮元:《十三经注疏》(影印版),中华书局 1979 年版,第 1733 页。
②　〔宋〕郑樵撰,王树民点校:《通志二十略》,中华书局 1995 年版,第 5 页。

滥。秦并六国,姓氏混而为一。自汉至唐,历世有其书,而皆不能明姓氏。"①又,《通志》卷二十五之《氏族序》指出:"三代之前,姓氏分而为二,男子称氏,妇人称姓。氏所以别贵贱,贵者有氏,贱者有名无氏。……故姓可呼为氏,氏不可呼为姓。姓所以别婚姻,故有同姓、异姓、庶姓之别。氏同姓不同者,婚姻可通。姓同氏不同者,婚姻不可通。三代之后,姓氏合而为一,皆所以别婚姻,而以地望明贵贱。于文,女生为姓,故姓之字多从女,如姬、姜、嬴、姒、妫、姞、妘、姸、始、姂、嫪之类是也。"②战国时期,礼乐崩坏,贵族与平民等级往往被打破,于是出现姓与氏相混现象。秦统一中国后,姓与氏便合而为一了。

中原独得天时、地利,自古帝王大多建都立业于此,其大小封国也为最多,从而孕育了丰厚的姓氏文化,成为中华姓氏文化的主要发源地之一。

清代学者张澍在《姓氏寻源》自序中说道:"草木祖根,山祖昆仑,江海祖源,不此之求,是谓昧。"③当今,姓氏已成为中华文化大家园的血缘纽带与文化桥梁,将世界华人紧密联系起来。于是姓氏文化成为每一位中华儿女共同的精神根脉,回中原寻根问祖的人越来越多。他们满怀着对祖国、对故乡、对先祖的虔诚与眷恋,回到中原大地寻根、问祖、追梦,其虔诚让人们看到了游子回归时令人感动的场景,同时也看到了"根亲"文化的发展。随之,姓氏文化也成为增强中华民族凝聚力的重要因素之一,中原也因丰富的姓氏文化成为海内外华人魂牵梦萦的故乡。

第二节　中原姓氏知多少

有关研究资料表明,中华民族从古至今曾出现过 2.3 万多个姓氏,有来源可考的姓氏有 4820 个,有文字可考的姓氏有 3000 多个,其中,起源于中原的姓氏有 1834 个,占有来源可考姓氏的 38%。

---

① 〔宋〕郑樵撰,王树民点校:《通志二十略》,中华书局 1995 年版,第 3—9 页。
② 〔宋〕郑樵撰,王树民点校:《通志二十略》,中华书局 1995 年版,第 1—2 页。
③ 〔清〕张澍:《姓氏寻源·自序》,枣花书屋藏板清道光十八年刻本,第 1 页。

1996 年出版的《中华姓氏大辞典》，根据人口抽样调查资料，按照人口数量的多少排列出了《当代中国 300 个常见汉族姓氏》。其中，前 120 个大姓，约占汉族人口的 90.14%。曾任河南省中原姓氏文化研究所所长的谢钧祥研究中原姓氏发现，在这前 120 个大姓中，全部源于中原的姓氏有 52 个，部分源头在中原的姓氏有 45 个，起源于中原的姓氏，人口数量占 80% 以上。

2018 年，公安部户政管理研究中心对公安机关登记的全国姓氏进行的统计显示，当今中国前 5 大姓分别是李、王、张、刘、陈，分别占汉族人口的 7.94%、7.41%、7.07%、5.38%、4.53%。2019 年、2020 年，按户籍人口数量排名的"百家姓"中，名列前五的姓氏分别是王、李、张、刘、陈 5 大姓氏，人口总数均占全国户籍总人口的 30.8%[①]。在这 5 大姓中，李、张、陈三个姓氏均源于中原，王姓和刘姓最早的一支也在中原形成。这是可考证的关于全国姓氏按人口数量排名的最新数据。随着时间的变化五大姓的排名也有所变化，排名第一的姓氏从李姓变成了王姓。

成书于宋代的启蒙读物《百家姓》中收录了 438 个姓氏，明代《增广百家姓》中收录的姓氏有 504 个，其中郡望在中原的有 115 个姓，居全国首位。

在新郑市黄帝故里景区的中华姓氏广场上，有 3000 多个姓氏被镌刻上墙，排名前 100 的姓氏中，起源于中原的有 83 个。黄帝所处的年代正是氏起源的父系氏族社会。中原众多的氏族部落便是"氏"产生的载体。据《史记·三代世系表》记载，在中原地区各代居于统治地位的部族，如颛顼、帝喾、尧、舜、禹等，全都是黄帝的后裔。三国吴韦昭注《国语》卷十三之《晋语四》载："黄帝之子二十五宗，(唐尚书云：继别为小宗，非也。继别为大宗，别子之庶孙乃为小宗耳。)其得姓者十四人，(得姓，以德居官而赐之姓也，谓十四人。而二人为姬，二人为己，故十二姓。)为十二姓：姬、酉、祁、己、滕、葳、任、荀、僖、姞、儇、依是也。"[②]之后，由黄帝之子 12 姓发展的"氏"也就更多了。

这里我们不妨据唐林宝《元和姓纂》、宋郑樵《通志二十略》、宋邓名世《古今姓氏书辩证》所载，摘其"氏"为中原者。

---

① 中华人民共和国公安部：《二〇二〇年全国姓名报告》，2021 年 2 月 8 日。
② 〔三国〕吴韦昭注：《国语》卷十三，文渊阁《四库全书》(影印版)，第 11 页。

一、以国、郡国为氏者

唐氏。〔姬姓。其封国（都今唐河县）。周成王封叔虞于唐，号曰唐叔侯。其子燮父之后，春秋时国小微弱，遂属为楚邑。〕虞氏。（姚姓。舜之建国也，舜以天下授禹，禹封舜之子商均于虞城，为诸侯。后世国绝，以国为氏。）夏氏。亦曰夏后氏。（姒姓。颛顼帝之后。）商氏。（子姓。商始祖契，其母曰简狄，为帝喾次妃。三人行浴见玄鸟陨卵，取而吞之，孕而生契。舜命契为司徒，封于商，十四世至汤放桀，又三十世，至纣，周武王灭之，子孙以国为氏。）殷氏。〔子姓。契始封于商，后世迁于亳。汤起于亳，及有天下，居宋地，复命以亳（即南亳）。后或迁于嚣（今郑州商城遗址），迁于相（今安阳市东），迁于耿（今山西省河津市），迁于朝歌（今淇县朝歌镇），皆谓之殷，以成汤建国所称名。或谓之商，以契始封之所命名。〕北殷氏。（成汤的后裔。）周氏。（姬姓。黄帝的苗裔。）黄氏。〔嬴姓，始封未详。以封国黄（都今潢川县西北 12 里处的隆古乡一带）为氏。〕江氏。〔嬴姓，江，为颛顼帝元孙伯益后裔的封国。以封国江（都今息县西南 10 里阳安故城一带）为氏。〕卫氏。（姬姓。卫，为周文王第九子康叔封的封国。秦并天下，其子孙以国为氏。）蔡氏。（姬姓。蔡，为周文王第五子蔡叔度的封国。后为楚所灭，其子孙以国为氏。）郑氏。〔姬姓。郑，为周厉王之少子、宣王之母弟，桓公友的封国（后迁都今新郑市）。后为韩哀侯所灭，其子孙以国为氏。〕韩氏。〔姬姓。始出晋穆侯的少子。韩国后迁都阳翟（今禹州市），其民以国为氏。如韩非。〕虢氏。〔姬姓。有西虢、东虢，皆王季之子。虢仲的封国，谓之西虢（都三门峡市区青龙涧河北岸的李家窑村一带），鲁僖公五年晋灭之。虢叔的封国，在荥阳谓之东虢（都今荥阳市汜水镇），虢叔之国为郑国所并，以建郑国。其子孙以国为氏。〕管氏。〔姬姓。管，为周文王第三子管叔鲜的封国（都今郑州市管城区一带）。其子孙以国为氏。〕焦氏。〔姜姓（一说姬姓）。焦，为周武王封神农之后的封国（都今三门峡市陕州区东北一带）。后为晋所灭，其子孙以国为氏。〕滑氏。〔姬姓。始封未详。滑国（都今偃师市南缑氏镇一带）为晋所灭，其子孙以国为氏。〕雍氏。（姬姓。文王第十三子雍伯的封国，其子孙以国为氏。）于氏，即邘氏。〔姬姓。邘，为周武王之子邘叔的封国（都今沁阳市西北 30 里的西万镇邘邰村一带）。子孙以国为氏，其后去邑但为于氏，亦有不去邑者。（右"阝"为邑）]应氏。[姬姓。应，为周武王第四子的封国（都今平顶山市新华区滍阳镇南一带），其后世子孙以国为氏。]凡氏。姬姓。[凡，为周公第二子凡伯的封国（都今辉县市西南 20 里凡城遗址一带），其后世子孙以国为氏。后凡氏避秦乱，添"水"为"汜氏"。]蒋氏。[姬姓。蒋，周公第三子伯龄的封国（都今淮滨县期思镇）。其后世子孙以国为氏。]胙氏。[姬姓。胙，为周公庶子胙的封国（都今延津县胙城乡一带）。为南燕所并，其后世子孙以国为氏。]作氏。（姬姓。周公之子庶胙的子孙因避地改为作氏。）胡氏。[归姓。始封未详。胡国（都今漯河市郾城区一带），后为楚国所灭。其后以国为氏。一说胡公满封于陈。其后亦为胡氏。又今洛阳市的胡，是纥骨氏所改。]杞氏。[姒姓。夏禹的后裔。成汤放桀，其后稍绝。武王克纣，求禹后得东楼公而封到杞（都今杞县）。后为楚所灭，其子孙以国为氏。]杷氏，亦作"爬氏"。（本杞氏，为杞国东楼公的后裔。后汉灵帝时，巴康避董卓之难，改为杷氏。）顿氏。[偃姓。顿子牂的封国（都今项城市西的南顿镇一带），后为楚所灭，其子孙以国为氏。]道氏。[姬姓。始封未详。道国（都今确山县北故道城），后为楚所并，其子孙以国为氏。]宋氏。[子姓。宋，为周成王所封商纣王庶兄微子启的封国（都今商丘市），后为楚所灭，其子孙以国为氏。]陈氏。[妫姓。陈，为周武王所封舜的后裔满的封国（都今周口市淮阳区），后为楚国所灭，其子孙以国为氏。]田氏，即陈氏。（陈厉公子完，字敬仲。陈宣公杀其太子御寇，敬仲惧祸，奔齐，遂匿其氏为田。）许氏。[姜姓。炎帝的后裔。许，为周武王封文叔的封国（都今许昌市），后为楚所灭，其子孙以国为氏。]楼氏，亦为东楼氏。（姒姓。夏少康的后裔。周封东楼公于杞，其子孙以楼为氏。）息氏，亦作鄎。[妫姓。息，为息国（都今息县），后为楚所灭，其子孙以国为氏。]邓氏。[曼姓。商朝的侯国（都今邓州市西南一带），后为楚所灭，其子孙以国为氏。又，春秋时，郑国有邓析，另为一邓氏。]沈氏。[姬姓（一说姒姓）。沈国（都今平舆县故城北），后晋国指使蔡国灭之，其子孙以国为氏。]申氏。[姜姓。炎帝四岳的后裔，封于申（都今唐河县苍台镇谢家庄一带），号申伯。子孙以国为氏。后为楚之邑，申公居之，又为申氏，是以邑为氏。]葛氏。[嬴姓。葛，为夏时诸侯国

(都今漯河市郾城北 30 里处),后世子孙以国为氏。一说,葛天氏后裔。]黄氏。[嬴姓。陆终的后裔,受封于黄(都今潢川县西北 12 里处的隆古乡一带),为楚所灭,其子孙以国为氏。]邻氏。[房姓。即邻仲之国(都今新郑市东北 35 里处),后为郑武公所灭,其子孙以国为氏。]封氏。[姜姓。炎帝裔孙巨,为黄帝师,胙土命氏,至夏后氏之世,封父列为诸侯(都今封丘县)。至周失国,子孙以国为氏。]吕氏。[姜姓。炎帝的后裔。虞夏之际,受封为诸侯。或言伯夷佐禹有功,封于吕(都今新蔡县),后为宋国所并,其子孙以国为氏。]赖氏。[赖,为赖国(都今息县东北包信镇),姓、封无考。后为楚所灭,子孙以国为氏。]弦氏。[子姓。弦,为弦国(都今光山县),后为楚所灭,其子孙以国为氏。]戴氏。[子姓。戴,为戴国(都今民权县东偏北处),后为宋国所灭。子孙以国为氏。一说,戴国都今封丘县戴城。后为郑国所灭。又,宋戴公之后亦为戴氏,是以谥为氏者。]项氏。[姬姓。项,为周文王庶子的封国(都今项城市),鲁僖公十七年(前 643),为鲁国所灭。其子孙以国为氏。]柏氏。[风姓。柏,为柏皇氏后裔的封国(都今西平县),春秋时期为楚国所灭。其子孙以国为氏。]房氏。[祁姓。舜封尧子丹朱于房国(都今遂平县),春秋时期为楚国所灭。其子孙以国为氏。]戈氏。[猗姓。夏时,寒浞次子豷的封国(都城不详),少康灭之。其地在宋、郑之间,子孙以国为氏。]邶氏。[子姓。周武王所封纣子武庚的封国(都今汤阴县东南 32 里瓦岗乡邶城村一带),后"三监"叛乱,周公伐之而并其地为卫。子孙以国为氏。]鄘氏。[鄘,即商都(今淇县朝歌镇)之地。武王伐纣,分商都畿内地,自纣城而南谓之鄘,管叔监管。及"三监"叛乱,周公伐之而并其地为卫,子孙以国为氏。]毛氏。[姬姓。毛,为周文王庶子郑的封国(都今宜阳县境内)。后世子孙以国为氏。]观氏。[姒姓。观,为夏观国(都今清丰县东南),至商失国,子孙以国为氏。]吾氏。(己姓。夏之诸侯昆吾氏的后裔的封国。)昆氏。(己姓。夏之诸侯昆吾氏的后裔。)昆吾氏。[己姓。昆吾,为祝融氏后裔的封国(都今濮阳县)。]斟氏。[曹姓。亦作斟寻(即斟郭,其都今巩义市西南一带)氏,亦作斟灌氏,亦作斟戈氏,亦作介斟氏,并夏诸侯以国为氏,皆祝融之裔。一说,斟寻、斟灌,并姒姓。斟戈,禹后,亦姒姓。介斟与夏同姓。]西陵氏。[古侯国(都今西平县),黄帝娶西陵氏女为妃名嫘祖。]顾氏。[己姓。顾,为夏、商的顾国(都今范县东南 28 里处)。其子孙以国为氏。]共氏。亦作恭。[商末侯国(都今辉县市一带)。春秋时,为卫国所灭。其子孙以国为氏。]洪氏。(本共氏,因避仇改为洪。)苑氏。亦作宛。[商武丁子先受封于苑(都今郑州市航空港区苑陵古城遗址处),后世因以为氏。]刘氏。[姬姓。刘,为刘国(都今偃师市缑氏镇西刘亭一带),后世以国为氏。]祭氏。[姬姓。祭,为周公旦第五子的封国(都今郑州市祭城),后为郑国所并,后世子孙以国为氏。]巩氏。[姬姓。巩,为巩国(都今巩义市孝义镇康店村一带),后世以国为氏。]荣氏。[姬姓。荣,为荣国(都今巩义市一带),后世以国为氏。]单氏。[姬姓。单,为单国(都今孟津县东南一带),后世以国为氏。]樊氏。[姬姓。樊,为樊国(都今济源市西南一带),后世以国为氏。]甘氏。[其姓不详。甘,为夏侯国(都今洛阳市南),其后世以国为氏。]韦氏。亦作豕韦氏。[风姓。豕韦,为夏少康所封颛顼帝孙大彭的别孙元哲的封国(都今滑县万古镇一带)。周赧王时始失国。其子孙以国为氏。]戎氏。[戎,为夷狄之国。春秋时,陈留济阳(治所在今兰考县东北堌阳镇)东南有戎城。后世子孙以国为氏。]鄾氏。[曼姓。鄾,商王武丁季父的封国(都今邓州市南的汉水北岸)。后为楚所并,其子孙以国为氏。]

冠军氏。[冠军,为汉冠军侯霍去病的封国(都今邓州市西北)。其他后人以郡国为氏。]

二、以邑为氏者

苏氏。[己姓。周武王司寇忿生,邑于苏(今温县苏王村)。]缑氏。[缑氏,周卿士食采之邑(今洛阳市偃师区缑氏镇)。]郗氏。[郗,苏忿生支子封郗邑(在今沁阳市境)。]戏阳氏。(戏阳,晋邑,今安阳县永和镇东 25 里有戏阳城。)范氏。(范,晋邑。其地为今范县。)苗氏。(芈姓。今济源市轵城镇南一带即其地。)温氏。[姬姓。唐叔虞之后,以公族封于温(今温县)。]宁氏。[姬姓。卫武公生季亹,食采于宁(今获嘉宁邑古城)。]仪氏。(仪,春秋卫国的邑。卫大夫仪封人之后。)常氏。(姬姓。常,卫康叔支孙的食邑,因以为氏。)裘氏。(裘,春秋时卫大夫的食邑,因以为氏。)承氏。(承,春秋时卫大夫承成的食邑,子孙因以为氏。)濮氏。[濮,春秋时卫大夫的食邑(今濮阳县）。]戚氏。[戚，春秋时卫大夫的食邑（在今清丰县境）。]聂氏。（聂，春秋时卫大夫的食邑。）枣氏。（本棘氏。春秋时卫大夫棘子成之后，避地改为枣。）商邱氏。（商邱，春秋时卫大夫的食邑。）五鹿氏。（姬姓。五鹿，卫邑。）京氏。[郑武公少子改封于京（今荥阳市京襄城村），谓之京城太叔，因以为氏。]春氏。[楚相春申君黄歇的封邑为"淮北十二县"。后世取春为氏。黄歇宅，后为光州（今潢川县）治所。]白氏。[芈姓。白，楚国的白邑（在今息县包信镇一带）。楚白公胜的后裔以白为氏。]叶氏。[芈姓。叶，为楚沈诸梁的食邑（今叶县），后世因以为氏。]商密氏。（商密，为楚大夫的食邑，其地在今邓州市穰东镇一带。）棠谿氏。（姬姓。棠谿吴王阖闾弟夫槩王奔楚为棠谿氏。其地在今遂平县。）合氏。（子姓。合，宋国向戌的食邑。后世因以为氏。）华氏。（子姓。华，宋戴公子考父的食邑，其后世因以为氏。）平氏。（姬姓。平，韩哀侯少子婼的食邑。后世因以为氏。）横氏。（韩公子咸，号横阳君，子孙因以为氏。）邺氏。（魏国邑名。今为安阳县境，后世因以为氏。）郦氏。[姬姓。黄帝之后支孙食采于郦（今内乡县境），后世因以为氏。]

三、以乡、以地为氏者

尸氏。[晋国尸佼为商君师，著《尸子》。其先封尸乡（在今洛阳市偃师区新蔡镇），因以为氏。]郏氏。[郑国大夫郏张，其先封郏乡（今郏县），因以为氏。]

关氏。（一说关令尹喜之后。一说夏大夫关龙逄之后。）颖氏。[郑国大夫颖考叔为颖谷（今登封市西南）封人，因以为氏。]壶邱氏。[壶邱，春秋陈国的邑名（在今新蔡县东南）。]雍邱氏。（雍邱，汉县名。今杞县。）羑氏。[羑里（在今汤阴县城北 8 里），即周文王所囚之地。居于此地者，以羑为氏。]绮氏。[汉初"商山四皓"之一绮里季，其后为绮氏。以季居于绮里（在今济源市轵城镇绮里村）。]亦作绮里氏。济氏。（以所居近济水，故以为氏。）柘氏。[楚大夫以地（今柘城）为氏。]烛氏。[郑国人烛之武不得氏，以其居于烛地（今新郑市西南），因称之。]上八下耳氏。（新郑市杨上八下耳村，在市西 25 里。）西门氏。[郑大夫居都城（今新郑市）西门，因以为氏。]夷门氏。[魏国隐士侯嬴为夷门（今开封市东北角）吏，因以为氏。]木门氏。

(宋公子食采木门,因以为氏。)肜氏。[宋有肜班,以其守肜门(指食城门税),故以为氏。]北宫氏。(姬姓。卫国的公族。)梁垣氏。[周毕公后有梁垣演,居大梁(今开封市)之墟,子孙因以为氏。]东方氏。(伏羲之后,帝出于震位,主东方,子孙因以为氏。)西方氏。(少昊金天氏,位主西方金,子孙因以为氏。)东里氏。(姬姓。郑大夫子产居东里,因以为氏。)东乡氏。(宋大夫东乡为人之后。)西乡氏。(宋大夫西乡错之后。)濮阳氏。(其地在今濮阳市。)角氏,亦作角里氏,亦作禄里氏。["商山四皓"之一有角里先生,以其所居在角里(在今济源轵城镇境)。]夏里氏。["商山四皓"之一黄公,以其所居在夏里(在今济源轵城镇境)。]

四、以字为氏者

林氏。(姬姓。周平王庶子林开之后,因以为氏。而谱家谓王子比干为纣所戮,其子坚逃长林之山,遂为氏。按古人受氏之义,无此义。这里亦录之。)孙氏。(姬姓。卫武公之后。武公和生公子惠孙,惠孙生耳,为卫上卿,食邑于戚,生武仲亦曰孙仲,以祖父字为氏。)弥氏。(姬姓。卫公孙弥牟,弥牟孙子瑕,以祖父字为氏。)析氏。(卫公族大夫析朱鉏之孙,以祖父字为氏。)石氏。(姬姓。靖伯之孙石碏有大功于卫,世为卫大夫,以石为氏。)南氏。(姬姓。卫灵公之子公子郢,字子南,因以为氏。)子南氏。(姬姓。卫灵公之子公子郢之后,为子南氏。郑穆公之孙公孙楚之后,亦为子南氏。)子玉氏。(姬姓。卫大夫子玉霄之后。)子伯氏。(姬姓。卫大夫子伯季之后。)子齐氏。(姬姓。卫公族。)公南氏。(姬姓。卫献公之子楚,字公南,生子牟,为公南氏。)公叔氏。(姬姓。卫献公之公子当,字公叔,其后以为字。)公孟氏。(姬姓,卫公孟絷之后。)公明氏。(卫大夫公明贾之后。)公文氏。(卫大夫公文要之后。)公析氏。(姬姓。卫公子黑背,字子析,其后以为字。)游氏。亦为子游氏。(姬姓。郑穆公之子公子偃,字子游,其后因以为氏。)国氏。亦为子国氏。(姬姓。郑穆公之子公子发,字子国,因以为氏。)驷氏。亦为子驷氏。(姬姓。郑穆公子騑,字子驷,其孙以其字为氏。)印氏。(姬姓。郑穆公子崘,字子印,其孙因以为氏。)良氏。姬姓。(郑穆公子子良之后。)伯有氏。(姬姓。郑穆公元孙良霄,字伯有。伯有为良氏,又为伯有氏。）羽氏。（姬姓。郑子羽之后。）罕氏。亦为子罕氏。（姬姓。郑穆公之子公子喜，字子罕，其孙遂为罕氏。）子师氏。（姬姓。郑大夫子师仆之后。）子孔氏。（姬姓。郑公子嘉，字子孔，其后以其字为氏。又有公子志谓之士子孔，并穆公之子亦为孔氏。）子皙氏。（姬姓。郑公孙黑，字子皙，其后因以为氏。）子丰氏。（姬姓。郑公子去疾，字子丰，其后因以为氏。）子人氏。亦为子氏。（郑子人九之后。）孔氏。（子姓。出宋闵公之后。闵公生弗父何，以有宋而授厉公，三世生正考父，考父生孔父嘉。宋华父督见孔父之妻子路，目逆而送之，曰："美而艳！"遂杀嘉而娶其妻。其子奔鲁国。嘉字孔父，后世以字为孔氏。又为孔父氏。自孔父六世而生丘，字仲尼。）牛氏。（子姓。宋微子之后。司寇牛父之子孙，因以为氏。）乐氏。（子姓。宋微子之后。戴公生公子衍，字乐父，子孙因以为氏。）皇甫氏。（子姓。宋戴公之子充石，字皇父，其后因以为氏。）灵氏。（子姓。宋大夫子灵之后。）边氏。（子姓。宋公子城，字子边。一说宋平公子御戎，字子边。其后因以为氏。）正氏。亦作政。（子姓。宋正考父之后。）禄氏。（子姓。商纣子武庚，字禄父，其后因以为氏。）乙氏。（子姓。商汤字天乙，支孙因以为氏。）鱼氏。（子姓。宋桓公子公子目夷，字子鱼，其子孙因以为氏。）事父氏。（子姓。宋人。）子革氏。（宋司城子革之后。又，季平子支孙，亦为子革氏。）子仪氏。（宋桓司马之臣子仪克之后。）尚氏。（姜姓。齐太公姜尚之后。姜太公号太师尚父，支孙因以为氏。）袁氏，亦作辕氏。亦作爰氏。（妫姓。舜后陈胡公的后裔。胡公生申公，申公生靖伯甫，甫七世孙庄爰，伯诸生涛涂，其以祖父字为氏。）子占氏。亦作占氏。（妫姓。陈桓子生书，字子占，其后世因以为氏。）子献氏。（妫姓。陈桓公孙子献之后。）子鞅氏。（妫姓。陈倍公生简子齿，为子鞅氏。）子芒氏。（妫姓。陈僖公生盈，字子芒，其后世因以为氏。）子尚氏。（妫姓。陈僖公生廪邱子尚意兹，因以为氏。）子禽氏。（妫姓。陈僖公生惠子子得，为子禽氏。）子舆氏。（妫姓。陈桓公生子石难，为子舆氏。）子寤氏。（妫姓。陈僖公生宣子，其后为子寤氏。）子沮氏。（妫姓。陈桓公生子舆，为子沮氏。）子宋氏。（妫姓。陈宣公生子楚，其后为子宋氏。）子夏氏。（妫姓。陈公子少西，字子夏，其后因以为氏。）

五、以名为氏者

戏氏。伏氏。宓氏。（风姓。其皆为伏羲氏之后，遂以为氏。）神氏。（神农氏之后。）轩辕氏。亦作轩氏。（轩辕即黄帝。姓公孙，或姓姬。）鸿氏。（大鸿氏之后。大鸿即黄帝，亦谓帝鸿氏。）金氏。（金天氏之后。）青阳氏。亦作青氏。（青阳，黄帝子，始得姓。）娲氏。（风姓。女娲氏之后。）盘氏。（盘瓠氏之后。）少氏。（少昊氏之后。一说少典之后。）高阳氏。（高阳氏之后。）颛玉氏。（黄帝之孙帝高阳氏，即颛顼。）禹氏。（姒姓。夏禹之后。）汤氏。（子姓。商汤之后。）沃氏。（子姓。商王沃丁之后。）力氏。又为牧氏。（黄帝臣力牧之后。）玉氏。（黄帝时公玉带造合宫明堂，后为玉氏。）三苗氏。（姜姓。炎帝之后。）夷鼓氏。（黄帝之子夷鼓之后。）仓颉氏。亦作颉氏。亦作仓氏。（仓颉，黄帝史官，子孙因以为氏。）侨氏。（黄帝孙侨极之后。侨，亦作蟜。）蟜氏。（高阳氏之元孙蟜牛之后，舜之祖。）童氏。又有僮氏、老氏。（颛顼帝生老童，其子孙因以为氏。）勾龙氏。（共工氏之后。勾龙为土正，后所谓"社神"。）列氏。亦作烈氏。（神农之世有烈山氏，子孙为列氏。）融氏。（祝融氏之后。）回氏。（祝融子吴回之后。）廉氏。（颛顼帝曾孙大廉之后。）累氏。（累祖之后。）嚣氏，亦作枵氏。（元嚣之后。）丹氏。（尧子丹朱之后。）昌氏。（黄帝子昌意之后。）服氏。（周内史叔服之后。）鞠氏。亦作麹氏。（姬姓。后稷之孙生而有文在手曰鞠，因以名之。）稷氏。（姬姓。后稷子孙之氏。）赐氏。（仲尼弟子端木赐之后。）旷氏。（师旷之后。）段氏。（姬姓。郑武公子共叔段之后。）司氏。（郑司臣之后。）丰氏。（郑穆公子丰之后。）兰氏。（姬姓。郑穆公后裔。穆公名兰，其支庶因以为氏。）然氏。亦作子然氏。（姬姓。郑穆公子然之后。）去疾氏。（姬姓。郑穆公子去疾之后。去疾字子良，又有良氏，所以别族。）辄氏。（姬姓。卫出公辄之后。）兼氏。（卫公子兼之后。）强梁氏。（卫将军文子生慎，慎生会，会生强梁，因以为氏。）子郢氏。（姬姓。卫公子郢之后。）接舆氏。[接舆楚隐者（隐于今叶县一带）其后因为氏。]羿氏。（有穷后羿篡夏后相之位。羿本国在今濮阳市一带。其后因以为氏。）衍氏。（子姓。宋微仲衍之后。）微氏。（子姓。宋微仲之后。）几氏。（宋大夫仲几之后。）仇氏。（宋大夫仇牧之后。）求氏。（本仇氏,避难改之。)获氏。(宋大夫猛获之后。)季老氏。(子姓。宋华氏有华季老,子孙因以为氏。)子荡氏。亦作荡氏。(子姓。宋桓公之子公子荡之后。)督氏。(子姓。宋大夫华父督之后。)目夷氏。(子姓。宋公子目夷之后。目夷,字子鱼,又有鱼氏、鱼孙氏,皆所以别族。)祝其氏。(子姓。宋戴公之子公子祝,其为大司寇,因以为氏焉。)耦氏。(子姓。宋卿华耦之后。)泥氏。(宋大夫卑泥之后。)偃师氏。(妫姓。陈太子偃师之后。)开氏。(姬姓。卫公子开方之后。)琴氏。(孔子弟子琴牢,字子开,一名张。)弘氏。(卫大夫弘演之后。)苟氏。[黄帝之后有苟实、苟参。一说以河内(今焦作市一带)多苟杞,因以为氏。]礼氏。(卫大夫礼孔、礼汉之后。)肆氏。(宋大夫肆臣之后。)恩氏。(陈大夫成仲不恩之后。)徐吾氏。(郑大夫徐吾犯之后。)墨台氏。亦作墨氏。(子姓。宋成公子墨台之后。)台氏。亦作怡。(本墨台氏,避事改之。)

六、以次第、以族为氏者

太叔氏。(姬姓。卫文公之子太叔虞之后。)祖氏。(子姓。商王祖甲、祖乙、祖丁支庶,因以为氏。)第八氏。(出陈留。)大季氏。(姬姓。郑穆公之子有二子孔,此大子孔,谓之大季氏,即公子志之后。)

饥氏、锜氏。(皆为商人之七族。)条氏、繁氏、终葵氏。(皆属于商人七族之一。)索氏。(商人七族索氏之后。)嗣氏。(卫嗣君之后。)长勺氏、尾勺氏。(皆属于商人六族之一。)鲁阳氏。(芈姓。楚公族有鲁阳氏。)赵阳氏。(姬姓。卫公侯。)小王氏。(卫大夫小王桃甲之后。)羌宪氏。(姬姓。卫公族羌子孙宪为羌宪氏。)会序氏。(卫灵公子朏生灶为会序氏。)干献氏。(宋司徒华定为干献氏。)伊秩氏。(伊尹之孙又为伊秩氏。)

七、以官、爵为氏者

云氏。(缙云氏之后。黄帝时官名,以云纪者为缙云氏,又连宥氏改为云氏,代姓。)桑扈氏。(金天氏以鸟名官,故有九扈之官,桑扈者九扈之一。)乌氏。(姬姓。黄帝之后。少昊氏以鸟鸟名官,以世功命氏。)祝史氏。(为有祝史挥,因以为氏。)监氏。(卫康叔为连属之监,其后以为氏。)庾氏。(尧时掌庾大夫,以官命氏。)褚师氏,(宋共公子子石为褚师,因以为氏。)亦作褚氏。山氏。(周山师掌山林之官以官为氏。烈山氏之后。)司寇氏。(卫灵公之子公子郢之后。郢之子孙为卫司寇,以官为氏。)寇氏。(周有苏忿生为司寇,子孙以官为氏。一说,卫康叔为周司寇支孙,以官为氏。)司空氏。(禹为尧司空。支孙因以为氏。)司城氏。(宋以武公名司空,故改为司城。)军氏。(冠军侯之后,因以为氏。)衡氏。(通伊尹为汤阿衡,子孙以衡为氏。)阿氏。(伊尹为阿衡,支孙以官为氏。)凌氏。(姬姓。卫康叔支子为周凌人,子孙以官为氏。)马师氏。(姬姓。郑穆公之孙公孙鉏为马师氏,因以为氏。)门尹氏。(宋门尹般之后。)沈尹氏。(沈邑之尹官。沈姓。沈尹之后世为之。)将军氏。(卫灵公子昭,生子郢,生文子才芳,为将军氏。)右宰氏。(卫大夫右宰谷。)右师氏。(宋庄公至公子申,世为右师氏。)亚饭氏。(商末贤人亚饭千之后。)理氏。(咎繇为尧理官,子孙遂为理氏。)里氏。(本理氏,春秋改之。)相里氏。(咎繇之后为理氏。商末理征孙仲师遭难,去王为里。至晋大夫里克,为惠公所戮,克妻司城氏携少子季连逃居相城,因为相里氏。)李氏。[嬴姓。高阳氏生大业,大业生女华,女华生皋陶,字庭坚,为尧大理,因官命族为理氏。夏、商之季,有理征,为翼隶中吴伯,以直道不容,得罪于纣,其妻契和氏携子利真,逃于伊侯之墟,食木子而得全,遂改"理"为李氏。利贞十一代孙老君,名耳,字伯阳,以其聃耳,故又号为老聃,居苦县(今鹿邑县)赖乡曲仁里。]皇氏。(三皇之后,因以为氏。)王氏。(天子之裔。所出不一,有姬姓之王,有妫姓之王,有子姓之王,有代姓之王。)

八、以技、以事为氏者

巫氏。(凡氏于事,即巫、卜、匠、陶等。商有巫咸、巫贤。)甄氏。(虞舜陶甄河滨,因以为氏。)陶氏。(陶唐氏之后,因以为氏。)御龙氏。(陶唐氏之后有刘累,学扰龙,事夏孔甲,赐氏为御龙氏。)扰龙氏。(刘累之后。)乌浴氏。(伯益佐尧,有养鸟兽之功,赐氏乌浴。)路洛氏。(伯益支孙,又以路洛为氏者,此乌浴之讹。)

窦氏。(姒姓。少康之后。帝相遭有穷氏之难,后缗方娠,逃出自窦,而生少康,支孙以窦为氏。)所氏。(所者,伐木声,本虞衡主伐木之官,闻声以为氏。又,宋大夫所华之后。)车氏。(妫姓。汉武帝时丞相田千秋以年老诏乘小车,出入省中,时号车丞相,子孙因氏焉。又,后魏车裩氏改为车氏。)鸱夷氏,(子姓。宋微子之后。)白马氏。(宋微子乘白马朝周,因以为氏。)蒲氏。(姒姓。有扈氏之后。为夏启所灭。)苻氏。(本蒲氏。苻洪以其孙坚背上有"艹付臣又土"之文,遂改为苻氏。)空桑氏。(伊尹生于空桑,支孙因以为氏。)

九、以谥、爵系、国系、族系为氏者

敬氏。(妫姓。陈厉公子敬仲之后,以谥为氏。)康氏。(姬姓。卫康叔支孙,以谥为氏。)武氏。(子姓。宋武公之后。)穆氏。(子姓。宋穆公之后。)声氏。(姬姓。蔡大夫声子之后。公孙归生,字子朝故为朝氏,谥声子,故又为声氏。)公孙氏。(春秋时诸侯之孙。亦以为氏者。曰公孙氏。皆贵者之称。或言黄帝姓公孙,因亦以为氏。)蔡仲氏。(姬姓。蔡仲胡之后。)鱼孙氏。(子姓。宋公子目夷,字子鱼,其后以鱼孙为氏。)贾孙氏。(卫大夫王孙贾之后。)卷子氏。(姬姓。卫文公之后。)

十、以名氏为氏者

胡非氏。(妫姓。陈胡公后有公子非。其后子孙为胡非氏。)巫咸氏。(商卿。其后因以为氏。)祝圉氏。(卫祝圉之后。)史叶氏。(姬姓。卫顷侯之后公子史食采于叶。因以为氏。)封具氏。(姬姓。郑公子具食采开封。因以为氏。)干己氏。(陈大夫干征师食采于己,因以为氏。)

十一、以国爵、邑系为氏者

夏侯氏。(姒姓。夏禹之后。至东楼公封为杞侯。至简公为楚惠王所灭。弟他奔鲁,悼公以他夏后,受爵为侯,因以为氏。)白侯氏。(白,楚邑。白,旧侯国,楚人取而邑之。)滑伯氏。(姬姓。旧河南缑氏县即其地。今废为镇,隶偃师。)葛伯氏。(嬴姓。夏时诸侯为商所灭,子孙因以为氏。许州郾城北30里有葛伯城。)息夫氏。(妫姓。息公子边为大夫,因以为氏。)

温伯氏。(周邑,其地在今温县西南。)

十二、以官名、谥氏、爵谥为氏者

师宜氏。（后汉有师宜官，南阳人。善隶书。）师延氏。（宋有大夫师延宜，其先掌乐职。）吕相氏。（秦相吕不韦，本阳翟贾人，子孙因以为氏。）侍其氏。（汉广野君郦食其曾孙，赐以食其为氏。玄孙武，平帝时为侍中，改为侍其。）

共叔氏。（姬姓。郑武公之子共叔段之后，以其谥为氏。）

成公氏。（姬姓。卫成公之后。以爵谥为氏。）

姓氏起源复杂，以上所录，仅为典籍所载而已。从中可看出，属于姬姓的为多。如为五帝之一的颛顼，是黄帝的孙子。其以帝丘（都今濮阳县西南）为都，后裔主要有三支：一是舜族，二是禹族，三是陆终族。同样为五帝之一的舜，他的后人被称为舜裔。经过 4000 多年的繁衍，舜裔发展为陈、胡、袁、姚、虞、田、孙、王、陆、车等 10 个较大的姓氏，源于帝舜的姓氏一共 103 个。① 舜帝出生于姚墟（在今濮阳县徐镇镇），因此濮阳被称为"舜裔故里"。世界舜裔宗亲联谊会第十九届国际大会于 2006 年 9 月 26 日在濮阳召开，来自美国、加拿大、新加坡等 12 个国家和地区的 7000 多位海内外华人在这里欢聚一堂。禹是夏朝姒姓之祖，其后裔也发展出一些姓氏。司马迁《史记》卷二之《夏本纪》载："太史公曰：禹为姒姓，其后分封，用国为姓。故有夏后氏、有扈氏、有男氏、斟寻氏、彤城氏、褒氏、费氏、杞氏、缯氏、辛氏、冥氏、斟氏、戈氏。"② 夏、商时期，是中华姓氏得以繁盛发展的时期，而这两个朝代活动的中心地带均在中原。

我国历史上产生姓氏最多的朝代是周朝。公元前 770 年，周平王东迁洛邑（今洛阳市），洛阳便成为周朝的统治中心。周朝有很多重要的诸侯国在中原，后来这些国名都演变成姓氏，进而演化出近千个姓氏。

秦、汉以后，通过赐姓、改姓又形成了一部分姓氏。古代西北地区少数民族入居中原者也很多，他们与汉族同化而使用汉字姓，如北魏孝文帝的汉化改姓等。这些又进一步丰富了中原姓氏文化。

---

① 张新斌：《中原文化解读》，文心出版社 2007 年版，第 69 页。
② 〔汉〕司马迁：《史记》，中州古籍出版社 1996 年版，第 9 页。

东汉至魏晋南北朝时,中原孕育了诸多大家世族,如河内温县司马氏;陈郡扶乐(治所在今太康县清集镇扶乐城村。唐贞观元年省入太康)袁氏,陈郡阳夏(今太康县)何氏、谢氏,陈郡长平(今西华县)殷氏;汝南汝阳(治所在今商水县境)袁氏(系扶乐袁氏迁出),汝南南顿(治所在今项城市南顿镇)应氏,汝南安成(治所在今汝南县东南汝河湾一带)周氏;汝南西平(今西平县)和氏;河内怀县(治所在今武陟县大虹桥乡土城村)山氏、向氏;陈留襄邑(今睢县)卫氏;陈留圉县(治所在今杞县圉镇)高氏;弘农(治所在今灵宝市境)杨氏;颍川颍阴(治所在今禹州市东南40里)荀氏;颍川阳翟(今禹州市)褚氏、辛氏;颍川长社(治所在今长葛市东)锺氏;颍川许县(治所在今许昌县东)陈氏;颍川鄢陵(今鄢陵县)庾氏;南阳新野(今新野县)庾氏、邹氏;济阳(治所在今兰考县东北堌阳镇)江氏;荥阳(今荥阳市)郑氏;南阳堵阳(今方城县)韩氏;陈留尉氏(今尉氏县)阮氏,陈留考城(治所在今民权县林七乡西南)蔡氏;济阳外黄(治今民权县西北内黄集)虞氏;等等。这些世族诞生了诸多达官贤士,为中原姓氏文化增添了光彩,为丰富和传播中原文化乃至中华文化均做出了较大贡献。

第三节　中原姓氏文化的作用及影响

"数典不忘祖,落叶要归根",是中华民族的优良传统。对于中华民族而言,姓氏如参天之木的根,似怀山之水的源。中原姓氏文化作为中国传统文化的重要组成部分,是华夏精神文明之根,蕴含着巨大的文化价值、社会价值、学术价值和经济价值,对中原地区的发展具有重要意义。

一、中原姓氏文化的作用

(一)增强身份认同感,提升民族凝聚力

姓氏是区分人类血缘与族群关系的文化符号。其作为家族传承的标志,体现着家族的血脉和身份。中原人乃至整个中华民族常常以自己的姓氏而自豪,并将其与先祖的荣誉联系在一起。无论身在何处,只要是同姓氏

者相遇,便会倍感亲切。因而说姓氏是凝聚华夏儿女的精神纽带。同时,姓氏能够给人们带来深深的身份认同感和民族自豪感,有利于加强海内外华人之间的交流,激发全球华人的爱国主义情怀,形成绵绵无终期的民族凝聚力,从而促进中华民族的大团结和共同繁荣。

(二)便于加强"根亲"意识,传承与弘扬中原文化

姓氏文化蕴含着丰富的中华传统美德,其厚德载物、尊祖敬宗、勤俭刻苦、宽厚包容、仁爱善良的美好品德融入了中华儿女的血脉,形成了孝父母、亲兄弟、睦宗族、和乡邻的家训文化。不同的姓氏把不同的家族群体区分开来,有助于形成独具特色的家族文化和传统。在其传承过程中,往往伴随着家族历史、家训、家谱等文化内容的传递,维系着家族的血脉,传承着家族文化。这些文化内容不仅是家族成员了解自身历史的重要途径,也是进行家族教育和文化传承的重要载体。受乡土之情影响,海内外华人对故乡有着特殊的依恋,在他们返乡寻根问祖之时,中华文化的源头中原就形成了浓郁的根亲文化,并以强大的生命力为中原大地的文明赋予了新的内涵。

《国务院关于支持河南省加快建设中原经济区的指导意见》指出,中原地处我国中心地带,是中华民族和华夏文明的重要发源地,要"传承弘扬中原文化,充分保护和科学利用全球华人根亲文化资源;培育具有中原风貌、中国特色、时代特征和国际影响力的文化品牌,提升文化软实力,增强中华民族凝聚力,打造文化创新发展区"①。这无疑给中原人民指明了努力的方向,同时增强了中原人的自信心和自豪感。

(三)姓氏文化浸润思想教育,利于树立正确的价值观

中原姓氏文化体现了中原人血脉的延续,使人们了解了自己是从"哪里来",是中原人精神家园的维系之处。"万姓同根,万宗同源"的观点,得到华夏儿女的认同。姓氏文化中的敬宗尊祖内涵,培养了中原儿女继承先祖忠贞爱国、仁爱为民、守望互助、团结邻里、热爱乡土的美德。作为姓氏文化的家谱是一种特殊的历史文献,记载了同宗同祖的血缘关系,其世系人物和事迹等方面情况的历史图谱,与方志、正史构成了中华民族历史大厦的三大支

---

① 中华人民共和国国务院:《国务院关于支持河南省加快建设中原经济区的指导意见》2011年9月28日。

柱,是我国珍贵文化遗产的一部分。家谱中记载了先祖的优秀事迹,使后世子孙学有楷模,有利于激励后世奋发向上;其辈分歌或四言,或五言,或七言,无不体现着先祖的理想寄托和期望;其家训更是凝聚了先祖的处世哲理、价值观念,蕴含着政治、经济、教育、道德、礼仪等多方面知识。使人们通过家谱,感受到先祖恩泽,使一代代后人受到深刻的教育和启发,提升了文化认同感和民族自信心,从而树立正确的世界观、人生观和价值观。

(四)利于维系社会秩序的稳定,维护社会的和谐与安宁

姓氏作为社会成员的基本标识,有助于区分不同的家族和血缘关系,从而在一定程度上维系了社会的秩序和结构。

习近平总书记在 2015 年春节团拜会上曾说:"家庭是社会的基本细胞,是人生的第一所学校。不论时代发生多大变化,不论生活格局发生多大变化,我们都要重视家庭建设,注重家庭、注重家教、注重家风,紧密结合培育和弘扬社会主义核心价值观,发扬光大中华民族传统家庭美德,促进家庭和睦,促进亲人相亲相爱,促进下一代健康成长,促进老年人老有所养,使千千万万个家庭成为国家发展、民族进步、社会和谐的重要基点。"①这一讲话,阐述了家庭的重要性,强调了家族成员之间的责任和义务,促使人们遵守社会规范和道德准则,共同维护社会的和谐与安宁。所以,历史上的有识之士,都把"齐家"看得非常重要。大量的社会事实,也充分说明一个家庭的"家教""家风"不仅对于一个人的成长至关重要,而且对社会的安定和谐也起着良好的作用。

二、中原姓氏文化的影响

在社会交往中,姓氏往往成为人们相互认识和交流的重要话题。同姓人之间容易产生亲切感和信任感,有助于建立良好的人际关系。

目前,中原姓氏文化在文旅方面起着微妙的作用。一些具有悠久历史和深厚文化底蕴的姓氏往往具有丰厚的文化资源,为家族成员在商业活动中提供了便利和支持。姓氏文化带动了相关文化产业的发展,如姓氏文化研究、姓氏文化旅游产品开发、姓氏文化宣传推广等。这些产业的发展不仅

---

① 习近平:《在 2015 年春节团拜会上的讲话》,2015 年 2 月 17 日。

促进了家族企业的发展和壮大,也为当地经济发展注入了新的活力,也促进了中华优秀传统文化的传承和创新。

中原姓氏文化成为中原文化旅游的重要资源,促进了文化旅游的发展。许多地方都建立了与姓氏文化相关的旅游景点和纪念馆,吸引了大量游客前来参观和了解姓氏文化的内涵和历史。许多姓氏寻根地如黄帝故里、太昊陵等成为热门旅游景点,吸引了大量海内外游客前来参观游览,促进了当地旅游业的发展。同时,这些景点也成为举办各类文化节庆活动的重要场所,如黄帝故里拜祖大典等,进一步提升了河南的知名度和影响力。这些文化旅游活动不仅丰富了人们的文化生活,也促进了地方经济的发展和繁荣。同时,姓氏文化也促进了社会文化的多样性和包容性,为社会的和谐发展提供了有力支持。

中原姓氏文化不仅是汉族文化的重要组成部分,也与其他少数民族文化相互交融、相互影响。通过姓氏文化的传播和交流,可以促进不同民族之间的了解和团结,为构建和谐社会贡献力量。通过姓氏寻根活动,人们能够追溯自己的家族历史和文化根源,增强对家族和民族的认同感和归属感,从而有助于社会的和谐与稳定。在国际交流中,姓氏文化也发挥了重要作用,业已成为国际文化交流的重要内容之一,促进了不同文化之间的理解和尊重。

综上所述,中原姓氏文化在身份认同、文化传承、社会结构与秩序、民族认同与凝聚力等方面发挥着重要作用,并在经济、社会交往、文化旅游以及国际交流等领域产生了广泛影响。

思考与练习

1. 姓氏的来源主要有哪些?为什么说中原是姓氏文化的主要发源地?

2. 中原姓氏文化在当代生活中具有哪些重要的作用和影响?

3. 为什么说姓氏文化具有无穷的生命力?

4. 请结合自身实际,查阅相关资料,了解你的姓氏来源、背景、代表人物和家族家训等。

第七章　中原诗学文化

第一节　概述

在我国人类发展的历史长河中,中原民众是最早跨进中华文明大门的群体。诗歌是文明社会的产物,也是我国最早的文学样式。现存最古老的诗歌,诞生于中原大地,是中原民众进入文明社会的标志之一。其发展和自我完善的过程,又对中原社会的文明产生了积极影响。从庙堂奏议,到外交辞令;从祭文颂辞,到墓碣碑铭;从史传著述,到稗官野史;从小说诗话,到围炉杂谈;从饯行送别,到接风洗尘;从宴会酒令,到饮茶趣谈;从君臣唱和,到情人宴私;往往引诗为证,直接或间接地表达其意图。可谓无诗不能显其志,无诗不能表其意,无诗不能骋其情,无诗不能示其趣。其诗意有劝,有规,有慨,有慕,不言之表而也昭昭然,灼灼然,无言而无不言。从古诗到《诗经》,从春秋时期孔子及其弟子的传《诗》,到汉代的"引诗"和传《诗》,从诗歌发展到鼎盛期的唐诗,到其后的诗歌创作和引诗的整个流变过程,可以说,诗歌对中原社会乃至中华民族的文明产生了积极的影响,发挥了不可估量的作用。同时,这一过程也折射了历代中原人民的社会生活和文明程度,反映了中原对中华优秀传统文化的传承和创新。

何谓诗歌? 诗歌始诞生于何时何地? 诸如此类问题,古籍多有述及。《尚书·虞书·舜典》:"诗言志。歌永言。"[1]东汉班固曰:"诵其言谓之诗,咏其声谓之歌。"[2]东汉郑玄《诗谱序》道:"诗之兴也,谅不于上皇之世。大庭、轩辕逮于高辛,其时有亡载籍,亦蔑云焉。《虞书》曰:'诗言志。歌永言。声依永。律和声。'然则诗之道,放于此乎!"唐孔颖达疏:"《正义》曰:'上皇谓伏牺,三皇最先者,故谓之上皇。郑知于时,信无诗者。上皇之时,举代淳朴,田渔而食,与物未殊。……无所感其志,有何可言,故知尔时未有诗咏。'……'大庭,神农之别号。'"又,"《正义》曰:'虞书者,舜典也……大舜之圣,任贤使能,目谏面称,似无所忌,而云情志不通,始作诗者。《六艺论》

---

① 〔清〕阮元:《十三经注疏》(影印版),中华书局 1979 年版,第 131 页。
② 〔汉〕班固撰,〔唐〕颜师古注:《汉书》,中华书局 1962 年版,第 1708 页。

云,情志不通者,据今诗而论,故云以诵其美,而讥其过。其唐虞之诗,非由情志不通,直对面歌,诗以相诫勖,且为滥觞之渐,与今诗不一,故《皋陶谟》说皋陶与舜相答为歌,即是诗也。《虞书》所言,虽是舜之命夔,而舜承于尧,明尧已用诗矣。故《六艺论》云,唐虞始造其初,至周分为六诗。"①以上是说,有文字记载以来,诗歌之名始见之于《舜典》。我们说,天地肇始,万物遂生,而诗之理已寓其中。那么上古之时讴歌吟咏必然有之,即令土鼓、苇籥伴奏,但无文字记载,充其量停留于口头相传而已。

但从《舜典》之后的典籍中,我们可以间接地了解到我国有文字记载以来的最古老的诗歌——《弹歌》。汉赵晔《吴越春秋》卷五载:"范蠡复进善射者陈音。音,楚人也。越王请音而问曰:'孤闻子善射,道何所生?'音曰:'臣,楚之鄙人,尝步于射术,未能悉知其道。'越王曰:'然,愿子一二其辞。'音曰:'臣闻弩生于弓,弓生于弹,弹起古之孝子。'越王曰:'孝子弹者,奈何?'音曰:'古者人民朴质,饥食鸟兽,渴饮雾露,死则裹以白茅,投于中野。孝子不忍见父母为禽兽所食,故作弹以守之,绝鸟兽之害。故歌曰"断竹,续竹。飞土,逐宍"之谓也。于是神农、黄帝弦木为弧,剡木为矢,弧矢之利,以威四方。'"②

陈音,是中原陈国(都今周口市淮阳区)人。陈音见越王勾践时,陈国已被楚国灭掉。据《史记·陈杞世家第六》载,陈愍公二十四年(前478)楚惠王复国,以兵北伐,杀陈愍公,遂灭陈而据为己有③。陈国遗民,便以国为氏,遂有"天下陈氏出淮阳"之说。唐林宝《元和姓纂》卷三:"陈,妫姓。亦州名,本太昊之墟,画八卦之所。周武王封舜后胡公满受于陈,后为楚所灭,以国为氏。"④而陈国故土,相对于楚国国都郢来说,属于边远地区,所以陈音自称为"楚之鄙人"(即楚国边鄙的人)。陈音所言的"断竹,续竹。飞土,逐宍"这首古老的《弹歌》,仅仅六字,以二言句式概括地描写了中原先人创制弹弓工具驱赶禽兽的全过程。这一先进工具的诞生时间,正是中原民族进入文明社会的伏羲王天下之后,神农氏、黄帝王天下之前,它蕴含了中原先

①　〔清〕阮元:《十三经注疏》(影印版),中华书局1979年版,第262页。

②　〔汉〕赵晔:《吴越春秋》,江苏古籍出版社1986年版,第127—128页。

③　〔汉〕司马迁:《史记》,中州古籍出版社1996年版,第468页。

④　〔唐〕林宝撰,岑仲勉校记:《元和姓纂》,中华书局1994年版,第337页。

人的聪明才智,启发了神农氏、黄帝创制了最先进的战场武器——弓箭。这首《弹歌》,学者大都认为是首猎歌,是我国渔猎时代劳动人民生活的反映。究其实,其诞生的基础则恰恰是基于儿子对父母的朴素深情,而这种深情又正是后之孝道的始源。那么,可以肯定地说,《弹歌》是中原先人进入文明社会的产物,充分展现了中原先人的聪明才智。

这是因为,中原民族是最早迈进中华文明社会的民族。《易·系辞下》:"古者包牺氏之王天下也,仰则观象于天,俯则观法于地,观鸟兽之文,与地之宜,近取诸身,远取诸物,于是始作八卦,以通神明之德,以类万物之情。作结绳而为罔罟,以佃以渔。……包牺氏没,神农氏作,斫木为耜,揉木为耒。耒耨之利,以教天下。……日中为市,致天下之民,聚天下之货,交易而退,各得其所。"①宋代李昉等《太平御览》卷一百五十五载晋皇甫谧《帝王世纪》云:"宓羲为天子,都陈,在《禹贡》豫州之域……于周,陈胡公所封。故《春秋传》曰:'陈太昊之墟也。于汉,属淮阳,今陈国是也。神农氏亦都陈。'"②唐代司马贞《史记索隐》卷三十也道:"太皞庖牺氏,风姓,代燧人氏继天而王。母曰华胥,履大人迹,于雷泽而生庖牺于成纪,蛇身人首,有圣德,仰则观象于天,俯则观法于地,旁观鸟兽之文,与地之宜,近取诸身,远取诸物,始画八卦,以通神明之德,以类万物之情,造书契以代结绳之政。于是始制嫁娶,以俪皮为礼;结网罟,以教佃渔,故曰宓牺氏;养牺牲,以庖牺;有龙瑞,以龙纪官,号曰龙师;作二十五弦之瑟,木德王。"③至于"陈"之名,始于神农氏,因为此地为伏羲建都之地,而神农氏因其旧而都之,故名之曰陈。其中的太皞、太昊均指伏羲。伏羲氏是中华民族由母系氏族向父系氏族迈进的一个圣明帝后,"为百王先",列三皇五帝之首,都于陈,死后也葬于此(今周口市淮阳区太昊陵)。《易·系辞上》:"河出图,洛出书,圣人则之。"④其中则"河图"的"圣人",便指伏羲。伏羲活动的场所也主要在黄河流域的中原大地,是他带领中原先人首先跨入了新石器时代——中国的文明社会。尤其是伏羲所制定的"制嫁娶,以俪皮为礼",使人们建立了家庭,人们不但

---

① 〔清〕阮元:《十三经注疏》(影印版),中华书局1979年版,第86页。
② 〔宋〕李昉等:《太平御览》(影印版),中华书局1995年版,第753页。
③ 〔唐〕司马贞:《史记索隐》卷三十,文渊阁《四库全书》(影印版),第21页。
④ 〔清〕阮元:《十三经注疏》(影印版),中华书局1979年版,第82页。

知其母,而且识其父,于是才有了《弹歌》的诞生。

在《礼记·郊特牲》中,还记载了一首神农氏时代的《蜡辞》。《礼记·郊特牲》:"伊耆氏始为蜡。蜡也者,索也。岁十二月,合聚万物而索飨之也。蜡之祭也……曰:土,反其宅;水,归其壑!昆虫,毋作;草木,归其泽!"汉郑玄注:"伊耆氏,古天子号也。"唐孔颖达疏:"《明堂》云:'土鼓、苇籥,伊耆氏之乐。'《礼运》云:'夫礼之初,始诸饮食,蒉桴而土鼓。'俱称土鼓。则伊耆氏,神农也。以其初为田事,故为蜡祭,以报天也。"①其中的"土,反其宅;水,归其壑!昆虫,毋作;草木,归其泽!"是一首完整的《蜡辞》,是神农时岁末祭祀百神的祝祷词。但从其明显的命令口吻上看,使土、水、昆虫、草木,各归其位,不要乱来,这无疑表达了中原远古人们征服自然和改变自然的愿望。

由上可知,在中华民族从母系氏族向父系氏族过渡时期,伏羲以自己的聪明才智作"八卦",将具象义理化;结网罟,教民渔猎;创造书契,结束结绳记事;别婚姻,制定嫁娶之礼,推动社会文明;驯养禽兽,以充庖厨之用;将"龙"作为图腾,以龙名设官,肇始中华龙文化;创制弦琴,促进了音乐的发展,是当之无愧的"人文始祖"。而继伏羲兴起的神农氏,则发扬伏羲为民造福的优良传统,尝百草,医民病;造农具,教民稼穑,也大大推动了中华民族的种植技艺。所以,中原地区的百姓得人文教化沾溉之先,较早迈进了文明社会,于是有了《弹歌》《蜡辞》诞生的良好基础,从中也可窥见原始中原文明社会之一斑。

我们说,中原诗歌内容在各个历史时期的发展和变化,折射了中原社会的文明情景,又反作用于社会,促进了中原社会的文明发展。诗歌体式的变化,也有其内在的连续性。其由最初的二言、三言、四言发展为五言、七言等,这种变化又不能不说是与中原社会的文明程度的不断提高密切相关。其间,作为我国的第一部诗歌总集《诗经》,不仅在一定程度上反映了中原社会的文明,而且对中原文明社会的发展,以及对中原诗歌自身的发展变化影响尤大。其后,诗歌一演变于汉魏,二完备于盛唐,三极化于有宋,以致形成了较为成熟的诗学文化。其遗响余韵,堪与宇宙间山川为流峙,这其间,对前人文化精华的汲取和传承,以及独特的创新之处,是可歌可赞的。这也恰

---

① 〔清〕阮元:《十三经注疏》(影印版),中华书局 1979 年版,第 1454 页。

恰说明了中原民族是一个与时俱进、不断进取、自强不息的民族。

第二节 《诗经》及其传播

随着人类物质生活和精神生活的丰富和社会文明程度的提高,诗歌从内容到形式的发展和完善,适应了社会文明发展的需要。到了西周时期,诗歌所反映的内容不但丰富,而且广泛地应用于大至国家的典礼、外交场合,中至授徒、教子,小至人们的宴会、娱乐生活中。其间或引诗言志,或引诗表情,或引诗讽谏,或引诗以现风俗。西汉司马迁《史记》卷四十七之《孔子世家》载:"古者诗三千余篇,及至孔子,去其重,取可施于礼义,上采契、后稷,中述殷周之盛,至幽、厉之缺,始于衽席……三百五篇孔子皆弦歌之,以求合《韶》《武》《雅》《颂》之音,礼乐自此可得而述,以备王道,成六艺。"[1]其中的"三百五篇",即指今通行的《诗经》。《诗经》,原只称《诗》,列为儒家经典之后,始称为《诗经》。至于孔子"删诗"与否,且不去论。但其出于政治目的和授徒的需要,对《诗》加以编订和整理,是毫无疑问的。孔子及其弟子对《诗》的传播,也是功不可没的。虽然说记载孔子嘉言懿行的《论语》没有孔子"引诗"的记载,但有其弟子"引诗"求问的记载。如在《论语·学而》中,其贤弟子子贡引《卫风·淇奥》"如切如磋,如琢如磨"句,问是否可当夫子说的"贫而乐,富而好礼"之意,孔子则赞道:"赐也,始可与言诗已矣。告诸往而知来者。"[2]在《论语·八佾》中,"子夏问曰:'巧笑倩兮,美目盼兮,素以为绚兮。何谓也?'子曰:'绘事后素。'曰:'礼后乎!'子曰:'起予者,商也。可与言诗已矣。'"[3]其中的"巧笑倩兮,美目盼兮"为《卫风·硕人》之句。从这里可以看出,一旦弟子"引诗",便会得到孔子的夸奖。从《论语》中我们也可以看到孔子对《诗》的重视程度。如《论语·阳货》:"子曰:小子何莫学夫《诗》? 诗可以兴,可以观,可以群,可以怨;迩之事父,远之事君;多识于鸟兽草木之

---

① 〔汉〕司马迁:《史记》,中州古籍出版社 1996 年版,第 555 页。
② 〔清〕阮元:《十三经注疏》(影印版),中华书局 1979 年版,第 2458 页。
③ 〔清〕阮元:《十三经注疏》(影印版),中华书局 1979 年版,第 2466 页。

名。"又"子谓伯鱼曰:女为《周南》《召南》矣乎? 人而不为《周南》《召南》,其
犹正墙面而立也与!"①《论语·季氏》载孔子教导儿子孔鲤:"不学诗,无以
言。"②孔子教导弟子和儿子孔鲤的这些话,既阐明了《诗》的重要性,又充分
说明了《诗》对于社会文明所产生的积极作用,可以说是他的切身体会之言,
也是他对春秋时期诗歌所产生作用的高度概括。

孔子的贤弟子温县人子夏对诗和《诗》理解得最为深刻,他在《诗·大
序》中说:"诗者,志之所之也,在心为志,发言为诗。情动于中而形于言,言
之不足故嗟叹之,嗟叹之不足故永歌之,永歌之不足,不知手之舞之,足之蹈
之也。情发于声,声成文谓之音。治世之音安以乐,其政和;乱世之音怨以
怒,其政乖;亡国之音哀以思,其民困。故正得失,动天地,感鬼神,莫近于
诗。先王以是经夫妇,成孝敬,厚人伦,美教化,移风俗。故诗有六义焉:一
曰风,二曰赋,三曰比,四曰兴,五曰雅,六曰颂。上以风化下,下以风刺上,
主文而谲谏,言之者无罪,闻之者足以戒,故曰风。至于王道衰,礼义废,政
教失,国异政,家殊俗,而变风、变雅作矣。国史明乎得失之迹,伤人伦之变,
哀刑政之苛,吟咏性情以风其上,达于事变而怀其旧俗者也。故变风发乎
情,止乎礼义。发乎情,民之性也;止乎礼义,先王之泽也。是以一国之事,
系一人之本,谓之风。言天下之事,形四方之风,谓之雅。雅者,正也。言王
政之所由废兴也。政有小大,故有小雅焉,有大雅焉。颂者,美盛德之形容,
以其成功告于神明者也,是谓四始,《诗》之至也。"③这段话不但回答了诗是
如何产生的问题,而且阐释了其对社会文明的作用,同时阐述了《诗经》的内
容及其"风""雅""颂"命名的由来,可谓精当详备!

我们说,文化的真正形成,始于封国。而中原在春秋时,封国便多达 40
个。清王士俊等《河南通志》卷三说:"古初九州,至虞舜肇十有二州。沿革
代殊,自唐虞已然矣。成周以后,分合靡常,繁简不一。河南在春秋时,凡四
十国。秦并天下为三十六郡,而在河南者凡八。"④《诗经》反映当时风土人情
的诗篇,主要集中在"十五国风"中,从而形成了独具特色的诗文化。"十五

①　[清]阮元:《十三经注疏》(影印版),中华书局 1979 年版,第 2525 页。
②　[清]阮元:《十三经注疏》(影印版),中华书局 1979 年版,第 2522 页。
③　[清]阮元:《十三经注疏》(影印版),中华书局 1979 年版,第 269—272 页。
④　王士俊等:《河南通志》卷三,文渊阁《四库全书》(影印版),第 1 页。

国风"中的诗篇,产生于中原大地的有《邶风》《鄘风》《卫风》《王风》《郑风》《陈风》《桧风》的全部诗篇,以及《周南》《召南》《魏风》《曹风》的部分诗篇。"十五国风"共 160 首诗,《邶风》《鄘风》《卫风》《王风》《郑风》《陈风》《桧风》就有 84 首,加上《周南》《召南》《魏风》《曹风》中的部分诗篇,以及《小雅》中的《宾之初筵》,《大雅》中的《抑》《崧高》和《商颂》五篇,也就更为可观。① 因而清王士俊等《河南通志》卷七十二中说:"古诗首'十五国风',而在豫者居半。二雅若《宾筵》《抑戒》为卫武诗,《崧高》为申伯作,《商颂》五篇作于殷,传于宋,皆不出豫土。诗教之兴由来懋矣!"②就《诗经》的内容来说,其多方位地展现了中原文化,从不同侧面不同程度地再现了中原社会的文明程度。具体来说,体现在以下几个方面:

第一,诗河文化。《诗经》中有许多诗篇写到了河流。在《诗经》中直接描写或涉及河流的就多达 99 篇。这 99 首诗中,有 59 篇有明确具体的河流名称,共涉及 31 条河流。这 31 条河流,从地域分布来看,发源于、或流经、或属于中原境内的,有黄河、汉水、汝河、寒泉、浚水、济水、肥泉、沸水、奥水、淇河、沬水、隰水、溱水、洧水、泌水、淮河、洛河 17 条。其中的每一条河流,既是一条史河,又是一条诗河。它们映照了两岸古代中原的风土人情,流淌了中原民族的酸甜苦辣,折射了古代中原百姓的兴、观、群、怨。就《邶风》《鄘风》《卫风》等 39 首来说,有 6 首直接描述了淇河。如《卫风·淇奥》"瞻彼淇奥,绿竹猗猗""瞻彼淇奥,绿竹青青",描写了淇河两岸修竹繁茂的秀丽风光;《卫风·氓》"淇水汤汤,渐车帷裳",以淇水之大渲染了诗中"弃妇"的复杂而痛苦的心境;《卫风·竹竿》"淇水滺滺,桧楫松舟。驾言出游,以写我忧"③,则以淇水长流寄予了我国第一位爱国女诗人许穆夫人想念家乡的情思等。

《诗经》中出现的这些河流,历经几千年的变迁,有的仍然奔流不息,有的流向和水势以及地形地貌发生了很大的变化,有的已经湮灭。《邶风·匏有苦叶》中"济有深涉"的济水,被称为"江河淮济""四渎"之一,而今仅留下

① 贾文丰:《中原文化概论》,中州古籍出版社 2010 年版,第 54—62 页。
② 王士俊等:《河南通志》卷七十二,文渊阁《四库全书》(影印版),第 1 页。
③ 〔清〕阮元:《十三经注疏》(影印版),中华书局 1979 年版,第 326 页。

济渎庙、济源等一些物名和地名。《邶风·凯风》中提到的浚水，是卫河与淇河汇合处的古称，因卫河与淇河汇合处的河水浚深而得名。《诗经》产生时代的浚邑，也因浚水而得此名。浚邑到今天叫做浚县，而卫河与淇河汇合后的河流虽然还在流淌，但已经不叫浚水，而只叫做卫河了。

第二，神祇文化。《诗经》中所反映出来的神祇文化现象即是对远古神祇活动的直接继承。在《诗经》中，产生于中原的一些作品，这些神祇文化现象尤有突出表现，可以说是中原文化的滥觞。《诗经》中的中原神祇文化主要表现在四个方面：

首先，是卜筮文化。卜与筮都是预测吉凶的手段。《诗经》中运用卜筮的方式定夺吉凶表现在方方面面，大到国家大事，小到日常生活都要进行卜筮。在《鄘风·定之方中》中，涉及了国家的定都、百姓的定居等重大问题。先人们做了很多工作，他们栽了树，查看了四周地形，但仍不确定，还要"降观于桑，卜云其吉，终焉允臧"，一定要卜得吉兆，才能真正确定下来在这里定都并修建宫室。而《卫风·氓》这首诗歌中就有在男女婚姻上进行卜筮的记载。当男女主人公由相识、相知到相爱，感情发展到成熟程度后就定下婚约，而且又"尔卜尔筮"，通过卜筮于是定下终身大事。当卜筮的结果是"体无咎言"后，才有后续的请期、亲迎之事等。

其次，是敬祭文化。人类对自己祖先的崇拜与信仰由来已久，《诗经》中表现出的敬祖文化首先表现在对祖先神性的歌颂上。《商颂·玄鸟》写道："天命玄鸟，降而生商。"商，指商的始祖契。传说有娀氏之女简狄行浴水边，有燕子堕其卵，简狄吞卵而怀孕，生契。契建国于商。这首诗记录了商民族的历史，从始祖契的降生、成汤建国一直写到殷高宗武丁中兴，为我们研究中原文化保留了极为珍贵的资料。《商颂》中的另外四篇诗歌《那》《烈祖》《长发》《殷武》等也是对祖先敬仰、歌颂与祭祀的表达。

再次，是丧葬文化。我国古代对死亡看得很重，从葬法上看，主要是土葬。《王风·大车》："谷则异室，死则同穴。谓予不信，有如皦日。"[1]就提到了土葬。其是描写一对情人不得终成眷属、不得不被迫离散的爱情悲剧，表现了在送别分手的途中，年轻女子对爱情的大胆追求和始终不渝的决心，两

---

[1] 〔清〕阮元：《十三经注疏》（影印版），中华书局1979年版，第333页。

个年轻人活着"谷则异室"、不能生活在一起,死后也要"死则同穴"。这里无疑是当时土葬习俗的表露。

最后,是禁忌文化。禁忌是人们出于对事物的一种恐惧、尊敬或鄙视而采取的一种不作为的方式以趋福避祸的风俗习惯。《鄘风·蝃蝀》就是一首描写今新乡一带有关禁忌风俗的诗歌,即忌用手指虹的风俗。其中有:"蝃蝀在东,莫之敢指。女子有行,远父母兄弟。"《毛传》释为:"蝃蝀,虹也。夫妇过礼则虹气盛,君子见戒而惧,讳之,莫之敢指。"①是说虹是淫气过盛的象征,所以君子忌讳,守礼不敢指。如果我们继续追根溯源的话,我们会发现把虹看成是淫气过盛的象征是因为古代以为虹有阴阳、雌雄之分。认为虹双出,色鲜艳者为雄,色暗者为雌,既然有阴阳、雌雄之分,就很容易与男女婚媾关联。虹气盛既然意味着淫气盛,那么,若以手指虹,就很有可能因虹与人的交感作用对人产生一定的影响,所以讳忌不敢指。

第三,婚恋文化。在《诗经》中,表现中原民族婚姻恋爱内容的诗歌占有很大比重,且内容丰富,再现了当时的婚恋习俗,是中原原始婚恋文化的生动呈现。有对美好婚姻爱情的向往和追求,或大胆或羞涩地对爱情的表白,或从悲剧角度哀婉地对爱情进行诠释。《陈风·月出》中写道:"月出皎兮,佼人僚兮。舒窈纠兮,劳心悄兮。月出皓兮,佼人懰兮。舒懮受兮,劳心慅兮。月出照兮,佼人燎兮。舒夭绍兮,劳心惨兮。"②诗歌抒发了陈国男子对月思念意中人的感情。男子从望月联想到意中人,想起她那美丽的脸庞,想起她婀娜的身姿,想起她娇媚的体态,越思越忧,越忧越思。深沉的相思、绰约的美人、优美的月夜,构成了一幅优美画卷,别具诗情画意。而《陈风·泽陂》一诗则表现了陈国一位女子对男子的爱慕与追求。"彼泽之陂,有蒲与荷。有美一人,伤如之何!寤寐无为,涕泗滂沱。彼泽之陂,有蒲与蕑。有美一人,硕大且卷。寤寐无为,中心悁悁。彼泽之陂,有蒲菡萏。有美一人,硕大且俨。寤寐无为,辗转伏枕。"③诗中的女子倾其身心思念与追求一位高大卷发的美男子,她忧思悲伤,始而泪流满面,继而忧愁苦闷,最终是头埋在

---

① 〔清〕阮元:《十三经注疏》(影印版),中华书局1979年版,第318页。
② 〔清〕阮元:《十三经注疏》(影印版),中华书局1979年版,第378页。
③ 〔清〕阮元:《十三经注疏》(影印版),中华书局1979年版,第379页。

枕上翻来覆去睡不着,可见忧思之深。同样,《邶风》中的《简兮》《匏有苦叶》《郑风·丰》等都描写了女子对男子的思慕之情。

男女双方由相互思念发展到幽会和互送定情物,也是这些爱情诗歌中经常表现的内容。《邶风·静女》写道:"静女其姝,俟我于城隅。爱而不见,搔首踟蹰。静女其娈,贻我彤管。彤管有炜,说怿女美。自牧归荑,洵美且异。匪女之为美,美人之贻。"①这首诗描绘了男女约会与赠送定情物的经过,形象地描绘了男女约会时当事人的心迹。同样,《鄘风·桑中》《郑风·子衿》《陈风·东门之杨》等都是描写男女约会的爱情诗歌,这些诗歌分别从不同角度展示了当时中原年轻人的爱情、心理与追求。

在当时属于今天中原一带的婚姻爱情习俗中还有未婚男女之间在仲春时可以自由结合的习俗。如《郑风·野有蔓草》一诗就反映了这一习俗:"野有蔓草,零露漙兮。有美一人,清扬婉兮。邂逅相遇,适我愿兮。野有蔓草,零露瀼瀼。有美一人,婉如清扬。邂逅相遇,与子偕臧。"②这里反映的就是郑国的一对青年男女仲春时节邂逅相遇后,互相爱慕、自由结合的情景。

同时,《诗经》表现了中原人民一夫一妻制的爱情观。中国古代婚姻制度曾经历原始群婚、血族婚、亚血族婚、收继制、媵妾制等形态,后来才正式确立了一夫一妻制。女子离开自己氏族嫁到男方,从夫居住,所生子女由父系而计世系。从《诗经》中可以看出,一夫一妻制的爱情观已确立下来。从《卫风·氓》中"女也不爽,士贰其行。士也罔极,二三其德"以及"信誓旦旦,不思其反"等诗句中可看出,当时对爱情的专一已是一种通行的道德观念,并有信誓来坚定专一的爱情。《邶风·击鼓》的"死生契阔,与子成说。执子之手,与子偕老"③,就更能说明问题了。

此外,《诗经》还展现了中原民族婚姻的礼仪规范。据《仪礼·士昏礼》载,媒聘婚有六道程序,即"六礼",包括纳采、问名、纳吉、纳征、请期、亲迎④。从《诗经》属于中原的诗歌中我们可以归纳出以下特点:一是媒妁之言。媒人在婚姻中扮演着至关重要的角色。《卫风·氓》的"匪我愆期,子无良媒"

---

① 〔清〕阮元:《十三经注疏》(影印版),中华书局1979年版,第310—311页。
② 〔清〕阮元:《十三经注疏》(影印版),中华书局1979年版,第346页。
③ 〔清〕阮元:《十三经注疏》(影印版),中华书局1979年版,第300页。
④ 〔清〕阮元:《十三经注疏》(影印版),中华书局1979年版,第961—973页。

句也证明了这一点,即男女双方再相爱,如果没有媒人的牵线撮合,就很难成就婚姻。否则,便是"野合"。二是父母之命。《郑风·将仲子》中女子向恋人诉说的"父母兄弟"之畏,《鄘风·柏舟》中女子婚姻遭到父母的反对,都表明了"父母之命"在子女婚姻大事中的决定作用。三是送聘礼与陪嫁妆。就中原地区来说,男方多以佩玉作为聘礼送给女方。《郑风·女曰鸡鸣》中写道:"知子之来之,杂佩以赠之。知子之顺之,杂佩以问之。知子之好之,杂佩以报之。"①杂佩,指身上佩戴的珠玉等饰物。《卫风·木瓜》云:"投我以木瓜,报之以琼琚。""投我以木桃,报之以琼瑶。""投我以木李,报之以琼玖。"②琼琚、琼瑶、琼玖都是美玉佩。把玉石作为订婚聘礼,是因为《周礼·聘礼》中有君子比德于玉之说。可见,把玉作为订婚物象,也是一种文化精神的体现。女方出嫁时所陪的嫁妆主要有两种,一是财物,主要有衣被、家具及其他用品。如《卫风·氓》中所写的"以尔车来,以我贿迁",贿,就是指娘家陪嫁的嫁妆。另一种则是随嫁到男家的婢仆等。四是隆重的迎亲仪式。迎亲时使用什么交通工具、新郎新娘的从者、新郎的迎亲地点、新郎新娘的穿着打扮以及闹洞房等都成为当时约定俗成的一种婚姻礼仪。《郑风·丰》中的"驾予与归"说明迎亲用的是马车;"俟我乎巷兮""俟我乎堂兮"说明迎亲地点在街巷与厅堂;"叔兮伯兮,驾予与行""叔兮伯兮,驾予与归",又交代了迎亲时的随从。在迎亲的礼仪中还有"亲迎"者与女同车的习俗,《郑风·有女同车》就反映了这一点。"有女同车,颜如舜华""有女同车,颜如舜英",男子看中了姜家容貌美丽的姑娘,"亲迎"时与她同车而行。

第四,服饰文化。从产生于中原地区的《诗经》作品来看,当时的服饰文化表现在以下几个方面:

一是上衣下裳之分。《诗经》时代表现出的上衣下裳的特点是在远古具有宗教色彩的衣着基础上继承和创新而来,特别是突破了上玄下黄的远古形制。如《邶风·绿衣》云:"绿兮衣兮,绿衣黄里……绿兮衣兮,绿衣黄裳。"③这表现出了衣、裳之分及其颜色的多样化。

① 〔清〕阮元:《十三经注疏》(影印版),中华书局1979年版,第340—341页。
② 〔清〕阮元:《十三经注疏》(影印版),中华书局1979年版,第327—328页。
③ 〔清〕阮元:《十三经注疏》(影印版),中华书局1979年版,第297页。

二是服饰多姿多彩。《郑风·出其东门》写到了"缟衣綦巾",巾就是当时产生的一种女性穿着类似于今天的围裙。《鄘风·君子偕老》中的"蒙彼绉绤",《卫风·硕人》以及《郑风·丰》中的"衣锦褧衣"等都描写了一种披在外边的罩衣。当时,人们穿着用动物的毛皮制作的衣裳,更是常见。如《郑风·羔裘》中有:"羔裘如濡,洵直且侯……羔裘豹饰,孔武有力……羔裘晏兮,三英粲兮。"[1]《邶风·旄丘》中有:"狐裘蒙戎,匪车不东。"[2]其中的"羔裘""狐裘"都是用动物皮毛做成的较为奢侈的衣服。这里要说明的是,这时人们穿着的服饰不仅仅是为了保暖和遮羞,而是具有一定的文化内涵,随着阶级、地位和身份的不同而不同。那些用动物的皮毛做成的服饰是有身份和地位的贵族阶层的服装,而《王风·大车》"大车槛槛,毳衣如菼"中的"毳衣"则是士大夫的服装。

三是服饰的装饰与配饰。除了衣裳的服饰款式多种多样外,注重服饰的装饰也明显反映出当时人们对服饰美的追求。《郑风·出其东门》写到的"缟衣綦巾""缟衣茹藘"就是把白色的上衣和淡绿色的佩巾搭配在一起,这种淡雅的装饰给人一种庄重大方之感。而《郑风·羔裘》中的"羔裘豹饰""羔裘晏兮,三英粲兮"诗句,则反映了人们巧妙运用豹皮的斑点和花纹来做衣服的装饰。当时的中原民族已经刻意运用配饰来装饰打扮自己,尤其是女子。如《鄘风·君子偕老》中的"君子偕老,副笄六珈"诗句,便是描写了贵夫人头上华贵的佩饰。《卫风·淇奥》中的"充耳琇莹,会弁如星",则是描写男子冠冕上的装饰。身上的装饰也是多种多样。如《卫风·芄兰》中的"芄兰之支,童子佩觿"诗句,描写了一个小孩佩戴成年人的装饰情况。从配饰的材料上看,玉石是当时常见的配饰。《卫风·竹竿》中的"佩玉之傩",《郑风·有女同车》中的"佩玉将将",以及《卫风·芄兰》中的"容兮遂兮,垂带悸兮"等,都是描写女子佩戴玉饰的婀娜形象的。究其实,服饰及其佩饰是一种符号。从原始社会人类发明它以点缀美化自己,到人类进入文明社会的过程中,佩饰已深深地渗入到中原人们的生活中,成为中原物质文明和精神文明的象征。

---

① 〔清〕阮元:《十三经注疏》(影印版),中华书局1979年版,第340页。

② 〔清〕阮元:《十三经注疏》(影印版),中华书局1979年版,第306页。

第五,饮食文化。《诗经》里很多诗篇都对饮食有所描写。

一是食用谷物。如《王风·黍离》中的"彼黍离离,彼稷之苗""彼黍离离,彼稷之穗""彼黍离离,彼稷之实"诗句,提到了当时两种重要的粮食作物"黍"和"稷"。《鄘风·桑中》中的"爰采麦兮,沫之北矣"诗句,则点出了一种重要的粮食作物——小麦。而黍、稷和小麦等粮食作物都是中原民族的传统主食。

二是食用动物。如《陈风·衡门》中写道:"岂其食鱼,必河之鲂。……岂其食鱼,必河之鲤。"①可见,"鲂""鲤"等鱼类是中原民族喜爱的副食品之一。

三是食用水果。《鄘风·桑中》写道:"爰采唐矣,沫之乡矣。"唐就是"棠",是一种叫沙棠的果实。《鄘风·定之方中》写道:"树之榛栗,椅桐梓漆,爰伐琴瑟。"榛、栗都是树名,其果实可以食用。由此,可知当时人们在建房屋时已刻意在房前屋后栽种果树。

四是饮酒。《郑风·叔于田》是一首赞美猎人的诗歌,诗中写道:"叔于狩,巷无饮酒。岂无饮酒? 不如叔也,洵美且好。"②这说明郑庄公的弟弟京城大叔段是个喜爱饮酒的人。《郑风·女曰鸡鸣》也说:"弋言加之,与子宜之。宜言饮酒,与子偕老。"③此诗句则描写了一对夫妇相对而饮,表示要白头偕老的恩爱生活。而且在《邶风·简兮》中的"赫如渥赭,公言锡爵",又交代了当时常用的饮酒器具"爵"。饮酒不仅是当时人们生活的常态,而且也成为中原人民的重要礼仪行为。

五是烹饪技艺。《诗经》中有些诗篇描写了中原民族关于食物的烹饪方法、程序和技巧。如《桧风·匪风》写道:"谁能亨鱼,溉之釜鬵。"④溉,洗也;釜,锅;鬵,大锅。洗后再烹,把烹饪的工序都交代清楚了。在《陈风·东门之枌》中也提到了"椒":"视尔如荍,贻我握椒"⑤。椒,即花椒,味香。由此推理,在食物的烹调过程中有可能用到这些调味品。《诗经》中关于食物原

---

① 〔清〕阮元:《十三经注疏》(影印版),中华书局1979年版,第377页。
② 〔清〕阮元:《十三经注疏》(影印版),中华书局1979年版,第337页。
③ 〔清〕阮元:《十三经注疏》(影印版),中华书局1979年版,第340页。
④ 〔清〕阮元:《十三经注疏》(影印版),中华书局1979年版,第383页。
⑤ 〔清〕阮元:《十三经注疏》(影印版),中华书局1979年版,第376页。

料、烹饪方法等丰富多彩的描述,某种程度上展现了先秦时期中原饮食文化的基本风貌。

不容忽略的是,孔子及其弟子在中原的传《诗》,也大大地促进了中原的社会文明。孔子周游中原列国,前后用时达 14 年之多。这个时间,正是孔子年富力强的壮年时期。其间他率领弟子在中原有效地传播了儒家思想,而《诗》自然是其传播的主要内容之一。孔子正式办私学,是在他 68 岁回到鲁国之后,到他去世时,前后不过 5 年时间。孔子一生大部分时间从事教育事业,相传有弟子三千,贤弟子七十二人。孔子的弟子中,有不少人都有一番成就,对当时的社会有着相当的影响。

据西汉司马迁《史记·仲尼弟子列传》、三国魏王肃《孔子家语》和孔庙东西两庑奉祀先贤先儒名单可知,孔子中原的贤弟子有名有籍贯可考的便有 21 位之多,诸如陈国(都今周口市淮阳区)人子张、陈亢、公良孺、巫马期,卫国(都今濮阳市)人子贡(今浚县人)、子夏(今温县人)、廉絜、琴牢、高柴(后在今太康县高贤乡传道授徒)、公孙龙、勾井疆、奚容蒧、狄黑,蔡国(都今上蔡县)人漆雕开、漆雕从、漆雕凭、漆雕侈、曹卹、秦冉,宋国(都今商丘市)人原宪、司马耕等。另外,虽为孔子弟子但不在贤弟子之列的也为数不少,如子路妻兄颜仇由、卫司寇惠叔兰等,还有虽不属于中原人,但生前长期在中原传播儒家思想,死后葬在中原的孔子贤弟子也不乏其人。如子路(其墓在今濮阳市城北)、冉伯牛(其墓在今杞县城东 12 里)、闵子骞(其墓位于今范县东南 22 公里的闵子骞村)等。

这些儒家先贤在孔子生前追随老师传播《诗》学,而在孔子去世后,更是继承老师的遗志而不遗余力地传播儒家的经典,以致儒分八派。《韩非子·显学》:“自孔子之死也,有子张之儒,有子思之儒,有颜氏之儒,有孟氏之儒,有漆雕氏之儒,有仲梁氏之儒,有孙氏之儒,有乐正氏之儒。”①东晋陶潜《群辅录·八儒》也说:“夫子没后,散于天下,设于中国,成百氏之源,为纲纪之儒。居环堵之室,荜门圭窦,瓮牖绳枢,并日而食,以道自居者,有道之儒,子思氏之所行也。衣冠中,动作顺,大让如慢,小让如伪者,子张氏之所行也。颜氏传《诗》为道,为讽谏之儒。孟氏传《书》为道,为疏通致远之儒。漆雕氏

---

① 〔战国〕韩非:《韩非子》,商务印书馆 1930 年版,第 124 页。

传《礼》为道,为恭俭庄敬之儒。仲良氏传《乐》为道,以和阴阳,为移风易俗之儒。乐正氏传《春秋》为道,为属辞比事之儒。公孙氏传《易》为道,为洁静精微之儒。"①这儒家八派在传播儒家思想的过程中,虽各有专攻,但《诗》学的传播是其不可或缺的内容。

就传《诗》学来说,孔子弟子子夏居功甚伟。子夏,即卜商,为孔门十哲、七十二贤之一,对诗有深入的研究,能通其义理。孔子去世后,子夏居西河(今安阳市一带)教授,为魏文侯师。司马迁《史记·儒林列传》载:"子夏居西河……如田子方、段干木、吴起、禽滑厘之属,皆受业于子夏之伦,为王者师。"②班固《后汉书》卷四十四之《徐防传》也载:"《诗》《书》《礼》《乐》,定自孔子;发明章句,始于子夏。"③他的许多学生后来成为春秋战国时期很有影响的思想家和政治家,如李悝、吴起及商鞅,俱出其门下。孔门弟子之有著作传世者,也以子夏为最。《毛诗》传自子夏,这是不争的事实。《诗序》也为子夏所作,梁萧统取其论诗的起源及作用一段,将其收入所编撰的《文选》中,为后世所称道。

第三节　中原名贤"引诗"之风

论及"引诗"问题,不能不提中原春秋时期的诸侯大夫们。在外交场合或生活中引用《诗》句来表达自己的意图,是当时上层社会的一种礼仪和时尚,也为后世儒家所欣赏。宋吕祖谦《左氏传续说》卷六载:"凡《左氏传》载赋诗处,皆好看。"④"引诗"现象表明了《诗》在当时的权威性以及社会发展的文明程度。《诗》的道理,具有普遍性,不仅适合于外交场合,也适合于治国治家和为人处世。《诗》在春秋人物的生活中,运用时涉及各个方面,或游说诸侯,使其易于接受自己的主张;或赞美某一事情,以委婉表达自己的看法;或反驳他人的观点,以证明自己观点的正确性;或撰文著述,作为论据。

---

① 〔清〕严可均:《全晋文》,商务印书馆1999年版,第1164页。
② 〔汉〕司马迁:《史记》,中州古籍出版社1996年版,第867页。
③ 〔南朝〕宋范晔,〔唐〕李贤等注:《后汉书》,中华书局1997年版,第1500页。
④ 〔宋〕吕祖谦:《左氏传续说》卷六,文渊阁《四库全书》(影印版),第7页。

这就是所谓的引经据典。

"引诗"现象，又大多出现在儒家的经典中，而以《春秋左氏传》"引诗"为最。其中提到《诗》277 条，"引诗"则达 255 条。请看，晋杜预、唐孔颖达《春秋左传注疏》卷十九所载："郑伯与公宴于棐，子家赋《鸿雁》。季文子曰：'寡君未免于此。'文子赋《四月》，子家赋《载驰》之四章，文子赋《采薇》之四章。郑伯拜，公答拜。"①《鸿雁》《四月》《采薇》均为《诗·小雅》篇什，《载驰》为《诗·鄘风》篇什。子家，乃郑国大夫公子归生。季文子，即季孙行父，乃鲁国的正卿。二人一唱一对，均用《诗经》的篇什委婉地表达了自己的意图，可称得上典型的"引诗"例子。再如，晋杜预、唐孔颖达《春秋左传注疏》卷四十七载："（昭公十六年）夏四月，郑六卿饯宣子于郊，宣子曰：'二三君子请皆赋，起亦以知郑志。'子齹赋《野有蔓草》，宣子曰：'孺子善哉！吾有望矣。'子产赋郑之《羔裘》，宣子曰：'起不堪也。'子大叔赋《褰裳》，宣子曰：'起在此，敢勤子，至于他人乎！'……子游赋《风雨》，子旗赋《有女同车》，子柳赋《萚兮》。宣子喜曰：'郑其庶乎！'"②

宣子，即晋国卿大夫韩起，此时出使郑国将回。子齹、子产、子大叔、子游、子旗、子柳为郑国六卿大夫，为韩起饯行。郑六卿应韩起之请，分别为他赋《诗·郑风》之《野有蔓草》《羔裘》《褰裳》《风雨》《有女同车》《萚兮》，从而得到了韩起的赞扬，为郑国赢得了好的名声。在《春秋左传》中，中原诸侯大夫们"引诗"的此等例子，不一而足。

上有所好，下有所效。中原各国公卿大夫如此"引诗"，士民也起而效之。于是，丰富了中原人们的精神生活，促进了中原社会的文明。在中原的先秦诸子中，墨家、道家、兵家、法家的著作，很少或者根本不引用《诗》句。《老子》不见"引诗"，《墨子》一书仅"引诗"5 处，《庄子》"引诗"仅见一例，还是间接引用。《韩非子》的 4 处"引诗"，也均是间接引用。《商君书》极力诋毁《诗》《书》，更谈不上"引诗"了。《吕氏春秋》"引诗"16 处，但其为杂家著作。

战国时代，礼崩乐坏，《诗》的权威性遭到一定的破坏。秦朝实行"焚书

① 〔清〕阮元：《十三经注疏》（影印版），中华书局 1979 年版，第 1853 页。
② 〔清〕阮元：《十三经注疏》（影印版），中华书局 1979 年版，第 2080 页。

坑儒"，其"引诗"现象可谓绝迹。

西汉的"文景之治"，诗学得到了一定的发展。汉文帝时的洛阳人贾谊所撰的《新书》"引诗"16处，便是明证。汉武帝接受董仲舒的建议，施行"罢黜百家，独尊儒术"的治国方针，中原儒家"引诗"复兴，使诗风得以不衰。汉代中原儒家著作中的"引诗"现象，便足以说明这一情况。

西汉宣帝时，汝南人桓宽所撰的《盐铁论》"引诗"37处，梁（今商丘市）人戴德所编著的《大戴礼记》"引诗"23处，其族侄戴圣所编著的《礼记》（《小戴礼记》）则"引诗"99处。尤其是东汉汝南召陵（今漯河市召陵区）人许慎花费22年工夫撰写的《说文解字》，"引诗"竟达441处之多。《说文解字》是我国第一部按部首编排的字典，其经朝廷的发行和推广，无疑对当时和之后的社会文明起到了进一步的推进作用。

其后，汉桓、灵帝之际的陈留圉（今杞县圉镇）人蔡邕所撰的《独断》，是一部论述各种文书体裁的著作，文中也多处"引诗"。其卷上解释"宗庙所歌"时，便引用了《诗·周颂》的全部篇什名称，并进行了相应的阐释。我们不妨将其移录如下：

> 宗庙所歌，诗之别名。
>
> 《清庙》一章八句，洛邑既成，诸侯朝见，宗祀文王之所歌也。
>
> 《维天之命》一章八句，告太平于文王之所歌也。
>
> 《维清》一章五句，奏《象武》之歌也。
>
> 《烈文》一章十三句，成王即政，诸侯助祭之所歌也。
>
> 《天作》一章七句，祝先王公之所歌也。
>
> 《昊天有成命》一章七句，郊祀天地之所歌也。
>
> 《我将》一章十句，祀文王于明堂之所歌也。
>
> 《时迈》一章十五句，巡守告祭柴望之所歌也。
>
> 《执竞》一章十四句，祀武王之所歌也。
>
> 《思文》一章八句，祀后稷配天之所歌也。
>
> 《臣工》一章十句，诸侯助祭，遣之于庙之所歌也。
>
> 《噫嘻》一章八句，春夏祈谷于上帝之所歌也。

《振鹭》一章八句,二王之后来助祭之所歌也。

《丰年》一章七句,烝尝秋冬之所歌也。

《有瞽》一章十三句,始作乐,合诸乐而奏之所歌也。

《潜》一章六句,季冬荐鱼、春献鲔之所歌也。

《雍》一章十六句,禘太祖之所歌也。

《载见》一章十四句,诸侯始见于武王庙之所歌也。

《有客》一章十三句,微子来见祖庙之所歌也。

《武》一章七句,奏《大武》,周武所定一代之乐所歌也。

《闵予小子》一章十一句,成王除武王之丧,将始即政,朝于庙之所歌也。

《访落》一章十二句,成王谋政于庙之所歌也。

《敬之》一章十二句,群臣进戒嗣王之所歌也。

《小毖》一章八句,嗣王求忠臣助己之所歌也。

《载芟》一章三十一句,春耤田祈社稷之所歌也。

《良耜》一章二十三句,秋报社稷之所歌也。

《丝衣》一章九句,绎宾尸之所歌也。

《酌》一章九句,告成《大武》,言能酌先祖之道以养天下之所歌也。

《桓》一章九句,师祭讲武类祃之所歌也。

《赉》一章六句,大封于庙赐有德之所歌也。

《般》一章七句,巡守祀四岳河海之所歌也。

右诗三十一章皆天子之礼乐也。①

以上所引,从名称到顺序与今天的通行本《诗经》(《毛诗》)皆相同。《独断》虽只有两卷,但其全书条理统贯,说解词义和考证均较严谨,对后世产生了较大的影响。其"引诗"以阐释"宗庙所歌",言简意赅,具有较强的说服力,赢得后人的信服而乐以称引。

另有,汉献帝时的颍阴(治所在今禹州市东南40里)人荀悦所撰写的《汉纪》,"引诗"也有34处。东晋陈郡阳夏(今太康县)人袁宏所撰《后汉

---

① 郭丹:《先秦两汉文论全编》,江苏教育出版社2000年版,第828—829页。

纪》三十卷,引《诗》仅有 11 处。

从以上中原名贤"引诗"的情况,我们可以大致了解从春秋战国至魏晋时《诗经》对中原民族的影响。中原名贤以仁义为本,以礼乐为用,以《诗》《书》为辅,其文之行世,犹大河行之地中,泽及八方。其言垂世而立教,对中原社会文明所起的作用,则是悠远弥长的。

第四节　中原诗学的形成及其影响

随着儒、释、道诸家思想的相互融合,诗歌在两汉魏晋南北朝时期,从内容到形式都有了较大的变化和发展。其整个演变过程,南朝齐颍川长社(治所在今长葛市东)人锺嵘《诗品》卷一论述至详,也不妨移录如下:

"逮汉李陵,始著五言之目矣。古诗眇邈,人世难详。推其文体,固是炎汉之制,非衰周之倡也。自王、杨、枚、马之徒,词赋竞爽,而吟咏靡闻。从李都尉迄班婕妤,将百年间,有妇人焉,一人而已。诗人之风,顿以缺丧。东京二百载中,惟有班固《咏史》质木无文。降及建安曹公父子,笃好斯文;平原兄弟郁为文栋;刘桢、王粲,为其羽翼。次有攀龙托凤,自致于属车者,盖将百计。彬彬之盛,大备于时矣!尔后陵迟衰微,迄于有晋。太康中,三张二陆两潘一左,勃尔复兴,踵武前王,风流未沫,亦文章之中兴也。永嘉时,贵黄、老,稍尚虚谈,于时篇什,理过其辞,淡乎寡味。爰及江表,微波尚传。孙绰、许询、桓庾诸公诗,皆平典似《道德论》,建安风力尽矣。先是郭景纯用隽上之才,变创其体,刘越石仗清刚之气,赞成厥美。然彼众我寡,未能动俗。逮义熙中,谢益寿斐然继作。元嘉中,有谢灵运,才高词盛,富艳难踪,固已含跨刘、郭,陵轹潘、左,故知陈思为建安之杰,公干、仲宣为辅;陆机为太康之英,安仁、景阳为辅;谢客为元嘉之雄,颜延年为辅;斯皆五言之冠冕,文词之命世也。夫四言,文约意广,取效《风》《骚》,便可多得。每苦文繁而意少,故世罕习焉。五言居文词之要,是众作之有滋味者也,故云会于流俗。岂不以指事造形,穷情写物,最为详切者邪!故诗有三义焉:一曰兴,二曰比,三曰赋。文已尽而义有余,兴也;因物喻志,比也;直书其事,寓言写物,赋也。

宏斯三义,酌而用之,干之以风力,润之以丹彩,使味之者无极,闻之者动心,是诗之至也。若专用比兴,则患在意深,意深则词踬。若但用赋体,则患在意浮,意浮则文散,嬉成流移,文无止泊,有芜漫之累矣。若乃春风春鸟,秋月秋蝉,夏云暑雨,冬月祁寒,斯四候之感诸诗者也。嘉会寄诗以亲,离群托诗以怨。至于楚臣去境,汉妾辞宫,或骨横朔野,或魂逐飞蓬;或负戈外戍,杀气雄边;塞客衣单,孀闺泪尽;或士有解佩出朝,一去忘返;女有扬娥入宠,再盼倾国;凡斯种种,感荡心灵,非陈诗何以展其义?非长歌何以骋其情?故曰:'《诗》可以群,可以怨。'使穷贱易安,幽居靡闷,莫尚于诗矣。故词人作者,罔不爱好。今之士俗,斯风炽矣。才能胜衣,甫就小学,必甘心而驰骛焉。于是庸音杂体,人各为容。至使膏腴子弟,耻文不逮,终朝点缀,分夜呻吟,独观谓为警策,众睹终沦平钝。次有轻薄之徒,笑曹、刘为古拙,谓鲍照羲皇上人,谢朓今古独步。而师鲍照,终不及'日中市朝满';学谢朓,劣得'黄鸟度金枝',徒自弃于高听,无涉于文流矣。观王公搢绅之士,每博论之余,何尝不以诗为口实,随其嗜欲,商榷不同,淄渑并泛,朱紫相夺,喧议竞起,准的无依。近彭城刘士章,俊赏之士,疾其淆乱,欲为当世诗品,口陈标榜,其文未遂,感而作焉。昔九品论人,七略裁士,校以宾实,诚多未值。至若诗之为技,较尔可知,以类推之,殆均博奕。方今皇帝资生知之上才,体沉郁之幽思,文丽日月,赏究天人,昔在贵游,已为称首。况八纮既奄,风靡云蒸,抱玉者联肩,握珠者踵武。固以瞰汉、魏而不顾,吞晋、宋于胸中。谅非农歌辕议,敢致流别。嵘之今录,庶周旋于闾里,均之于谈笑耳!"①

以上文字,不仅阐述了诗歌的发展盛衰情景,而且阐明了诸诗家继承创新的情况,同时也反映了当时人们对诗歌的情有独钟。其中所提到的"两潘"(潘岳、潘尼)为荥阳中牟(今中牟县)人,谢益寿(谢混,小字益寿)、谢灵运、谢朓为陈郡阳夏(今太康县)人,而籍贯虽不属于中原的班固、班婕妤、"建安曹公父子"(曹操、曹丕、曹植)、"三张"(张载、张协、张亢)、"二陆"(陆机、陆云)、"一左"(左思)等,但无一不是以中原为其主要活动"舞台"的。其间,又有陈留圉(今杞县圉镇)人蔡邕、蔡琰父女,陈留尉氏(今尉氏县)人阮瑀、阮籍父子和阮卓,汝南南顿(今项城市南顿镇)人应场、应璩兄弟

---

① 　郭绍虞:《诗品注》,人民文学出版社1961年版,第1—3页。

和应璩子应贞,颍川(治所在今禹州市)人繁钦,汝南安成(今属汝南县)人周弘正、周弘让、周弘直兄弟,济阳考城(治所在今民权县林七乡西南)人江淹、江总,陈郡阳夏(今太康县)人袁宏、袁山松、袁淑,南乡舞阳(今属泌阳县)人范云,南阳新野(今新野县)人庾肩吾,等等,或独步诗坛,或熠耀大江南北。其诗或直接或间接源于《诗》。锺嵘《诗品》卷一道:"魏陈思王植诗。其源出于《国风》,骨气奇高,词彩华茂,情兼雅怨,体被文质,粲溢今古,卓尔不群。……晋步兵阮籍诗。其源出于《小雅》,无雕虫之功。而《咏怀》之作,可以陶性灵,发幽思。言在耳目之内,情寄八荒之表。洋洋乎会于《风》《雅》,使人忘其鄙近;自致远大,颇多感慨之词。厥旨渊放,归趣难求。"①

此期,中原人可谓诗才辈出,不乏大家。

这里更值得一提的是南朝梁陈郡项(今属沈丘县)人周兴嗣的《千字文》。周兴嗣属于东晋初期,中原大家豪族南渡,诗学随之南播的种子。梁武帝时期,任员外散骑侍郎的周兴嗣奉帝命从王羲之书法中选取1000个字,而编纂成文。关于周兴嗣其人,唐姚思廉《梁书》有传。清王士俊等《河南通志》卷六十五也做了简要介绍:"周兴嗣,字思纂,项人。博学善属文。梁天监初,奏《休平赋》,文甚美,武帝嘉之。累擢散骑侍郎,进直文德寿光省,撰《光宅寺碑》。又次第王羲之书作《千字文》,每奏,帝称善。后佐修国史,所撰《皇帝实录》《皇德记》《起居注》书等百余卷,文集十卷行世。"②《千字文》在古典文献中,又称《千文》。关于今天所看到的《千字文》作者,或言锺繇,或言萧子范,或言王羲之,虽众说不一,但宋代以后,其作者为周兴嗣,已成定论。宋欧阳修《集古录》卷四载:"《梁书》言武帝得王羲之所书《千字》,命周兴嗣以韵次之。今官法帖有汉章帝所书百余字,其言有'海咸河淡'之类,盖前世学书者多为此语,不独始于羲之也。"③宋代佚名《宣和书谱》卷二载:"初,梁武帝得羲之千字,令周兴嗣次之,自尔书家每以是为程课,如智永草《千文》多至于八百本。其说谓学者以《千字》经心,则自应手和心得,可与入道,若至八百本之多,则定足以垂世。"④清代王澍《淳化秘阁法帖考正》卷一

---

① 郭绍虞:《诗品注》,人民文学出版社1961年版,第6页。
② 〔清〕王士俊等:《河南通志》卷六十五,文渊阁《四库全书》(影印版),第52页。
③ 〔宋〕欧阳修:《欧阳修全集》,中华书局2001年版,第1941页。
④ 〔宋〕佚名:《宣和书谱》,上海书画出版社1984年版,第14页。

也说:"梁武帝得右军残碑,令殷铁石拓一千字,周兴嗣次为韵,诏萧子云写进,始有《千文》之目,安得汉章帝时遽有此书。周宪王东书堂帖目,为杜度书,度亦汉人,决非是也。或云即当年萧子云写进本子,云笔力骏劲,并驾元常,此书笔柔韵俗,了乏胜趣,当是俗手乱集《千文》字,伪为古体,以眩俗目。"①

《千字文》全篇共 250 句,为四言句式,四句一组,两组一韵,前后贯通,互不重复。其内容涉及天文、地理、历史、农工、园艺、饮食起居、修身养性和儒家纲常礼教等各个方面。其最大的优点又在于融知识性、可读性和教化性为一炉,且合辙押韵,易诵易记,深得梁武帝赞赏,并令刊印,以供"诸王"习诵。后公诸于世,遂成为社会初学者入门的教科书。

历代书家书《千字文》者,也举不胜举。如隋智永书《千字文》、唐欧阳询书《千字文》、唐怀素书《千字文》、唐徐浩书《千字文》、宋文与可书《千字文》、宋米芾书《千字文》、宋徽宗书《千字文》、宋释梦英篆书《千字文》、明程南云《千字文》、元赵孟𫖯临智永《千文》、元鲜于枢书《千字文》等。

清王澍《竹云题跋》卷四载:"十种《千文》。按董《广川书跋》,梁武帝得右军遗书,命殷铁石拓一千字,每字一纸,杂碎无序,因令周兴嗣次为韵语,当其成时,一夕须发尽白,自谓心力竭于此书。帝甚重之,诏令萧子云写进,今萧本世不复传。惟隋僧智永所书真、草八百本,散施江东诸寺者,至今仅存一二。而宋大观间薛嗣昌所刻最烜赫有名,世所传为铁门限者是也。自唐以来,名能书者多,以字各不同,体制尽备,可以自见笔力。故书《千文》者不可一二计。然智永仅得真、草二种,赵子昂、文征仲亦仅得篆、隶、行、楷四种。雍正四年夏,余假还二泉道经邗上,吾友汪君竹庐嘱书篆、隶、真、行、草《千文》各二种,每种一自运,一临古,共十种,为古今《千文》,独开生面,且曰:将为余勒之石。余遂欣然竭两年之力,以践斯诺。既成,各以李少温笔法篆题其颠,字各异态,不欲复存永师一笔,匪敢自异前规,聊用取新来学耳!"②

从此,《千字文》成了我国集识字、书法和思想内容为一体的启蒙读物,

---

①　〔清〕王澍:《淳化秘阁法帖考正》,上海书店 1935 年版,第 2 页。
②　〔清〕王澍:《竹云题跋》卷四,文渊阁《四库全书》(影印版),第 25 页。

而且是中国社会乃至世界教育史上问世最早、流传最久、影响最大的蒙学教材。我们细心品味,便会发现,《千字文》不但从句式上直接沿袭了《诗经》的句式,而且在词语上或直接或化用了《诗经》的句子,可称得上是诗坛继承创新的典型例证。

继周兴嗣《千字文》之后,世上还相继出现了《续千字文》《叙古千字文》《新千字文》等,可见其影响之大!《千字文》与后来的《百家姓》《三字经》,简称"三百千",也可谓中华民族家喻户晓、妇孺皆耳熟能详了。其内容对中国社会文明的影响是不言而喻的。

然而,随着大唐帝国的昌盛和诗歌自身体式的发展需求,"引诗"现象逐渐式微。下面两个实例很能说明问题,唐汴州浚仪(今开封市)人吴兢所撰的《贞观政要》一书,是记载唐太宗贞观年间君臣问对情况的,其引《诗》句,仅有 14 处。河内南阳(今孟州市)人韩愈为有唐一代大儒,遍检宋魏仲举《五百家注昌黎文集》,其引《诗》句,也仅有 11 处。有唐人们表情达意不再囿于《诗》句,往往吟诗或引用他人诗句,遂使"引诗"现象趋向于泛化。关于唐诗情况,清康熙在《全唐诗序》中说得清楚:"诗至唐而众体悉备,亦诸法毕该。故称诗者,必视唐人为标准。如射之就彀率,治器之就规矩焉。盖唐当开国之初,即用声律取士;聚天下才智英杰之彦,悉从事于六义之学,以为进身之阶。则习之者,固已专且勤矣。而又堂陛之赓和,友朋之赠处,与夫登临燕赏之即事感怀,劳人迁客之触物寓兴,一举而托之于诗。……夫诗盈数万,格调各殊,溯其学问本原,虽悉有师承指授,而其精思独悟,不屑为苟同者,皆能殚其才力所至,沿寻《风》《雅》,以卓然自成其家。又其甚者,宁为幽僻奇谲,杂出于变风、变雅之外,而绝不致有蹈袭剽窃之弊,是则唐人深造极诣之能事也。"[1]在清彭定求等所撰的《全唐诗》中,有世次爵里可考的中原诗人便有 162 位。其中"诗圣"杜甫,"诗豪"刘禹锡,"诗鬼"李贺等,皆出于中原。另有为数不少的诗人长期活动在中原大地,长于斯、葬于斯者,也大有人在。中原诗歌于当时的繁荣景象便可想而知,其对社会文明程度的影响,也自不待言。

我们说,从《诗经》的诞生,到子夏《诗大序》及锺嵘《诗品》的面世,再到

---

① 〔清〕彭定求等:《全唐诗》卷首页,中州古籍出版社 1996 年版。

春秋以降的中原诗人的大量涌现,中原诗学文化业已形成,且绵绵无有穷期。

有宋定都于汴京(今开封市),中原一时繁华,加上去有唐时间较近,唐诗对宋人影响尤大,宋人用力于诗歌者,可谓人才济济。正如厉鹗在《宋诗纪事序》中所说:"宋承五季衰敝后,大兴文教,雅道克振。其诗与唐在合离间,而诗人之盛,视唐且过之。"①在清厉鹗《宋诗纪事》中,有籍贯可考的中原诗人便有近200人。其诗取材之广,命意之新,对中原社会文明的反映,也颇值得称道。然而,这里不能不说的是,遍检《二程文集》,几乎不见"引《诗》"现象。而程颢、程颐兄弟,可是被后世公认的理学大儒。由此可见,《诗经》在宋代的影响,业已失去了昔日的光彩。但对于诗歌自身的发展情况来说,宋诗毕竟属于"强弩之末"了。所以人们将在此期间出现的长短句新的文学样式——词,习惯地称作"诗余"。

有宋以降,中原诗家,代不乏人。直至当今,中原诗人更是不胜枚举。这里不再赘述。

思考与练习

1. 目前我国发现的最古老的诗歌是什么?其诞生于何时何地?

2.《诗经》中哪些内容诞生于中原?其从哪些方面反映了中原当时的文明程度?

3. 中原关于诗歌的理论作品有哪些?其对后世有着怎样的影响?

---

① 〔清〕厉鹗:《宋诗纪事》卷首页,上海古籍出版社1983年版。

第八章　中原乡贤文化

第一节 概述

中原先贤创造了灿烂辉煌的中原文化,而中原乡贤文化则是其重要的组成部分。

自古,中原为人才辈出之地,正如清王士俊等《河南通志》卷五十七之"人物一"所言:"豫州居天下之中,自昔人文渊薮。其在商、周,则伊尹、仲山甫之徒,声垂简策,炳如日星。春秋列国,名卿有国侨、蘧瑗之伦,孔门贤哲则端木、师、商之侣,魁儒硕人,磊落相望。自两汉而后,迄于有明,则龙门、扶风以下之纪述,蜚英声,腾茂实,先典攸高,风流弥邵,人伦之表,可考而知也。夫嵩屏河带,岳峙渎流,扶舆清淑之气,必有所特钟。唐杜佑所称,地居土中,物受正气阴阳风雨和会之余,孕奇毓秀,固理之自然也。"①(其中"国侨",即公孙侨,字子产。"端木",即端木赐,字子贡。"师",即颛孙师,字子张。"商",即卜商,字子夏。"龙门",指司马迁。"扶风",指班固。)我们说,中原乡贤文化与中原贤人密不可分,而中原乡贤文化则萌芽于中原远古的"尚贤"社会意识。尧、舜、禹尚贤而禅让天下,以及夏、商、周三代访贤、用贤的社会事实,则促成了中原乡贤文化的快速成长。大量的社会实践和历史事实,使历代贤明的统治者懂得"得贤则兴,失贤则崩"和"明主劳于求贤,而逸于任使"的道理,所以在其施政的过程中,都注重"贤人"的选拔和任用,同时,他们也无不将"举贤"视为头等大事情,而将"蔽贤"则视为"十恶"不赦之行。尚贤之风在中原大地,可谓源远流长。

清陈廷敬《午亭文编》卷三十六之《祀乡贤名宦序》载:"古者君亲见乡长而问焉,曰:'子之乡有贤则以告,有而不以告厥罪蔽贤。'其于公卿大夫进贤者赏,蔽贤则戮。乡长公卿大夫势遽然绝矣。责之皆重如此。"②久之,中原乃至全国,形成了历久弥新的"尚贤"之风。尧、舜、禹的帝位"禅让"是尚贤;夏、商、周三代统治者的访贤和举贤是尚贤;春秋战国的唯才是举和跨国

---

① 〔清〕王士俊等:《河南通志》卷五十七,文渊阁《四库全书》(影印版),第 1 页。
② 〔清〕陈廷敬:《午亭文编》卷三十六,文渊阁《四库全书》(影印版),第 19 页。

用才是尚贤;两汉的"察举征辟"制度的推行是尚贤;魏晋南北朝的"九品中正制"选官制度是尚贤;隋唐以降的科举制度的施行同样是尚贤。尤其是明朝初年诏天下县建乡贤祠以祀乡贤制度的推行,以及整个清代沿袭和完善明朝这一制度,更是将"尚贤"之风推向了极致。

尧让天下于阳城槐里(今登封市箕山槐里村)人许由;空桑(今杞县葛岗镇空桑村)伊尹,原为有莘氏僮仆,负鼎操俎,调五味而汤立为相;古卫(今卫辉市)人吕望行年50,卖食棘津(地在今延津县东北的古代黄河津渡名),70岁屠于朝歌,90岁才为文王师;宛(今南阳市)人百里奚自卖五羊之皮,为秦伯牧牛,被秦穆公举为大夫;楚庄王任令尹于孙叔敖等,皆为古代明君成就帝业或霸业破格而用中原贤人之例。而在中原历代的整个社会,尚贤也蔚然成风。

上古祭祀"乡先生"和汉代"生祠"及之后"去思碑"的出现,为其形成奠定了一定的社会物质形态。汉代以降统治者的尚贤,使其得到了稳步发展。明、清朝廷明文规定举荐和祠祀乡贤,又使中原乡贤文化的发展有了制度性的保障,进一步促成了其成熟期的到来。中原乡贤文化的胎息、诞生乃至成长和成熟的各阶段,无不体现了中原文化所形成过程中的独有特色。中原乡贤文化在其形成的过程中,对于代代中原的人们的人生观和价值观的形成,起着潜移默化的社会教化作用。其褒往劝来的作用尤其影响了新中国乃至新时期的中原新乡贤的人生观,从而使其赋予了特殊的时代价值。所以说,中原乡贤文化映射了中原的历史,影响着中原的当代,渗透到中原民族乃至中华民族的血脉里,在治国安邦、彰往启来方面具有不可估量的历史作用和现实意义。

中原乡贤文化的精神内核主要是儒家文化。我们说,孔子年轻时,一车两马一竖子适东周(都今洛阳市)问"礼"于老子,又一生奔走呼号"克己复礼"。这"礼",即是周礼,是儒家文化的主要内容,而周礼是由周公旦在成周(今洛阳市)制定。后来,孔子周游列国前后达14年之久,这"列国"又都在中原大地。这期间也是孔子儒家思想的成熟期。同时,其也为中原培养了大量的人才,为儒家文化在中原的传播奠定了良好的基础。从古至今,可以说儒家文化在中原根深蒂固。因此,对于中华乡贤文化来说,中原乡贤文化具有一定的根源性。

另外,中原乡贤相当一部分在外做官,并名列"名宦"。这是因为他们所到之处,举办学校,躬行"礼义仁智信",推行儒家文化。其在位,百姓德之如兄长,仰之似父母;其去职,百姓拦车以挽留,流涕而思之,或绘像或立祠以祀之。所以说,对于中华乡贤文化来说,中原乡贤文化又具有相当的代表性。

纵观我国史著和中原地方志,有文字记载的中原先贤、乡贤有1000余位,他们的道德、行迹、学识等,在中原历史乃至中华历史上产生了很大的影响,发挥了重要作用。

第二节　中原乡贤文化的起源及形成

乡贤文化的主体是乡贤。何谓乡贤?明俞汝楫《礼部志稿》卷八十五下之《严名宦乡贤祀》解释道:"生于其地而有德业、学行传于世者,谓之乡贤。"①此说乃其狭义。其广义应为"生于其地或祖籍其地而有德业学行传于世者,谓之乡贤"。明、清乡贤祠所祀,正是广义上的"乡贤",而不仅仅是"生于其地"的乡贤,祖籍为"其地"的中原乡贤也不乏其人。如陈郡阳夏(今太康县)的乡贤东晋谢安、谢玄、谢尚,南朝宋袁淑、袁粲;陈郡项县(今项城市)的乡贤南朝齐梁周兴嗣(今属沈丘县人);陈留尉氏(今尉氏县)乡贤南朝宋阮长之,南朝梁阮孝绪,南朝陈阮卓;新野乡贤南朝齐庾黔娄;等等。而"乡贤"之"乡",又与后代的一级行政单位"乡"不是一个概念。元陈师凯《书蔡氏传旁通》卷一下有:"闾,二十五家也。族,百家也。党,五百家也。五家为比,五比为闾,四闾为族,五族为党,五党为州,五州为乡。党正、族师、闾胥,皆乡大夫所属。"②因此说,乡贤文化之"乡",相当于我们现在的行政单位"县"。可以这样说,乡贤是生于或祖籍某县的有德行有才能并在社会上有着一定影响的人。

① 〔明〕俞汝楫:《礼部志稿》卷八十五下,文渊阁《四库全书》(影印版),第28页。
② 〔元〕陈师凯:《书蔡氏传旁通》卷一下,文渊阁《四库全书》(影印版),第28页。

一、中原乡贤文化的起源

历代凡是有功于国家和百姓者,中原百姓总是为其立庙祠祭祀之。据清王士俊等《河南通志》卷四十八"祠祀"载,仅开封府便有:

"社稷坛,在府城南关。祥符县附郭,从府祭。陈留县坛,在城西南。杞县坛,在太西关。通许县坛,在北关。太康县坛,在西关外。尉氏县坛,在小西关外。洧川县(治所在今尉氏县洧川镇)坛,在西门外。鄢陵县坛,在西门外。扶沟县坛,在西门外。中牟县坛,在西关外。阳武县(今属原阳县)坛,在旧治城北。封丘县坛,在西门外。兰阳县(治所在今兰考县东南8里处)坛,在西关外。仪封县(今属兰考县)坛,在适卫门外。"①按,春秋左丘明《国语·鲁语上》载:"昔烈山氏之有天下也,其子曰柱,能植百谷百蔬。夏之兴也,周弃继之,故祀以为稷。共工氏之伯九有也,其子曰后土,能平九土,故祀以为社。"

三国吴韦昭注:"烈山氏,炎帝之号也。起于烈山。""柱为后稷,自夏以上祀之。草实曰蔬。""夏之兴,谓禹也。弃能继柱之功,自商以来祀之。""共工氏伯者,在戏、农之间,有域也。"(戏、农,即伏羲、神农。)"其子共工之裔子句龙也。佐黄帝为土官,九土,九州之土也。后,君也。使君土官,故曰后土。""社,后土之神也。"②烈山氏,其子"柱"能教百姓种植百谷百蔬,所以百姓将其奉为谷神"稷";共工氏乃神农氏的一个部落酋长,其子"后土"能教百姓如何整理土地,所以百姓将其奉为土神"社"。社和稷对百姓有功,为上古贤人。由此可知,社稷坛是祭祀上古贤人之处。

"先农坛,在府城东禹王台前。祥符县附郭,从府祭。陈留县坛,在县东堤外。杞县坛,在东关。通许县坛,在城东南。太康县坛,在城东关。尉氏县坛,在城东。洧川县坛,在东门外。鄢陵县坛,在城东南。扶沟县坛,在城东门外。中牟县坛,在城东南。阳武县坛,在旧治城北。封邱县坛,在东堤外。兰阳县坛,在城东堤外。仪封县坛,在城东。"③按,先农坛是祭祀神农氏

---

① 〔清〕王士俊等:《河南通志》卷四十八,文渊阁《四库全书》(影印版),第2页。
② 〔春秋〕左丘明:《国语(鲁语上)》卷四,《钦定四库全书荟要》(影印版),第9页。
③ 〔清〕王士俊等:《河南通志》卷四十八,文渊阁《四库全书》(影印版),第2页。

之处。神农氏,是继伏羲氏而起的一代帝王,都于陈(今周口市淮阳区)。神农为解决百姓疾苦病痛问题,尝百草,日遇七十二毒。其对百姓恩重如山,所以历代百姓立坛祭祀之。

另有文庙(祭祀孔子之处)、忠义祠(祭祀历代忠义者)、节孝祠(祭祀历代尚志节、孝顺父母者)、关帝庙(祭祀三国蜀关羽)、尉迟公祠(祭祀唐尉迟敬德)、三贤祠(祭祀唐李白、杜甫、高适)、十贤祠(在府城东南大梁书院内,祀宋周敦颐、程颢、程颐、邵雍、张载、司马光、朱熹、吕祖谦、张栻和明许衡)、包孝肃公祠(祭祀宋包拯)、岳忠武王庙(在府城南朱仙镇,祭祀宋岳飞)①,等等。

中原人对造福于百姓的贤明统治者,更是敬爱有加,视之如父母。

据汉班固《汉书》卷八十九之"循吏传"载:"召信臣字翁卿,九江寿春人也。以明经甲科为郎,出补谷阳长。举高第,迁上蔡长。其治视民如子,所居见称述。超为零陵太守,病归。复征为谏大夫,迁南阳太守,其治如上蔡。信臣为人勤力有方略,好为民兴利,务在富之。躬劝耕农,出入阡陌,止舍离乡亭,稀有安居时。行视郡中水泉,开通沟渎,起水门提阏凡数十处,以广溉灌,岁岁增加,多至三万顷。民得其利,蓄积有余。信臣为民作均水约束,刻石立于田畔,以防分争。禁止嫁娶送终奢靡,务出于俭约。府县吏家子弟好游敖,不以田作为事,辄斥罢之,甚者案其不法,以视好恶。其化大行,郡中莫不耕稼力田,百姓归之,户口增倍,盗贼狱讼衰止。吏民亲爱信臣,号之曰召父……元始四年……南阳亦为立祠。"②

又南朝宋范晔撰、唐李贤等注《后汉书》卷三十一载:"杜诗字君公,河内汲人也。少有才能,仕郡功曹,有公平称。更始时,辟大司马府。建武元年,岁中三迁为侍御史,安集洛阳。……七年,迁南阳太守。性节俭而政治清平,以诛暴立威,善于计略,省爱民役。造作水排,铸为农器,用力少,见功多,百姓便之。又修治陂池,广拓土田,郡内比室殷足。时人方于召信臣,故南阳为之语曰:'前有召父,后有杜母。'"③

---

①　〔清〕王士俊等:《河南通志》卷四十八,文渊阁《四库全书》(影印版),第3—10页。

②　〔汉〕班固撰,〔唐〕颜师古注:《汉书》,中华书局1962年版,第3641—3643页。

③　〔南朝〕宋范晔撰,〔唐〕李贤等注:《后汉书》,中华书局1965年版,第1094页。

这便是中原百姓将其地统治者称为"父母官"的来由。

中原这方沃土,从夏朝到北宋的 3000 多年间成为中国政治、经济和文化的中心,从而养育了数以千计的贤人。他们居家孝友,礼敬尊长,勤奋读书,影响了一代代的中原人。他们出外为官则恪尽职守,清廉善政,为官一任,造福一方,或祀于名宦祠,或百姓勒其事于石,肖像祀之。如此者,可谓代不乏人。

据清储大文等《山西通志》卷八十三—八十六之《名宦志》(1—4)载,从三国魏至明代祀于山西"统辖"名宦祠的中原先贤有:

三国魏柘(今柘城县)人梁习,许昌人陈泰;北周洛阳人宇文敩;唐代洛阳人张说,灵昌(今属滑县)人崔日用,郏城(今郏县)人马燧,弘农人杨於陵(今属灵宝市),胙城(今属延津县)人刘政会、刘崇龟,昌乐(今南乐县)人李义琰,南阳人韩思彦,原武(今属原阳县)人娄师德,宋城(今商丘市)人魏元忠,荥阳人郑肃、郑畋、郑从;后唐河内(今沁阳市)人段希尧;宋代范县人张昭,河南(今洛阳市)人何继筠,开封人李神佑、向敏中、张耆、段少连、张惟吉、贾嵩,洛阳人李汉琼,顿丘(今属清丰县)人赵延进,河南(今洛阳市)人刘保勋、张景宪,新安人钱若水,固始人王彬,祥符(今开封市祥符区)人丁度,安阳人韩琦、陈贯,荥阳人张逸,卫州(今辉县市)人贺铸,酸枣(今属延津县)人吕景初,咸平(今通许县)人王拱辰,郾城(今属漯河市郾城区)人掌禹锡,河阳(今孟州市)人陈安石,长社(治所在今长葛市东)人孙永,汤阴人岳飞;元代汴梁(今开封市)人归旸,沈邱人察罕特穆尔、库库特穆尔;明代郑州人王彰,偃师人王敬先,祥符(今开封市祥符区)人宋文、李钺、高叔嗣、都任、张泰,考城(治所在今民权县林七乡西南)人樊镇,归德(今商丘市)人徐永达,兰阳(治所在今兰考县东南 8 里处)人丘陵、张文魁,钧州(今禹州市)人马文升,河南(今洛阳市)人吴道宁、刘泾,南阳人王鸿儒,仪封(今属兰考县)人李景繁、刘大谟,新蔡人曹凤,扶沟人李梦阳,林县(今林州市)人马卿,郏县人王尚絅,信阳州(今信阳市)人马录,濮(今范县)人苏祐,灵宝人许论,光州(今潢川县)人胡宾,商邱人宋纁,洛阳人刘奋庸、吴瀚,宁陵人吕坤,南乐人魏允贞,开州(今濮阳市)人朱爵,卫(今辉县市)人杨松,裕州(今方城县)人吴阿衡,永宁(今洛宁县)人赵建极,郑州人毛文炳,安阳人张士隆,罗山人胡止、尚惟持,光山人卢焕,长垣人郜永春。

据清储大文等《山西通志》卷八十九、九十载,从汉代至明代,祀于山西平阳府名宦祠的中原先贤有:

汉代宁陵人葛龚;三国魏长社(治所在今长葛市东)人锺繇;西晋锺武(治所在今信阳市)人李重;隋代宁陵人周摇;唐代许州(今许昌市)人王逢;宋代襄邑(今睢县)人张去华,考城(治所在今民权县林七乡西南)人刘随,河南(今洛阳市)人尹洙、杨文选,濮州(今濮阳市)人李及之,阳翟(今禹州市)人孙甫,管城(今属郑州市)人孙固,开封人吕诲;元代汲县(今卫辉市)人王恽,上蔡人叶企颜;明代归德(今商丘市)人陈宗哲,渑池人曹端,柘城人杨睿,鄢陵人丁琏,开州(今濮阳市)人王彧、王纶,河内(今沁阳市)人杨志学,长垣人胡睿,河阴(今属荥阳市)人杜忠,祥符(今开封市祥符区)人张贤,虞城人李高,西平人张文佐,长垣人侯秩,汤阴人元思永,滑县人李遄,汲县(今卫辉市)人张衍瑞、阴秉旸,杞县人刘光远、赵彦复,安阳人刘孝,洛阳人刘衍祚,新乡人郭庭梧,祥符(今开封市祥符区)人杨时宁、沈时叙、张文光,扶沟人何出光,光州(今潢川县)人方应明,商丘人周士朴,太康人张维世,洛阳人常克念,光山人程世昌,商水人张质,禹州人项易。

所谓名宦,即"仕于其地而有政迹,惠泽及于民者",又称"贤牧"。换言之,即一地有德有才、政绩显著、惠爱恩泽于民的统治者。

从以上史料可见,历代中原先贤被祀于名宦祠者之一斑。中原这些先贤治理一地,或运筹帷幄,谋划得体,安民保疆;或崇德化,修学校,拔贤任能;或以德化民,爱民如子,视民如伤;或腹有蕴藉,清简无欲,崇尚气节;或刑清政简,明断疑狱,还民清白;或学博行高,待士有礼,训诲勤笃;或清廉耿介,临事谨慎,为政精密;或缓刑薄税,筑城修廨,慎守封疆;或设义学,课秀民,惓惓育材;或为诸生讲经,立社课艺,手自丹黄;或足智多谋、沉机善断、赏罚分明;或刚毅果敢,不为利诱、舍生就义。如此等等,可歌可泣!

更有中原先贤在外为官,由于政绩突出,为百姓爱戴,为其立"生祠"和"去思碑"者。

（一）生祠

所谓生祠,即有功、有恩德于百姓者,百姓在其生前为立祠庙而祭祀之。

至西汉以降,中原先贤被人立生祠者,代不乏人。

西汉梁(今商丘市)人"栾布为燕相,有治迹,民为之立生祠"①,开了后世立生祠之先河。汉司马迁《史记》卷一百:"栾布者,梁人也。……吴军反时,以军功封俞侯,复为燕相。燕、齐之间皆为栾布立社,号曰栾公社。"②自此,中原先贤被立生祠者,也大有人在。如南北朝时期南阳新野人庾信,"训子见于纯深,事君彰于义烈。新野有生祠之庙,河南有胡书之碣"③;唐代陈郡汝南(今商水县)人袁滋(一说蔡州朗山人,即今确山县人),清简为政。"刘辟拥兵擅命,滋持节安抚。行及中路,拜检校吏部尚书、平章事、剑南西川节度使……俄拜义成军节度使,百姓立生祠祷之④;宋代大名内黄(今内黄县)人李符,太平兴国初,迁驾部转祠部郎中,知广州兼转运使,"在任有善政,民为立生祠"⑤;宋代相州安阳人韩琦为相,天资朴忠,折节下士,无贱贵礼之如一,尤以奖拔人才,"魏人为立生祠,相人爱之如父母"⑥;韩琦侄子韩正彦,嘉祐中为昆山令,创石堤疏斗门,作塘七十里,以达于郡,得膏腴田数百顷。又请以输州之赋十三万,从便输于县鸠作塘,余材为县仓以储之,民大悦。临去,遮道以留,为立生祠,作《思韩记》,镵石祠下⑦;宋代南阳人管锐,淳熙中知南安军,勤政爱民,增修学舍,士民怀其德,为立生祠⑧;元代洛阳人天祥,以冬至日放令囚犯还家,约三日来归狱,皆如期而至,请宣慰司尽纵之,"由是无复叛者,百姓为立生祠"⑨;元代濮阳人卢克治,大德间为常熟令,沉敏宏远,复多仁恕,狱无冤滥,好施劝学,增修邑志,民为立生祠⑩;清代睢州(今睢县)人汤斌,康熙二十三年任江苏巡抚,莅任初尽屏供帐诸物,吴俗奢靡裁之以礼,立嫁娶丧葬定式,重农事以兴本业,复社学以训子弟,讲

①　〔清〕顾炎武著,〔清〕黄汝成集释,栾保群、吕宗力校点:《日知录集释》,上海古籍出版社2006年版,第1268页。
②　〔汉〕司马迁:《史记》,中州古籍出版社1996年版,第771页。
③　〔唐〕令狐德棻等:《周书》,中华书局1971年版,第736页。
④　〔后晋〕刘昫等:《旧唐书》,中华书局1975年版,第4831页。
⑤　〔元〕脱脱等:《宋史》,中华书局1985年版,第9275页。
⑥　〔元〕脱脱等:《宋史》,中华书局1985年版,第10230页。
⑦　〔明〕王鏊:《姑苏志》卷四十一,文渊阁《四库全书》(影印版),第17页。
⑧　〔明〕李贤等:《明一统志》卷五十八,文渊阁《四库全书》(影印版),第31页。
⑨　〔明〕宋濂等:《元史》,中华书局1976年版,第3944页。
⑩　〔明〕王鏊:《姑苏志》卷四十一,文渊阁《四库全书》(影印版),第35页。

《孝经》以敦人伦,表扬名宦以风厉来者,百姓为立生祠①;等等,不一而足。

(二)去思碑

去思碑,即某人在某地为官一任,能够造福一方,当其离开某地时,当地百姓为其立碑颂德,以表达思念之情而故名。中原先贤,百姓为立去思碑者,也是不乏其人。

唐代河阳(今孟州市)人韩仲卿(韩愈之父)任武昌令,"未下车,人惧之;既下车,人悦之。惠如春风,三月大化。奸吏束手,豪宗侧目"。调任鄱阳令时,民为立去思碑,唐诗人李白为之撰记②。金代开封人张恪,大定间为山西阳城令,清静简易,宽而能断,民乐其化,为立去思碑③。明代获嘉人贺国定,以举人知山西临县,刚方持己,清白敢言,治邑如家,爱民如子。升徽州,民为立去思碑④。明代固始人易谟,正德九年以进士任山西绛州知州,清而有为,熟悉民间利害,兴除胥得其宜,政声最著,擢西安府同知,民为立去思碑⑤。明代新郑人王良臣,万历间以举人知阳城县,沉毅有远略,清操介守,爱民如子,修学校,劝农桑,百废俱兴,升河间府同知,民为立去思碑⑥。清代仪封(今属兰考县)人王嗣定,顺治丙戌领乡荐,知湖广澧州,下车严辑奸宄,抚循井牧。逾年,纲纪大张,乃修葺文庙,进学校与诸生相讲论,人文丕振。以疾致仕归里,澧人爱慕,为立去思碑⑦。如此等等。

历代统治者出于治国安邦之需要,对古先贤皆有所褒奖和封赏。周朝定鼎,诏天下访虞、夏、商之后,于是有了虞舜之后妫满封于陈国(都今周口市淮阳区),夏禹之后东楼公封于杞国(都今杞县),商汤之后微子启封于宋(都今商丘市)。这就是历史上有名的"三恪"之封。宋袁燮《絜斋家塾书钞》卷十道:"至周而以虞、夏、商之后为'三恪'。……恪之为言敬也,不敢以臣礼待之也。"⑧

---

① 〔清〕黄之隽等:《江南通志》卷一百一二,文渊阁《四库全书》(影印版),第59—60页。
② 〔清〕夏力恕等:《湖广通志》卷四十三,文渊阁《四库全书》(影印版),第4页。
③ 〔清〕储大文等:《山西通志》卷九十六,文渊阁《四库全书》(影印版),第12页。
④ 〔清〕储大文等:《山西通志》卷九十二,文渊阁《四库全书》(影印版),第36页。
⑤ 〔清〕储大文等:《山西通志》卷一百,文渊阁《四库全书》(影印版),第16页。
⑥ 〔清〕储大文等:《山西通志》卷九十六,文渊阁《四库全书》(影印版),第26页。
⑦ 〔清〕黄纪中等:《仪封县志》(影印版),台北成文出版社1968年版,第469页。
⑧ 〔宋〕袁燮:《絜斋家塾书钞》卷十,文渊阁《四库全书》(影印版),第26页。

据清赵翼《陔馀丛考》卷十八载,累朝有追崇前代名贤者,如唐初加号老子为玄元皇帝。唐太宗征高丽,过比干墓(位于今卫辉市北15里比干庙村),赠太师,追谥忠烈。唐明皇加号庄子为南华真人,文子为通元真人,列子为冲虚真人,庚桑子(老子弟子)为洞虚真人。宋、元时又追褒古贤。宋徽宗时,封庄子为微妙元通真君,列子为致虚观妙真君,封伯夷为清惠侯,叔齐为仁惠侯。宋真宗又录唐长孙无忌等人之后裔,授以官职。宋仁宗时,长孙无忌之后裔再蒙追录。宋神宗录魏徵等人之后裔,又以魏徵之后名正道者,将免试即注官。元世祖追封伯夷为昭义清忠公,叔齐为崇让仁惠公,屈原为忠节清烈公。元英宗封诸葛亮为威烈忠武显灵仁济王。元顺帝封微子为仁靖公,箕子为仁献公,比干为仁显忠烈公,追谥杜甫为文贞公。世近者官其后,世远者崇其封,表德劝贤,可谓厚矣。①

总之,由于统治者的推崇,百姓的爱戴,以致中原大地形成了人以地传,地以人显,地以人重,过里则式的尚贤风尚。这种劲而浓的尚贤之风,孕育和催生了中原乡贤文化的诞生,使其呈现了呼之欲出的态势。

二、中原乡贤文化的形成

明太祖朱元璋马上得天下,随之而来的如何治理天下的问题摆在他的面前。于是在其"登极之元年,首诏郡县访求应祀神祇、圣帝、明王、忠臣、烈士、久有功于国遗爱及民者,载诸祀典。明年,诏有司祠祀典神祇,其不在祀典而尝有功德于民者,即不祭,存其祠宇。又令天下学校各建先贤祠,左祀贤牧,右祀乡贤,春秋仲月亦得附祭庙庭。后乃更名名宦、乡贤"②。其希冀借以崇德报功,示民不忘,且以风励来兹,教化百姓,以达国泰民安、社稷稳固之目的。自此以降,中原民间社会自发、松散型的"贤人祭祀"被取而代之,从而纳入了政府祭祀体系之中。

明代统治者将乡贤与名宦、先贤分祠祭祀,可谓用心良苦。这充分说明了明代统治者对乡贤及其教化作用的高度重视。然而,明统治者只是"令天下学校各建先贤祠,左祀贤牧,右祀乡贤,春秋仲月亦得附祭庙庭",并未要

---

① 〔清〕赵翼:《陔馀丛考》,上海古籍出版社2001年版,第317页。
② 〔明〕李之藻:《頖宫礼乐疏》卷九,文渊阁《四库全书》(影印版),第7—8页。

求乡贤祠所建的位置须在何处。所以有明一代,乡贤祠的位置并未固定下来。明嘉靖时期的河南省府、县志足以说明这一问题。据宁波天一阁藏明嘉靖时期王崇庆所集《开州志》卷四之《祠祀志》载:"乡贤祠在泮宫东。弘治四年,知州胡璟立。以祀汲黯而下四人及本朝而下九人。十三年,知州李嘉祥重修……名宦、乡贤祠在泮宫东。正德十二年,同知潘埙增修。"①又,宁波天一阁藏明嘉靖时期汪心所纂《尉氏县志》卷二载:"启圣公祠在文庙东北,嘉靖十年,知县游凤仪奉朝命创建。……乡贤祠、名宦祠二祠在文庙东,启圣公祠南。本文昌祠废址。嘉靖九年,知县游凤仪因旧祠隘陋,重用充拓为之。各列四楹,一左一右,分祀尉氏历代乡贤、名宦。"②即使嘉靖之后的晚明时期,也没有文字表明,明统治者明文要求乡贤祠的位置一定要建在某处。但总体看来,明代的乡贤祠大都与文庙邻近。晚明时期,明统治者对乡贤入祀问题还是较为重视的。据清秦蕙田《五礼通考》卷一百二十三载:"万历二年(1574),令各抚按厘正名宦、乡贤,有不应入祀者,即行革黜。"③

虽然说,有明对乡贤的祭祀呈现出"散状"态势,但无论如何,有明统治者将乡贤祠分祠祭祀,提高了乡贤的历史地位,充分发挥了其教化作用,对于弘扬乡贤文化和促进乡贤文化的发展,都达到了不可估量的良好效果。

满清入主中原,对于明代有利于统治的制度沿袭下来。据清来保等《钦定大清会典则例》卷八十二载:"顺治初年,定直省府州县,建名宦、乡贤二祠于学宫内,每岁春秋释奠,于先师同日,以少牢祀名宦、乡贤,皆地方官主祭行礼。"④自此,乡贤祠、名宦祠与当地庙学有机结合起来。从其释奠的时间、祭品到主祭的人员,都有了具体的规定和要求。作为以礼仪著称的中原,自然是率先为之。随之,中原乡贤祠和名宦祠的位置也固定下来——名宦祠在庙学戟门的左(东)边,乡贤祠在庙学戟门的右(西)边。这无疑进一步提高了中原乡贤的地位,强化了中原乡贤的影响力。同时,也促进了中原乡贤

① 〔明〕王崇庆:《开州志》卷四,上海古籍出版社据宁波天一阁藏明嘉靖刻本景印,1964年,第2—3页。
② 〔明〕汪心:《尉氏县志》卷二,上海古籍出版社据宁波天一阁藏明嘉靖刻本景印,1963年,第30—31页。
③ 〔清〕秦蕙田:《五礼通考》卷一百二十三,文渊阁《四库全书》(影印版),第58页。
④ 〔清〕来保等:《钦定大清会典则例》卷八十二,文渊阁《四库全书》(影印版),第79页。

文化成熟期的到来。

乡贤有祠祭祀,由来已久,其肇始于上古的"乡先生殁而祭于社"。

明李东阳《怀麓堂集》卷六十六之《金华府乡贤祠记》载:"盖取人臣之施法定国、御灾、捍患者,祀于国;而乡先生则祭于社。夫所谓乡先生者,不必皆仕于时,用于天下,而其言与行,足以范世厉俗,虽谓之法施于民可也。"①

时至清康乾时期,中原乡贤祭祀系统的建构也逐渐成熟起来,于是也有了一整套严明的乡贤选拔的标准和程序。

清陈廷敬《午亭文编》卷三十六之《祀乡贤名宦序》:"盖先王养士、教士之法,惟乡备焉……而重于公卿大夫之所为者,一曰乡贤,一曰名宦。斯二者,乡以告其令守,令守以告其有司,有司又以告封域之大吏,而后得祀于郡县之学者也。祀者贤,则士吏有所劝;祀者不贤,则士吏无所戒劝。戒者,先王所以教士、养士之大法也。而于斯二者备之。"②此语讲明了选拔乡贤的程序及其作用。

就其明代的选拔程序来说,首先是乡士绅的评判推举,而后由当地"令守"同意上报有关负责部门,核实情况批准后,又告诉相关"封域之大吏",进行反馈地方,方能祀于庙学之乡贤祠。据此,我们说士绅对乡贤的评判标准至关重要。由明代统治者的乡贤教化理想和乡贤祠所选位置不难看出,这评判标准须要符合儒家教化百姓的思想体系。

清来保等《钦定大清会典则例》卷七十一载:"顺治元年,定名宦、乡贤,风教所关,提学官遇有呈请,务须核实确据。若有受人请求妄举者,师生人等,即以行止有亏论。其从前冒滥者,径自革除。雍正二年,覆准名宦、乡贤,相沿岁久,冒滥实多行,令各省督抚、学臣秉公详察。如果功绩不愧名宦,学行允协乡评者,将姓名事实造册,具结送部核准,仍许留祀。若无实迹,报部革除。嗣后有呈请入祀者,督抚、学臣照例报部核明。如私自批行入祀,事觉,将请托与受托人等治罪,出结具详,地方官一并议处。三年,覆准名宦、乡贤,照旌表节妇,岁终汇题,例令各省督抚、学臣秉公察核,每年均

---

① 〔明〕李东阳:《怀麓堂集》卷六十六,文渊阁《四库全书》(影印版),第18—19页。
② 〔清〕陈廷敬:《午亭文编》卷三十六,文渊阁《四库全书》(影印版),第19—20页。

于八月以前汇题,并将事实册结送部详察,庶免冒滥入祀之弊。"①由此语可以看出,清代乡贤的报批程序更为严谨。第一,是庙学的师生参与了初步的评判推举,不再是原来的仅有乡士绅评判推举;第二,是将所推举的乡贤名单呈报给地方提学官,进行"核实确据";第三,由提学官呈报省级教育部门,由其进一步核实后,上报中央礼部;第四,由礼部核准后,进行批复。第五,反馈地方后,举行入祠仪式。尽管如此,乡贤的"冒滥"问题在所难免。所以有了雍正二年"令各省督抚、学臣秉公详察",进一步"覆准"。

清乾隆年间,又发现朝中大臣与地方官勾结,将其先人冒充"乡贤"。于是,"乾隆十四年,遵旨议准名宦、乡贤。嗣后督抚题报,到日该部务确核事迹。倘名实不能相副,即秉公指驳,将详报不实之地方官,照例题参。庶名器不致滥邀,而教化益臻纯备。二十年,谕直省建立名宦、乡贤祠,即古者瞽宗之祀,所以崇德尚贤与斯祀者,必其人实可当之无愧,方足以光俎豆而式乡闾。其典綦重。近时大臣中,有以祖父得祀乡贤具奏谢恩者。夫大臣,身居九列部臣,督抚谊属同官,彼此瞻徇,势所不免,即使采访悉为公当,而悠悠之口难保其必无遗议。又况名实未必尽孚者乎!且入祠既多朝贵先人,则潜德韬光之正士,必且耻与为伍。崇祀大典将不以为荣,而以为辱。至实在政绩茂著、德望皆隆者,或子孙不能自振,必转致湮没无传矣。当其具呈公举,虽托之舆论,而主持为首者,乃系姻族衿士,贡谀征贿何所不有,风励激劝之谓,何不亦渎典章而亵名器乎!朕亦非谓大臣祖父必不可入祀也。果使政事人品足为矜式,自必久而益彰,何妨待之十数年后,而必及其子之备位大僚哑哑题请,以至公之举而冒至私之名乎!嗣后,见任九卿祖父概不得题请入祠。其身后乡评允当者,听著为令"②。由于清统治者对乡贤祭祀问题的高度重视,整个社会从而形成了百姓崇尚乡贤的良好风尚,中原乡贤文化也随之形成,同时收到了应有的社会教化效果。

---

① 〔清〕来保等:《钦定大清会典则例》卷七十一,文渊阁《四库全书》(影印版),第1—2页。
② 〔清〕来保等:《钦定大清会典则例》卷七十一,文渊阁《四库全书》(影印版),第2—3页。

第三节　中原乡贤的门类及其代表人物

翻检明、清和民国时期的河南府志与各县县志,据不完全统计,中原先贤入祀乡贤祠者达 600 多位。其中,有的县入祀乡贤多达 60 位,如淮阳县。而有的县入祀乡贤仅有两位,如南召县。当然,这是由建县历史的长短和人文环境等原因造成的。遍览中原 600 多位乡贤行迹,上自先秦,下至有清,而以明清时人为多,可谓"衾影有名贤无惭,门内有孝子,捐躯报国有忠义,布化宣猷有政事,名山著述才名籍籍有文学,疆场捍卫折冲千里有武功。固皆表表人寰,辉映前后"①。下面我们不妨将其分为以下门类:

一、德行门

立德,被古人视为"三不朽"事业之首。中原居国之中,得风气之正,自古不乏以道德自树和以德行见称者。而贤人虽往,但其嘉言懿行却昭示后人,垂范乡里,以致百世而下犹兴慨慕之心,景行行止。如:

春秋时期长垣县乡贤蘧瑗,仕卫为大夫。笃行慎德,老而不倦。孔子每过卫,必住其家。春秋时期辉县乡贤高柴,被老师孔子誉为"思仁恕则树德,公以行之"。其晚年在阳夏县(今太康县)讲学播道。死后,百姓将其地命名为高贤(又名高柴集,为今太康县高贤乡治所),以示纪念。汉代叶县乡贤高凤,少为书生,家以农亩为业,而专精诵读,昼夜不息,以致护鸡漂麦,后遂为名儒,乃教书于西唐山中。邻里有争财者,持兵器而斗,高凤往解之不已,乃脱巾叩头,坚请曰:"仁义逊让,奈何弃之。"于是争者怀感,投兵器谢罪。高凤年老执志不倦,名声著闻。太守连召请,恐不得免,自言本巫家,不应为吏。又诈与寡嫂讼田,遂不仕。汉章帝建初中,将作大匠任隗举其直言,到公车托病逃归。又推其财产,尽与侄子,隐身渔钓,终老于家。明代荥阳乡贤马德懋,好施予。岁饥,出粟八百石煮粥赈贫。库粮匮乏,复卖田数顷继赈。乡有索水绕东门外,桥梁被水冲决,德懋倡众改建石桥,行旅称便。清

---

① 〔民国二十年〕《郑县志》(影印版),台北成文出版社 1968 年版,第 689—690 页。

代浚县乡贤李肇极,慷慨好义,闾党中有婚姻丧葬无不委曲周济。南北两门设建义学二所,各置田,延师其中,以教来学。乡人多所成就。岁饥,家余积粟尽出所有,煮粥赈济,全活无算。卫人夹河而居,往往以渡河为苦。其特置渡船,使百姓往来方便;等等。

二、儒林门

立言,被古人视为"三不朽"事业之一,且视为名山事业。自古中原乡贤重视著书立说,传道受业。以儒道自行和以文学著者也不胜枚举。

宋代伊阳(今汝阳县)乡贤程颢(1032—1085),字伯淳。生而神气秀爽,数岁诵书,强记过人。嘉祐二年,进士及第。主鄠县,簿折疑狱如神。调上元,移晋城令,专务以德化民,民爱之如父母。熙宁初,为御史数召见,前后进说甚多。大要以正心窒欲、求贤育才为本务,以诚意感悟主上,劝帝防未萌之欲及勿轻天下士。因议新法不合,改佥书镇宁军判官,前后平反重狱以十数。求监局便养,得监河洛竹木务。自颢去国,神宗终念之。后帝手批差知扶沟,县多水患,颢为经画沟洫。未几罢去。神宗崩,遗诏至洛,颢感先帝知念终无以报也,涕滂然下。哲宗立,召为宗正丞,未行而卒,享年54岁。卒之日,无论识与不识,皆流涕。太师文彦博题其墓曰:明道先生。嘉定中,赐谥曰纯。淳祐元年,加封河南伯。元至顺二年,加封豫国公。从祀文庙。[①]

宋代伊阳(今汝阳县)乡贤程颐(1033—1107),字正叔,程颢之弟。少游太学,试《颜子所好何学论》,胡安定得之大惊,处以学职。哲宗朝,擢崇政殿说书。每当进讲,必宿斋预戒,潜思纯诚,冀以感动上意。然入侍之际,容貌极庄,以天下自任,议论褒贬无所顾避。由是,同朝之士疾之如仇。……绍圣初,追贬元祐诸臣,其编管涪州。徽宗立,判西京国子监。受俸一月致仕。崇宁二年,言者希蔡京议论其邪说诐行,惑乱众听,除直秘阁名。其乃迁龙门之南,止四方学者曰:"尊所闻行所知可矣,不必及吾门也。"五年,复宣义郎致仕。卜居陆浑。卒于家,享年75岁。其于书无所不读,学本于诚,动止语默一以圣人为师,得孔孟不传之学,为诸儒倡。著有《易传》《春秋传》。平生诲人不倦,故学者出其门最多,渊源所渐,皆为名儒,有"程门立雪"之嘉

---

① 〔清〕马九功等:《伊阳县志》(影印版),台北成文出版社1976年版,第328—330页。

话。世称伊川先生。高宗朝,诏赠直龙图阁,谥曰正。淳祐元年,封伊阳伯。元至顺二年,加封洛国公,从祀文庙。[1]

明代仪封(今属兰考县)乡贤王廷相(1474—1544),丰姿奇秀。12 岁为邑庠生,读书日记千言,文有英气,诗赋雅畅。弘治十五年,进士及第。选庶吉士。与扶沟李梦阳、信阳何景明、安阳崔铣号为"四杰"。后授兵科给事中,条论时政,不避危忌。父疾,疏归。既没,哀痛逾礼。正德中起服,谪判亳州。升高淳知县,选御史,巡盐山东,裁势豪私贩诸弊。巡按陕西,宪度益振,禁革镇守太监之煽虐者。提学京畿,中官贿属事,焚其书信。中官憾甚,合力诬构,下诏狱,谪赣榆丞。升知县,屡迁副使提学,敦士节,振萎习,诸生翕然化之。嘉靖初,升湖广按察使,李见招亡纳叛,拒杀军人,捕获,绝其患。升副都御史。巡抚四川,累升南京兵部尚书,改左都御史兼兵部尚书,领十二团营,以台政分条类奏,帝允行之。考满,加宫保。无何,郭勋坐罪下狱,帝诘其领营救事,因责廷相党附不行,白奏革职为民。给事中刘绘疏救不允。其历事三朝,以忠诚不欺为先。遇事之当为,毅然必行。自谓大舜鸡鸣而起,周公坐以待旦,不超过自己。博古通经,究诸实用,礼乐、律历、象纬、医、卜,无不贯通。所著有《礼乐杂论》四十篇,《夏小正解》十三篇,《答天问》一篇,《雅述慎言》十五篇,《归田集》三十卷;又著有《沟断集》《台史集》《近海集》《吴中稿》《泉上稿》《家居集》《鄂城稿》《小司马集》《金陵稿》《丧礼备纂》等,后总之为《王氏家藏集》六十卷,皆行于世。[2]

再如,汉代阳夏(今太康县)乡贤彭宣;明代河内(今属焦作市区)乡贤许衡,渑池乡贤曹端,南阳乡贤王鸿儒,杞县乡贤孙贤,洛阳乡贤陈麟;清代上蔡乡贤张沐,祥符(今开封市祥符区)乡贤张壮行;等等。

三、忠义门

国之有忠义,犹天地之有元气。天地非元气不运,国非忠义不立。中原乡贤遭时穷势迫,无不以苟且偷生为耻,或犯颜敢谏,或杀身成仁,或仗节死义。其形象赫赫奕奕,可与嵩岳同其峙;其浩气汤汤,可与大河同其流。如:

---

[1] 〔清〕马九功等:《伊阳县志》(影印版),台北成文出版社 1976 年版,第 330—331 页。
[2] 〔清〕黄纪中等:《仪封县志》(影印版),台北成文出版社 1968 年版,第 459—461 页。

　　唐代南阳乡贤张巡(709—757),天资高迈,唐玄宗开元末年,进士及第。为清河令,调真源(今鹿邑县)。安禄山反,张巡率吏士起兵拒之。后与睢阳守许远合兵,面对敌众我寡的情况,张巡与许远坚守睢阳,以待援兵,于是日赋兵士米一勺,杂茶纸食之;茶纸尽,乃食马;马尽,罗雀掘鼠,煮铠、弩以食。张巡出爱妾杀以飨士,人知必死,终莫有叛者,所余才四百人。城陷,张巡骂不绝口而死。时年四十九岁。事闻,诏赠扬州大都督。①

　　明代邓州乡贤铁铉(1366—1402),明洪武中,由国子生授礼科给事中,调都督府断事,尝谳疑狱立白,明太祖喜,为其起字曰"鼎石"。建文初,为山东参政。燕王朱棣兵起,山东诸城望风披靡。铁铉据济南城守御,尽毁燕兵攻具。燕兵发大炮击城,铁铉则书明太祖高皇帝牌,悬城上,燕兵相顾不敢发。燕王愤甚,堰济水灌城。铉乃诈降诱燕王进城,伏壮士城上以呼千岁为号,急下铁板,而别设伏撤桥,谋尽歼燕众。既而板中燕王马首,得逃去。铉率众掩击,大败之,斩获无算。燕王遁归北平,由他道入京师,购得铁铉,槛至,铁铉反坐廷中,燕王让其下跪不能,剔其膝;又让他反顾,又不可,劓其耳鼻,寸磔之。铁铉至死骂不绝口。时年37岁。明宣宗宣德中,谥忠烈。②

　　明代杞县乡贤刘理顺(1582—1644),弱冠领乡荐。崇祯七年(1634),50岁始进士及第。殿试日,帝于下卷中拔置第一,谓左右曰:"朕今日自得一德行老宿!"授修撰起居注,后转中允。值李自成围汴急,理顺议援剿策,请分屯练士。当事者不听。甲申年(1644),李自成军逼京师,攻城益急,理顺犹括所藏百余金往犒守城军士。已而,城破,理顺具袍笏,北面再拜起,大书绝命词于壁,曰:"成仁取义,孔孟所传。文信践之,吾何不然!既占科名,岂敢苟全?三忠祠内,无愧前贤。"字画端劲,无异暇时。书毕,家人环泣,理顺挥之去,投缳而死。妻万氏,妾李氏,皆从死。一老仆殓主尸毕,亦死。后赠詹事,谥文正。清朝定鼎,赐谥文烈。顺治九年(1652),祀于乡。顺治十年(1653),与田70亩,春秋致祭。③

　　再如宋代伊阙(今属嵩县)乡贤翟兴;明代阳武(治所唐以后移至今原阳

---

①　〔清〕张嘉谋:《南阳县志》(影印版),台北成文出版社1976年版,第609—624页。

②　〔清〕姚子琅:《邓州志》(影印版),台北成文出版社1976年版,第696—699页。

③　〔清〕周玑:《杞县志》(影印版),台北成文出版社1976年版,第809—812页。

县)乡贤毛志,获嘉乡贤贺仲轼,陈留(今开封市祥符区陈留镇)乡贤刘澜,淮阳乡贤雷恒;清代太康乡贤柳同春,兰阳(治所在今兰考县东南 8 里处)乡贤韩范,虞城乡贤刘梦祥;等等。

四、治行门

历代官员考绩,黜陟幽明,必以治行为要。中原乡贤为官或恪尽职守,兴利除弊;或教化百姓,励精图治;或廉洁自律,率先垂范。其事业彪炳史册,高风楷模史林者,代不乏人。如:

汉代阳夏(今太康县)人黄霸(?—前 51),宣帝时为颍川太守,选择良吏,分部宣布诏令,令民咸知上意,务耕桑,恤孤寡,赡贫穷,以致出现了孝子多、贞妇众、田者让畔、道不拾遗、狱无重囚、吏民向化、兴于行谊的局面。其治为天下第一,凤凰数集于郡。①

清代仪封(今属兰考县)人张伯行(1651—1725),为诸生,读书不事章句,毅然以理学自任。康熙二十年(1681)举于乡,二十四年进士及第。补中书舍人。后以父忧回籍。淫雨决护城堤,邑人大恐。伯行募民囊沙塞堤,擘画周至。并上治河十条,遂补山东济宁道。岁荒,饥民载路,不遑申请动用仓谷累万分赈。当事将以专擅参劾,乃引汉汲黯持节发仓故事具详,获免。寻迁江苏司臬,才两月,升福建巡抚,褒廉纠墨,风化大行。又建鳌峰书院,为学舍一百二十楹,选士肄业其中,数次到书院,以明体达用之学勉励诸生,士子蒸蒸向风。旋移抚江苏。康熙五十年(1711)科场弊发,其疏劾督臣噶礼营私坏法,噶礼亦驰疏讦参。康熙知伯行为天下第一清官,留任而黜噶礼。伯行复任,后建紫阳书院,督课诸生。越三年,入署总督仓场侍郎,寻管理钱法,补户部右侍郎,仍兼仓场事。雍正即位,迁礼部尚书,追赠三代。赐额"礼乐名臣"。雍正三年,卒于任,享年 75 岁。上命镇国公奠茶酒赐祭葬,谥清恪。雍正七年,题请崇祀乡贤。所著文集《困学录》《濂洛关闽书集解》《小学集解》《近思录集解》《续近思录集解》等行于世。②

再如,东晋阳夏(今太康县)乡贤谢安;明代柘城乡贤杨睿,商丘乡贤曹

---

① 刘盼遂:《太康县志》(影印版),台北成文出版社 1977 年版,第 497—499 页。

② 〔清〕黄纪中等:《仪封县志》(影印版),台北成文出版社 1968 年版,第 473—474 页。

心明,永城乡贤李支扬;清代封丘乡贤李嵩阳,扶沟乡贤杜俊彦;等等。

五、孝友门

天下之本在国,国之本在家,家之本在身,身之本在心,心之本在孝。孝者,天之经,地之义,百行之本,人伦之至极,世上万善之源也。孝者,始于侍奉双亲,中于为国为民,终于立身。为人能孝,则居处庄重,于国于民忠诚,于职责敬慎,于朋友守信,于事临危不惧;则能推己及人,"老吾老以及人之老,幼吾幼以及人之幼"。友者,友爱弟兄也。广而言之,友爱家人。言孝则友在其中,未有孝而不友者。中原乡贤以孝友彰显者,历历可数。

南朝齐新野乡贤庾黔娄,天性淳厚,事亲至孝。南齐时为孱陵令,到县未旬,父庾易在家遭疾,黔娄忽心惊,举身流汗,即日弃官归家,人惊其忽至,时父疾始二日,医云:"欲知瘥剧,但尝粪甜苦。"父泄痢,黔娄辄取尝之。味转甜滑,心愈忧苦。每夕稽颡北辰,求以身代。①

明代太康乡贤耿光,世代务农,多隐德。父耿应科,好善施。同居七世,内外几百口。

父亲去世,耿光事继母孝,课诸弟严。诸弟也奉教惟谨。家置圆几二,内外各以次共食。尺布斗粟不入私室。祖父耿万年迈,在堂10余年坐卧一榻,耿光晨昏服侍如婴儿。赴试大梁,旅店拾遗金数百,俟其主归之。耿氏以孝友名世。子孙守其家法。中州称礼让者,以耿氏为最。晚述家训,置祭田,修家谱,著有《弦缊草诗文》数帙传世。②

襄城乡贤刘青藜,康熙丙戌进士,授庶吉士。性敏好学,博极群书。十岁时,父丧,哀毁呕血成疾。后母患疟症,自夏徂冬,目不交睫,衣不解带,淡于仕宦,请给家居,不复入都。母数促之,终不忍离膝下。清介自矢,不事干谒。及母殁,无一钱,县令致赙始殓。③

再如明代嵩县乡贤贾琏武,固始乡贤吴显伯,伊阳(今汝阳县)乡贤张维垣;清代淮阳乡贤李皓,汝州乡贤屈有信,武陟乡贤王化鹤,光州(今潢川县)

---

① 〔清〕徐金位:《新野县志》(影印版),台北成文出版社1976年版,第336页。
② 刘盼遂:《太康县志》(影印版),台北成文出版社1977年版,第612页。
③ 〔清〕王士俊等:《河南通志》卷六十四,文渊阁《四库全书》(影印版),第84页。

乡贤杨凤苞,沈丘乡贤李焕,邓州乡贤安信;等等。

当然,我们如此对中原乡贤进行分类,是与明、清时期以儒家思想体系为标准推举和核准乡贤相符合的,但却不能将所有的中原乡贤覆盖。被孔子称为"人中龙"的道家始祖鹿邑乡贤老子,即是一个特殊的例子。

这里也不能不说,明清时期的中原乡贤祠所祀乡贤,并不是中原先贤的全部,而是其中的一部分。由于历史的原因,相当多的中原先贤并未入祀。如江夏锺武(治所在今信阳市)李氏,自其始祖李就于东汉桓帝建和年间(147—149)徙居江夏平春(实居锺武),至西晋"永嘉之乱"渡江南迁,居锺武160年左右。这是"一个数代簪缨、名贤辈出的显赫世家大族。其不仅可与中原阳夏袁氏、谢氏,长社锺氏,颍阴荀氏等世族相媲美,在某些方面可以说有过之而无不及。政治上,江夏李氏不仅有始祖李就之兄襄城李脩曾任汉安帝太尉的背景,还有李就、李通、李秉、李重、李尚、李矩、李式、李颙、李邕等先后典郡以及李廞、李磏为宰臣的显耀。在文化艺术上,其先后有卫铄(卫夫人)、李充、李式、李廞、李志、李邕等以书法艺术饮誉当世;而李充、李颙、李善、李邕、李磏等则以著述而彪炳青史。尤其是李充开创了中国图书目录以经、史、子、集分部的先河,为中国图书的建设做出了莫大贡献。在家风方面,其子孙以家诫'清、慎、勤'修身谨行,清操高标,风规自远。江夏李氏对中华文化的贡献可谓功不可没,影响甚巨"①。细究明清乡贤的推举标准,我们说,江夏李氏的李通、李重、李充等入祀信阳乡贤祠,绝对名实相符。据《晋书》卷四十六载:李重(253—300),字茂曾,江夏锺武(治所在今信阳市)人。少好学,有文辞;早孤,与群弟居,以友爱著称。弱冠为中正,逊让不行。后为始平王文学,上疏陈九品利弊。迁太子舍人,转尚书郎。太熙初,迁廷尉平。再迁中书郎,每大事及疑议,辄参以经典处决,多皆施行。迁尚书吏部郎,务抑华竞,不通私谒,特留心隐逸,由是群才毕举。李重以清尚见称,时朝廷政乱,太熙中,出为行讨虏护军、平阳太守,政绩显著,在职三年,弹黜四县。弟嶷亡,表去官。永康初,赵王伦用为相国左司马,以忧逼成疾而卒,时年四十八。家贫,宅宇狭小,无殡殓之地,诏于典客署营丧。追赠散

①　贾文丰:《江夏李氏徙居平春考辨》,《河南教育学院学报(哲学社会科学版)》2018年第4期。

骑常侍,谥曰成。① 后又入祀于山西平阳府名宦祠。然而江夏李氏这样的中原名门世族,在明、清崇尚"乡贤"时期,竟然无一人入祀乡贤祠,这不能不说是历史的遗憾。所以,我们说中原入祀乡贤祠者,只不过是中原先贤的一部分而已。

纵观有清一代,康、雍年间,出于政权稳定之需要,以儒家思想为尊,控制教化民众,广推乡贤,使中原乡贤文化的发展达到鼎盛,而清末政局不稳则变得式微。尽管如此,明、清两朝中原对乡贤的推举和祭祀,毕竟使整个社会形成了以入祀乡贤祠为荣和崇尚乡贤的社会风尚。当地百姓由敬仰乡贤到效仿乡贤,以致移风易俗,促进了中原乡贤文化的成熟。从此种意义上讲,明、清两朝对乡贤的推举和祭祀,对于中原乡贤文化的形成,可谓功莫大焉。

第四节　中原乡贤文化的影响

中原乡贤文化对于中原社会的教化起着重大作用,对后世也有着重大影响。中国历史进入民国时期,两千多年的封建制度荡然无存。乡贤举荐制度也随之废止,中原乡贤文化的发展及其影响处于弱化态势。然而,推举和祭祀乡贤在中原社会仍具有一定的影响和市场。中原人们对于那些具有高尚道德,有功于百姓,为百姓造福的贤人,总是以将其入祀乡贤祠的方式,借以慰藉贤人之英灵,表达对其敬仰之情。

据民国二十年《郑县志》卷之十"人物志"载:"马汝骏,字伯良,世居京水镇(今郑州市花园口镇)。兵、农、医、卜靡不研究。地滨大河,凡河工利弊悉穷原委,历任河督皆倚重之。……弱冠食廪饩,由廪贡授职训导,署柘城训导。期年告归,绝意仕进。同治七年,荥水漫溢。当时流寇猖獗,淮北、颍、亳、关中、秦陇,调兵运饷,库款如洗。大吏未敢请旨堵塞。公率两河绅民,恳请当道,略谓水患兵荒,流离失所,倘不设法筑塞,恐两河灾民结连颍、

---

① 〔唐〕房玄龄等:《晋书》,中华书局 1996 年版,第 1303—1313 页。

亳流寇,揭竿起事,后患不堪设想。省吏趣公议,请于朝,命河道绍葛民董其役,以公副之。不数月而竣……公治河前后四十年,不言劳,不言功。乡人有颂公者,公则曰:'保卫桑梓,人生所当为,何德之有!'……民国五年(1916),入祀乡贤。"①

据民国二十一年《林县志》卷十二之"人物志"载:"李仲鸾,字鹏甫,号次坡,伯鸾弟,幼从父、兄受书,学应试文字,下笔如名宿,弱冠府试第一。补郡廪生,岁、试科四列首选,三举优行。道光甲午举于乡。家居授徒,不履城市,主讲黄华书院,邑中名士多出其门。同治癸亥中第九名进士。以知县用。以年老呈请改教,选怀庆府学教授,从学者黉舍尝满,历任太守皆加礼遇,有文字必请评骘。年80卒于官。仲鸾天性肫挚,口不言人臧否,而胸中泾渭分明。厚于宗族,贫者周恤之,幼童可造者,召之署中亲课之读。为学自少至老,无一日作辍,倦则闭目静坐片刻,未尝倚枕。《诗》《礼》《春秋》皆荟萃先儒论说,手自钞录。作《周礼序官赞》,议论宏通,有裨治道。制艺宗古大家,切实醇正。自择三百篇,都为《燕翼堂稿》。古今体诗百余篇,都为《燕翼堂诗稿》。民国十一年(1922),入祀乡贤祠。"②又据民国二十二年《太康县志》卷十之"人物传下"载:"李潡,字又哲,号秋圃,岁贡生。端凝性成,自幼学已屹然若老成人。早年入庠食饩,文名驰一郡。为学不囿帖括,务求古人明体达用之要,奉先儒先正理学宗传为矩矱,端品饬行,本末兼赅。时陈郡知名士如淮宁贾堃增、郝韶景,项城王诜桂、张菱塘,西华于锦堂,同邑刘郁膏与订交。值捻匪之乱,以学术为经济,筹团筹防,留心时务,历见知于邑令。祝团练大使毛,河南大中丞张之万、严渭春及严公幕宾方宗诚,学使景,以学品兼优疏荐,特旨以训导。用巡抚李鹤年复奏请,加内阁典籍,衔思大用之。潡自以才短,坚辞。莅嵩县训导,卒于学署。生平事亲孝。亲殁,家产悉付两弟,自以砚耕糊口,一时邑名士多出其门。其从游久而获益多者,如冯全友、朱庆云辈类,能奉其家学,训化一方。所著《秋圃斋文集》已梓行国史馆。……民国十二年(1923),河南省长张呈请入乡贤祠。"③

①　〔民国二十年〕《郑县志》(影印版),台北成文出版社1968年版,第775—780页。
②　〔民国十一年〕《林县志》(影印版),台北成文出版社1978年版,第814—815页。
③　刘盼遂:《太康县志》(影印版),台北成文出版社1977年版,第647—648页。

虽然说民国乡贤的呈报程序已被打乱,但其推举标准不会降低。以上三例,便足以说明这一问题。同时,也说明中原乡贤文化已经深入人心,具有一定的影响力。

中华人民共和国成立后,各地的"乡贤祠",作为封建的东西被撤除。然而,中原各地兴建的烈士陵园,不能不说是中原乡贤文化影响所致的新形式。应该说,烈士是符合一定新标准的"新乡贤"。这些"新乡贤"为建立新中国,为了百姓的幸福生活贡献了自己的生命,是新的"忠烈"。他们的高尚德行和业绩,值得人们敬仰和纪念。

新时期以来,中华传统文化得到进一步的重视,中原乡贤文化也得到了创新性的发展,新时期的"新乡贤"也如雨后春笋,层出不穷。他们用自己的实际行动,涵育文明乡风,为当地经济的发展做出了应有的贡献,让社会主义核心价值观在乡村深深扎根。那么,新乡贤文化也随之应运而生。

至于新乡贤文化的内涵和作用,国家《"十三五"规划纲要(草案)》"解释材料"道:"乡贤文化是中华传统文化在乡村的一种表现形式,具有见贤思齐、崇德向善、诚信友善等特点。借助传统的'乡贤文化'形式,赋予新的时代内涵,以乡情为纽带,以优秀基层干部、道德模范、身边好人的嘉言懿行为示范引领,推进新乡贤文化建设,有利于延续农耕文明、培育新型农民、涵育文明乡风、促进共同富裕,也有利于中华传统文化创造性转化、创新性发展。"①此语同时告诉人们,新乡贤文化不是无源之水、无本之木,其根源于优秀的传统乡贤文化,是传统乡贤文化的新发展。

我们说,优秀的中原传统乡贤文化蕴涵着较高的人文价值,是中原人的"精神食粮"。其对当地人的影响具有一定的可感性和较强的说服力,对于乡村伦理的建设和人生价值观的树立,都起着他文化不可替代的重要作用。人们自出生,对于所传闻的乡贤,倍感亲切,受其高风亮节和嘉言懿行的影响,或受到鼓舞,或受到启发,或将乡贤作为终身学习和效法的榜样。

而今,中原一些新乡贤扎根农村,带领乡亲,科学种田,开办乡镇企业,吃苦在先,享受在后,先忧后乐,百折不挠,与百姓走共同富裕道路,政绩显著。而或求学,或经商,或从事其他行业从家乡走出去的新乡贤,致富后不

---

① 尹婕:《新乡贤》,《人民日报》(海外版),2016年3月16日。

忘记哺育他的那一方水土,不忘记养育他的那一乡的父老乡亲,倾情反哺桑梓,或办学,或修路,或架桥,或用技术使一乡致富。在他们身上,人们仿佛看到了古乡贤的影子,看到了新时期乡贤所散发出的道德力量。这一切,无疑对于乡村文化的建构大有裨益。因此说,中原乡贤文化在振兴新农村的建设过程中,具有更为特殊的价值和意义。

思考与练习

1. 何谓乡贤? 中原乡贤主要分为哪些门类? 其代表人物主要有哪些?
2. 何谓乡贤文化? 中原乡贤文化的形成经历了哪些阶段?
3. 中原乡贤文化的影响有哪些? 其意义何在?

第九章　中原科技文化

第一节　概述

中原素称中华民族科技文化的摇篮。在中国古代,科学技术的产生与发展,与水和政治、经济、文化的中心关系密切。"四渎"(江、河、淮、济),中原拥有其三。就目前来讲,河南省自北向南纵跨海河、黄淮、汉淮三个流域。中国"八大古都",地处黄河中下游的河南独占郑州、安阳、洛阳、开封4个,这是中国其他任何一个省都不曾有的历史辉煌。中原科技文化可谓硕果累累,中原科技精英群星灿烂。考古资料表明,距今七八千年前,黄河流域就已出现了农业文明。中国有文字可考的科学技术知识始于商代,距今已有约5000年。洛阳是中国古代测绘技术的发祥地,周成王八年(前1035),召公、周公勘察测量并绘制出中国最早的洛邑城市建设规划图。战国时期楚(今属山东)人甘德著《天文星占》八卷,魏(今属开封市)人石申著《天文》8卷,后人把这两部著作合起来,称为《甘石星经》,这是世界上最早的天文学著作。132年,东汉科学家南阳(今南阳市)人张衡发明了世界上第一台测定地震的仪器——地动仪。东汉河内汲县(今卫辉市)人杜诗在南阳太守任上发明了世界上最早的水力鼓风机。造纸术在东汉京师洛阳所发明。隋朝横跨于洛水的天津桥,是中国首次记载用铁链连结船只的大型浮桥桥型。唐代僧人一行(张遂,南乐县人)发明了"复矩",并于724年领导了大规模的天文测量,在世界上第一次测出了子午线的长度。世界上第一台天文钟是由宋代天文学家苏颂等人在宋都开封所造的水运仪象台。登封市告城镇的观星台是中国现存最早的天文台。宋代郑州管城(治所在今郑州市管城区)人李诫所著《营造法式》,是北宋崇宁二年(1103)颁刊的一部建筑典籍,是中国最早的建筑学巨著。火药、指南针、印刷术等皆在宋东京发明。但是,南宋以后,随着政治、经济、文化中心的南移北迁以及随着沿海地区经济的崛起,中原科技渐趋衰落,中原科技明星渐次寥落。中华人民共和国成立后,中原科技文化取得长足进步,科技明星再度闪亮,被誉为"当代毕昇"发明的王永民五笔字型汉字输入法,以及举世瞩目的黄河小浪底工程,就是现代中原科技的代表。

具体来说,中原科技的产生主要得益于以下方面。

一、优越的地理环境为中原科技的产生提供了条件

(一)人类文明的起源与水、与河流关系密切

春秋时期的政治家管仲说:"水者,地之血气,如筋脉之通流者也。……水者何也? 万物之本原也。"①北魏郦道元《水经注·序》曰:"《易》称天以一生水,故气微于北方,而为物之先也。《玄中记》曰:天下之多者水也,浮天载地,高下无所不至,万物无所不润。及其气流屇石,精薄肤寸,不崇朝而泽合灵宇者,神莫与并矣。是以达者不能测其渊冲,而尽其鸿深也。"②河水的流动性,为人类的活动迁徙提供了便利。"江河湖泽,给我们以舟楫和灌溉之利。"③河流提供的是可以饮用的淡水,而且是地表水,人们取用方便。濒河地区的生态系统稳定,生物资源繁庶,可为人类提供较为丰富的食物来源。在黄河下游的长垣市民间,有一句俗语,叫做"穷堤跟,富河沿"。意思是说,沿河一带是比较富庶的,河流为人们带来无尽的财富。

(二)古代科学技术的产生与河流关系密切

河流对人类文明的作用首先反映在科学技术方面,河流对科学技术的产生有着重要的促进作用。四大文明古国都是以农业或农业生产技术的发达而著名的。农业是古代社会最重要的生产部门,也是最重要的技术活动。没有河流就不会有这四大文明古国的农业,也就不可能产生农业及其他科学技术。肥沃的尼罗河谷冲积平原出现了最早的以农业为主的奴隶制国家,国家把管理水利作为自己的重要职能。约在公元前3500年,古代埃及人已掌握挖渠道、筑堤坝的水利工程技术,发展了灌溉农业,使用了牛耕、双柄木犁等先进工具。由于尼罗河水流的涨落直接影响到农业的收成,古埃及人很重视对尼罗河水位的观测记录,并注意到河流涨落与天文学的关系。计算尼罗河水涨落期的需要,产生了埃及的天文学。尼罗河也对古埃及数

---

① 〔唐〕房玄龄注:《管子》卷十四,文渊阁《四库全书》(影印版),第1—4页。
② 〔北魏〕郦道元:《水经注》卷首,文渊阁《四库全书》(影印版),第1页。
③ 《毛泽东选集》(第2卷),人民出版社1991年版,第621页。

学的发生有直接影响。由于尼罗河定期泛滥,经常要做丈量土地、规划田亩、开挖渠道、修建堤坝等工程,促使埃及成为世界上最主要的几何学发源地。几何学的英文原意就是土地丈量术。数学也因工程测量和分配土地而得以发展。农业的发展又促进了金属冶炼、纺织和工具制造等手工业生产技术的进步。尼罗河水利和农业的发展带动了古埃及科学技术的发展进步。

(三)优越的地理环境孕育了中原科技文化

黄河自豫、陕交界处的杨家湾流入河南,至台前县的张庄出省,河南境内长 711 公里。[①] 黄河流经河南的地区处于暖温带,光照时间比较长,气候特点是冬季不太严寒,夏季不太炎热,四季分明,有利于农作物生长和人类生存。年降水量约为 400—1000 毫米,对作物生长十分有利。气象学家竺可桢说:"在近五千年中的最初二千年,即从仰韶文化到安阳殷墟,大部分时间的年平均温度高于现在 2℃ 左右。"[②]在 5000 年前的黄河流域,气候条件比今天更适合农作物的生长。黄河中下游沉积的黄土,使得粗笨原始的木末、石耜等工具易于挖掘开垦。黄河由青藏高原流经黄土高原后,携带大量的泥沙奔腾而下,冲积形成了广阔的黄河中下游平原,又把淮河、海河的冲积带串联起来,形成了面积广大的黄淮海大平原。黄河及其众多支流又可为肥沃厚重的黄土地提供灌溉之利,为发展农业创造了条件。适宜的气候条件,疏松裸露的土壤植被,良好的水利条件,都为农业最早在黄河流域产生提供了有利的环境,使得处于黄河中下游的中原成为古代文明的发源地之一。在我国古代文献中,有关农业发明及农作物培育的记载,多集中在中原地区。中原处在南北气候交汇的温暖地带,是作物繁育的理想场所。中原是多种粮食作物的起源地。1977—1979 年,在河南新郑裴李岗新石器文化遗址中发现的炭化作物的籽粒,农学家鉴定为黍。在属于裴李岗文化遗址的河南新郑沙窝李遗址,发现有分布面积 0.8—1.5 平方米的粟的炭化颗粒,这把我国栽培粟的历史提前到距今 8000 年。甲骨文中有"来"字,即小麦,有"刈来"的记载。1957 年在河南陕县庙底沟遗址红烧土上发现了麦类印痕,

---

① 河南省地方史志编纂委员会:《河南省志》,河南人民出版社 1991 年版,第 7 页。
② 竺可桢:《中国近五千年来气候变迁的初步研究》,《考古学报》1972 年第 1 期。

距今约 6000 年。在河南洛阳西部发现的汉墓中的陶仓上有"大豆万石"的文字,部分陶仓中还有大豆实物。这说明大豆一直是中原栽培的作物,中原是栽培大豆的起源地之一。1921 年,瑞典学者安特生在河南渑池仰韶文化遗址的陶器上发现有印迹清楚的布纹,认为布的原料可能是大麻。河南浚县辛村西周遗址,发现有大麻纤维织成的布。《诗经·卫风·氓》有"氓之蚩蚩,抱布贸丝。……送子涉淇,至于顿丘"①之诗句。《氓》大约产生于西周初年至春秋中叶,即公元前 7 世纪,距今大约 2700 年。诗中的淇水,即现在从西南到东北,斜贯浚县全境的淇河故道。顿丘,在春秋卫地,今属清丰县。1972 年在郑州大河村新石器时代遗址出土大量炭化谷粒,专家鉴定接近高粱。在渑池县仰韶村、洛阳西高崖等遗址发现有新石器时代的稻作遗存。中原地处天下之中,北部的游牧狩猎经济文化与中原地区先进的农业文明经过长期碰撞、互相吸收、不断磨合,丰富了中原科技文化的内容,使得中原科技文明长期保持勃勃生机和旺盛的活力。

(四)古代农业的发达带动了中原科学技术的繁荣

农业给人类提供了稳定可靠的食物来源,使人摆脱了狩猎采集的游荡生活,随着产品的积累和剩余产品的出现,就有可能使社会派生出一批不直接从事物质生产的脑力劳动者,这些人当中的一部分有条件从事文字的创造和科学方面的思考。随着农产品的增多,还可能分化出一部分人从事农业以外的手工业生产,这就为技术的发明创造提供了可能。农业的出现往往能引起科学技术的连锁反应,推动水利、建筑、冶金、纺织、陶瓷、交通运输、天文气象、数学、力学、地理、生物等科学技术的发展,为多门类的科学技术提供时间基础和社会需要。中原地区不但是中国农业的起源中心,而且一直是古代农业最发达的地区之一。

农业受到历代王朝的重视,一直被视为最重要的生产部门,农学成就举世瞩目,农学著作代代相传。与农业有关的农学、天文、数学、力学、生物、地理等学科也因为农业的缘故,都成了社会发展的技术上的需要,因此,中原的科学技术才有了强大的发展动力。黄河、黄土培育了中原地区的农业,使中原地区长期成为古代农业最发达的地区之一。农业的繁荣又推动了为发

---

① 〔清〕阮元:《十三经注疏》(影印版),中华书局 1979 年版,第 324 页。

展农业服务的中原诸多科学技术的繁荣。这也是中原科学技术之所以取得辉煌成就的重要原因。

二、治水活动促进了中原科学技术的产生和发展

(一)治水活动促进了中原古代科学技术的产生和发展

我国自古以农立国,水利是国计民生的大事。北宋以前,全国政治中心在黄河流域,平治水土,消除黄河水害,开发黄河水利,乃兴国安邦之举。司马迁发出感叹:"甚哉,水之为利害也!"①为了治理洪水,沿黄人民进行了艰苦卓绝的顽强斗争,积累了丰富的治水经验,发展了水利工程技术。在水文测量,修筑围堰、堤坝和兴修水利的过程中,推动了数学、力学、地理学、建筑、交通运输、农业、金属冶铸技术的进步。传说最早的用水首领是共工,他的部落在今河南辉县市一带,"共工之王,(帝共工氏,继女娲有天下。)水处什之七,陆处什之三。"②他率众"壅防百川,堕高堙庳,以害天下。(堙,塞也。高谓山陵。庳谓池泽。)"③传说尧、舜时代(约公元前 21 世纪)天下连续多年发生特大洪水。"汤汤洪水方割,(汤汤,流貌。洪,大。割,害也。言大水方方为害。)荡荡怀山襄陵,浩浩滔天,(荡荡,言水奔突有所涤除。怀,包。襄,上也。包山上陵,浩浩,盛大若漫天。)……"④尧派鲧治水,鲧采用"障洪水"之法,治水失败。舜继尧位,派鲧的儿子禹治水,开始禹也是采用陂障的策略。夏书说,禹"陂九泽,度九山。然河灾衍溢,害中国尤甚"⑤。于是禹聚众商讨对策,认为特大洪水从高峡流出,"水湍悍,难以行平地"。这是以往治水失败的原因。之后改用了"因水之流""疏川导滞"、分流入海的策略。"故道河自积石历龙门,南到华阴,东下砥柱,及孟津、洛汭,至于大邳。""乃厮二渠以引其河。北载之高地,过降水,至于大陆,播为九河,同为逆河,入于渤海。九川既疏,九泽既洒,诸夏艾安,功施于三代。"⑥禹治水时已经出现

---

① 〔汉〕司马迁:《史记》,中州古籍出版社 1996 年版,第 430 页。
② 〔唐〕房玄龄注:《管子》卷二十三,文渊阁《四库全书》(影印版),第 1—4 页。
③ 〔三国吴〕韦昭注:《国语》卷三,文渊阁《四库全书》(影印版),第 8 页。
④ 〔清〕阮元:《十三经注疏》(影印版),中华书局 1979 年版,第 122 页。
⑤ 〔汉〕司马迁:《史记》,中州古籍出版社 1996 年版,第 429 页。
⑥ 〔汉〕司马迁:《史记》,中州古籍出版社 1996 年版,第 429 页。

了原始的测量，"行山表木，定高山大川。""陆行乘车，水行乘船，泥行乘橇，山行乘樏。左准绳，右规矩，载四时"①。"准绳"和"规矩"大概就是今天所说的基本的测量工具，如铅垂线、角尺和圆规等。"行山表木"，《尚书·益稷》作"随山刊木"，大约是原始的水准测量，"刊"有削的意思，也有刻画的意思，就是刻尺度作为测量的标桩。我们的祖先正是在治水的过程中，使用这些原始的测量工具，创造了古代的测量学。因此，我国的水利勘测史也是从大禹治水开始写起的。《周髀算经》卷上之一载："故禹之所以治天下者，此数之所生也。"汉赵君卿注道："禹治洪水，决疏江河，望山川之形，定高下之势，除滔天之灾，释昏垫之厄，使东注于海而无浸逆，乃勾股之所由生也。"②这说明了数学和水利实践的关系，治理洪水的工程技术活动推动了数学的发展进步。禹"以铜为兵，以凿伊阙，通龙门，决江导河，东注于东海"③。说明禹已利用铜制工具，开山劈岭，疏浚河道。治水活动促进了冶铜及工具制造技术的发展。禹在治水活动中使用的车、船、橇、樏等交通工具，反映了治水活动对交通工具制造技术的促进作用。禹治水的"载四时"，与天文历法、气象学有一定关系，洪水泛滥与四季变化关系密切。大禹治水活动对中原古代科学技术的产生和发展有直接、广泛而深远的影响，大禹治水成功，揭开了中国水利科技史的第一页。

《史记·滑稽列传》记载，魏文侯时，邺令西门豹发动百姓凿十二渠，引河水灌民田，田皆得灌溉。漳水所含泥沙，起到了改良盐碱、提高土壤肥力的作用，遂使邺地成为富饶的地区。邺地，即今之安阳北部、河北临漳一带。汉班固《汉书》卷二十九之《沟洫志》载："韩闻秦之好兴事，欲罢之，无令东伐。乃使水工郑国间说秦，令凿泾水，自中山西邸瓠口为渠，并北山，东注洛，三百余里，欲以溉田。中作而觉，秦欲杀郑国。郑国曰：'始臣为间，然渠成亦秦之利也。臣为韩延数岁之命，而为秦建万世之功。'秦以为然，卒使就渠。渠成而用注填阏之水，溉舄卤之地四万余顷，收皆亩一钟。于是关中为沃野，无凶年，秦以富强，卒并诸侯，因名曰郑国渠。"④郑国是战国末韩国（都

---

① 〔汉〕司马迁：《史记》，中州古籍出版社1996年版，第6页。
② 〔汉〕赵君卿注：《周髀算经》卷上之一，文渊阁《四库全书》（影印版），第4—5页。
③ 〔汉〕袁康：《越绝书》卷十一，文渊阁《四库全书》（影印版），第4页。
④ 〔汉〕班固撰、唐颜师古注：《汉书》，中华书局1962年版，第1678页。

今禹州市)人,水利家。郑国渠的设计十分巧妙,郑国在施工中表现出了杰出的智慧和才能。他利用西北高东南低的地形特点,创造了"横绝"技术,使渠道跨过冶峪河、清峪河等大小河流,把常流量拦入渠中,增加了水源,形成了自流灌溉系统。干渠横穿诸水,表现了相当高的工程技术水平。他利用横向环流,巧妙地解决了粗沙入渠、堵塞渠道的问题,表明他拥有较高的河流水文知识。据现代测量,郑国渠平均坡降为 0.64‰,这表明他具有很高的测量技术水平。他是中国古代卓越的水利科学家,其科学技术成就得到后世公认,后人有"郑国千秋业,百世功在农"的诗句称颂他。这也是中原科技在关中展现的典型一例。

(二)治水活动催生了现代中原科学技术的新辉煌

历代中原治水兴修水利活动与水利科技专家记载不绝于书,科学技术的创新突破没有止境。20 世纪 50 年代修建的三门峡水库在综合解决防洪、灌溉、发电、排泄泥沙等一些重大技术问题方面,至今还在苦苦求索,万全之策仍在探索之中。三门峡水库 1960 年 9 月首次蓄水,1961 年 2 月 9 日坝前最高水位达 332.5 米,回水超过潼关,潼关段河床平均淤高 4.3 米,致使渭河排水不畅,两岸地下水位抬高,河水浸没农田,危及关中平原的安全。国务院决定自 1962 年 3 月起降低三门峡运用水位,将水库运用方式由"蓄水拦沙"改为"滞洪排沙",后进一步改为"蓄清排浑"。三门峡水库运用方式作此调整,使其拦蓄三门峡以上洪水、泥沙的能力降低。

小浪底水利枢纽位于洛阳以北 40 公里处,是黄河干流三门峡以下唯一能够取得较大库容的控制性工程,既可较好地控制黄河洪水,又可利用其淤沙库容拦截泥沙,进行调水调沙运用,减缓下游河床的淤积抬高。小浪底工程 1991 年 9 月开始前期工程建设,1994 年 9 月主体工程开工,2001 年底主体工程全面完工,历时 11 年,共完成土石方挖填 9478 万立方米,混凝土 348 万立方米,钢结构 3 万吨,安置移民 20 万人。小浪底工程被国际水利学界视为世界水利工程史上最具挑战性的项目之一,技术复杂,施工难度大,现场管理关系复杂,移民安置困难多。中国水利项目团队迎难而上,技术上,较好地解决了垂直防渗与水平防渗相结合问题,以及进水口防淤堵问题,设计建造了世界上最大的孔板消能泄洪洞,设计建造了单薄山体下的地下洞室群,浇筑了国内最大的岩壁吊梁,采用的高强耐磨硅粉混凝土为国内之最。大量运用了新技术,实现了高强度机械化施工,结构复杂和施工难度堪称世界之最。在当今复杂的地层上建筑起了"最具挑战性"的雄伟工程。小浪底工程创下了多项世界之最和中国第一。

第二节　中原科技及其代表人物

中原地区在历史上长期是中国的政治中心,这一地位对促进中原地区科学技术的发展至关重要。从科技文化的角度说,有类于今天的上海之于北京。在古代,因为全国性的文化机构主要集中在京都,京都的文化设施集中,资料丰富,文化名人汇集,条件优越,所以许多代表国家水平的科技成果常常在京都及其附近产生并加以推广,这就催生了中原科技文化的灿烂与辉煌。以南宋政治中心的南迁为分界,长期作为中国社会政治和文化中心地带的中原地区,创造了科学技术的辉煌成就,并在几千年的历史上一直处于全国领先地位。

一、中原科技的辉煌成就

（一）天文学

商代甲骨文中有世界上最早的关于日食、月食和新星等的记载。商代甲骨文中已采用干支记日法。商代制定的历法中已有闰月。商代统治六百多年,它的统治范围包括河南全部、周围邻省大部及江南部分。它作为政治、经济和文化中心的时间在河南境内最长。

《春秋左传》卷十三之"僖公十六年":"《传》十六年春,陨石于宋五,陨星也。"[①]这是世界上关于陨石的最早记载,明确地指出落于宋国境内的陨石即陨星。宋国的国都在睢阳,即今河南商丘市。

名家惠施提出了朴素的地圆说。约公元前360年至前350年,战国时楚国甘德的《天文星占》和魏国石申的《星占》各记载了数百颗恒星的方位,这

---

① 杨伯峻:《春秋左传注》,中华书局1981年版,第369页。

是世界上最早的星表,比欧洲第一个星表古希腊伊巴谷的星表早约 200 年。

东汉张衡(78—139)在《浑天仪图注》中记载了当时测定的黄道和赤道的交角为二十四度(我国古代一圆周为三百六十五又四分之一度,二十四度换算成现在的角度单位是 23.655°,与现在推算 100 年时的黄赤交角 23.685°比,相差不过 0.03°)。他在《灵宪》中正确地解释了月蚀的原理,还提出了宇宙无限的思想。117 年,东汉张衡主持制成的"水运浑天仪",是用水作动力,由复杂的齿轮系传动的天文仪器,它可以准确地自动演示天体运行的情况,是现代天象仪的前身,这是古代天文仪器的重要创造。

724 年,唐代僧一行和梁令瓒主持制造了黄道游仪,对日、月和五星的运行进行了观测,比较正确地掌握了太阳运动的规律,并且重新测定了恒星的位置。727 年,僧一行根据实测的结果制定了《大衍历》,计算方法也有很大改进,对后来的历法改革有很大影响。724 年至 726 年,僧一行、南宫说等人测量了南北 13 个地点的日影长短,打破了"日影千里差一寸"的传统说法,得出地球子午线 1°之长为 166.14 公里(现代实测是 111.2 公里)的结论。

725 年,僧一行和梁令瓒主持建造了浑天铜仪。浑天铜仪以水力运转,通过复杂的齿轮系统,可以显示天象运行的情况,并可自动报时,这是古代天文仪器的杰出成就。

(二)气象学

商代甲骨文中有大量关于天气现象的记载,有晴、昙(云彩密布)、阴、霾、雾、虹、蜺、霜、雪、雷、电、雹等字。说明中原气象科学知识已达到一定的认识水平。

(三)物理学

传说中的古人燧人氏在商丘钻木取火,开启了中华文明的先河,代表的是一种人类的智慧、人类社会的文明。关于火祖燧人氏钻木取火的记载,最为权威的当数战国末期韩非子的《五蠹》所载:"上古之世,人民少而禽兽众。……腥臊恶臭而伤害腹胃,民多疾病。有圣人作,钻燧取火,以化腥臊,而民说之,使王天下,号之曰燧人氏。"①燧人氏是传说中人工取火的第一人,人们把他称为"火祖"。他一生多活动于商丘,死后又葬于商丘,他的坟墓被后人

---

① 〔元〕何犿注:《韩非子》卷十九,文渊阁《四库全书》(影印版),第 1 页。

尊称为"燧皇陵"。巨大的墓冢前立有著名史学家愈传超题名的燧人氏陵石碑。周代，中原人已使用"阳燧"（亦称"夫燧"，即凹面镜）聚焦阳光取火，这是人类最早利用太阳能的一种方法。

《管子·地数》载："山上有赭者，其下有铁。……上有慈石者，其下有铜金。"①这是世界上有关磁石的最早记载之一。公元前4世纪，战国时名家庄子在《庄子·天下篇》中提出了朴素的极限概念和物质无限可分的思想："一尺之棰，日取其半，万世不竭。"②名家还提出关于运动的物体又动又不动的辩证关系的看法。公元前4世纪至前3世纪，墨家的著作《墨子》在物理学方面取得了许多重要成就。在《庄子·徐无鬼》中有关于声音共振现象的记载。

《韩非子·有度》中载有"先王立司南以端朝夕"，这是关于"司南"的最早记载。《鬼谷子·谋》中也有"郑人之取玉也，载司南之车，为其不惑也"的记载。"司南"即指南车。公元前239年我国有关于磁石吸铁的记载："慈石召铁，或引之也。"③这是世界上关于磁石吸铁的最早记载之一。

（四）化学

唐代的陶瓷工业有很大发展，陶器出现了著名的"唐三彩"。唐三彩是一种盛行于唐代的陶器，以黄、褐、绿为基本釉色，后来人们习惯地把这类陶器称为"唐三彩"。唐三彩是一种低温釉陶器，在色釉中加入不同的金属氧化物，经过焙烧，便形成浅黄、赭黄、浅绿、深绿、天蓝、褐红、茄紫等多种色彩，但多以黄、褐、绿三色为主。它主要是陶坯上涂上的彩釉，在烘制过程中发生化学变化，色釉浓淡变化、互相浸润、斑驳淋漓，色彩自然协调，花纹流畅，是一种具有中国独特风格的传统工艺品。唐三彩的制作工艺十分复杂。首先要将开采来的矿土经过挑选、舂捣、淘洗、沉淀、晾干后，用模具做成胎入窑烧制。唐三彩的烧制采用的是二次烧成法。从原料上来看，它的胎体是用白色的黏土制成，在窑内经过1000℃至1100℃的素烧，将焙烧过的素胎经过冷却，再施以配制好的各种釉料入窑釉烧，其烧成温度为850℃至

①　〔唐〕房玄龄注：《管子》卷二十三，文渊阁《四库全书》（影印版），第2页。
②　〔晋〕郭象注：《庄子》卷十，文渊阁《四库全书》（影印版），第29页。
③　〔汉〕高诱注：《吕氏春秋》卷九，文渊阁《四库全书》（影印版），第11页。

950℃。在釉色上,利用各种氧化金属为呈色剂,经煅烧后呈现出各种色彩。唐三彩分布在长安和洛阳两地,在长安的称西窑,在洛阳的则称东窑。1905年至1909年,陇海铁路修筑期间,洛阳北邙山一带因工程而毁坏了一批唐代墓葬,发现了为数众多的唐三彩随葬品。唐三彩在唐代陶瓷史上是一个划时代的里程碑。

宋代官、钧、汝、定、哥五大名瓷中,就有官瓷、钧瓷、汝瓷三大名瓷的生产窑址在今河南省境内。官窑是由官府直接营建的,专烧宫廷用瓷。据宋人叶寘《坦斋笔衡》载,宋徽宗大观年间,在汴京(今开封市),官府设窑烧造青瓷,称为官窑。"北宋官窑青瓷",以其古朴浑雅、精美绝伦,被视为瓷中瑰宝。宋代阳翟(今禹州市)盛产瓷器,因八卦洞在城北门钧台之下,故将八卦洞瓷窑称为钧台窑,遂称其瓷为钧瓷。钧瓷的突出成就是在釉里掺有铜的氧化物,用还原焰烧出绚丽多彩的窑变釉色。钧瓷被视为天下之宝物。汝州烧造的瓷器,在制瓷工艺上开创了香灰色胎,依靠釉中所含少量铁的成分,在还原气氛中烧成纯正的天青色,使汝瓷釉面呈现出开裂纹,这种无意识的裂纹缺陷变成了有意识的美丽装饰。

(五)数学

5000多年前的仰韶文化时期的彩陶器上,绘有多种几何图形。仰韶文化遗址中还出土了六角形和九角形的陶环,说明当时已有一些简单的几何知识。我国是世界上最早使用十进制记数的国家之一。商代甲骨文中已有十进制记数,最大数字为3万。

春秋战国时期,中原人民已经有了分数概念、整数四则运算和九九表等知识。《管子·地员》《荀子·大略》等著作中都有九九诀的记载。战国时中原人民在制造农具,车辆和兵器等的实践中已有了角度的概念。《考工记·车人》中有多种角度的名称。周公制礼便有九章之名,而东汉末年刘徽所注的《九章算术》已成为我国较早的数学专著,内容包括246个应用问题及其解法,涉及算术、初等代数、初等几何等各个方面。其中关于多元一次方程组解法的记载是世界上最早的,比印度早400多年,比欧洲早1300多年。关于正负数的概念,正负数加减法则的记载也是世界上最早的,欧洲到16、17世纪才有正负数的概念。

（六）医药学

从神农尝百草到《黄帝内经》，中原的医药可谓源远流长。中原人很早就很重视体育医疗，战国时的《行气玉佩铭》（约前380）和《庄子·刻意》中就有体育医疗的记载。东汉末年，名医华佗（约141—208）成功地用口服全身麻醉药麻沸散进行全身麻醉，做腹腔外科大手术，这是世界医学史上的杰出成就。他还创"五禽戏"，提倡体育疗法。华佗行医的足迹遍及中原大地，《三国志·华佗传》和《后汉书·华佗传》在记录了华佗大量神奇的诊病事实后，写了"太祖闻而召华佗"到许都（今许昌市），说明在许都的曹操也知道华佗的高超医术。东汉末年张仲景所著《伤寒杂病论》，收入了许多民间验方，总结了古代劳动人民与疾病斗争的经验，对病理、诊断、疗法、方剂等作了全面论述，比较系统地总结了"辨证施治"的原则，把中医临床治疗提高到一个新的水平，至今仍然指导着中医的临床实践，是中医学的重要典籍。其中关于肺脓疡、黄疸、痢疾、阑尾炎等的治疗方法以及关于人工呼吸的记载等，都有很高实用价值。

唐代洛阳人刘禹锡（772—842），著有《传信方》一卷。他很重视民间简单易行的疗法，在书中收载了几十个药方，其中关于芒硝（硫酸钠晶体）再结晶的精制工艺和用羊肝丸治青盲、内障等都是现存最早的记载。

（七）地学

南朝刘宋时，阳夏（今太康县）人谢庄（421—466），制成了可以表示地形的木图，这是世界上最早的立体地图。

唐代缑氏（治所在今洛阳市偃师区缑氏镇）人陈祎（602—664），法号玄奘，于629年从长安到五天竺（即今印度、巴基斯坦等地）去求佛经，回国后于646年由陈祎口述，辨机编写成《大唐西域记》，记述了沿途各地的地理和社会情况，是研究西域地理史的重要文献，在世界地理史上有着重要的地位。

（八）冶金

商代的青铜冶铸技术达到了相当高的水平。安阳、郑州等地发现了商代的大规模青铜冶铸作坊遗迹。各地的商代遗址中出土了大量青铜器。洛阳市偃师区二里头出土的早商青铜器的研究表明，当时在铸造中已采用了多合范。商代的许多青铜器形制宏伟,造型复杂,制作十分精巧。安阳市武官村出土的商代晚期的司母戊方鼎重达 832.84 公斤。商代墓葬中还出土了镀锡的铜器和锡、铅、金器。

洛阳市出土的春秋末至战国时的大件青铜器,有些已采用器身的附件分别铸造,然后再以合金(可能是铅铜合金)焊接成整体的工艺。战国时的《考工记》中有 6 种不同成分的铜锡合金及其用途的记载,与现代应用的锡青铜规范大体相同,这是世界上最早的关于合金成分研究的记载。至迟在春秋时,中原人民已掌握了冶铁技术。战国时发明的用柔化退火制造可锻铸件的技术和多管鼓风技术是冶金技术的重要成就,比欧洲早 2000 年。

西汉时冶铁技术有了很大的发展。巩县(今巩义市)铁生沟和南阳、林州等地的冶铁遗址的发掘表明,西汉时的炼铁竖炉已有较大规模,有的竖炉高达 4 米左右。温县发现了东汉早期的烘范窑,出土了 500 多套各种陶范,许多都是一箱多器或多箱套铸的陶范。经研究,在浇铸前已对陶范预热以保证铸件质量,并且对造型材料的选择已考虑到可塑性、透气性、耐火度和退让性,母范、外范、内范和加固泥分别采取不同的砂土比例。

三国魏长社(治所在今长葛市东)人锺会(225—264)的《刍荛论》中有"夫莠生似禾,输石像金"之句。输石,即像金的黄铜矿石或自然铜。这说明我国当时已用铜制造器物。在渑池县发现了北魏时期的窖藏铁器,其中有汉魏到北朝的铁器 4000 多件。经鉴定,铸件中已包括除合金铸铁外的现代所有铸铁品种,其中有低硅灰口铁,这是铸铁史上的一项奇迹,生铁铸件经脱碳热处理变成钢件的工艺也是杰出的创造,在有些铸件中还发现了类似现代球墨铸铁的球墨组织,这些都表明汉魏以来铸铁和热处理技术有了进一步的发展。

(九)机械

考古发现,春秋以前中原人已使用铜犁,春秋末期已有铁制小农具,战国中期以后铁制农具已相当普遍。辉县市固围村战国魏墓出土有整个耕作过程中使用的全套铁农具。春秋时中原人已发明了一种利用杠杆提水的工具——桥(即桔槔),西汉刘向的《说苑·反质》就记载了郑国大夫邓析(前545—前501)教人使用桔槔的事迹。《说苑》卷二十:"卫有五丈夫,俱负缶而入井灌韭,终日一区。邓析过,下车为教之,曰:'为机,重其后,轻其前,命曰桥。终日灌韭,百区不倦。'"①

商代我国已有较好的马用挽具。安阳市殷墓出土了整套马用挽具。战国时的马用挽具已相当完善,并且有了便于乘骑的马鞍、马镫等。战国时,中原人已能制造相当精致的马车,辉县战国遗址中发现了一批战车的遗迹。《庄子·天道》记载了制车工匠轮扁讥笑齐桓公所读的"圣人"之书,只不过是"古人之糟粕"。

唐代灌溉机械有了进一步的发展。唐代侯白的《启颜录》中有关于立井式水车的最早记载。刘禹锡的《机汲记》记载了高转筒车的结构和用途。

二、中原科技代表人物

(一)历算家张苍

张苍(?—前152),阳武(治所在今原阳县东南)人。秦时曾为御史。到刘邦略地过阳武时,他投奔刘邦。西汉王朝建立之后,他先后担任过代相、赵相等官职。因为他帮助刘邦清除燕王臧荼叛乱有功,被汉高祖晋封为北平侯,后又迁升为计相、主计。汉文帝五年(前175)任丞相。张苍博学多闻,精通历算。他提出和制定了一套比较完整的关于度量衡方面的理论,把算学研究成果直接用于国计民生。在采用历法方面,他提倡采用《颛顼历》;并增订、删补《九章算术》。《九章算术》是我国古代最重要的一部算学著作。删补后的《九章算术》总共收集246个数学问题,连同每个问题的解法,分为九大类,记载了当时世界上最先进的分数四则运算和比例算法,面积、体积的计算方法,以及利用勾股定理解决测量的各种问题。其最光辉的成就是在代数方面,叙述了开平方和开立方的方法,并且在此基础上提出了求解一般一元二次方程的数值解法。这些算法要比欧洲同类算法早1500多年。这部书对负数概念和正负数加减法的叙述,在世界数学发展史上也是第一次,对世界数学发展产生过重要影响。

(二)科学家张衡

张衡(78—139),字平子,南阳西鄂(今南阳市石桥镇)人。他是我国东

---

① 〔汉〕刘向:《说苑》卷二十,文渊阁《四库全书》(影印版),第3页。

汉时期伟大的天文学家,为我国天文学的发展做出了不可磨灭的贡献。在数学、地理、绘画和文学等方面,张衡也表现出了非凡的才能和广博的学识。

安帝永初四年(110),张衡应征进京,先后任郎中、太史令、公车司马令等低、中级官职。其中担任太史令时间最长,前后达14年之久。太史令是主持观测天象、编订历法、候望气象、调理钟律(计量和音律)等事务的官员。在他任职期间,对天文历算进行了精湛的研究,做出了重大的贡献。

汉朝时,关于天体运动和宇宙结构的学说已经出现了三种:盖天说(也称"周髀"说)、浑天说和宣夜说。盖天说又称天圆地方说,认为天是圆的,像一把张开的伞,地是方的像一个棋盘;浑天说认为天地的形状像一个鸡蛋,天与地的关系就像蛋壳包着蛋黄;宣夜说认为天没有一定的形质,日、月、五星(金、木、水、火、土五大行星)等都飘浮在气体中。

张衡根据自己对天体运行规律的认识和实际观察,认真研究了这三种学说,认为浑天说比较符合观测的实际。他继承和发展了前人的浑天理论,大胆地对天象提出了许多新的见解。张衡在西汉耿寿昌发明的浑天仪的基础上,根据自己的浑天说,创制了一个比以前更精确、全面的"浑天仪",精确地体现了其浑天思想。浑天仪是一个可以转动的空心铜球。铜球外表刻有"二十八宿"和其他一些恒星的位置;球体内有一根铁轴贯穿球心,轴的两端象征北极和南极。球体的外面装有几个铜圆圈,代表地平圈、子午圈、黄道圈、赤道圈,赤道和黄道上刻有二十四节气。凡是张衡当时知道的重要天文现象,都刻在了浑天仪上。

为了使"浑天仪"能自动转动,张衡又利用水力推动齿轮的原理,用滴壶滴出来的水力推动齿轮,带动空心铜球绕轴旋转。铜球转动一周的速度和地球自转的速度相等。这样,人们坐在屋子里,便能从浑天仪上看到天体运行的情况了。

从89年到140年,东汉都城洛阳和陇西一带,共出现过33次地震。特别是119年,洛阳和其他地区连续发生了两次大地震,促使张衡加紧对于地震的研究。他终于在132年,发明并制造出了我国第一架测报地震的仪器——地动仪。

张衡制造的这台地动仪,相当灵敏准确。138年的一天,地动仪精确地测知距离洛阳500多公里的陇西发生地震,表明地动仪的精密程度达到了相当高的水平。欧洲在1880年才制造出类似的地震仪,距张衡发明地动仪晚了1700多年。

在气象学方面,张衡还创造了一种测定风向的仪器——候风仪,又叫相风铜鸟。是在一根五丈高的杆顶安放一只衔着花的铜鸟,它可以随着风向转动。鸟头所指的方向就是风向。这个仪器和欧洲装在屋顶上的候风鸡相似,但是候风鸡是在12世纪才出现的,比张衡的候风仪晚了1000年。

张衡一生所写的天文学文章,以《灵宪》最为著名。这是一篇阐述天地日月星辰生成和运动的天文理论文章,代表了张衡研究天文的成果。它总结了当时的天文知识,虽然其中也有一些错误,但还是提出了不少先进的科学思想和独到见解。例如,在阐述浑天理论的时候,虽然仍旧保留着旧的地平概念,并且提出了"天球"的直径问题,但是张衡进一步明确提出在"天球"之外还是有空间的。他说:"过此而往者,未之或知也。未之或知者,宇宙之谓也。宇之表无极,宙之端无穷。"①就是说,我们能够观测到的空间是有限的,观测不到的地方是无穷无尽、无始无终的宇宙。这段话明确地提出了宇宙在时间和空间上都是无穷无尽的思想,是十分可贵的。

张衡在《灵宪》中指出月亮本身并不发光,月光是反射的太阳光。他说:"夫日譬犹火,月譬犹水,火则外光,水则含景。故月光生于日之所照,魄生于日之所蔽;当日则光盈,就日则光尽也。"②(景就是影,魄指月亮亏缺的部分)。他生动形象地把太阳和月亮比作火和水,火能发光,水能反光,指出月光的产生是由于日光照射,有时看不到月光,是因为太阳光被遮住了。他这种见解在当时是十分新鲜的,也是正确的。张衡还进一步解释了月食发生的原因。他说:"当日之冲,光常不合者,蔽于地也,是谓暗虚。在星星微,月过则食。"③此语的意思是:"望月"时,应该能看到满月,但是有时看不到,这是因为日光被地球遮住的缘故。地影的暗处叫做"暗虚",月亮经过"暗虚"时就发生月食,这句话精辟地阐述了月食的原理。

---

① 〔明〕梅鼎祚:《东汉文纪》卷十三,文渊阁《四库全书》(影印版),第21页。
② 〔明〕梅鼎祚:《东汉文纪》卷十三,文渊阁《四库全书》(影印版),第23页。
③ 〔明〕梅鼎祚:《东汉文纪》卷十三,文渊阁《四库全书》(影印版),第23页。

张衡在《灵宪》中还算出了日、月的角直径,记录了在中原洛阳观察到的恒星 2500 多颗,常明星 124 颗,叫得上名字的星约 320 颗。这和近代天文学家观察的结果是相当接近的。

在张衡的另一部天文著作《浑天仪图注》里,他还测定出地球绕太阳一年所需的时间是"周天三百六十五度又四分度之一",这和近代天文学家所测量的时间 365 天 5 小时 48 分 46 秒十分接近,说明张衡对天文学的研究已经达到了比较高的水平。

张衡观测记录了 2500 颗恒星,创制了世界上第一架能比较准确地表演天象的漏水转浑天仪,第一架测试地震的仪器——候风地动仪,还制造出了指南车、自动记里鼓车、飞行数里的木鸟等。

张衡共著有科学、哲学和文学著作 32 篇,其中天文著作有《灵宪》和《灵宪图》等。为了纪念张衡的功绩,人们将月球背面的一环形山命名为"张衡环形山",将小行星 1802 命名为"张衡小行星"。郭沫若先生给予张衡很高的评价,为其墓题词:"如此全面发展之人物,在世界史中亦所罕见,万祀千龄,令人景仰。"后世称张衡为"木圣"(科圣),亦是实至名归。

(三)医圣张仲景

张仲景(约 150—219),名机,字仲景,东汉南阳涅阳(治所在今邓州市穰东镇)人。东汉末年,在朝政日非,民不聊生之际,特别是在张仲景的家乡中原疫疬暴行的情况下,他毅然辞去太守之职,跃出宦海,返回故里,呕心沥血,深研医学,获得了卓越的成就。他初学医于同郡张伯祖,而后博览群书,广采众方,系统地总结了汉代以前的医学精华,根据自己丰富的医疗实践经验,著《伤寒杂病论》合 16 卷,后世奉"伤寒""金匮"为医经(唐宋以后将《伤寒杂病论》分为《伤寒论》和《金匮要略》两部书)。

《伤寒杂病论》是我国最早的理论联系实际的临床诊疗专门著作。它系统地分析了伤寒的原因、症状、发展阶段和处理方法,创造性地确立了对伤寒病的"六经分类"的辨证施治原则,奠定了理、法、方、药的理论基础。书中还精选了 300 多方,这些方剂的药物配伍比较精练,主治明确,如麻黄汤、桂枝汤、柴胡汤、白虎汤、青龙汤、麻杏石甘汤等。这些著名方剂,经过千百年临床实践,都证实有较高的疗效,并为中医方剂学提供了发展的依据。后来不少药方都是从它发展演变而来。

明李濂《医史》卷六载其同郡何颙语称:"仲景之术精于伯祖,起病之验,虽鬼神莫能知之,真一世之神医也。"①又,明方有执《伤寒论条辨引》赞道:"其书为诸方之祖,时人以为扁鹊、仓公无以加之,故后世称为'医圣'。夫扁鹊、仓公神医也,神尚矣,人以为无以加于仲景,而称仲景曰'圣'。"②清初著名医家喻昌对张仲景的《伤寒论》也赞赏有加:"后汉张仲景著《卒病伤寒论》十六卷,当世兆民赖以生全,传之后世,如日月之光华,旦而复旦,万古常明可也。"③

从魏晋及今,1600多年来,《伤寒杂病论》一直是学习中医必读的经典著作。中医"四大经典",张仲景一人就完成了两部。他所确立的"辨证论治"原则,是祖国医学伟大宝库中的璀璨明珠,使中华民族的医学独具特色而自立于世界民族之林。自隋唐以后,张仲景的著作远播海外,在世界医学界享有盛誉。从晋朝到现在,中外学者整理、注释、研究、发挥《伤寒论》《金匮要略》而成书的已超过1700家,这在世界史上亦属罕见。张仲景是中华民族悠久文明史上最杰出的科学家之一,他的学说哺育了后世代代名医。

(四)建筑学家李诫

李诫(?—1110),字明仲,郑州管城(治所在今郑州市管城区)人。北宋建筑学家、艺术家。出身于仕宦之家。元祐七年(1092),任将作监主簿,后迁为监丞、少监,直到逝世前的两年才离职。李诫的官场生涯,有17年任将作监,从最下层的官员升到将作监的总负责人,将自己的主要精力贡献于将作。他编著的古代建筑学著作《营造法式》标志着中国古代建筑技术已经发展到了一个新水平,具有高度的科学价值。

绍圣四年(1097),朝廷命李诫编修《营造法式》。其于元符三年(1100)完成编修,崇宁二年(1103)经过皇帝批准刊印,敕令公诸于世。

《营造法式》是一部由官方向全国发行的建筑法规性质的专书。全书内容包括四个部分:第一部分,将北宋以前的经史群书中有关建筑工程技术方

---

① 〔明〕李濂:《医史》,北京图书馆藏明手抄本,卷六,第1页。

② 〔明〕方有执:《伤寒论条辨》"引",文渊阁《四库全书》(影印版),第1页。

③ 〔清〕喻昌:《尚论篇》卷首,文渊阁《四库全书》(影印版),第1页。

面的史料加以整理,汇编成"总释"两卷。第二部分,按照建筑行业中的不同工种分门别类,编制成技术规范和操作规程,即"各作制度"共 13 卷。其中包括:(1)大木作制度,即有关建筑物结构技术、构造作法的制度。(2)小木作制度,即有关建筑物的门、窗、栏杆、龛、橱等精细木工的型制及构造做法的制度。(3)石作制度,即有关建筑中石构件的使用及加工制度,石雕的题材及技法。(4)壕寨制度,即有关房屋地基处理及筑城、筑墙、测量、放线等方面的制度。(5)彩画作制度,即有关建筑上绘制彩画的格式,使用的颜料及操作方法的制度。(6)雕作制度,即有关木雕的题材、技法等方面的制度。(7)旋作制度,即有关建筑上使用的旋工制品的规格及加工技术的制度。(8)锯作制度,即有关木质材料切割的规矩及节约木料的制度。(9)竹作制度,即有关建筑中使用竹编制品的规格及加工技术的制度。(10)瓦作制度,即有关瓦的规格及使用制度。(11)砖作制度,即有关砖的规格及使用制度。(12)泥作制度,即有关垒墙及抹灰的制度。(13)窑作制度,即有关烧制砖瓦的技法。第三部分,总结编制出各工种的用工及用料定额标准,共 15 卷。第四部分,结合各作制度绘图 193 幅,共 6 卷。

《营造法式》全面、准确地反映了中国在 11 世纪末到 12 世纪初,整个建筑行业的科学技术水平和管理经验。它不仅向人们展示了北宋建筑的技术、科学、艺术风格,还反映出当时的社会生产关系、建筑业劳动组合、生产力水平等多方面的状况。其编纂宗旨和成书过程有以下特点:第一,以"参阅旧章,稽参众智"为编书基础。这里所谓"参阅旧章"是指古典文献中有关土木建筑方面的史料,李诫共查得 283 条,在法式书中占 8%。"稽参众智"是指李诫向各行业的工匠调查,收集每个行业中世代相传的口诀经验,并将其整理,总结出各行业的技术制度和管理制度,这方面共计 3272 条,在全书中占 92%。第二,以建筑的标准化、定型化为编辑各作制度的指导方针。例如,对于结构构件采用材分模数制,以在门窗装修时控制构件的比例。对于砖、瓦等构件则制定出与主体结构相匹配的系列定型制品。对于彩画、雕刻等艺术性较强的工种,则对当时流行的式样、风格加以归纳和整理,并指出其特征和变化规律。第三,绘制大量工程图样,用以说明制度。《营造法式》以六卷的篇幅,绘制了中国有史以来的第一套建筑工程图。图样的内容包括有:①建筑的平面、立面、剖面图,即书中所谓的地盘图、正样图、侧样图。②构架节点大样图,如一组组斗拱图。③构件单体图,如梁、柱乃至一只拱、一个斗的图样。④门、窗、栏杆大样图。⑤佛龛、藏经橱图。⑥彩画及雕刻纹样图。⑦测量仪器图。图样的绘制方法有正投影,也有近似的轴侧图,它使许多失传的技术、不见经传的做法被记录下来,成为人们认识宋代建筑,读懂《营造法式》不可缺少的钥匙。

《营造法式》在南宋和元代均被重刊,明代还被用于当时的建筑工程,可称之为中国古代建筑行业的权威性巨著。

(五)科学家、艺术家朱载堉

朱载堉(1536—1611),字伯勤,号句曲山人,青年时自号狂生、山阳酒狂仙客。生于怀庆府河内县(今沁阳市),系明太祖朱元璋九世孙。明代著名的律学家、历学家、数学家。明儒武陟人何瑭外孙。其父郑恭王朱厚烷能书善文,精通音律乐谱。载堉自幼深受影响,喜欢音乐、数学,聪明过人。朱载堉自幼喜欢音律、数学,《明史》本传说他"笃学有至性"。在"席藁独处"期间,潜心著述;在恢复了王子身份以后,他仍然以学问为主,务益著书,从而为后人留下了丰富的著作。嘉靖二十九年(1550),他著《瑟谱》。万历九年(1581),他完成《律历融通》等书。万历十二年(1584),又完成《律学新说》。万历二十三年,朱载堉"上历算岁差之法,及所著乐律书,考辨详确,识者称之"[1]。这里提到的"乐律书",即《律学新说》,而"历算岁差之法"则包括《律历融通》四卷、《圣寿万年历》二卷、《万年历备考》三卷、《音义》一卷。万历二十四年(1596),朱载堉献其新近完成的《律吕精义》一书。万历三十一年(1603),朱载堉著成《算学新书》。万历三十四年(1606),上《操缦古乐谱》等著作。此外,尚有不明撰述年月的《乐学新说》《灵星小舞谱》《旋宫合乐谱》《六代小舞谱》《小舞乡乐谱》《二佾缀兆图》《嘉量算经》《圆方句股图解》《律吕质疑辨惑》等。上述著作,大部分都收入他的《乐律全书》中。

朱载堉的最大贡献是创建了"十二平均律"。这是音乐学和音乐物理学的一大革命,也是世界科学史上的一大发明。在中国音律学发展过程中,如何能够实现乐曲演奏中的旋宫转调,历代都有学者孜孜不倦地进行探索,但

---

[1]　〔清〕张廷玉等:《明史》,中华书局1974年版,第3628页。

只有朱载堉彻底解决了这一问题。他在总结前人乐律理论基础上,通过精密计算和科学实验,成功地发现了"十二平均律"的等比数列规律,称其为"密率"。在其《律学新说》卷一中,他阐述了"十二平均律"的计算方法:"创立新法:置一尺为实,以密率除之,凡十二遍。"①用这种方法完全满足了音乐演奏中旋宫转调的要求。这也正是现代国际音乐中通用的"十二平均律"。朱载堉一劳永逸地解决了这一问题。

围绕着"十二平均律"的创建,朱载堉成功地登上了一个又一个科学高峰。为了解决"十二平均律"的计算问题,他讨论了等比数列,找到了计算等比数列的方法,并将其成功地应用于求解"十二平均律"。为了解决繁重的数学运算,他最早运用珠算进行开方运算,并提出了一套珠算开方口诀,这是富有创见之举。他还解决了不同进位小数的换算问题,做出了有关计算法则的总结。在数学史上,这些都是很引人注目的成就。

在中国古代,音律学与度量衡分不开。朱载堉在研究音律学的同时,对计量学和度量衡的演变也做了考察。他亲自做了累黍实验以确定古人所说的尺长。为了确定量制标准,他测定了水银密度,测量结果相当精确。他从理论上辩证说明了"同律度量衡"之关系,对后世影响很大。

朱载堉注重实践、实验和实测。他特别注意把自己的理论放在实践中去检验。他提出的名为"异径管律"的管口校正法,是从数学中推导出来以后,又在实践中进行检验,证明了它确实有效的。他的书中记述了大量的实验事实,如管口校正实验、和声实验、累黍实验、度量实验等,充分反映了他的这一思想方法。

朱载堉在天文学上也有很高造诣。他生活的时代,明朝通用的历法是《大统历》,因行用日久,常出差错。万历二十三年(1595),他上书皇帝,进献《圣寿万年历》《律历融通》二书,提请改历。其见解精辟,深得识者称许。《明史·历志》曾大段摘引他的议论。礼部尚书范谦向皇帝建议说:"其书应发钦天监参订测验。世子留心历学,博通今古,宜赐敕奖谕。"②得到皇帝允许。

---

① 〔明〕朱载堉:《乐律全书》卷二十一,文渊阁《四库全书》(影印版),第9页。
② 〔清〕张廷玉等:《明史》,中华书局1974年版,第527页。

朱载堉的科学贡献是巨大的,他是我国封建社会一位富有创造性的学者,是明代科学和艺术上的一颗巨星,英国著名学者李约瑟称他为"东方百科艺术全书式的人物"。朱载堉被列为"世界历史文化名人"。

(六)当代毕昇王永民

王永民(1943—),南召县人。1968年毕业于中国科学技术大学无线电电子学系,教授级高级工程师、全国劳动模范,国家级有突出贡献的专家。全国五一劳动奖章获得者,当代发明家,享受国务院政府特殊津贴。1978年至1983年,以五年之功在南阳发明了"五笔字型",获得美、英、中三国专利,从根本上解决了汉字输入电脑"速度和效率"的世界性难题,并奋力推广,使其成为在我国占主导地位的汉字输入技术,被新华社誉为中国文化史上"其意义不亚于活字印刷术"的重大发明。其成果先后获得河南省重大科技成果一等奖、中国发明展览会金奖、中国软件行业协会颁发的"中国软件最具应用价值的软件产品"大奖、1992年北京国际和平周金奖和大奖,并被中国科学院列入20世纪全世界100项最伟大的发明。2005年,王永民被中国发明协会授予"当代发明家"称号。在中国科学院院长路甬祥主编的《科学改变人类生活的100个瞬间》一书中,王永民被誉为"把中国带入信息时代的人"。2003年,国家邮政总局专门发行了一枚纪念邮票"当代毕昇——王永民"。在我国文字技术现代化、信息化的这一场深刻革命中,王永民为中国汉字的新生,做出了历史性的重大贡献,谱写了当代中原科技的新篇章。

第三节 "四大发明"及其应用

闻名于世的中国古代"四大发明"——造纸术、印刷术、火药和指南针,都诞生在中原这块沃土上。

一、造纸术

从文字出现开始,人们便在书写材料上不断进行尝试,先后在陶器、龟甲、兽骨、青铜金属、木简、丝帛上书写文字,直到纸的发明与不断完善,人类的探索脚步始终没有停止。发展到今天,纸质书写载体与电子文档并行,"纸"的神圣地位仍然不可动摇。

在造纸技术发明以前,中原地区的书写材料不断变化,中原先人一直进行着书写材料的探索:第一,以陶器作为书写材料。登封王城岗遗址出土的陶杯底部有烧前刻画的文字。第二,以龟甲、兽骨作为刻写材料。在龟甲、兽骨上刻写的文字,即甲骨文。甲骨文主要以安阳殷墟时期为代表。商代后期,商人在占卜时,将占卜的过程及内容写在龟甲以及牛、羊、猪等兽骨上。有时还作为档案将这些卜骨收集起来。第三,以青铜礼器作为文字的书写材料。郑州二里岗文化时期带有铭文的青铜器主要是徽号形文字。第四,木竹简牍作为书写材料。这主要集中在东周以及秦汉时期。《墨子·尚贤下》一书中有"古者圣王既审尚贤,欲以为政,故书之竹帛,琢之槃盂,传以遗后世子孙"①的记载。战国时惠子出门,随身携带竹简编成的书,足足装满五车。墨子、惠子都是中原人。第五,玉、砖、石等作为书写材料。温县发现有晋国赵氏的盟书,以玉石片为主要书写材料。另外,中原各地存有相当数量的砖、石刻。第六,以帛为书写材料。这种书写最迟始于公元前6世纪,延续到3世纪、4世纪。长期以来"竹帛"是文书的代名词。

至东汉,造纸技术在东汉京师洛阳发明,发明者为蔡伦。蔡伦,字敬仲,东汉桂阳(今湖南耒阳市)人,东汉明帝十八年(75)入宫当宦官,章帝建初年间为小黄门。和帝即位,提升为中常侍,永元九年(97)兼少府尚方令。尚方是皇家的手工场,专门监督制造各种御用器物。西汉时期虽然已发明了麻纸,但因质地粗糙,来源单一,无法广泛使用。蔡伦利用尚方的有利条件,认真总结前人的经验,对造纸的工艺进行改进,利用树皮、麻头、破布、渔网等扩大原料来源。其工艺流程是先将各种原料经水浸、切碎、洗涤、蒸煮、漂洗、舂捣、加水配成悬浮的浆液,捞取纸浆,滤水后晒干即为成品纸。蔡伦所造的纸体轻质薄,价廉耐用。元兴元年(105)蔡伦把他在尚方制造出来的纸张献给汉和帝,汉和帝很称赞他的才能,马上通令天下采用。这样,蔡伦的造纸方法很快传遍各地。114年,蔡伦被封为"龙亭侯",民间便把他制作的那种纸称为"蔡侯纸"。

---

① 〔清〕孙诒让撰,孙启治点校:《墨子间诂》,中华书局 2001 年版,第 69 页。

据专家考证,位于洛阳汉魏故城近郊的缑氏和纸庄很可能是汉代造纸作坊所在地。马涧河流经缑氏那一段河流古时为"造纸河",沿岸原有"造纸河碑刻",惜已失损。据史书记载,汉和帝曾到缑氏巡视过,有可能是视察这里的造纸作坊。纸庄,现分前纸庄和后纸庄,位于洛阳汉魏故城东约 2000 米,面临洛河,很可能是汉代造纸作坊所在地。

此后纸张开始代替竹帛,在全国推广。6 世纪后,我国的造纸术不断外传。朝鲜、日本、阿拉伯、欧洲等地先后学会了造纸术。纸从此成为传播文化、交流思想的重要工具。

二、印刷术

早期的印刷是把图文刻在木板上用水墨印刷的,现在的木版水印画仍用此法,统称"刻版印刷术",亦称"雕版印刷术"。它始创于东汉,发祥在洛阳,盛行于隋唐。世界上现存最早的印刷物是唐咸通九年(868)印制的《金刚经》。隋唐时,我国的刻版印刷术先后传至朝鲜、日本、越南、菲律宾、伊朗等国,后又辗转传至非洲和欧洲。直至 14 世纪末,欧洲始有刻版印制品。

刻版印刷术最早出现在洛阳。据《后汉书·党锢传》记载,东汉建宁二年(169),张俭因反对大宦官中常侍侯览,灵帝在洛阳下令"刊章讨捕"他。"刊章",就是刻印通缉的章表。在造纸术改进 60 年后出现刻版印刷术,而且仅供皇帝御用。这是世界上关于刻版印刷术最早的记载。

隋唐时期洛阳的一些重要图书和佛教经典都采用了刻版印刷。佛教经典印本在洛阳数量之多,居天下之冠。唐会昌五年(845)佛学失宠,武宗专门下诏令焚毁东都洛阳的佛教典籍印本。后来,唐司空图在《为东都敬爱寺讲律僧惠确化募雕刻律疏》中,曾要求"欲更雕镂"。后唐长兴三年(932)中书门下奏请依据唐《开成石经》样刻《九经》(即《易经》《书经》《诗经》《春秋左氏传》《春秋公羊传》《春秋穀梁传》《仪礼》《周礼》和《礼记》),得到唐明宗李嗣源敕准。这是我国历史上第一次大规模由政府刻印和销售书籍。这项艰巨浩大的工程,由当时洛阳国子监主持进行,历经 21 年,至后周太祖广顺三年(953)全部刻印成书,并开始发售。《资治通鉴》卷第二百九十一载:

"虽乱世,《九经》传布甚广。"①可见其印刷数量之多,发行范围之大。

雕版印刷较之手抄有了很大进步,但缺陷仍然比较明显,耗资费时,大的雕版只能印刷一次或重复同一内容的东西,而且成本高。北宋"庆历中,有布衣毕昇,又为活版。其法用胶泥刻字,薄如钱唇。每字为一印,火烧令坚。先设一铁板,其上以松脂、蜡和纸灰之类冒之。欲印,则以一铁范置铁板上,乃密布字印,满铁范为一板,持就火炀之。药稍熔,则以一平板按其面,则字平如砥。若止印三二本,未为简易,若印数十百千本,则极为神速。"②沈括对毕昇的发明做了详细的记载。活字印刷术的出现是印刷史上一项重大的革命。用这些活字排版,既节省费用,又大大缩短了时间,十分经济方便。活字印刷术的发明,促进了印刷业的繁荣和发展,形成了开封、杭州等印刷中心。从《清明上河图》看,在当时的京城开封沿河诸多肆坊中便有专门书肆。活字印刷术从 13 世纪后传到朝鲜、日本,到 15 世纪中叶,欧洲才掌握了活字印刷术。

三、火药

中国是火药的故乡。唐代大医药学家孙思邈(581—682)在《孙真人丹经》中,记载了世界上最早的火药配方:硫磺、硝石、皂角一起烧的硫磺伏火法。在 12 世纪后,阿拉伯等国的书上才提到硝石。阿拉伯人称之为"中国雪",波斯人则称之为"中国盐"。火药和火器的制造,通过阿拉伯人先后传到了欧洲各国。等到欧洲人学会使用火药和火器时,我国早已使用几百年了。

火药的发明与炼丹家有关,发明时间至迟在唐代以前。由于炼丹家喜欢保守秘密,因此,我们现在无法查出发明者的姓名、出生年月和具体地方。但是有一点是清楚的,即炼丹家主要是道教的骨干分子或医药学家。道教萌发自洛阳,盛行于中原地区。被道教尊为鼻祖的老子是今鹿邑县人,曾长期在洛阳做官,并在函谷关(位于今灵宝市)写出了被道教奉为"圣经"的《道德经》。

---

① 〔宋〕司马光撰,〔元〕胡三省音注:《资治通鉴》,中华书局 1976 年版,第 9495 页。
② 〔宋〕沈括:《梦溪笔谈》卷十八,文渊阁《四库全书》(影印版),第 8 页。

我国晋代著名的炼丹家葛洪等,都曾在洛阳长期逗留过,伟大的医药学家孙思邈不仅是伟大的医药学家,而且是著名的炼丹家,自号"孙真人"。他是在总结以前炼丹家经验基础上,收集中原地区和关中地区炼丹家的配方,最后提出硫磺伏火法的配方。火药的发明与传播,和中原有着千丝万缕的联系。至今,洛阳及其附近还流传有许多炼丹的故事,存在有炼丹的遗迹。

火药在发明后不久,即用于军事。两宋时期火药在军事上的应用更加频繁,火药武器种类增多。宋、辽、金、元时期,火药技术的飞速发展与当时中央政府的重视有很大关系。北宋神宗时,改革军制,专门设置了军器监,总管京师开封诸州军器制造,规模宏大,分工很细,各类工匠和工人达4万以上,有火药作、青窑作、猛火油作、火作等十大作坊,每日生产的火药近7000斤,反映了当时不仅重视火药生产,而且已有相当强的生产能力。

宋、辽、金、元时期,中原战争频繁,火药在战争中的威力越来越大。史载,1126年,李纲在抗击金兵围攻开封的战斗中,使用了"霹雳炮"等新式武器。1232年,蒙古人攻打金人占据的开封时,使用了"震天雷"等杀伤力极强的武器,"铁礶盛药,以火点之,炮起火发,其声如雷,闻百里外,所爇围半亩之上,火点着甲铁皆透"①。

火药在13世纪时传到阿拉伯等国,阿拉伯和波斯把制造火药的硝称为"中国雪"。14世纪以后,我国制造火药武器的技术经阿拉伯传到欧洲。

四、指南针

古代先民们在很早以前便开始了对指南针器具的探索。《古今注》中记载了黄帝与蚩尤的涿鹿之战,黄帝为了在弥漫的大雾中辨明方向而发明了指南车。

据史籍记载,战国以前司南已被运用在车辆上。司南,即指南车。西周成王六年,交趾国之南越裳氏使臣从数万里外来到洛阳,贡献白雉两只。使者迷其归途,周公旦特赠指南车以定。宋郑樵撰写的《通志》中记载了这件事:越裳氏"意中国有圣人,于是来朝,周公致荐于宗庙。使者迷其归途,周公锡以軿车五乘,皆为司南之制,使者载之。由扶南林邑海际,期年而至其

---

① 〔元〕脱脱等:《金史》,中华书局1975年版,第2496页。

国,故指南车常为先导,示服远人以正四方"①。

唐房玄龄等《晋书》卷二十五记载了晋天子外出的车队中有所谓的指南车和记里鼓。其上称:"司南车,一名指南车,驾四马,其下制如楼,三级;四角金龙衔羽葆;刻木为仙人,衣羽衣,立车上,车虽回运而手掌南指。大驾出行,为先启之乘。记里鼓车,驾四,形制如司南,其中有木人执槌向鼓,行一里则打一槌。"②

如果说西周初期周公旦在洛阳创造的指南车还比较简单的话,到曹魏(220—265)时马钧在洛阳制造的指南车已是相当精巧了。

指南车的发明,标志着我国古代对齿轮系统的应用,在当时世界上居于遥遥领先的地位。实际上,它是现代车辆上离合器的先驱。

司南在使用时盘子必须放水平,因此虽然解决了辨识方向的问题,但却不太实用。北宋时期指南针便应运而生了。宋曾公亮等《武经总要》前集卷十五载:"若遇天景曀霾,夜色瞑黑,又不能辨方向,则当纵老马前行,令识道路,或出指南车及指南鱼,一辨所向。"③

指南鱼虽然已经注意了磁倾角,但这种经人工磁化所得的磁性仍较弱,在使用性方面不是太强,因此,人们又制造了更加成熟的指南针。沈括的《梦溪笔谈》卷二十四中有详细记载:"方家以磁石磨针锋,则能指南,然常微偏东,不全南也。"④磁偏角的发现较欧洲早500年。指南针发明后很快用于航海,宋朱彧《萍州可谈》卷二载:"舟师识地理,夜则观星,昼则观日,阴晦观指南针。"⑤

指南针发明后,在12世纪末传到阿拉伯。指南针由阿拉伯人传到欧洲,则是在1180年左右。指南针的发明,对世界文明做出了伟大的贡献。

思考与练习

1. 古代中原科学技术的产生与黄河有什么关系?

---

① 〔宋〕郑樵:《通志》卷三下,文渊阁《四库全书》(影印版),第17—18页。
② 〔唐〕房玄龄等:《晋书》,中华书局1976年版,第755—756页。
③ 〔宋〕曾公亮等:《武经总要》前集卷十五,文渊阁《四库全书》(影印版),第17页。
④ 〔宋〕沈括:《梦溪笔谈》卷二十四,文渊阁《四库全书》(影印版),第8页。
⑤ 〔宋〕朱彧:《萍州可谈》卷二,文渊阁《四库全书》(影印版),第3页。

2. 古代中原科学技术由盛渐衰的时代节点在什么朝代？为什么？
3. 四大发明为什么会在中原孕育？

第十章 中原书画艺术

第一节　概述

书画一源。史皇与仓颉俱为黄帝之臣,仓颉造书,史皇制画,书画并非异道。非书则无记载,非画则无彰施,二者殊途而同归。文字始于象形,象形亦绘事之萌芽。象形不能尽象,而后指之以事;事不能尽指,而后会之以意;意不能尽会,而后谐之以声;声不能尽谐,而后转注、假借之法方兴,此即所谓的"六书"——象形、指事、会意、形声、转注、假借。书者,所以济画之不足。使画可尽则无事所书了。明宋濂《画原》将书画二者关系阐述得较为完备。①

据古籍载,伏羲氏巡河,于孟津(今洛阳市孟津区)段见"龙马负图"而产生灵感,遂将其具象而抽象之,于是《河图》诞生。其都宛丘(今周口市淮阳区)又获景龙之瑞,始作龙书,以代结绳之政;炎帝神农氏,都陈(今周口市淮阳区),因上党羊头山始生嘉禾八穗,遂作八穗书,以颁行时令;黄帝都于轩辕之丘(今属新郑市),在位百年,作云书、龟书;颛顼,黄帝之孙,昌意之子,都于帝丘(今濮阳市西南),作科斗(蝌蚪)书;帝喾,黄帝曾孙,少昊之孙,蟜极之子,都于亳(今洛阳市偃师区),在位 70 年,风调雨顺,百姓安居乐业,便以人纪事,作仙人形书;帝尧,黄帝玄孙,帝喾之子,代高辛氏而王天下,都于平阳(今山西临汾市),在位 90 年(一说 70 年),因见轩辕灵龟负图出现,而作龟书;帝禹,黄帝之玄孙,颛顼之孙,鲧之子,代有虞氏(舜)而王天下,都于阳城(今登封市),后巡视天下,崩于会稽(今浙江绍兴市),在位 37 年。其间,命九州之长贡献金,铸九鼎象神奸(能害人的鬼神怪异之物),使民知晓防备,以象钟鼎形而作钟鼎书。

从上可以看出,此际之"书"并未完全脱离"画",二者可谓相辅相成。

我们说,汉字是书法的载体,或称基本元素。离开汉字,书法也就无从谈起。

汉字,是汉民族祖先在长期的社会实践中创造出来的记录语言的符号,

---

① 〔清〕孙岳颁等:《佩文斋书画谱》卷十二,文渊阁《四库全书》(影印版),第 30—31 页。

是他们用于记事、表情达意的最重要的辅助性交际工具。汉字字体的演变，大约有四个阶段，一是从萌芽演变为殷商甲骨文、商周金文；二是从殷商甲骨文、商周金文演变为小篆；三是从小篆演变为隶书；四是从隶书演变为楷书。

　　汉字的萌芽，可以说经历了一个相当长的历史时期。东汉许慎《说文解字·叙》："古者庖牺氏之王天下也，仰则观象于天，俯则观法于地，视鸟兽之文与地之宜，近取诸身，远取诸物，于是始作易八卦，以垂宪象。及神农氏结绳为治，而统其事，庶业其繁饰，伪萌生。黄帝之史仓颉见鸟兽蹄远之迹，知分理之可相别异也，初造书契。百工以乂，万品以察。"①这段文字描述了汉字萌芽的大致情况：伏羲观察天文地理、鸟兽等形状，近取自身部件，远取客观万象，创作八卦。换言之，伏羲的八卦符号阳爻"⚊"和阴爻"⚋"是客观物象抽象化的结果。用阳爻和阴爻组合而成的乾"☰"、坤"☷"、兑"☱"、离"☲"、震"☳"、艮"☶"、坎"☵"、巽"☴"，正是将客观的"天、地、泽、火、雷、山、水、风"等的抽象化。后代的文字也正是沿着抽象化的路子而创造的。"一""三""水"（坎卦）可以说是直接取自于伏羲八卦。我们说伏羲八卦是汉文字的萌芽，并不为过。

　　"黄帝之史仓颉""初造书契"，说明汉字产生于非常久远的年代。汉刘安《淮南鸿烈·本经训》："昔者仓颉作书而天雨粟，鬼夜哭。"②此语大可不必相信，无非是说，汉字的产生是惊天动地的大事情。清韩彦曾在《御览经史讲义》里说："世传仓颉造字使义理必归文字。文字必归六书。而遂因之以为书契，所谓天雨粟之说近于诞，而不足为据，而要之千古之治法基此矣。"③〔宋〕王应麟《周易郑康成注·系辞》："书契书之于木，刻其侧为契，各持其一，后以相考合。"④是说在木头的边上刻上记号或缺口，以表示数目；或者当事人双方各执其一，缺口对合以作为凭信。然而，无论结绳，还是契刻，从严格意义上讲，都不是文字，充其量是一种记事表意的方法。从这里，我

---

①　〔汉〕许慎：《说文解字》，中华书局 1998 年版，第 314 页。
②　刘文典撰，冯逸、乔华点校：《淮南鸿烈集解》，中华书局 1989 年版，第 252 页。
③　〔清〕蒋溥等：《御览经史讲义》卷八，文渊阁《四库全书》（影印版），第 76 页。
④　〔宋〕王应麟辑，〔清〕惠栋考补：《增补郑氏周易》卷下，文渊阁《四库全书》（影印版），第 8 页。

们也可窥到汉民族在社会实践中是如何对记事表意方法而进行探索的。

对于汉字产生的具体年代,人们迄今还不能给出一个定论。根据出土文物和传世文献,有学者推测汉字形成为完整体系距今大约 3700 年。宋薛尚功《历代钟鼎彝器款识法帖》之《夏器款识》载:"右钩带铭三十五字,钿紫金为文,不可尽识,龙虎虫鸟书也。"①这说明早在夏代就已经具备了文字的雏形。

自伏羲画卦以降,上下数千百年之间字体有虫鸟书、甲骨文、金文、小篆、隶书、楷书之变,其间,就书法而言,又有八分、章草、魏碑、行书、草书、狂草等称谓。其变化虽异,然承传有序。书史纪传所载,中原以书名者,代不乏人,虽人有贤否,艺有高下,但书法妙迹或多或少地流传于世。以致形成书法世家,如颍川长社(治所在今长葛市东)锺氏,河内温县司马氏,陈郡阳夏(今太康县)袁氏、谢氏,江夏锺武(治所在今信阳市)李氏,济阳考城(治所在今民权县林七乡西南)江氏、蔡氏,汝南南顿(治所在今项城市南顿镇)应氏,颍川鄢陵(治所在今鄢陵县西北)庾氏,南阳新野(今新野县)庾氏,陈郡长平(今西华县)殷氏,荥阳(今荥阳市)郑氏等。东汉皇室刘氏、两宋皇室赵氏,尤为值得称道。

其间,揽百代之菁华,示一艺之途辙,使后来者求方圆于规矩,从而由下学而上达,不乏开创之功者,如小篆始祖李斯,楷书始祖锺繇,行书鼻祖刘德昇,始创飞白书的蔡邕等,毕竟可歌可赞。祖孙、父子、兄弟同列书家传,彪炳史乘者,亦蔚蔚然盛众。如汉繁阳(治所在今内黄县东北)杜邺、杜林父子,南阳顺阳(今淅川县东南)范汪、范宁父子,河南阳翟(今禹州市)褚渊、褚贲父子,顿丘卫国(今濮阳市)窦遵、窦僧演父子;荥阳宛陵(今属新郑市)杨肇、杨潭、杨经祖孙三代,颍川长社(治所在今长葛市东)人锺繇、锺会、锺毅祖孙三代,陈郡长平(今西华县)殷英童、殷闻礼、殷令名祖孙三代;南阳新野庾黔娄、庾肩吾兄弟,颍川鄢陵(今鄢陵县)人庾亮、庾怿、庾冰兄弟;等等。唐刘禹锡论书曰:"问者曰:然则彼魏、晋、宋、齐间,亦尝尚斯艺矣。至有君臣争名,父子不让,何哉? 答曰:吾姑欲求中道耳,子宁以尚之之弊规我欤! 且夫信者美德也,秦缪尚之而贤臣莫赎。……夫如是,庶乎六书之学不埋坠

---

① 〔宋〕薛尚功:《历代钟鼎彝器款识法帖》卷一,文渊阁《四库全书》(影印版),第 2 页。

而已乎!"①其中显现了书坛"君臣争名,父子不让"的情景,及其对书之"中道"的追求。中原书法不堙坠而薪火代代相传,可谓有赖于诸公。

中原历代声誉著于时、书翰传于后之善书者,历历可数。其或羽翼圣籍,不愧宏通;或名在汗青,光腾河岳;或搴芳撷秀,垂声艺林。其余泯没无闻者,也大有其人!如彰显一代书法风格的甲骨文,虽其书者名或可窥见,但其籍贯远不可考,不能不令我们扼腕叹息!

究其绘画艺术,我们说虽始于"史皇制画",而真正的"绘事"则起于有虞氏(舜),而后发展、成熟,粲然于世。清康熙《御定历代题画诗类序》说:"粤考有虞氏施采作绘,而绘事以起。《周礼·冬官》:'爰有设色之工,典画缋之职。'……至汉世图写功臣,用示褒异,则又人物之肖象粲然著见于史册者矣。嗣是,工绘事者日众,自天文地舆、鸟兽草木以及宫室器用,与一切登临游览之胜,皆假图画以传于世。晋宋而后,莫盛于唐;五代迄宋,作者辈出;金、元、明间亦代有闻人。"②

中原自古以画名世者,不惟其画惟其人,因其人而益重其画,见其画又如见其人。虽一时寄兴于丹青,而千载流芳于金石间,亦有名盛而圭玷者,则又为艺林之龟鉴。

可以说,在书法和绘画发展的过程中,书法越来越具抽象性,而绘画或更加具象,惟妙惟肖;或具象与抽象相结合,遂有了所谓的"小写意""大写意"。中原书画兼善者,也是不乏其人,如唐阳翟(今禹州市)人吴道子,郑州荥阳人郑虔;后梁河内(今济源市)人荆浩;北宋洛阳人郭忠恕,亳州真源(今鹿邑县)人陈抟,郑州管城(治今郑州市管城区)人李诫等。

中原书法绘画艺术是中原文化宝库中的两颗璀璨明珠。它们作为记事表情达意的载体,从其具备了使用价值发展为欣赏艺术,经历了一个漫长的历史过程。在这个历史过程中,中原人所特有的民族心理及价值取向,使它们拥有了特殊的文化内蕴。

①〔唐〕刘禹锡:《刘禹锡集》,中华书局1990年版,第249—250页。
②〔清〕陈邦彦:《御定历代题画诗类》卷首,文渊阁《四库全书》(影印版)。

第二节　中原书法艺术及其名家

　　书法艺术是中华民族特有的一门传统艺术,也是汉字书写的艺术。其伴随着汉字的萌生而显现。在中国书法艺术的长廊中,可以说,中原书法艺术异彩纷呈,名家辈出。自民国上溯,中原有文字可稽考的书家,达700余位之多,其中不乏开创之功者。

　　清光绪二十五年(1899)出土于安阳市小屯村的甲骨文,是目前我国发现的最早而又相当成熟的文字。它是3000年前的殷商先民们创造的文化精华,是我国古代文明的象征。从书法的角度看,甲骨文已具备了书法艺术的笔法、结体、章法等基本要素,也呈现出或雄浑,或谨饬,或柔弱,或劲峭的不同风格。

　　殷商的钟鼎文(又称金文、大篆),在时间上虽与甲骨文同时并存,但自成风格,具有浓厚的书法意味。其章法端庄凝重,体势恢弘,表现出独特的风格。而周朝则是钟鼎文的繁荣时期。这一时期,随着青铜器铸造的增多,钟鼎文相当可观。安阳出土的司母戊鼎及其他众多的青铜器上的文字,便是其最好的见证。

　　秦始皇一统天下,推行了"车同轨""书同文"等一系列政策。时任丞相的上蔡县人李斯对大篆省改(即"简化"),演化成一种新的书体——小篆。小篆以秦刻石的文字为代表。据《史记·秦始皇本纪》记载,秦始皇东巡时在泰山、琅邪、之罘、碣石、会稽、峄山等处均有刻石。现在所能看到的,只有泰山、琅邪刻石,虽剥蚀严重,但秦篆面目尚存。所庆幸的是,今天尚能见到它的较为完整的宋拓本。这些刻石,相传都出自李斯手笔。

　　李斯(约前284—前208),字通古,楚国上蔡(今上蔡县西南)人。早年为郡小吏,后从荀卿学帝王之术。战国末期西入秦国,初为丞相吕不韦舍人,吕不韦以他是贤才,任用为郎,因此得机会游说秦王嬴政,被任为客卿。秦王政十年(前237),以韩国水工郑国事件,宗室贵族纷纷建议逐客,他上《谏逐客书》劝阻,为秦王政所采纳。不久任廷尉。曾建议对六国采取各个击破的政策,对秦统一六国,起到了很大的作用。秦统一六国后,任丞相,反对分封制,主张郡县制,且焚《诗》《书》,禁私学,以加强中央集权的统治。秦始皇死后,与赵高合谋伪造遗诏,迫令秦始皇长子扶苏自杀,立少子胡亥为二世皇帝。后为赵高所诬陷,于秦二世二年(前 208)被腰斩于咸阳,并夷三族。著有《仓颉》七篇(今佚。仅有出土的汉代残简)传世。

李斯工书,精通大篆。他将大篆省改为小篆,将其作为官用书体。此期的小篆,结体平稳端庄、上密下疏,线条圆浑挺健,犹如玉箸,故后人称其为"玉箸篆"。唐人对李斯小篆推崇有加。张怀瓘在《书断》中赞道:"案小篆者,秦始皇丞相李斯所作也。……画如铁石,字若飞动,作楷隶之祖,为不易之法。……李斯即小篆之祖也。"[①]并将其书作列为神品。唐李嗣真《后书品》则将其书作列为"逸品",并赞道:"右李斯小篆之精,古今妙绝。秦望山及皇帝玉玺,犹千钧强弩,万石洪钟,岂徒学者之宗匠,亦是传国之秘宝。"[②]

至汉代,隶书取代小篆而成为正式的官用书体,作为书法艺术也达到了一定的高度。河南出土的《袁敞碑》《韩仁铭》《尹宙碑》《肥致碑》,可谓其代表作。这时期,还诞生了中国文字学和书法史上的第一部著作《说文解字》,作者是汝南召陵(治所在今漯河市召陵区)人许慎。这部著作所涵盖的内容之丰富,对后世书法理论体系和文字学的建立起到了奠基作用。

许慎(约 58—约 147),字叔重。自幼质朴淳厚,聪敏好学,博学经籍。为通儒马融所推敬。当时人们也称赞他:"五经无双许叔重。"年轻时为汝南郡功曹,继而举孝廉,再迁除洨县(治所在今安徽固镇县东濠城)长。有政绩,被召入京城,升迁为太尉南阁祭酒。他虚心求进,又拜著名经学家、侍中贾逵为师,学习古文经学。开始,许慎以五经传说臧否不同,于是撰《五经异义》十卷。当时隶书创制,人们竞相趋省,古法为之一变,字义渐讹。许慎惋惜文字毁败,于是又集"仓雅"之学,研"六书"之旨,博访通识,考证于老师贾逵,殚精竭虑,历 20 余年,作《说文解字》十四篇,并序目一卷,计 14000 多字,取其形类始创部首编排法,临重病时,让儿子许冲献给朝廷,从而流传于世。《说文解字》例字以小篆为主,辅以籀文,上溯造字之原,下明"六书"之

①　〔唐〕张怀瓘:《书断》卷上,文渊阁《四库全书》(影印版),第 8 页。

②　〔宋〕朱长文:《墨池编》卷二,文渊阁《四库全书》(影印版),第 94 页。

旨,实为中国文字学上第一部有着完整系统的著作,后人因而称其为"字圣"。许慎晚年,称病回家,主要以补充修改《说文解字》和授徒为主,后在家中去世。另撰有《五经异义》十卷、《注淮南子》二十一卷(两书今佚)。

唐张怀瓘《书断》卷下称赞他:"少好古学,喜正文字。尤善小篆,师模李斯,甚得其妙。"①但将其小篆归为"能品",颇失公允。

生活在东汉时期的颍川(治所在今禹州市)人刘德昇、堂谿典,均工书法,尤其是刘德昇以写行书擅名,被后世誉为"行书之祖"。

刘德昇(生卒年不详),字君嗣。桓、灵帝时,以创制行书擅名,人称行书之祖。其书虽务从简易,也丰姿绰约,风流妍美,可谓独步当时。书家胡昭、锺繇均是他的弟子。而胡书体肥,锺书体瘦,也各有君嗣书体之美。他又因夜观星宿而突来灵感,于是首创璎珞篆。此篆体存古法之梗概,类似蝌蚪文,势同回鸾而宏远。实乃天假其法,非学之功。虽诸家之法尽殊,而此书体一出,当时儒生纷纷学习。晋卫恒《四体书势》说:"魏初有锺、胡二家,为行书法,俱学之刘德昇。而锺氏小异,然亦各有巧。"②唐代张怀瓘《书断》卷上也有:"案行者,后汉颍川刘德昇所作也。即正书之小伪,务从简易相间流行,故谓之行书。……刘德昇即行书之祖也。"③并将其行书归为"妙品"。宋朱长文《墨池编》卷一、元盛熙明《书法考》卷一等,均对其书体赞赏之。

而东汉时期最著名的隶书大家非陈留圉(治所在今杞县圉镇)人蔡邕莫属。

蔡邕(132—192),字伯喈。少好学,性笃孝。初入嵩山学书于石室中,得素书八角垂芒,习史籀、李斯用笔势,读诵三年,遂通其理。后又拜太傅胡广为师,喜爱辞章、数术、天文,且谙音律。东汉灵帝时为议郎,因上书论朝政阙失,遭到诬陷,流放朔方。遇赦后,畏宦官陷害,亡命江湖10余年。其工篆、隶,尤以隶书著称。其隶书结构严整,点画俯仰,体法多变,有"骨气洞达,爽爽有神"之誉。又曾于鸿都门见工匠用帚写字,得到启发,创"飞白"书。熹平四年(175),与堂谿典等写定"六经"文字,部分由他书丹于石,立太

---

① 〔唐〕张怀瓘:《书断》卷下,文渊阁《四库全书》(影印版),第2页。
② 〔唐〕韦续:《墨薮》卷二,文渊阁《四库全书》(影印版),第17页。
③ 〔唐〕张怀瓘:《书断》卷上,文渊阁《四库全书》(影印版),第14—15页。

学门外,世称"熹平石经",一时学习者颇众。董卓专政,被迫为侍御史。初平元年(190)拜左中郎将,人称"蔡中郎"。继而,封为高阳乡侯。董卓被诛后,他被司徒王允所捕,初平三年(192)死于狱中,享年60岁。后王允悔之欲将其释放,但为时已晚,缙绅诸儒莫不流涕叹惜。他的书法理论著作《笔论》《九势》在中国书法史上也占有重要的地位。另外,他所著的诗、赋、碑、诔、铭、赞、连珠箴、吊、论议、《独断》《劝学》《叙乐》《篆势》、祝文、章表、书记等100多篇,流传于世。

蔡邕之女蔡琰(约177—?),少聪慧秀异,博学多才,精通音乐。其书箕裘克绍,能真能草,颇得家传之妙。

三国时期,颍川长社(治所在今长葛市东)人锺繇,被后人誉为"楷书之祖"。

锺繇(151—230),字元常。东汉末,为黄门侍郎。曹操执政时,任为侍中守司隶校尉,持节督关中诸军。曹丕代汉后,任廷尉。明帝即位,迁太傅,人称"锺太傅"。其书法师法曹喜、蔡邕、刘德昇,博采众长,兼善各体,尤精于隶、楷。六朝时将他与王羲之并称,"锺王"遂成为书法的最高典范。史载其书擅三体:"铭石书"(刻石碑之书,隶体)、"章程书"(楷书)和"行狎书"(行书)。其书法点画之间,多有异趣,结体朴茂,出乎自然,形成了由隶入楷的新貌,是王羲之潇洒书风内在精神的渊源之一。其传世楷书有《尚书宣示表》《贺捷表》《荐季直表》《力命表》《还示帖》《墓田丙舍帖》等。另有篆书《正考父鼎铭》,行书《长风帖》,楷兼行意者《白骑帖》《常患帖》和《雪寒帖》等。唐张怀瓘《书断》将其隶书、行书归为"神品",将其八分、草书归为"妙品"。

三国降至南北朝,中原这块沃土也出现了很多书法大家,可谓群星璀璨。如温县人司马懿、司马师(懿之子)、司马昭(师之弟)、司马炎(昭之子)、司马攸(昭次子)、司马睿(昭之曾孙)、司马绍(睿长子)、司马衍(绍长子)、司马岳(衍之弟)、司马丕(衍长子)、司马昱(睿之第六子)、司马曜(昱之第三子)、司马晞(睿之第四子)、司马道子(昱之幼子),陈留尉氏(今尉氏县)人阮籍、阮咸(籍之侄),河内怀(今武陟县)人"竹林七贤"的山涛、向秀,东郡白马(今滑县)人成公绥,陈郡阳夏(今太康县)人何曾、谢奕(谢安之兄)、谢尚、谢安、谢万(谢安之弟)、谢静(谢奕之子)、谢灵运(谢玄之孙)、谢方明(谢安六弟谢铁之孙)、谢惠连(方明之子)、谢综(谢允之孙)、谢庄、谢晦、谢朓(谢述之孙)、谢瑕(谢庄重孙)、谢贞(谢安九世孙),陈郡阳夏(今太康县)人袁山松、袁昂、袁峻、袁宪(昂之孙),颍川颍阴(治所在今禹州市东南40里)人荀勗、荀舆,颍川鄢陵(今鄢陵县)人庾亮、庾怿(亮之弟)、庾冰(怿之弟)、庾翼(冰之弟)、庾准(亮之孙)、庾持、庾道,南阳新野(今新野县)人庾黔娄、庾肩吾、庾诜、庾信(肩吾之子),汝南西平(今西平县西)人和峤,荥阳(今荥阳市)人陈畅,荥阳苑陵(今属新郑市)人杨肇、杨潭(肇长子)、杨经(潭次子),南阳淯阳(今南阳市)人乐广,南阳涅阳(治所在今邓州市穰东镇)人宗炳、宗测(炳之孙),南阳宛(今南阳市)人赵隐、赵仲将(隐之子),济阳考城(治所在今民权县林七乡西南)人江僧安、江淹、江蒨、江禄(江湛之重孙)、江总(江蒨之孙),陈留济阳(今民权县东北)人江琼、江强(琼曾孙)、江式(强之孙)、江顺和(江式侄子),汝南南顿(今项城市南顿镇)人应璩、应詹,南阳顺阳(今淅川县东南)人范汪、范宁(汪次子),河南阳翟(今禹州市)人褚渊、褚贲(渊长子),陈郡长平(今西华县)人殷仲堪、殷钧,济阳考城(治所在今民权县林七乡西南)人蔡克、蔡凝、蔡景历、蔡徵(景历之子)、蔡君知,顿丘卫国(今濮阳市)人窦遵、窦僧演(遵之子),荥阳开封(今开封市祥符区朱仙镇)人郑道昭、郑述祖(道昭之子)。

在此时期的中原书家中,郑道昭尤为值得称道。

郑道昭(456—516),字僖伯,自号"荥阳中岳先生"。"少好学,综览群言",且"好为诗赋",尤其对书法颇有研究。曾在北魏孝文帝、宣武帝时任中书侍郎、国子祭酒、秘书监等,并先后出任光州和青州刺史。为其父郑羲而书的《郑文公碑》是他的代表作。其书法运笔舒畅、方圆并用,字字安适,在北朝书法中别具一格。其碑刻主要分布在山东掖县(今莱州市)的云峰山、太基山、斧山,平度县(今平度市)的天柱山,益都县(今青州市)的百峰山上。除《郑文公碑》外,其著名的还有《论经书诗》,书法瘦劲俊丽,字体雄浑深厚。其《白驹谷题名》不仅是他40余处碑刻之最,也堪称1500年前中国榜书之最。其书法严谨中有飘逸之美,浑朴中有隽永之妙,是南北朝书法的集大成者。其魏体楷书为楷之正宗,在中国书法史上占有重要地位。后人把他和王羲之相提并论,分称他们为"北方书圣"和"南方书圣"。

此时期,中原女书家有蔡琰、杨艳(司马炎皇后)、荀夫人(庾亮之妻)、魏华存(南阳刘文之妻)、谢道韫等。

谢道韫(生卒年不详),字令姜,陈郡阳夏(今太康县)人。安西将军谢奕之女,王羲之次子、江州刺史王凝之之妻。少聪识有才辩,深得叔父谢安赏识,曾在内宅集会,俄而雪骤下,谢安说:"何所似也?"谢安侄子谢朗说:"撒盐空中差可拟。"谢道韫说:"未若柳絮因风起。"深得谢安欣赏,于是谢道韫被后人称之为"咏絮之才"。她初嫁王凝之时,对其才学甚不满意。王凝之弟王献之曾与宾客谈议,词理将屈,谢道韫遣侍女给王献之说:"欲为小郎解围。"于是施青绫步鄣自蔽,申述王献之前议,客不能屈。及遭孙恩之难,举措自若,听说丈夫及几个儿子已经为贼所害,便命侍女肩舆抽刃出门。乱兵稍至,手杀数人,才被俘房。其外孙刘涛时年数岁,贼又要害之,谢道韫呵斥道:"事在王门,何关他族!必其如此,宁先见杀。"孙恩虽狠毒暴虐,为之改容,于是不杀害刘涛。自她寡居会稽(今浙江绍兴市),家中莫不严肃。太守刘柳闻其名,请与谈议。道韫素知柳名,也不自阻,乃簪髻素褥坐于帐中,刘柳束衣整带甚为恭谨。谢道韫风韵高迈,叙致清雅,使刘柳叹服。其散朗神情,林下风气,也为人赞赏。谢道韫所著诗、赋、诔、颂并传于世。原有集,今佚。

谢道韫善书,素为公爹王羲之所看重。唐韦续《墨薮》将其书作归为"中下品"。在其《九品书人论》中,则将她的行书、草书归为"下上"。唐李嗣真《书后品》不仅将其书作归为"中下品",而且赞其"雍容和雅,芬馥可玩"。宋陈思《书小史》、元盛熙明《法书考》、明潘之淙《书法离钩》、明陶宗仪《书史会要》、清孙岳颁等《御定佩文斋书画谱》、清倪涛《六艺之一录》等,无不将其载入书史。

隋唐及五代,为继秦汉魏晋之后的又一书法高峰期,中原如相州内黄(今内黄县)人魏徵、魏叔琬(徵次子)、魏叔瑜(徵之四子)、魏华(叔瑜次子);洛阳人长孙无忌;阳翟(今禹州市)人褚遂良;陈郡长平(今西华县)人殷英童、殷开山、殷闻礼(英童之子)、殷令名(闻礼之子)、殷仲容(令名之子)、殷损之(仲容次子,善篆书)、殷承业(仲容四子,善楷书)、殷亮;虢州弘农(今灵宝市)人宋令文、宋之问(令文长子)、宋之悌(之问之弟);陈留(今开封市祥符区陈留镇)人孙过庭;巩县(今巩义市)人杜审言、杜甫(审言之孙)、杜勤(甫堂侄);怀州河内(今沁阳市)人王知敬、王知慎(知敬之弟)、王友贞(知敬之子);相州内黄(今内黄县)人沈佺期;河内济源(今济源市)人张廷珪;洛阳(今洛阳市)人张说、张均(说之长子);郑州荥阳(今荥阳市)人郑虔、郑庄、郑万钧、郑粤、郑迁、郑迈(迁之弟)、郑遇(迈之弟)、郑云逵、郑馀庆、郑絪、郑还古;洛阳人元稹;河阳(今孟州市)人韩愈;怀州河内(今沁阳市)李商隐;河内济源(今济源市)人裴休;等等,均为一代书法大家。其中,对后世影响最为显著的是褚遂良、郑虔和孙过庭。

褚遂良(596—658),字登善,祖籍阳翟(今禹州市),晋末南迁至杭州钱塘(今浙江杭州西)。太宗时历任起居郎、谏议大夫、中书令。高宗即位,任吏部尚书、左仆射、知政事。后封为河南郡公,人称"褚河南"。因反对高宗立武则天为后,被贬职于爱州(治所在今越南清化省)而死。唐中宗神龙中,复官爵。唐德宗追赠太尉。唐懿宗咸通九年(868),诏访其后护丧归葬阳翟祖茔。其书法继"二王"、欧、虞以后,别开生面。晚年楷书丰艳流畅,变化多姿。唐张怀瓘在《书断》中赞其楷书曰:"若瑶台青璅,宵映春林,美人婵娟,似不胜罗绮,增华绰约,欧、虞谢之。"①其楷书代表作有《雁塔三藏圣教序》和《倪宽赞》。著有《褚遂良集》二十卷传世。

郑虔(691—759),字趋庭(一字弱齐),号广文。自幼聪颖好学,行纯体素,精心文艺,克己礼乐。及长,明于阴阳,邃于算术,对百家诸子了如指掌。20岁举秀才,之后,举进士落第,困顿长安,喜书,常苦无纸,听说慈恩寺贮柿叶数屋,便每日去取柿叶练习书法,日久将柿叶写遍。进士及第后,初补率更寺主簿,转任监门卫录事参军、尚乘直长。唐玄宗天宝初年(742),任命为太常寺协律郎,抽闲集缀当世事,著书80余篇。有上书告郑虔私撰国史者,其仓皇焚之,因而被贬谪10余年。还京师,为左青道率府长史。唐玄宗爱其才,想置自己左右,以他不事事,于天宝九年(750)更置为广文馆博士。其为人放荡嗜酒,落魄不羁,且善画山水,爱弹琴,与李白、杜甫为诗酒朋友。曾自画《沧洲图》并题诗以献,唐玄宗大悦,书其尾道:"郑虔三绝。"后升迁为著

---

① 〔唐〕张怀瓘:《书断》卷中,文渊阁《四库全书》(影印版),第31页。

作郎。安禄山反,派遣张通儒劫百官置东都洛阳,胁迫郑虔接受伪官水部郎中,他托病婉拒,暗地里向唐肃宗写密信联络。叛乱平息,被贬为台州司户。于唐肃宗乾元二年(759)九月廿日,病逝于台州官舍,享年69岁。曾著《天宝军防录》,言典事该。诸儒服其善著书,时号"郑广文"。其工真、行书,善草、隶,且善丹青。唐韦续《墨薮·书品优劣第三》谓其真、行书,"如风送云收,霞催月上"①。宋陈思《书小史》、宋朱长文《墨池编》、明陶宗仪《书史会要》、清冯武《书法正传》等均将其载入书史。

孙过庭(生卒年不详),字虔礼(一作名虔礼,字过庭)。官率府录事参军,文章博雅,尤擅草书,被誉为唐代书坛"第一妙腕"②。宋米芾以为"凡唐草得'二王'法,无出其右"。今存其垂拱三年(687)所撰《书谱·卷上》,阐述正、草二体书法,见解精辟,为一书、文并茂的书法理论著作,也是中国书法史上书论与书艺双绝的合璧之作。《书谱》的书法,结体遒美,草法周详,对后世影响很大。

宋代,东京(今开封市)作为当时世界上著名的大都会,文化艺术空前繁荣,尤其是书法,成为世界艺术史上的高标。当时不仅有书坛巨擘苏轼、黄庭坚、米芾、蔡襄在这里长期生活,而且有擅行草的东京人苏舜元、苏舜钦兄弟,德艺并重的雍丘(今杞县)人宋庠、宋祁兄弟,还有德才掩却书名的刘温叟、韩琦、富弼等,以及历朝赵氏帝王及其皇室诸子弟,等等。而使"隶法复兴"的应天宋城(今商丘市)人王洙,则功不可没。

王洙(997—1057),字原叔。少聪颖,博览强记,遍览方技、术数、阴阳、五行、音韵、训诂、书法,几无所不通。曾任翰林学士,是深受宋仁宗爱重的大臣和书法家。在宋代,隶书又一次得到复兴。而"隶法复兴"则始于王洙。宋朱长文称其:"晚喜隶书,尤得古法,当时学者翕然宗尚,而隶法复兴。"③他所作古隶书有《献穆公主碑》《曹襄悼碑》《范文正碑》《晏元献碑》和《伊先生隔山庵记》等。

另外,此期还有大批书法大家云集于官方艺术机构"翰林图画院",如洛

---

① 〔唐〕韦续:《墨薮》卷一,文渊阁《四库全书》(影印版),第15页。
② 〔清〕孙承泽:《庚子销夏记》卷一,文渊阁《四库全书》(影印版),第5页。
③ 〔宋〕朱长文:《墨池编》卷三,文渊阁《四库全书》(影印版),第122页。

阳人郭忠恕,宋州宋城(今商丘市)人石延年,卫州(今卫辉市)人贺铸等。尚意的社会氛围,优越的历史条件,为书家们提供了创作旷世佳作的机遇。

南宋、明、清及近代,随着政治、经济、文化中心的外移,中原文化相对式微。但其间也不乏书法名家。书法大家如洛阳孟津(今孟津县)人王铎、开封中牟(今中牟县)人仓景愉等均为后世所折服。尤其王铎的书法更是被后世赞叹不已。

王铎(1592—1652),字觉斯,号嵩樵、石樵、东皋长、二室山人、嵩淙道人、雷塘渔隐、兰台外史、烟潭渔叟、痴仙道人等。明天启二年(1622)进士,官至南京礼部尚书。又为南明小朝廷的东阁大学士。1645年南京被破降清,顺治间官授礼部尚书,加太子太保。他博学多才,善画山水与梅兰竹石。工诗文,尤其擅长书法。他学书推重古典,特别强调"宗晋",认为"书未宗晋,终入野道"。他最有影响的是行草书,晋唐宋兼综,又有自己的鲜明特色。其书风狂放、潇洒,上承晋人,下开一代新风,故书坛有"后王胜前王"之说。就其书风来讲,不仅对清初书坛颇有影响,而且对中国当代书法和日本乃至东南亚书法均产生了很大影响。

民国以来,从实力上看,开封人靳志、许钧、陈玉璋,巩县(今巩义市)人谢瑞阶,滑县人于安澜,定居开封的武慕姚,温县人林国选,定居开封的李白凤、庞白虹等人足可与同时代的大家相颉颃。

进入20世纪80年代,在改革开放的大背景下,中原书法艺术进入到全面复兴的时期。河南书法家协会也于1980年5月应运而生。20多年来河南书法家协会在谢瑞阶、陈天然、张海等先生的领导下,先后举办了"中原书法大赛""国际书法展览""全国隶书学术讨论会"等一系列全国和国际性大型书展及学术活动;出版了数十部专著和数百种书法作品集,且发表了论文数百篇。周俊杰的《书法复兴的寻绎》,翟本宽的《书法艺术与美》,李刚田的《书印文丛》,王朝宾主编的《民国书法》,张启珍、贾文丰、王富强主编的《书画魂》,黄思源主编的《中国书法通鉴》,以及河南美术出版社相继出版的《汉碑全集》《王铎书法全集》等,在社会上均产生了较大的影响。除此之外,还创办了"书法函授院",一些实力较强的书法家言传身教,在培养书法人才的同时,也从中历练了自己,书艺得到了提高和发展。如陈天然、桑凡、唐玉润、毛秉乾、海丙离、张海、周俊杰、王澄、李刚田、王鸿玉、王朝宾等皆是如此。从1989年全国第四届书展起,河南在每届书展上,除极个别情况外,无论人选、获奖均为第一名,目前已成公认的书法大省。从中也涌现了一大批"少壮派"书家,如宋华平、陈国桢、王宝贵、李强、姜宝平、耿自礼、刘灿章等,不一而足。

我们说,每一种书体的诞生,都经过了长期的孕育和阵痛阶段。其间,中原丰厚的文化积淀,给予了它丰富的营养,并起着一定的催生作用。中原书家在汲取中原文化,修养自身的过程中,也赋予其书法作品以独特的个性,从而形成了"雄浑透劲健,质朴蕴灵动"的书风。在中国书法艺术的发展过程中,中原书法家功不可没。他们不但多有开创之功,而且具有较强的引领作用。

第三节　中原绘画艺术及其名家

中原绘画作为中原书法的姊妹艺术,无论是其表现形式、艺术风格,还是表现技法,都有它的独特之处。

关于绘画的起源,前面"概述"中已经提及。至于其功用,唐张彦远《历代名画记》卷一之《叙画之源流》讲得更为透彻。其有:"夫画者,成教化,助人伦,穷神变,测幽微,与六籍同功,四时并运发于天。然非繇述作,古先圣王受命应箓,则有龟字效灵,龙图呈宝,自巢、燧以来,皆有此瑞迹,映乎瑶牒,事传乎金册。庖牺氏发于荥河中,典籍图画萌矣。轩辕氏得于温洛中,史皇、仓颉状焉。奎有芒角,下主辞章,颉有四目,仰观乖象,因俪鸟龟之迹,遂定书字之形,造化不能藏其秘。故天雨粟,灵怪不能遁其形,故鬼夜哭。是时也,书画同体,而未分象制,笔创而犹略,无以传其意,故有书无以见其形,故有画天地圣人之意也。"又《叙画之兴废》:"图画之妙,爰自秦汉,可得而记。降于魏晋,代不乏贤。"①明代张丑也说:"画者,挂也。义取挂万象以

① 〔唐〕张彦远:《历代名画记》卷一,文渊阁《四库全书》(影印版),第1—3页。

垂世也。上古史皇创为斯伎以教韵士。"①

从考古实物质料和现有文献记载来看,中原早在新石器时代就产生了绘画,它的标志就是彩陶的出现。如陕县庙底沟出土的陶钵,临汝(今汝州市)出土的"《鹳鱼石斧图》鱼缸"等,其上的图案虽然由简单的点、线组成,但毕竟是完整的画面,表现了一定的寓意。商、周青铜器的发展使绘画艺术达到了一定的水平,其上的文饰内容丰富,造型优美,变化复杂多样。春秋战国时期乃至汉代,绘画艺术趋于成熟,并被广泛地应用在当时的社会生活中。就其载体讲,主要是壁画。自20世纪50年代起相继出土的洛阳西汉墓中的《鸿门宴》壁画,洛阳西汉晚期的卜千秋墓壁画,密县(今新密市)打虎亭一号汉墓的《宴饮百戏图》,以及南阳汉画像石刻艺术等,都说明了这一点。

于西汉,又有洛阳人龚宽,工画牛、马,为当时六大(毛延寿、陈敞、刘白、龚宽、阳望、樊育)画家之一。

于东汉,中原画家著名者有南阳西鄂(今南阳市石桥镇)人张衡和陈留圉(治所在今杞县圉镇)人蔡邕。蔡邕前面已经提及。其画作传世者主要有《讲学图》《小列女图》。

提及张衡,人们知其为"科圣",而其作为画家,今人鲜有人知。

张衡(78—139),字平子。曾任郎中、尚书侍郎等职,两度担任掌管天文历法的太史令。累拜侍中。创制有世界上最早利用水力转动的浑天仪和测定地震方位的候风地动仪。制造有指南车、自动记里鼓车和飞行数里的木鸟。他不仅为东汉科学家、文学家,也是东汉六大著名画家(赵岐、刘褒、蔡邕、张衡、刘旦、杨鲁)之一。据唐张彦远《历代名画记》卷四载,昔建州浦城(今福建浦城县)山有兽名骇邪,豕耳人首,状貌丑恶,百鬼恶之,好出水边石上。张衡往写之,兽入潭中不出,或云此兽畏人画,故不出。他于是去纸笔,兽果出。张衡拱手不动,潜以足指画兽。今号为《巴潭兽》。②

三国以降,绘画艺术所反映的题材范围扩大,其载体随之多样,中原画家也代有名家,如西晋颍川颍阴(治所在今禹州市东南40里)人荀勖,温县人晋明帝司马绍;东晋南阳涅阳(治所在今邓州市穰东镇)人宗炳,阳夏(今

---

① 〔明〕张丑:《南阳书画表》卷下,文渊阁《四库全书》(影印版),第1页。
② 〔唐〕张彦远:《历代名画记》卷四,文渊阁《四库全书》(影印版),第3页。

太康县)人谢稚;南朝齐荥阳阳武(治所在今原阳县东南)人毛惠远、毛惠秀兄弟和毛稜(毛惠远之子);隋汝南(今汝南县)人董展;唐阳翟(今禹州市)人吴道子,荥阳人郑虔;五代后梁洛阳人张图,河内沁水(今济源市)人荆浩;北宋宋仁宗赵祯、宋徽宗赵佶,皇室燕恭肃王赵元俨、郓王赵楷,洛阳人郭忠恕,白波(今属洛阳市孟津区)人武宗元,温县人郭熙;南宋开封人苏汉臣、吴琚,河阳(今孟州市)人李唐、李迪;清孟津人王铎等,均为画坛一代俊彦。其中宫廷画院画家与布衣画家各擅其长,相互辉映。尤其是荀勖、宗炳、吴道子、荆浩、郭熙、李唐、李迪等在中国绘画史上具有很大的影响和重要的地位。

南齐谢赫《古画品录》将古画分为"六级品位",第一品者五人,荀勖是其中之一,并将其与张墨相提并论,评之曰:"风范气候极妙参神,但取精灵遗其骨法,若拘以体物,则未见精粹。若取之象外,方厌高腴可谓微妙也。"①

荀勖(?—289),字公曾。汉司空荀爽曾孙。少小聪慧,10多岁便能作文,深得从外祖魏太傅钟繇的赏识。及长,博览群籍,得以从政。仕魏,辟大将军曹爽掾,迁中书通事郎。曹爽被诛,为安阳令,转骠骑从事中郎。在安阳施仁政,当地百姓为他立祠。迁廷尉正,参司马昭大将军军事,赐爵关内侯,转从事中郎,领记室。司马炎即位,封济北郡公,拜中书监,加侍中,领著作,定律令。进位光禄大夫,领秘书监,与中书令张华依刘向《别录》,整理记籍。又立书博士,置弟子教习,以钟繇、胡昭为法。及得汲郡冢中古文竹书,撰为《中经》。太康中,为光禄大夫、仪同三司、开府辟召,守中书监、侍中、守尚书令。太康十年去世,赠司徒,谥号成。其多才艺,善书画。唐张怀瓘《书估》,将其书归为"二等"。画作有《大列女图》。

宗炳(375—443),字少文。东晋末至宋元嘉中,当局屡征为官,俱不就。擅长书画和弹琴。信仰佛教,在庐山参加慧远的"白莲社",曾作《明佛论》。漫游山川,后老病回里,将所见景物,绘在居室壁上,自称"澄怀观道,卧以游之"。所著《画山水序》,论述了远近法中形体透视的基本原理和验证方法;文末"畅神"之说,将中国画理论在"以形写神"的见解上,又有所提升,可谓文人画之先驱。有《颍川先贤图》《惠持师像》《问礼图》《永嘉屋邑图》传世。

① 〔南齐〕谢赫:《古画品录》,文渊阁《四库全书》(影印版),第2页。

　　吴道子(约685—758)，名道玄，字道子。出身寒苦，幼年起便跟人学画兼雕塑。"年未弱冠"便"穷丹青之妙"，小有名气。青年时曾任兖州瑕丘(今山东滋阳县)尉。开元间，到东都洛阳，曾跟著名书法家张旭学画庙画，画艺渐至化境。后为唐玄宗所赏识，召进宫中，先后为"内教博士""宁王友"等职。至此，他得到了得天独厚的绘画条件，创作了大量的人物、山水等艺术作品。其人物画，尤其是佛道人物，"奇踪异状，无一同者"，形象真实，富于想象力。其画落笔雄劲，敷粉简淡，不以颜色取胜。其线描极富运动感，所勾衣线飘逸流畅，有"吴带当风"之誉。其山水画重在写意，曾在长安大同殿一日画就嘉陵江三百余里的山川风光，得到唐玄宗的高度赞誉。对于他的画，唐张怀瓘评道："吴生之画，笔下有神，是张僧繇后身也。"①宋苏轼也给予很高的赞赏："画至于吴道子，而古今之变，天下之能事毕矣。道子画人物，如以灯取影，逆来顺往，旁见侧出，横斜平直，各相乘除，得自然之数，不差毫末。出新意于法度之中，寄妙理于豪放之外，所谓游刃余地，运斤成风，盖古今一人而已。"②其绘画风格对后世也影响深远，被后人尊为"百代画圣"，被民间画工奉为祖师。宋佚名《宣和画谱》卷二载，吴道子的画，当时御府所藏93幅。

　　另外，吴道子亦工书，书名却为画名所掩。唐张彦远《历代名画记》卷九："吴道玄，阳翟人。好酒使气，每欲挥毫，必须酣饮。学书于张长史旭，贺监知章。学书不成，因工画。曾事逍遥公韦嗣立，为小吏，因写蜀道山水，始创山水之体，自为一家。其书迹似薛少保，亦甚便利。"③据唐段成式《酉阳杂俎续集》卷五载，长安平康坊菩提寺食堂前东壁上，吴道子画智度论色偈变，偈是吴自题，笔迹遒劲，如磔鬼神毛发。唐朱景玄《唐朝名画录》、唐张彦远《历代名画记》、宋米芾《画史》、宋佚名《宣和画谱》、明朱谋垔《画史会要》、清孙岳颁等《御定佩文斋书画谱》、清王毓贤《绘事备考》等，均将其载入画史。宋陈思《书小史》、元盛熙明《法书考》、清孙岳颁等《御定佩文斋书画谱》、清倪涛《六艺之一录》，亦均将其载入书史。

---

① 〔唐〕张彦远：《历代名画记》卷九，文渊阁《四库全书》(影印版)，第9页。
② 〔宋〕苏轼：《东坡全集》卷九十三，文渊阁《四库全书》(影印版)，第13—14页。
③ 〔唐〕张彦远：《历代名画记》卷九，文渊阁《四库全书》(影印版)，第9页。

书画及其理论兼善者,又当数后梁河内沁水(治今济源市五龙口镇附近)人荆浩。

荆浩(生卒年不详),名浩,字浩然,自号洪谷子。自幼崇尚儒学,博通经史,善作文。遇五代时期混乱,无意于出仕,隐居于太行之洪谷。他工丹青,尤长山水,常携笔摩画山中古松,达"数万本,方如其真"才止。平素又善绘云中山顶,其势四面峻厚雄伟。他兼取吴道子用笔和项容用墨之长,自成一家面目。世论荆浩山水,为唐末之冠。宋刘道醇《五代名画补遗》,将其山水画归为"神品"。荆浩所撰的《画山水赋》和《笔法记》,奠定了我国山水画的理论基础。他在《笔法记》中提出:"夫画有六要,一曰气,二曰韵,三曰思,四曰景,五曰笔,六曰墨。"[①]这"六要"理论,对我国山水画的发展有着重要的影响。

荆浩亦工书,书名亦为画名所掩。宋周密《云烟过眼录》卷二:"荆浩画《渔乐图》二,各书《渔父辞》数首,柳体。"[②]清孙岳颁等《御定佩文斋书画谱》、清倪涛《六艺之一录》,均将其载入书史。

入宋,有号称"小吴生"的洛阳人王瓘。

王瓘(生卒年不详),字国器。美风表,有才辩。少志于画,家甚穷匮,无以资游学。

北邙山老子庙壁吴生(道子)所画,世称绝笔,其多往观之,虽穷冬积雪亦无倦意。有为尘滓涂渍处,必拂拭磨刮以寻其迹,由是得其遗法。又能变通不滞,取长舍短,声誉籍甚,动于四远。王公大人,有得瓘画者以为珍玩。末年,石中令以礼召瓘画昭报寺廊壁,厚酬金币画佛道人物。故于乾德、开宝间无与敌者。世谓之"小吴生"。虞部员外郎武宗元观其画,每叹道:"吾观国器之笔,则不知有吴生矣!"翰林待诏高克明亦对人说:"今者得国器画,何必吴生!"宋刘道醇评道:"本朝以丹青名者,不可胜纪,惟瓘为第一。何哉?观其意思纵横往来,不滞废古人之短,成后世之长,不拘一守,奋笔皆妙,所谓前无吴生矣。故居神品上。"[③]

---

① 〔后梁〕荆浩:《笔法记》,文渊阁《四库全书》(影印版),第1页。
② 〔宋〕周密:《云烟过眼录》卷二,文渊阁《四库全书》(影印版),第9页。
③ 〔宋〕刘道醇:《宋朝名画评》卷一,文渊阁《四库全书》(影印版),第1—2页。

　　颍川郾城(今漯河市郾城区)人陈用志的画艺亦颇值得一提。

　　陈用志(生卒年不详),或曰用智,或曰用之,实为一人。以其居小窑镇(今西华逍遥镇),时人因呼曰"小窑陈"。宋仁宗天圣中,为图画院祗候。已而告归于家。在乡里,工画佛道人、马、山川林木,精详巧赡,而拘制过严,少疏散。当时度支员外郎宋迪亦工画,见其所画山水,谓之曰:"此画信工,但少天趣耳。当先求一败墙,张绢素倚之墙上,朝夕观之。既久,隔素见败墙之上,高平曲折皆成水山之势。心存目想,高者为山,下者为水。坎者为谷,缺者为涧。显者为近,晦者为远。神领意造,恍然见其有人、禽、草木有飞动往来之象,则随意命笔。自然景皆天就,不类人为,是为活笔。"①其感悟,画格遂大进。有《秋山图》传世。宋佚名《宣和画谱》卷十一、宋邓椿《画继》卷六、明朱谋垔《画史会要》卷二等皆有传。

　　在山水画的创作方面,河阳温县(今河南温县)人郭熙颇有独到之处。

　　郭熙(生卒年不详),字淳夫。生有异性,才爽过人。事亲孝,居家睦。处乡里,立节尚气,重然诺,不妄交游。喜泉石,安畎亩,不学而小笔精绝,为朋旧求讨,遂渐有名。既壮,公卿交召,日不暇给。宋神宗熙宁间,为图画院艺学,后任翰林待诏直长。工山水,早年风格较工巧,后取法李成,转为雄壮,山石用状如卷云的皴笔,画树枝如蟹爪下垂,笔势劲健,水墨明洁。常于巨幛高壁,作长松乔木,回溪断崖,峰峦秀拔,云烟变幻之景。与李成并称"李郭"。存世作品有《早春图》《窠石平远图》《幽谷图》《秋山行旅图》等。有画论《林泉高致集》(其子郭思增注)传世。其中在山水画的创作方面提出了不少独到的见解。对于后代画家的创作不无启迪和指导意义。

　　南渡以来,推为独步自成家数的河阳三城(今河南孟州市)人李唐,更是为人称道。

　　李唐(1066—1150),字晞古。宋徽宗朝曾补入画院。政和中,徽宗立画院,召诸名工,必摘唐人诗句试之。尝以《竹锁桥边卖酒家》为题,众皆向酒家上着工夫,惟李唐但于桥头竹外挂一酒帘,徽宗则喜其得"锁"字意。宋高宗建炎年间,太尉邵渊荐之,奉旨授成忠郎、画院待诏,赐金带,时年已近八十。其善画山水、人物,笔意不凡。尤工画牛,得戴嵩遗法。宋高宗雅爱之,

---

　　①　〔宋〕邓椿:《画继》卷六,文渊阁《四库全书》(影印版),第6—7页。

尝题《长夏江寺》卷上云:"李唐可比唐李思训。"①其画山,变荆浩、范宽之法,笔墨峭劲,写出山川雄峻之势。且能删繁就简,创"大斧劈"皴;画水则打破鱼鳞纹程式,而得盘涡动荡之状。兼工人物,初似李公麟,后衣褶变为方折劲硬。其技艺为刘松年、马远、夏圭等师法,开南宋一代新画风。后来人们将其与刘松年、马远、夏圭一起称为"南宋四家"。其传世佳作有《万壑松风图》(现藏台北故宫博物院)、《长夏江寺图》(现藏北京故宫博物院)、《采薇图》(现藏北京故宫博物院)、《清溪渔隐图》(现藏台北故宫博物院)等。

李迪(生卒年不详),河阳(今孟州市)人。宣和年间,莅职画院,授成忠郎。宋高宗绍兴年间,复职画院副使,赐金带。历事宋孝宗、宋光宗朝。擅写生,花鸟、竹石、走兽皆精,亦作山水小景。其写寒禽能表禽鸟孤独之意,画竹又能尽其疏之状。在画风上,他采用工笔与粗放相结合的手法,从而形成了一种新的格调,是使南宋花鸟画风改变的代表人物。存世作品有《雪树寒禽图》《枫鹰芦雉图》《风雨归牧图》《狸奴蜻蜓图》《雏鸡图》等。

如果说到中原绘画艺术,不能不提当时的"翰林图画院"。其集聚了当时国家相当数量的高水平画家,仅开封人便有李吉、侯文庆、董祥、任从一、黄宗道、郭信、戴琬等。其中还有大批非中原画家,如众所周知的《清明上河图》的绘者张择端便是其中之一。

张择端(生卒年不详),字正道,东武(治今山东诸城市)人。幼读书,游学于京师开封,后习绘事。本工其界画,尤嗜于舟车、市肆、桥梁、街道、城郭,别成家数。徽宗朝供职翰林图画院。有《清明上河图》传世。但在宋、元人著作如宋刘道醇《宋朝名画评》、宋邓椿《画继》、宋周密《云烟过眼录》和元夏文彦《图绘宝鉴》等,均未提及《清明上河图》和张择端之名。这说明张择端此人于当时,其名不彰。正如明孙矿《书画跋跋续》卷三所言:"今司寇惜张择端在宣、政间名不著。"②至明人张丑《清河书画舫》、明赵琦美《赵氏铁网珊瑚》等方提到其人及其作品。这从侧面也说明当时"图画院"院里院外绘画高手如云。

比如以画得官者,大有人在。据元夏文彦《图绘宝鉴》卷三载:"内侍刘

---

① 〔元〕夏文彦:《图绘宝鉴》卷四,文渊阁《四库全书》(影印版),第13页。
② 〔明〕孙矿:《书画跋跋续》卷三,文渊阁《四库全书》(影印版),第10页。

瑗,字伯玉,开封人。家多奇画,尤能考覆其伪,皆极精当。放笔作云林泉石,颇复潇洒。官至通侍大夫,赠少师。

"内侍梁揆,字仲叙,开封人。善丹青,花竹、人物、山水一一能之。官至直睿思殿。

"内侍罗存,字仲通,开封人。性喜画,作小笔山水,虽身在京国而浩然有江湖之思致。官至尚食局奉御。……

"内侍冯觐,字遇卿,开封人。少好丹青。……作江山四时之景,颇极精妙。慕王晋卿笔墨,临仿乱真。官至武翼大夫。……

"内侍贾祥,字存中,开封人。少好工巧,至于丹青之习,颇极其妙。作竹石、草木、鸟兽、楼观皆工,亦善人物。官至知内侍省事,赠少师。

"内侍乐士宣,字德臣,祥符人。善丹青,独喜金陵艾宣,画久乃觉宣之拘窘,于是舍其故步,而笔法遂陵轹于前辈。善画花鸟,尤工水墨。官至虔州观察使,赠少保。

"内侍李正臣,字端彦,工写花竹禽鸟,颇有生意。官至文思使。

"内侍李仲宣,字象贤,始专於槖木,后喜工画鸟雀,颇造其妙,其所缺者风韵萧散,盖亦有所未至焉。官至内侍省供奉官。"①

更有画艺高超者,被宋徽宗"封臂",不准随意与他人画。元夏文彦《图绘宝鉴》卷三:"戴琬,京师人。宣、政间在翰林,恩宠特异。工翎毛、花、竹,尝得入阁供奉。后因求者甚众,徽宗闻之封其臂,不令私画,故传世者鲜。"②

当时大量绘画高手云集在"图画院",无疑推动了中原绘画艺术的发展和创新。

中原先贤们的艺术成就,以及洛阳龙门石窟、巩义石窟等造像艺术和朱仙镇木版年画等民间艺术,均有着极强的艺术生命力。这一切,再加上中原深厚的文化底蕴和独特的山水、风俗民情,孕育了一大批中原乃至全国画坛的精英。

早在中华人民共和国成立前夕,就有一批河南籍和一些外省籍后调入河南的画家活跃在中国画坛,他们以笔为枪,为中华民族的生死存亡鼓而

---

① 〔元〕夏文彦:《图绘宝鉴》卷三,文渊阁《四库全书》(影印版),第11—19页。
② 〔元〕夏文彦:《图绘宝鉴》卷三,文渊阁《四库全书》(影印版),第53页。

呼。河南籍的如李剑晨、谢瑞阶、丁折桂、梁冰潜、叶桐轩、秦岭云、卢光照、夏风、魏紫熙、马基光、田零、龚柯、陈天然等;外省籍后调入河南的如沙清泉、郝石林等。他们承前启后,在中华人民共和国成立后取得了一定的绘画成就,其中一些人在培育中原绘画人才方面做出了卓越贡献。

中华人民共和国成立后的"十七年"时期,谢瑞阶、陈天然、史正学、吴懋祥等人的作品在全国较有影响。谢瑞阶的中国画《刘家峡水利工地》参加中南区美展并由中国美术馆收藏;陈天然的版画《山地冬播》参加全国美展,并被多家报刊发表;史正学的国画《晨钟响了》获 1957 年"全国第一届青年美术作品展览"一等奖;吴懋祥的连环画《战火中的青春》获 1963 年全国连环画奖,并由河北美术出版社出版。之后,谢瑞阶的国画《黄河在前进》等作品参加全国美展或陈列于北京人民大会堂;王威的版画《胸中自有雄兵百万》,李自强的国画《暮色》《大吉图》参加全国美展,其中一些获奖。

改革开放以来,中原涌现出大批优秀画家及大量精品佳作。如,王宏剑油画《奠基者》《冬之祭》《阳关三叠》,曹新林油画《粉笔生涯》,谢冰毅国画《黄河之秋》,李伯安国画《日光峁上》及其百米长卷《走出巴颜喀拉》,段正渠油画《红崖屹岔山曲曲》《七月黄河》,丁昆和毛本华油画《沙风》,李明国画《太行浩气》《长龙卧雪》,王颖生国画《苦咖啡》,方照华油画《难忘的歌》,李小然版画《罗申特尔》,马国强国画《凉山霜晨》,韩学中《北方少女》《治病救人》,刘德功国画《荷魂》,桂行创国画《积翠重苍》,陈文利国画《一年好景》,李运江国画《松鹰图》,沈克明国画《山村节日》,郝大欣国画《青春同路人》,左国顺油画《工区雨季》,王克印国画《白鹭秋水》,连俊洲国画《晨韵》,白印国画《幽谷泉唱图》,刘杰的油画《家园》,张毅敏的国画《同心筑梦》,等等。其中的李伯安尤为值得一提。

李伯安(1944—1998),洛阳人。擅长中国画。1962 年从郑州艺术学院美术系毕业,曾任小学教师、工厂美工。1975 年后在河南人民出版社、黄河文艺出版社、河南美术出版社任编辑。代表作《走出巴颜喀拉》,以黄河为创作构思的依托,以迫近观众视野的近景为基本框架,用群像式的构图,从黄河之源巴颜喀拉山画起,通过一组组凝重的艺术形象和明快的节奏,抒发了大河东去的豪情壮志。他为艺术献身的精神及其艺术作品令人敬佩不已,被画界誉为"20世纪中国画坛的骄傲"。

另外,河南籍在外省市工作的一批画家,如李剑晨、魏紫熙、秦岭云、鲁慕迅、邹宗绪、靳尚谊、侯德昌、王成喜、郭全忠等,也名震海内外,取得了卓越成就。当前,中原油画基础好,国画势头劲,水彩水粉潜力大,木刻漫画影响广。中原古代的绘画曾经辉煌,当代中原画坛又谱新章,在中国艺术之林也可谓独树一帜。

思考与练习

1. 为什么说"书画一源"?
2. 书画的主要功用是什么?
3. 各个历史时期,中原有哪些代表书家? 其主要贡献是什么?
4. 各个历史时期,中原有哪些代表画家? 其主要贡献是什么?

第十一章　中原民俗文化

第一节　概述

中原民俗文化是中原人在不同的生态、文化环境和心理背景下创造出来，并在独特的历史发展过程中积累、传递、演变成的不同类型和模式的文化。中原民俗文化是中原人精神的重要载体，也是中华民族精神的重要载体，是中华文化的主要组成部分。

早在数十万年前，中原就是华夏民族聚居的地方。从豫西、豫北、豫南发掘出的 36 处旧石器文化遗存及大量尖状器和刮削器证明，在 50 万年前，中原已进入旧石器时代，此时的人们过着渔猎和采集的生活，为其后人类文明的产生奠定了基础。及至七八千年的裴李岗文化时期，中原进入考古学上的新石器时代，"农本文化"正在孕育之中。五六千年前，为仰韶文化时期，以农业为主的综合经济已经形成，社会分工已经开始。到 4000 多年前的龙山文化时期，原始宗教意识正在觉醒，一夫一妻制的个体家庭也逐步确立，通向阶级社会的大门已经打开，城市开始出现。约公元前 2070 年，中国历史上第一个国家政权——夏朝建立。从此，随着朝代的变迁，人神崇拜、王权神授、青铜器文化、玉器文化、神权政治、巫文化、礼乐制度、宗法制度逐渐出现并成为华夏民族文明的文化代表。

几千年来，河南"居土之中""秉中和之气""得四方之正"的自然地理环境，客观地铸就了中原人朴实、敦笃、奔放、倔强和心胸开阔、刚柔相济的自然特性；另外，长期处于中国政治、经济、文化中心地带的中原人，封建正统思想、伦理道德观念和小农经济思想也赋予了他们特有的历史特性，他们重本轻末，好稼穑；喜勤尚质，奢俭得中；难动以非，易感于义；俗尚礼仪，质而有节；贱释贵儒，尚鬼信巫；气秉中和，心胸开阔；从而形成了独具特色的中原民俗文化。

中原民俗所包含的中原人的共同特性是明显的。但由于广阔的土地，不同的地域条件、历史原因和文化内涵，民俗地域差别的存在是不容置疑的，所谓"百里不同俗，十里改规矩"。根据民俗学有关民俗成因的论述，中原民俗大体上可分为豫中块、豫东块、豫西块、豫南块和豫北块。另外,各地居住房舍的建造和追求、服饰的缝制和喜好、饭食的粗细搭配和奢俭、从业的习惯和态度以及家庭关系、婚丧礼仪、岁时节日、生产活动等,即使居住在同一民俗区域中,也都有差异之处。同时,中原作为一个经历过多次民族大融合洗礼的多民族的区域,在民俗文化中时常还显露着一些民族民俗文化的融合痕迹和差别。

民俗存在于人民生活的各个方面,它不仅能约束人们的行为和意识,而且对社会的进步产生着不可忽视的影响。因此,中国历代统治者大都十分重视了解民俗、掌握民俗以及根据自己的政治需要移风易俗。历代政治、经济、思想、文化的变化和发展以及统治者"移易"风俗的行动,对各个时期民俗文化的传承、发展、变化,发挥过重要作用。然而由于其社会的、阶级的原因,这种影响和作用有时具有一定的局限性、消极性。[①]

中原民俗文化特色鲜明,斑斓多姿,与生产生活密切相关的岁时风俗,如春节祭灶、守岁、吃饺子、拜年,正月十五闹元宵,三月祭祖扫墓,五月端午节插艾叶,七月七观星,八月中秋赏月,九月重阳登高等,大多起源于中原,并通行全国。中原民俗还创造了民间的生活形态和艺术品,太昊陵庙会、洛阳花会、信阳茶叶节、马街书会、开封夜市等古代的民间节会至今不衰,开封的盘鼓和汴绣、朱仙镇木版年画、南阳玉雕、濮阳和周口的杂技等民间艺术享誉中外。可以毫不夸张地说,中原民俗文化广泛影响了华夏民族乃至世界华人族群。

第二节　中原民俗文化的类型及特色

中原民俗文化表现为民间生产、民间生活、民间社会、民间信仰、民间艺术、武术等几个方面。总起来,大致可分为三类:一是物质民俗文化,以生产、交换、交通、服饰、饮食、居住等为主要内容;二是社会民俗文化,以家庭、亲族、村镇、社会结构、生活礼仪等为重点;三是精神民俗文化,包括信仰、岁

① 刘永立:《中国民俗大系·河南民俗》,甘肃人民出版社1997年版,第1—16页。

时节日、伦理道德、民间口头文学、民间艺术、游艺竞技等。

就中原民俗文化的特色来说,主要表现在以下方面。

一、世俗性

(一)世俗性表现在"敬畏""感恩""祈福"与"戏谑"

世俗性在"敬畏"上的表现,首先体现在对"自然"法则的敬,中原先民在生产和生活实践中"仰则观象于天,俯则观法于地",形成了天人合一的观念。这些观念我们可以在传统岁时节庆活动中看得非常清楚。这种态度还体现在对英雄人物自强不息、坚忍不拔精神的敬。大禹治水、愚公移山等传说都是这方面的代表。而"敬"的基础是"畏",这在民俗的很多方面都能得到体现。比如祭灶,在中原典型的祭灶食品要首推灶糖。灶糖,是一种既粘嘴又粘牙的麦芽糖。祭灶供灶糖的原因,是为了粘住灶王爷的嘴巴。传说灶王爷是玉帝派往人间监督善恶之神,其有上通下达、联络天上人间感情、传递仙境与凡间信息的职责。腊月二十三晚上灶君要升天向玉皇汇报人间善恶,于是人们便用"祭灶糖"为他饯行,带有小贿赂性质,希望他上天说好话。在人们的意识里,这个灶神更倾向于向天帝打小报告、说坏话,所以要粘住他的嘴巴。这与其说是敬,不如说是畏。再如对祖先的敬,在民间意识里,祖先升天后,已变成自由之鬼,对祖先的敬首先是害怕他们重新回家祸害存世之人,其次才是希望他们保佑家人。这还表现在民间生活及各行各业的信仰和禁忌中。

世俗性体现为"感恩"。民间对祖先的祭祀不能都看作是封建迷信,这里面包含着人们对先祖的一种感谢和思念之情。"祖有功、崇有德",效法的祖先,既是人,又是神;要敬的天,既是神,也是祖。

世俗性体现为"祈福"。民间对自然、鬼神、英雄、祖先的祭祀,最终目的是祈求他们对当世之人的护佑。所以,子孙满堂、五谷丰登、福如东海、寿比南山等祈语都是这种思想最好的表达。

世俗性还体现在"戏谑"。人们对神鬼的相信程度不一,所以,对鬼神的态度也是复杂的,除了敬畏、感恩、祈福,好多时候还有"戏谑"(即调侃)的成分。上述用祭灶糖送灶王爷也有这个意思。另如豫南的"蚌壳舞"对河蚌仙

子的挑逗,"鬼摔跤"对鬼形象的刻画,"盘叉舞拉秦桧"中武士对秦桧夫妇的
戏弄等。

(二)世俗性还表现为通俗化

这主要体现在民间曲艺方面。一般来说中原的民间故事都有"皮薄"
"肉厚"的结构,鲜活的人物形象,淳朴、厚重、爽朗、灵巧的艺术风格以及大
众化的语言。[1]

二、渗透性

中原民俗文化经过几千年的积累和变革,随着民族融合、人口流动和经
济文化交流的加强,在全国乃至世界华人族群中都产生了广泛而深刻的
影响。

中原民俗文化渗透力极强。由于中原地区长期处于中国的政治、经济、
文化中心地位,中原的民俗文化向外辐射,影响到全国,往往风行全国。随
着历史的变迁,全国经济、文化交流范围的扩大,中原民俗文化对华夏民族
的影响也在不断地扩大。例如,历史上中原人的数次大规模南迁,中原民俗
对广东、福建乃至台湾地区都产生了广泛而深刻的影响。在这些地区,至今
仍然保留着许多古代中原传统习俗的痕迹。现在台湾民间的婚礼和葬礼仍
然遵循中原古代礼制的传统。春节等风俗在唐宋时就影响到了朝鲜、日本、
越南等邻邦。在现代,随着中外经济文化的交流日益频繁,春节等风俗不仅
在华人社会有着广泛的影响,而且已经超出了华人社会。[2]

三、鲜活性

在中国漫长的农耕时代,民俗文化影响着人们的社会心理、价值观念、
道德标准、审美追求。中原民俗产生后,为人们所承袭,具有相当的稳固性,
许多民俗事象不因改朝换代或社会变革而立即中止。在现代社会,民俗文
化成为民族认同的载体、社会团结的纽带。

从正面说,其影响主要表现为以下几点:

---

[1]　高梓梅:《河南民俗与地方曲艺》,郑州大学出版社 2007 年版,第 169 页。

[2]　徐光春:《中原文化与中原崛起》,河南人民出版社 2007 年版,第 317—318 页。

　　首先,能够培育民族精神,增强民族认同感。数千年的农耕时代,在民间,深藏着博大深厚的优秀文化因子,构成了绵延不断的历史信息链,无所不包地传递着中华民族心理的密码,它们是民族个性特征和独特精神的重要表征,为民族精神提供着无尽的营养。其中,文化信息承载最为密集、情感色彩最为浓烈、道德教化作用最为深刻、记忆传承最为有力的,当属中华民俗文化。

　　其次,能够传承中华优秀传统文化。传承民族民间文化的重要手段之一是恢复传统民俗,因为传统民俗是各种民族民间文化最重要的综合载体。包括神话、传说、民间戏曲、民间美术、交际礼节、生活仪式、娱乐游戏、艺术技能、信仰心理等,内容丰富,包罗万象,无一不在传统民俗中得到存活和延续。我们弘扬了民俗文化,也就使它们所承载的丰富文化得到了延续。

　　再次,可以教化人心、匡正风气。作为惯例的民俗是法律的基础和补充,社会治理需要有效地运用民俗的力量。譬如春节所表现出的敬奉祖先、家庭和睦、邻里和谐的"和合"精神;端午节所张扬的对真、善、美的执著追求及强烈的爱国主义情怀;七夕节所蕴含的忠贞不渝、诚信友爱的观念;重阳文化所尊奉的"五伦之孝,推家及国;以孝齐家,以孝治国,达至和谐大同"的传统美德等。倡导传统节庆,对于尊崇人伦观念、规范言行礼仪、调和人际关系、调适群体生活、提升道德水准乃至构建和谐社会无疑具有其重要作用。[1]

　　同时,弘扬民俗文化具有捍卫国家文化主权和中华文化在世界文化的话语权的功能。当韩国把源自中国的"端午祭"在联合国申报为自己的非物质文化遗产时,引发了国人的激动情绪。我们的文明不能被西方的文明一一代替,在世界多元化的今天,我们需要维护我们国家、民族的"软实力",维护我们的文化身份、生存权和发展权,只有这样,我们才能实现与世界的平等对话。[2]

　　最后,弘扬民俗文化还具有拓展文化产业的功能。韩国"端午祭"已经

---

[1] 徐光春:《中原文化与中原崛起》,河南人民出版社 2007 年版,第 319—321 页。
[2] 民文强省课题组:《中原民间文化资源与河南文化强省建设》,大象出版社 2009 年版,第 21 页。

成为江陵的一项重要的文化产业,西方的圣诞节所带来的商机也十分惊人。中国民族传统节日与演艺、旅游、商贸本来有着天然的嫁接基因,是文化产业的重要资源。[①]

从负面说,现在中原民间对鬼神的信仰及各种禁忌仍然很多,这给各种邪教和不科学的思想提供了一定空间,必须以健康的方式加以引导。

第三节　中原民俗的内容及文化特质

一、中原民俗的内容

中原民俗的具体内容极其丰富,相继入选了世界、国家、省级非物质文化遗产项目 1000 多项,县级非物质文化遗产项目近 10000 项(详见第十三章)。这些文化遗产基本反映了中原民俗文化深厚的积淀。限于篇幅,本节简要介绍民间礼俗、民间节日、民间节会、民间艺术四大方面。

(一)中原民间礼俗[②]

1. 生活礼

(1)相见礼。男人相见时行"拱手礼"。即身体立直,面向受礼人,右手在里,左手在外,拢手作拳,上下摆动数次。若遇节日庆贺,则手及身体摆动的幅度很大,上至胸,下过膝,所谓"打躬作揖"。女子相见行礼则"道万福",左手在里,右手在外,抱于胸前作拳状,身体微屈,双手晃一晃即可。还有的两手轻握于右腰际,身体微屈,身体晃动几下。与上述礼节并行的还有鞠躬礼。男人相见,彼此端立,脱帽,弯曲上身,点头致意。若无帽可脱,则要点头致礼。女人则不脱帽,只点头。熟人见面除行礼外还要问候,生人相见多有人介绍。所以,中原问候语如"吃饭没""吃过饭再走""喝杯茶吧""歇歇再走"等皆是为了表达热情,一般不具有实际意义。

① 民文强省课题组:《中原民间文化资源与河南文化强省建设》,大象出版社 2009 年版,第 22 页。
② 张振犁、陈江风、任骋:《中原文化大典·民俗典》,中州古籍出版社 2008 年版,第 255 页。

（2）家庭礼。家庭内部的礼仪主要表现在两个方面：一是尊老敬长，一是伦理关系。民间的"老"应该说主要指男性，一般指"一家之长"或名义上的"一家之长"。老人要住正房，吃好的，穿暖的；家中来客，要由老人陪；春节时，晚辈要给尊长磕头，一般是一跪一叩首；平时儿女外出，必先告知老人或父母长辈；若是老一辈年高体迈了，儿女早上起来要到老人屋里问候。另外，老人也要自重，不能倚老卖老。父母和已到懂事年龄的儿女不住一室，公公要尽量少和儿媳妇说话，也不在一处做活；晚辈进长辈房时，若见门关着，也应先打招呼，获准后才可进去；兄弟间以长兄为大，妯娌间以长嫂为大；兄弟姐妹成年后不同室居住；等等。

（3）宾客礼。中原对客人的"请"，多为三次。即事先由主人登门或下帖子恳请，办事当天主人再请，等到餐前主人三请，叫做事前请，当天请，饭时请。一来显示主人的热情，二来显示被请者的身份"高贵"。茶有五种：一是白开水，叫白茶；二是开水中加糖，叫糖茶；三是泡茶叶；四是鸡蛋茶；五是"饺子茶""粉羹""荷包蛋"。不同地区有不同的做法。民间待客，皆用八仙桌以分尊卑。客人中，外甥来了不另做饭；而新女婿则被视为贵客坐首席。待客时，上菜不能只上三盘，可以两盘也可以四盘。男不陪女客，女不陪男客。迎客时主人在前走，客人在后走；送客时客人在前，主人在后。

（4）贺吊礼。贺，指喜事；吊，指丧事。结婚、生子、祝寿皆为喜事，亲朋、乡邻祝贺；丧葬、祭奠，则为忧事，亲朋、乡邻吊唁。结婚时男方亲朋们贺礼较重，女方亲朋们贺礼较轻。贺礼的轻重除受亲疏远近的影响外，也和社会的普遍经济水平有关。邻居或亲戚生孩子，头胎，不管男女，都要庆贺一番。过去民间重男轻女，生男孩称为"大喜"，雅称"弄璋之喜"；生女孩称为"小喜"，雅称"弄瓦之喜"。大喜礼一般重些，小喜礼相对轻些。中原民间普通人家老人60岁才开始祝寿，除了经济水平外，还因为人们认为不到60岁不算老。民间办丧事比办喜事还重视，喜事要"请"，丧事要"报"。亲戚、朋友、乡邻都要随礼、帮忙。

2. 生育礼

（1）怀孕。民间有很多预测生男生女的习俗。比如从饮食上区分，中原大多数地方认为"酸儿辣女"，即孕妇爱吃酸将来生男孩，爱吃辣则生女孩；

但也有少数地方认为"酸姑辣小"。从行动上观察,有人从后面喊,孕妇从左边回头者生男,从右边回头者则生女;跨门槛时先迈左脚者生男,先迈右脚者则生女;孕妇走路时,身子左倾者生男,右倾者则生女。就胎动、胎位说,胎儿多动、大动者生男,反之者则生女;孕妇腹部显尖形者生男,呈圆形者则生女。这是郑州一带的经验,而信阳等地的"经验"恰与之相反。如较长时间没有生育,则会想办法。一是求神,求送子神,中原有许多"奶奶庙"就是起这个作用;二是求人,求别人。中秋时,中原很多地方都有"摸秋"的习俗。摸秋也叫摸瓜,若谁家媳妇多年不孕,此夜就央小姑代为摸瓜,主要是摸冬瓜,越大越好,悄悄拿回家,一声不响地塞进嫂子被窝,转身便走。嫂子把冬瓜拿出来,抱在怀里做出让孩子吃奶的样子,随后把冬瓜放在床下。据说,这样就可以得子。三是求自己。可以先抱养一个,当自家孩子看待、调养,终日抱在怀里拱一拱,以求"引"来自己的孩子。民间叫"要一个"。

孕妇生小孩时不能生在娘家,也不能生在别人家。生了小孩之后,产妇则要"过月子",也叫"坐月子",有很多禁忌,比如不能到处走动,不能进别人家门,不能去井边打水,不能干重活,不能用凉水洗衣,不能拿针捏线等。家里添人之后,则有报喜、看"三"、祝"九""请满月""做百日"、认干亲等习俗。

(2)取名,民间也叫"起名"。一般由婴儿的爷爷、奶奶起,姥爷、姥姥也可以起。甚至各叫各的。民间认为小孩起名多了,吉祥,容易成活,小鬼、小妖等按名字找不到孩子。爷爷、奶奶取名多是小名、乳名,看似漫不经心实际非常讲究。在中原,还有一种虽然特殊却行之甚广的起名方式:闯名,也叫"碰名"。就是在孩子出生后的第一个清晨,孩子的父亲出门乱"碰",碰见人了,就请人家给孩子起名,起啥都行。另外还要请人家认下孩子做干儿。如果走了很久没碰到人,只碰到一条狗,做爹的就给狗磕个头,回去按"狗"字给孩子起名,如黑狗、花狗等。越是贱,小鬼不顾,孩子越能成人。对于碰名,最怕碰到"王""史""施"者,因为和"亡""死"谐音,对孩子不利;相反,喜欢碰到"刘""柳""程",因为和"留""成"谐音,可预兆孩子成人。

除"碰名"外,中原民间给孩子起名重视的是名字本身,并且被重视的对象只是男婴。原则大致有以下几种:一是以贱、脏求成人。越是疼爱的孩子,常常小名取得越贱、越脏,如狗蛋、粪叉、孬货等。二是以名补命以求成人。将婴儿"生辰八字"按"五行"推算,缺什么名字里面就补什么。三是以名字的刚强、利害求成人。如龙、虎、豹、蟒、铁锤等。四是以名字求富、求贵。如带上金、玉、富、贵、财、旺、宝等。五是以名字求换胎。接连生下姑娘,就起名换、改、变等。六是以名字示"傻"来麻痹妖邪。如傻子、憨子、迷瞪、二糊等。七是以名字作纪念。如出生地或当时发生的重大事件等。八是以名字述志或表愿,这多是起大名所用。如志远、志高、志强、耀宗、鹏程等。九是以辈分取名字。按辈取名,主要指大姓。大姓大族,多有谱牒,男子们的辈分,早由祖上定好了。

女孩少有大名,小名也是乱叫,不少人家没名,仅以大妮、二妮顺此呼之。出嫁之后,便以娘家姓和"大姐"二字构成俗称,如王大姐、李大姐等。官名则是以夫家姓加上娘家姓,再跟一个"氏",如李王氏。辛亥革命之后,提倡男女平等,女孩渐有名字,辈分也同男子一样使用。女孩起名,多以下列字:"彩、云、朵、红、霞,荣、芳、香、娥、花。娇、姣、腊、梅、雪,兰、芝、瑞、俊、叶。静、英、美、丽、萍,琴、芹、秋、菊、明。鸾、凤、惠、婵、娟,秀、莉、爱、淑、贤。妮、妞、巧、珍、焕,桃、杏、莲、竹、媛。"

3. 婚嫁礼

中原婚嫁礼俗最早出现在古代对偶婚末期和个体婚初期,至西周时期趋于完善,逐步形成纳采、问名、纳吉、纳征、请期、亲迎"六礼"。在此基础上又演化为提亲、合婚、订婚、下聘、送好、迎娶等六个程序,延续至今,成为中国主要的婚俗。

中原的婚俗礼仪一般包括以下几个步骤:

(1)婚前礼。

①提亲。俗称"说媒""提媒""说媳妇""说婆家"等,多由媒人充任。民间对媒人称呼很多,如"媒婆""媒腿儿""说媒的",这是俗称,雅称又叫"伐柯""媒妁""月老""冰人""红娘""保山""红叶""介绍人"等。民间择偶,讲究门当户对,另外还要顾及当地的禁忌,如潘、杨不通婚;马、牛、杨、朱不和翟(宰)、单(骟)、沙(杀)通婚等。对于提亲,由于男方选择的范围更广,所以,女方更重视些,常常还要通过亲戚、朋友、熟人或女方家长乔装打扮打听男方家的情况,以免被媒人骗哄。

②合婚。民间也称"合八字""合命""合年命"。"八字"是星命术士们的专业用语,其以干支相配记录人出生的年、月、日、时,恰为八字,将此八字写在红纸上,雅称作"年庚"。"合八字"首合是属相。若是属相相克,"大相不合",则媒不成。男女年龄上一般是男大女小,但在以前,也常有娶大媳妇的,有"女大三,抱金砖"之俗语。其目的是男家人少,娶来早生育和干活。

③订婚。民间称其为"换帖"。如果门当户对,双方均无意见,即可择一良辰吉日,换一换庚帖,将婚事定下。只要一换帖,婚就算定下来了,将来若一方反悔,退婚或悔婚,就要受到社会舆论的谴责。

④看好。民间称其为"看好儿""滤好儿""送好儿""提日子""送日子""择号"等。其相当于古代的"请期",所以雅称又叫"择吉"。"看好儿"分两步,其一是下聘礼"商量事儿";其二才是"择吉"。一般是男方先把想成婚的念头告诉媒人,若征得女方同意,回去就请算卦先生选择结婚的吉日良辰,这就是典型的"看好"。算卦先生依照属相和民间禁忌确定几个黄道吉日,由男方去和女方商量,叫"要好儿"。女方一般不会第一次便把"好儿"给男方。女方把"好儿"给男方,男方就会请人写一封正式的"婚书"送来,谓之"送好"。"吉日"一旦确定,双方都要严格遵守,即使刮黄风、下黑雪也要按时进行,民间所谓"下刀子也得办"!"送好"和"迎娶"之间的时间一般都不长。

(2)婚日礼。

婚日礼,即迎娶大礼,包括不少程序。

①添箱,是就女方说的。婚期将临,女方告知亲朋、邻居。亲朋、邻居向待嫁姑娘送礼,又名压箱礼。箱,即女方盛衣饰服装等的箱子。

②送贺,特指男方送礼。也有称之为"送人情""行人情"的,贺礼于婚日前送来。

③暖房,俗又称作"压床"。结婚前一天晚上,男方将洞房布置完毕,当夜床上要有人睡。有的地方强调新郎此夜睡此床,并由其弟或侄陪伴压床。有的地方不要求新郎必宿此床,但由弟、侄压床。新床上的被褥里往往塞花生、红枣等,表早生贵子之意。

④下礼。婚日一早,男方将准备好的两架盒子,一架礼盒,一架穿着盒,

抬送给女方。

⑤婆家"下礼"之后,新娘即开脸上妆。这是因为迎亲队伍很快就到。开脸上妆由嫂子执行,也叫"绞脸",即用棉线来回开合滚动拔去脸上的汗毛和脖子上的荒头发。未开脸的姑娘民间叫"毛脸人",即未成年人,只有开脸后,才算是成年人。上妆完毕,姑娘还要"抓富贵",据说,聪明的姑娘抓的少,呆愚者抓得多,因为娘家的"富贵"就那么多,抓走的多,剩下的就少,嫂子会因此而忌恨她。

⑥抬嫁妆。嫁妆是女家陪嫁之物。多少无定法,但忌空,须装上物品,并有红色标志。嫁妆有两种"搬运"方式:其一是娶嫁妆。即由男方派人去女方家中把嫁妆抬过来,时间一般是婚日前一天或当天清晨。其二是送嫁妆。即由女方将嫁妆送往男家。送嫁妆必须在婚日进行,或是在婚礼之前,或是随在迎亲队伍之后。

⑦迎娶。有两种方式:一为迎亲,新郎要亲自去女方家中,人们说的娶媳妇主要指这一种,称为大娶;一为等亲,新郎不去女家娶,而由他人把新娘迎过来,称为小娶。迎娶之前要祭祀祖先,称为"祀先",告诉祖宗先人,家中添人。家中要张喜联于门楣、剪喜字贴于洞房和大门。新郎迎娶新娘,有些地方,女方往往门紧闭,由新娘弟、侄儿把守,新郎从门缝塞钱若干才开启,进门还要帮新娘找鞋子。叫作"熬性子"或"煞性子",在豫北安阳一带的"熬性子",是在宴后,让新郎坐门外轿中静等,也叫"蹲女婿"。新郎一行被引进客房,洗手、洗脸要给端水者礼钱,讲究之家还要"参主",即向新娘家祖先行礼磕头。礼毕开宴,新郎首席,各地皆然。新娘出嫁不兴穿娘家衣服,全身装束全是婆家送来的。上轿前还要"哭嫁",以表达留恋之意。

⑧拜堂。拜堂也叫"拜天地",是整个婚礼的高潮。礼数大致相同,男西女东,面北对天地桌而站,由司仪唱引而拜。其内容一般有三:一拜天地,二拜高堂(新郎祖父、祖母和父母),三为夫妻对拜。司仪有的由执事人充当,有的由儿女双全的婶子或嫂子充当,拜过天地入洞房。

⑨入洞房。新娘被簇拥入洞房,看热闹的人也跟进去,洞房上贴有红色双喜字、红窗花,孩子们会一撕而光,俗信这样不害眼病。洞房内,新郎、新娘要完成仪式,如拜床、坐帐、更衣、上头、洗脸、喝子孙汤、铺床、送灯、端尿

盆等,都配有歌谣,加上闹房人起哄,非常热闹。

接着就是开宴、合卺(即喝交杯酒)、闹房、听房等。

(3)婚后礼。

①开拜,即婚后第二天黎明拜公婆、拜祖先、拜同族尊长。

②瞧亲,婚后第二天,新娘的伯或叔、舅、姑父、兄弟到新郎家去瞧看,俗称"瞧亲"。

③回门,亦即新娘第一次回娘家瞧看。回门多在婚后第三天,所以民间称作"三天回门",也叫"请三天儿"。当然,回门时间也有两天或四天甚至六天的。

除了正常的婚姻形式,中原民间至少还有十几种婚姻形式,如指腹婚、娃娃婚、童养媳、春童婚、"兄妹"婚、换亲、转亲、转房婚、买卖婚、逃婚、表亲婚、招赘婚、再醮、冥婚、望门寡、纳妾等。古时,中原民间还时有"休妻"现象,被称为"七出""七去""七弃",具体为:一无子,二淫佚,三不事舅姑(即公婆),四多言,五盗窃,六妒忌,七恶疾。

4. 丧葬礼

中原人对丧葬礼颇为重视,因为对于死者的态度及葬礼的规模常是衡量活人孝与不孝的标准。

(1)葬前礼。

年事已高的老人,忽然身染重病或身罹不治之症,儿女们就得赶紧为他的"后事"做准备。

①做棺材。人未死而做的棺材叫"喜活""寿棺"等。棺所用木,最好是柏木。一般长六尺八寸或七尺四寸,内宽一尺四寸或一尺七寸,不能窄于一尺三寸。

②穿送老衣。送老衣也叫"寿衣""老衣裳"。老即死意,民间称老人死为"老了""故了""走了""享福去了",忌说死。送老衣多是事前做好,叫"衣裳等人",不能"人等衣裳"。男多用白、蓝、紫,女多用白、蓝、绿、红等,忌用黑色,忌用皮、绸子。送老衣无论男女皆绣花。送老鞋也很重要,忌黑忌黄忌单。被褥中被子由女儿套,褥子由媳妇套,俗称"铺儿盖女"。老人将死未死之际,孩子将老人抬出房间放在预先铺好的草铺上,叫"睡草铺",并穿上

送老衣。穿送老衣时老人头朝里,人一咽气则需换成头朝外。亡人手不空,左手拿钱,最好是方孔铜钱,右手拿"打狗饼"。死者头下枕一个公鸡枕,民间叫"打鸣鸡"或"鸡鸣枕"。嘴里放"噙口钱",脸上盖一张白纸。"噙口钱"是用一方孔铜钱,用红线拴了,挂在死者耳朵上,男左女右。亡人腿上放一条麻绳,或者用麻绳捆住双腿,俗唤"绊脚索",以防"惊尸"。等到一切仪式都安排妥了,亲人们才可以大放悲声,不然,谁也不许哭。躺在草铺上,死于自己家中,安享天年,由儿女发殡,这就叫"寿终正寝"了。

③掐殃。人死之后,还要请阴阳先生前来掐殃。阴阳先生根据亡人故世的时间及拇指所切其他四指的部位,推算出亡人是否有殃、是否犯"七"、是否犯重丧等。殃是能够给人们带来祸患的魂,为防其危害,故有"掐殃"之举。

④送路。人将断气时,要做"投魂轿",断气后,要烧"倒头纸",院中各个门户都要贴糊白纸,以告世人,同时利于亡灵出入。烧过"倒头纸"后,儿女将亡人的一件上衣放进事先准备好的彩轿中,抬到十字路口焚烧。烧时,儿女痛哭,送亡人之灵魂上天享福。

⑤报丧。人死后,管事的人和亡人家长要迅速商定丧事的操办程序、规模和发殡的日子。之后,即向亲戚报丧。报丧有两种方式:一是送口信,二是发讣告。民间一般是口信。亲戚们接到丧信后,迅速前往吊唁,烧纸磕头以寄哀思。尤其是女儿,闻讯即来,一路大放悲声,哭到灵前。

⑥戴孝。民间也叫"穿孝""护孝""糊孝"等,孝是指孝衣,但有时也指时间。戴孝有一定的讲究,亡者儿女要穿重孝,即披麻戴孝,鞋上也要糊孝。一般是守孝三年。家族中不出"五服"的人,当时也按辈分远近戴孝,只不过是戴孝较少和时间较短而已。

⑦守灵。亡人故后,停尸在堂,孝子们要守灵。男女共守,各占一侧。守灵者有两个任务:一是人来吊唁磕头致祭时负责给亡人烧纸,叫"化纸钱",同时陪哭。吊者礼毕,要给其回磕一个头。二是烧更纸。人死后夜里要化两次纸钱,一更天烧一次,五更天烧一次,名曰"烧更纸",烧时还要哭。

⑧入殓。也叫入棺、入木、进材,就是把亡人从灵床上移入棺木。入殓前,要把棺材再行检点,放些石灰或青灰,还有用彩纸甚至绸子装饰的。装

殓时,忌尸体见阳光,俗信尸体见阳光易变妖气。入殓时,必由长子捧头,闺女抬脚,其他子女则一起架起尸体缓缓放入棺内。

⑨丧祭。亡人一去,就在院子里搭起灵棚供祭奠。停灵在家的时间,以三天五天者为多,七天出殡者也不少,但再长时间的就属于特殊情况了。此后有的人家还有"点主"之礼(即尊死者为神)。

(2)葬日礼。

①打墓。中原多于殡葬日一早,派人打墓。打墓有两种,一是往祖坟埋,二是另立新坟。

②出"告白"。以郑州郊区最普遍。殡日一早,丧家即将"告白"贴出。告白是将丧事安排告诉大家。"告白"一出,街坊邻居即可吊唁致哀,当地人称"开吊了"。

③开灶门。俗信人死魂还活着,为了不致在阴间受苦,还要给他们烧纸送钱,摆供送食,还要送纸扎的四合院、轿子、车子、楼及摇钱树等,为了让其成为"魂上魂",还要给他扎金童玉女等役用仆人。这些纸扎不是拿来都管用,而是再经过一道仪式才行,这就是"开灶门"。就是由亡人的女儿或儿媳把这些纸扎上的门打开,实为亡魂安家的意思。

④祭吊。告白出后,孝子即到灵棚下跪灵。男孝子手持哀杖,成排分跪灵棚两侧,女孝子头扎孝布,守于屋内灵棺旁,每有客来吊唁祭拜,孝子即陪着哭、跪,并负责烧纸、回礼。

⑤待客。亡人未走,举家不安,丧事待客从简。不过,对于"忙客"和执事等,丧家主人还要过后再请,以表谢意。

⑥封棺。也叫封口、绝口等。封棺是一个过程,先要让亲属及亲戚们向遗体告别,而后才是封棺。如果亡者是女,娘家人不点头不能发丧,这是民间公认的法则。封棺不用铁钉,而是用木头做成的榫头四至六个,统称"四六扣"。所以,民间做衣服多缀三、五颗而不缀四、六颗。封棺毕,抬棺人即进来捆扎棺材,并迅速抬起放置于两条长凳上,叫"升棺"。事实上,也是检查一下棺材捆得是否牢靠。

⑦出殡。也叫出灵,是整个丧礼中的最高潮。送葬路上,长子或长孙持幡或哭丧杖走在灵前。有的地方还要在棺前摔老盆。升棺毕,主孝子身着

全孝率众孝子举行谢礼。谢后站起,再一起转身朝灵棺跪下磕头,行"请灵礼",正式出殡。送葬队伍以纸扎物品为前导,随之是响器班子,接着才是持幡的主孝子。主孝子由其舅或表兄弟搀扶,其他孝男均持哀杖走在灵前。整个送殡过程中,要求不出村子祭祀三次,头一次祭路神,后两次祭亡灵。

⑧安葬。棺木送到墓地,抬棺人要快跑几步,孝子们也跟着快跑,民间称此为"抢穴""抢茔""抢风水"。随后,停下来,把棺材放于地上,用绳子把棺材兜起,以便下葬。此时,行墓祭礼,即吊唁宾客一齐向棺木方向行四叩礼。礼毕即行安葬礼。下葬时,各地礼数多有不同。下葬后,"引魂幡"插于墓前,哀杖棍散插于墓的四周,点燃纸扎冥器,此时安葬礼毕。

(3)葬后礼。

葬后礼即殡日之后所行礼仪,大致包括荐汤(即向亡魂献汤)、谢孝(即孝子于丧葬后向前来参加丧仪的舅父家等表示谢忱)、圆坟(即葬后三日,儿女身穿重孝对坟头再行封土)。

除了上述安葬方式,中原古代还有火葬、柩棺、浮埋、弃野等方式。

民间还多有祭祀之礼,既有按时行祭的对象,也有用时才祭的神祇。按时行祭者,多是为了祈福;用时才祭者,多是为了禳灾。按时行祭者少,用时才祭者多。但无论哪种形式,其目的和内容可概括为:祈福禳灾。按时行祭的对象有祭天、祭地、祭神(除天、地之外的神)、祭祖。用时才祭的对象则非常多,难以尽数。

(二)中原民间节日①

中原的传统岁时节日繁多,现举较为重要的介绍一下(以下民间节日所指日期均为夏历日期):

1. 春季节令

(1)立春。

每年公历2月4日前后,即为"二十四节气"之一的立春。古籍中言,此日"春神"立位,万物复苏。此节一到,人们便须安排新的一年农事。

---

① 张振犁、陈江风、任骋:《中原文化大典·民俗典》,中州古籍出版社 2008 年版,第 159—186 页。

（2）春节。

俗称"年下"，是中原民间一年之中持续时间最长、最隆重的传统节日。正月初一日，家家早起床、换新衣，洗涮完毕，首先燃放鞭炮，拜祝先祖遗像。接着，晚辈向长辈拜年，长辈要给晚辈"压岁钱"。全家人吃过年饺子，随后开始到亲友家拜年。拜年一般多由家长带领，先拜长辈近族、邻友，以后再去远处各家。各家为接待贺年客人，常备烟、茶、瓜子、花生、糖果等。按"早拜年，晚拜寿"的习惯，初一午后，拜年活动即告结束。正月初二串亲戚。正月初二是闺女回娘家的日子。从这天开始，人们便带着礼品来来往往串亲戚。正月初三为祭坟、祭宗祖的日期，因旧皇历中说这一天"诸事不宜"，忌走亲戚。但在豫东，往往人死不过三年，则选择初三去走亲戚，有祭祀亡人之意。初五为"破五节"，民间认为初五是年后第一个不吉日，亲友之间亦忌相互串访。如为亡人行"三年祭"（俗称"过三年"），往往亦选择这一天。如请鼓乐班，则要放鞭炮，以示"破五"。一般情况下，除正月初三之外，节日期间，民间走亲串友，几无闲日。从初一到初五，人们一般不大干活，五天之内不蒸新馍，妇女不动剪刀，以免破财；初六日以后，方可动手干活。

（3）人日节。

正月初七日。亦称为"人胜节""人庆节"。北齐魏收《魏书》卷一百四载："俗云正月一日为鸡，二日为狗，三日为猪，四日为羊，五日为牛，六日为马，七日为人。"[1]此语不仅道出了"人日"的来由，也说明了对"六畜"的重视程度。民间传说，正月初七为人日，以七种菜为羹，可以得到吉祥。后人于此日多以吃野菜为主，传说可以保障人丁兴旺、身心健康。

（4）元宵节。

正月十五日。又称"灯节"，古称上元节。中原地区有丰富多彩的"耍社火"活动，如踩高跷、划旱船、玩狮子、挂灯笼、舞龙等。它来源于古老的土地与火的崇拜，自秦汉以后，演变成为民间传统的综合性文化活动，并成为全国春节文化活动的重要内容。正月十五、十六两日吃元宵、闹花灯，是一年当中最热闹的日子。

---

① 〔北齐〕魏收：《魏书》，中华书局1997年版，第2325页。

（5）填仓日。

正月二十五为填仓日。又称"添仓日""天仓日"。旧时农村人家，家家于是日早晨，以草木灰在院内地上撒成圆圈，圈内放豆、谷、杂粮等，称"打囤"，意在预兆丰年。

（6）二月二。

俗称"龙抬头节"，即古时的中和节。因其在惊蛰前后，万物复苏，故有"龙抬头"之说。人们供奉龙王，一来祈求风调雨顺，二来祈福消灾祛毒。晚上儿童击瓦唱谣："二月二，龙抬头；大囤尖，小囤流。"至此，春节才算真正过完。

（7）社日。

社日是中原地区祭祀土神的传统节日，时间分别在立春和立秋的第五日，约当春分和秋分前后，故有些地方以春分为春社，秋分为秋社，统称"社日"。此时祭土神。旧时，社日村民结成一伙，吃社饭、喝社酒，据说社酒可以治聋。有的地方习惯吃面，称为"社面"。

（8）清明节。

清明，是我国"二十四节气"之一，多在公历 4 月 5 日前后，夏历三月初。又称"踏青节""上巳节"。至于扫墓祭祀，则由古时"寒食节"演变而来。其起源于春秋时晋文公下令一日停火以哀悼介子推之事。实际上，清明节、寒食节、三月三相近，百姓合而为一以度之。清明的传统习俗活动主要有扫墓、踏青、植树、放风筝、荡秋千、拔河等。利用清明节悼亡祭祖、外出踏青已成为海内外华人的一种极具代表性的社会习俗和文化标志。

（9）谷雨节。

谷雨，亦是我国"二十四节气"之一。清明后十五天，每年四月二十日前后开始。谷雨禁蝎是普遍流行的旧俗，这天人们写画禁蝎符，张贴在墙上，以驱除蛇蝎。

2. 夏季节令

（1）浴佛节。

四月八日，为佛诞日，人称"浴佛节"。中原民间流传"四月初八，百草开花"之语。又称"龙华会"。许多地方举行庙会，为夏收做准备。

（2）端午节。

五月初五，又称"端阳节""重午""重五"等。因五五阳盛，百毒应时而生，所以又称此日为"恶日"。端午节起源很早，说法不一。战国爱国诗人屈原于此日投汨罗江而死，后来人们便将此日作为纪念屈原的节日。这一天人们吃粽子、戴香囊、在门口插艾叶。

（3）雨节。

五月十三为雨节，又称"竹醉日"，传说是黄帝诞辰日。中原有些地区传说是关公磨刀斩小妖的日子。旧时有些地方亦举行各式各样的祈雨仪式。

（4）六月节。

六月初一，俗称"小年下"，取一年过半之意。夏粮入囤，秋忙未至，故聊庆丰收，蒸馒头、包饺子、炸油条以改善生活。

3. 秋季节令

（1）七夕节。

七月初七。传说是牛郎织女双星相会之日，故又称"双星节""情人节""乞巧节""女儿节"等。此为妇女，尤其是未婚姑娘的节日。此日，姑娘们白天欢聚设宴，供奉织女，并做穿针等游戏，晚上向织女祈求智慧。

（2）鬼节。

七月十五为中元节，中原民间主要上坟烧纸祭奠死者，并行超度亡魂野鬼之事，俗称"鬼节"。

（3）天医节。

八月一日。此日人们以碗盛取树叶露研辰砂，以牙签染点身上，百病俱消，谓之"天灸"。古人以此日为天医节，祭黄帝、岐伯。

（4）中秋节。

八月十五日。源于古代中原地区的祭月迎寒活动。作为节日，西汉时已初具雏形，晋时已有赏月之举，到北宋时正式定名为中秋节，至今长盛不衰。这是一个颇为隆重的节日。至节，无论城乡，人们都购置月饼、瓜果、酒肉，孝敬长辈，馈送亲朋，庆祝丰收。八月十五日晚，皓月当空，家家置案于庭院中央，摆上月饼、瓜果，阖家团圆，祭月赏月。

（5）重阳节。

九月九日。又称"登高节""菊花节""茱萸节"等。另外，在中原人的传统观念中，九为阳数。九月初九日，两个阳数相重，故称"重阳"。"双九"蕴有生命长久、健康长寿的意思。这一天还有许多以老人为中心的尊老、爱老、敬老活动。此时正值秋收秋种农忙季节，在乡村，人们顾不得大肆铺张，仅仅改善一下生活而已，至于登高赏菊之举，在民间则不为。

4. 冬季节令

（1）寒衣节。

十月初一，为夏历"三冥节"之一，因多上坟烧寒衣，故称之。或称"十月一儿"，与清明节、七月十五一样为祭祖的日子。

（2）冬至。

此为农历中"二十四节气"之一。这天人们多吃饺子，新婚女子要由娘家返回婆家。

（3）腊八。

腊月初八。其实是蜡（zhà）日，又称"八蜡"，是古老的一种年终祭祀"八神"的节日的变异。汉郑玄注、唐孔颖达疏《礼记正义》卷二十六："天子大蜡八。（所祭有八神也。蜡八，仕诈反。蜡祭有八神：先啬一，司啬二，农三，邮表畷四，猫虎五，坊六，水庸七，昆虫八。）……蜡也者，索也。（谓求索也。岁十二月合聚万物而索飨之也。）"①后转化为世俗宗教节日，中原地区许多地方的八蜡庙、虫王庙就是此遗俗。这一节日的标志是食用"腊八粥"（早饭）。此粥以小米为主料，加红枣、花生、绿豆、豇豆等八种原料细煮而成，香甜可口。食用前还要将粥抹于各种果树上，希望来年果实累累。

（4）祭灶日。

腊月二十三日。民谚："二十三，祭灶官。"俗称"过小年""小年""小年下"等。人们在这一天要换上新的灶君像，像两旁贴对联："上天言好事，下界保平安。"横批："一家之主。"

（5）除夕。

腊月三十日，俗称"年三十"。这一天人们进行贴春联、画桃符、烧大红

---

① 〔清〕阮元：《十三经注疏》（影印版），中华书局 1979 年版，第 1453 页。

草(或柏枝)、祭天、请神、祭祖、守岁、放鞭炮等系列活动。

（三）中原民间节会

1. 中原民间庙会

中原的庙会,据保守估计,从清末民初到中华人民共和国成立初期,城乡存有 3 万个左右。大致分为五个类别:始祖神祭祀、名贤祭祀、道教庙会、佛教庙会、旅游休闲庙会。[①]

（1）淮阳庙会。周口市淮阳区城北的太昊伏羲陵,当地俗称人祖庙。据考,太昊伏羲陵始建于春秋,汉代曾在陵前建祠。太昊伏羲陵占地 36 公顷有余,规模宏大、建筑雄伟。太昊陵庙会的声势之大、会期之长为中原地区庙会所独有。每年自农历二月二日始,至三月三日止,会期 1 个月。朝祖进香是庙会的基本内容。相传农历二月十五日是人祖伏羲的生日。伏羲创立八卦,制定嫁娶,奠定了中华民族的早期文明。由善男信女组成的朝祖进香会,高举黄绫青龙旗,手捧香楼,肩挑花篮,在器乐声中,十分庄重地向人祖焚香跪拜,表达对祖先的崇敬。大凡祭祖朝香者,都要从家乡带来一把泥土,进香之后,添撒在伏羲陵墓上,寓意子孙繁荣昌盛。在陵园内也有不少人手摸"求子窑"而求子。其纪念品"泥巴狗"也颇为著名。

（2）中岳庙会。中岳庙位于登封市城东 4 公里处,太室山东麓黄盖峰下。每年夏历三月初十和十月初十,这里都要举行中岳庙会。其源于古代统治者对中岳的祭祀。宋代政道合一,中岳庙会进入鼎盛时期。今逐渐发展为重要的商品交易场所。

中岳庙会会期长达 10 天,人数最多时每天达 20 万人次。庙会至今仍保留着许多古老的习俗,如"拴娃娃"、拜干爹、摸铁人等。庙会上还有舞狮子、划旱船、踩高跷、火龙舞等民间舞蹈艺术表演,还可见到具有浓烈信仰色彩的各种纪念品"吉祥物",如长命锁、玉如意、宝葫芦、香袋、辟邪剑、生肖石等。

当地流行一种习俗,俗称"拴娃娃"。凡婚后不孕的妇女,大多都要在庙会期间去"嵩岳大帝"和"嵩岳娘娘"那里求娃娃。人们用红头绳从庙里道人

① 民文强省课题组:《中原民间文化资源与河南文化强省建设》,大象出版社 2009 年版,第 181 页。

手中拴回彩色的娃娃放在床头上或苇席下。如果如愿以偿,还要在孩子周岁时到中岳庙里向嵩岳娘娘还愿。做了妈妈的妇女,还愿时总是很大方。当初抱嵩岳娘娘一个娃娃,还愿时一般都要送回相当于 10 个"娃娃"的价值,以作为对嵩岳娘娘施子之恩的报答。当地人在孩子周岁时还有到中岳庙的铁人前举行"挂锁"的仪式。此外,当地人来到中岳庙的铁人前,总要有目的地抚摩一阵。据说人身体的哪个部位疼痛不适,只要摸摸铁人与自己相同的部位,病痛就会减轻,甚至消失。疑是庙中道人的说法,不过也能够起到一定的心理安慰作用。

(3)浚县庙会。浚县正月会、八月会规模大、时间长。正月会中心在浮丘山,故又称"浚县山会",又因赶会者多上山朝拜老奶,又俗称"老奶会"。该会规模盛大,范围涉及方圆数里。会期自正月十五至月底,为时半月。远近香客由会首带领,高挑朝山进香旗,直趋碧霞宫朝顶,燃放鞭炮,焚香叩头,祈祷保佑。浮丘山顶鞭炮声昼夜相继,大殿前铁火池内香火昼夜不熄。豫、冀、鲁、皖、晋商贾如期赴会,商品一应俱全。寺庙僧道,于会间索取布施钱、香箔钱、灯油钱、讨签钱、打灯头礼钱等,收入可观。八月会期自农历七月二十日至八月初一,故也称八月初一会,地点也在浮丘山。规模仅次于正月会。

其他地方也有不少庙会,如信阳城乡庙会、平顶山香山寺庙会、平顶山铁塔寺庙会、商丘正月初七古庙会、郑州城隍庙庙会、潢川观音庙会、罗山县灵山庙会、东京(开封)禹王大庙会、新乡大王庙会、新县乌马潭庙会、鲁山县昭平湖古刹庙会等。

2. 中原民间书会

马街书会全国闻名。马街书会始于元朝初期,延续 700 多年经久不衰,被称为中国曲艺文化史上的一大奇观。1996 年,马街书会被列为"中国十大民俗"之一,2004 年被公布为"河南省民族民间文化保护工程"首批试点项目之一。每年的正月十三,全国各地的说唱艺人云集宝丰县马街村亮书会友,交流技艺。为了赢得一年一度的"书状元"称号,艺人们都拿出自己的看家本领,真是群英荟萃,各显身手;演唱的曲艺种类繁多,既有河南坠子、湖北渔鼓、四川清音,也有山东琴书、凤阳花鼓,可谓百花盛开,争奇斗艳。

3. 中原民间花会

洛阳牡丹花会。自唐以来,洛阳牡丹便有了"甲天下"的美誉,有着"花开花落二十日,一城之人皆若狂"①的观花习俗。从 1983 年以来,每到四月中旬至五月中旬春暖花开的季节,洛阳市就举办牡丹花会,牡丹竞相开放,花团锦簇,美不胜收。

开封菊花花会。此会自公历 10 月 18 日至 11 月 18 日为期一月。每年此时,在开封的大街小巷遍布色彩绚丽的菊花,把开封装点成一片花海。花会主要展点有龙亭、铁塔、大相国寺、包公祠、禹王台等。开封菊花早在北宋时期就已盛极一时,挂菊花灯、开菊花会、饮菊花酒等活动在开封已经有上千年的历史。

郑州月季花会。此会于每年公历 5 月举办。不仅有主办单位拿出的各色月季花,城中百姓也可以把自己家里培育多年的名品拿出来,届时满城皆花,公园、街巷处处都是美丽的鲜花,香气馥郁。

其他节会,如信阳茶叶节、南阳玉雕节等都规模宏大。

(四)中原民间艺术

中原民间艺术源远流长,具有很强的地域性特征。这里有泥玩之乡——浚县、唢呐之乡——沁阳市、民间绘画之乡——内黄县、书法艺术之乡——孟津区、泥塑之乡——淮阳区大连乡、玉雕之乡——镇平县、农民画之乡——汝南县罗店乡、大铜器之乡——郏县安良镇、魔术之乡——宝丰县赵庄乡、谜语之乡——南召县、盘鼓之乡——开封市祥符区、曲艺之乡——淅川县厚坡镇、剪纸之乡——汤阴县、社火之乡——陕县大营镇。除了以上称号外,由中国民协命名的文化之乡已达 23 个,如桐柏县为"中国盘古之乡"、上蔡县为"中国重阳文化之乡"、卫辉市是"中国财神文化之乡"、鄢陵县是"中国腊梅文化之乡"、虞城县为"中国木兰文化之乡"、汝阳县为"中国杜康酒文化之乡"、周口是 2005 年 10 月全国唯一获得"中国杂技之乡"称号的市级城市等。②

---

① 〔唐〕白居易:《白氏长庆集》,文渊阁《四库全书》(影印版)卷四,第 6 页。
② 民文强省课题组:《中原民间文化资源与河南文化强省建设》,大象出版社 2009 版,第 141 页。

　　1. 中原民间工艺

　　(1) 洛阳唐三彩。洛阳唐三彩始创于南北朝,盛于唐。唐三彩是指唐代俑器和陶器的釉色而言。三彩是通称,并非仅指三种颜色。唐时多以红、绿、黄为主,还有白、黑、蓝、紫等颜色。唐时洛阳为都,生产三彩,所以洛阳是唐三彩的故乡。唐三彩的出现是中国陶瓷史上的伟大创举,使素陶走向了彩陶。唐三彩釉质的主要成分是硅酸铝,呈色剂是各种不同的金属氧化物。唐三彩的主要产品有粉彩文物俑、唐代仕女、龙头杯、特大型三彩马等300多个品种。唐三彩造型浑厚丰满、工整细腻、刀法简朴、线条流畅,显示了唐代的精神面貌和艺术水平。不仅富有独特的艺术风格,而且具有鲜明的民族特色,深受国内外人士的喜爱。

　　(2) 朱仙镇版画。朱仙镇是我国水印木版年画的发源地。朱仙镇木版年画被誉为中国四大木版年画之一,它继承汉唐壁画的传统,具有线条粗犷豪放、形象夸张、色彩艳丽、讲究构图对称、久不褪色等特点。年画工艺为木版与镂版相结合,水印套色,颜料均由各种植物制成,题材和内容大多取材于历史戏剧、演义小说、神话故事和民间传说,乡土气息浓郁,民间情趣强烈,具有独特的地域色彩和古朴的乡土风格。2003年河南启动了“河南民间文化遗产抢救工程”,并将朱仙镇木版年画列为抢救项目之首。目前已恢复了4个年画老作坊,通过挖掘、整理、收集,一批珍贵的清末民初木版年画古雕版重见天日,具有现代规模的销售、批发市场初步形成。

　　(3) 开封“汴绣”。“汴绣”素有国宝之称,它继承了宋绣的题材、工艺特点,借鉴了苏绣、湘绣的长处,吸收了河南民间刺绣的乡土风味,在此基础上创立了大量的针法。既长于花鸟虫鱼飞禽走兽,又善于山水图景,刻画人物形象细致传神。绣品既有苏绣雅洁活泼的风格,又有湘绣明快豪放的特点,形成了“汴绣”绣工精致细腻、色彩古朴典雅、层次分明、形象逼真的特点。其代表作有《清明上河图》《百骏图》《五牛图》《韩熙载夜宴图》《簪花仕女图》等。在新时期,西洋画也走进传统工艺的领地,是刺绣工艺的创举。汴绣用线调色,用线作画,是刺绣中最难掌握的新工艺,而表达光影效果的新针法——乱针绣也应运而生。其打破常规,用无序的针法表现油画中的笔触,把光影色彩效果中的微妙关系表现得极为逼真。

（4）禹州钧瓷。钧瓷的故乡禹州市有发展陶瓷的天然资源，早在4000—5000年前的新石器时代，先人已从事陶瓷生产。钧窑创烧于唐，兴盛于宋，复烧于金、元，延至明、清仍继续仿制，历经千年而盛烧不衰，形成了一个庞大的钧窑系，时至今日又再创辉煌。钧窑是我国宋代五大名窑之一，与汝、官、哥、定诸窑并驾齐驱。钧瓷造型端庄、窑变美妙、色彩艳丽、五彩缤纷，又居五窑之冠。钧瓷最突出的成就在于铜红釉的稳定烧成。它突破了青瓷单色釉的格调，在中国古代陶瓷工艺史上具有极其重要的意义。

（5）南阳玉雕。南阳玉，又称"独山玉"或"独玉"，产于南阳市城区北边的独山，为全国四大名玉之一。独山玉质坚韧微密，细腻柔润，光泽透明，色泽斑驳陆离。其有绿、白、黄、紫、红、白6种色素77个色彩类型，是玉雕的一等原料。正是有了这种无可比拟的资源，玉雕才在南阳发展成一个产业。玉雕产品的品种，可分为人物、花鸟、走兽、器物等4大类。人物造型多取材神话传说、古代戏曲故事；花鸟有百鸟朝凤、喜鹊闹梅、凤凰牡丹、长尾鸟屏等23种；走兽有狮、象、虎、牛、套马等16种；器物有玉瓶、玉环、转炉、亭炉、玉鼎等，共120余种。雕刻按技法不同分花活、素活两类。花活如花熏、转炉、飞禽、走兽、仕女人物等；素活如戒指、手镯、耳环等。现代艺人除继承传统雕刻外，融汇国画的山水、人物、花鸟等画风格，经历代玉雕艺人的潜心研究，逐步形成"花活以技取奇，素活以色显贵"的特点。

（6）灵宝刺绣。灵宝刺绣手艺都是"母女相传，代代传承"。以往农村姑娘一般在十三四岁时便开始学习刺绣手艺，为自己准备嫁衣和各类绣品。按当地的风俗，男女举办婚礼时，婆家只提供新房、床柜等大件家具，其余的全都由娘家陪送。新娘的嫁妆中，除箱柜和被褥外，便全部是新娘的绣品，如披肩衣裙等。另外一部分如荷包、手帕等则是新媳妇过门后拜见长辈、接待妯娌们的见面礼，以此显示自己的心灵手巧，给婆家人留下个好印象。灵宝民间刺绣历经数代人的延绵传续，并不断发展创新，逐渐形成了自己独特的地方风格，表现特征和主题一般是：寓意吉祥、传播爱情、表现母爱。

（7）三门峡棚口。棚口是一种古老的纺织艺术，流行于渑池县东天池村一带。此地历史上建有多种寺庙，逢年过节，村里人将庙神请回村里，安置在搭有彩门的棚内，进香上供。后来为了与邻村争夺庙会，该村就将春节期间各家请神的神棚的彩门集中起来,吸收各家之长,统一设计,构成一座十分壮观形似城楼的大彩门,吸引四乡村民来观赏,这种大型彩门组合就叫"棚口"。

(8)汤阴剪纸。汤阴剪纸艺术历史悠久。据该县文化部门普查,全县280个行政村中就有180余个保留着剪纸的传统风俗。全县剪纸爱好者超过了3000人。汤阴民间剪纸大体分为服饰类、装饰类、展示类三种形式。20世纪70年代以来,一些民间艺人灵活运用传统的剪纸手法,辅以刻、镂、拼色、衬色等技艺,结合时代特点创作,使作品具有浓郁的生活气息和时代特色。

(9)濮阳麦秆画。濮阳麦秆工艺画源于隋唐。其麦秆要经过熏、蒸、漂、刮、推、烫以及剪、刻、编、绘等多道工序,依麦秆本身的光泽、纹彩和质感,根据需要进行剪裁和粘贴而成。麦秆画具有光泽透亮、装饰效果好、艺术感染力强等优点。制作出的人物、花鸟、动物栩栩如生,活灵活现,形象逼真,给人以古朴自然、高贵典雅之美,成为收藏、欣赏、馈赠之佳品。麦秆画在制作技法上大胆采用国画、烙画、剪纸、刺绣等艺术表现手法,完全采用手工剪、刻、编、贴等技术加工,精工细雕、巧夺天工。

(10)长垣花戏台。长垣花戏台以"花"而著名,正上方用五色绸缎高搭彩门,横脸锦分三层,都以传统戏剧中的主要人物而饰,人物周围用流苏绣球围成团团花束,五彩灯、流水灯与彩绸互相衬托,相映成辉。如此精致的戏台装饰在中原大地几乎绝迹,实为中国民间艺术精品。

2. 中原民间游艺

(1)苏家作龙凤灯舞。苏家作位于博爱县,其龙凤灯形成于清道光年间,由艺人黑旦所创。旧时苏家作人务农耕作之余,业余文化生活相对比较丰富。每年春节和苏家作火神庙会期间(夏历二月十九日),苏家作人为庆贺一年的劳动成果,期盼来年获得更好的收成,都要把龙、凤、麒麟、老虎、孔雀、荷、鱼等象征富贵吉祥的动、植物形象制成花灯。除在各家门口悬挂外,还根据一些民间传说故事,把这些花灯组织起来,各扮角色,进行演艺活动,龙灯舞和凤灯舞就是其中的代表。龙、凤灯舞是集体口头传承,主要传承人多为舞龙头、龙尾、凤头以及舞蜘蛛灯、太阳灯的艺人。龙凤灯舞场面庞大、气势恢弘、节奏明快、粗犷豪放,加之数十种伴舞灯和群众耳熟能详的民间传统故事作为主要舞蹈内容,深受广大群众的喜爱。2003 年苏家作村被河南省文化厅命名为"河南省民间艺术之乡"。

(2)平顶山民间舞蹈。现已选编入卷的民间舞蹈共 15 个节目。这些舞蹈大都是土生土长,相继流传于今;也有一部分是外地交流融汇,经过加工提炼,成为当地人们喜欢的舞蹈。它遍布在平顶山市的叶县、宝丰、鲁山、郏县、舞钢郊区等县区。每逢元宵佳节、祭祀、农闲时,在广场、庙会、村庄院落进行自娱表演,表达了人们的思想情感,反映了社会生活。平顶山市叶县的"霸王鞭""鱼灯舞",郏县的"铜器舞"等都很有特色。

(3)新乡民间舞蹈。新乡民间舞蹈,可追溯至公元前。夏禹祭祀时所用的"禹步",为新乡"巫舞"之源。武王伐纣,所率士卒歌舞之风颇甚,对新乡民间舞蹈的昌盛影响很大。新乡市民间舞蹈主要有 30 余种。按演出风格、产生渊源及服饰道具可以分为鼓舞、造型舞、龙狮秧歌舞、庙会佛教舞等 4 大类。其中抬阁、背桩、大鼓、寸跷秧歌、竹马、高跷尤为群众所喜爱,远近闻名。

另外有秧歌舞、抬花轿、腰鼓舞、大头舞、龙灯舞、狮子舞、旱船舞、怕老婆顶灯舞、打夯舞、犟驴舞、张公背张婆舞、鹤蚌舞、二鬼摔跤、踩高跷等流行中原各地。富有地方特色的还有清丰斗羊,南阳石桥镇威风锣鼓、别轿舞、青华抬妆古饰,开封的十斋郎、斗鸡、鼓子曲、舞鲍老、盘鼓、讶鼓舞、转踏舞、绿腰舞、西陕西坪彩云舞,宜阳县的竹马,渑池县的转九曲,灵宝的骂社火,三门峡的百佛顶灯,南召的云彩灯,登丰的赶会舞,淅川的串灯舞,镇平的九莲灯,内乡的庄稼佬送闺女舞等。

4. 中原民间话语

所谓民间话语,就是以民间语言完整地表达一个思想或意思的文字或说话。这可以分为两方面:

(1)从话语形式上指中原各地方言,都带有地方色彩。

(2)从话语内容上又可以分为两类:一类是有情节性的话语。中原神话、传说、故事、笑话、歌谣等都属于此类,如伏羲、女娲的神话、七仙女的传说、南阳等地的民间歌曲等。一类是无情节的话语。中原民间流传的谚语、歇后语、谜语等都属于此类,是一些来自民间并主要由民间集体创造、广为口传、言简意赅并较为定型的艺术语言形式。

中原民间话语大致有以下几个特点:

(1)从创造者来说,一般是由民间有生活阅历并有表达能力的人进行创造,同时在传播的过程中集体加工;传播中常常会出现一些"故事家",他们既是民间话语的主要继承者和传播者,也是民间话语的主要创造者。

(2)从传播方式上来说,一般是口耳代代相传的方式,由长者传给青年人,或者家庭、社会独立、交叉传播的方式。家庭靠内部祖辈传承,社会靠师承。同时,家庭可以传入社会,社会也可以传入家庭。

(3)从传播的场合看,大多在田间、地头、饭场等地方。①

二、中原民俗的文化特质

从文化的角度,中原民俗文化表现出"根文化"、规范化和诗意追求的特质。

(一)中原民俗的特质之一就是其"根文化"

中原民俗文化就是中华文化的根。其上可以推到伏羲、女娲,甚至可以推到盘古。中原是中华文明的主要发祥地,伏羲、女娲神话传说和黄帝轩辕氏的传说主要在中原,也最完整,这在8000年前的裴李岗文化中可以得到印证。因此可以说,从产生看,中原民俗文化是华夏民俗文化之根。从发展来看,由于中原长期是中国政治、经济、文化的中心,民俗文化不断地向外辐射、扩散,又不断地融合、吸收外来的民俗文化,再向外辐射、扩散,使中原民俗文化成为中华民俗文化的基因。无论中原民俗文化散落到各地后受当地环境的影响而造成的表现形式有什么变化,它的核心文化要素和精神内核都是一样的。

(二)中原民俗文化的另一特质就是规范化

中原民俗文化影响着华夏民俗文化,也影响着华夏主流文化。反过来,华夏的主流文化也在中原的民俗文化上打下了深深的烙印。这和许多地方的民俗文化是不同的。民俗文化本来更多体现的是情趣化,但中原民俗除

---

① 高梓梅:《河南民俗与地方曲艺》,郑州大学出版社2007年版,第165页。

了情趣化还体现出规范化的特质,尤其表现在婚、丧、祭祀礼仪中。比如婚礼中的"六礼",丧礼中的"卒、殓、殡、葬、祭"都把"礼"和"孝"的形式发挥到了极致。另外如年节祭祀中,女人不可参加,把"男尊女卑"思想贯彻得很彻底,至今一些地区还是如此。

(三)中原民俗文化的第三个特质是诗意追求

例如,从朱仙镇木版年画粗犷豪放的线条、夸张的形象、艳丽的色彩、对称的构图,可以看到中原人民对美、对情趣、对平安、富足生活的强烈愿望,而其纯朴、厚实、健壮的风格则表现了中原人民性格的内涵;从许多民间曲艺、民间游艺、民间话语可以看出,无论是身处太平,还是在遭受劫困,人们都能保持乐观、从容、幽默的风格,表现出超越痛苦的风度。这些普通老百姓的心灵世界、文化性格、生活愿望和审美情趣,对我们民族的生存和历史发展起到了极其重要的作用。中原人民历经磨难,但都能承受,这和老百姓的内在心态密切相关。

思考与练习

1. 中原民俗可分为哪些类型?

2. 中原民俗有哪些特色?

3. 中原民俗的当代价值是什么?

第十二章　中原戏曲艺术

第一节　概述

　　戏曲是综合艺术,是音乐、舞蹈、表演、叙事、美术等多种艺术的有机融合。中原戏曲植根于中原文化沃土,其孕育、诞生和发展,都与中原文化精神密切相关。长期以来,多姿多彩、内蕴丰厚的中原戏曲在中原艺术中占据着重要的地位,戏曲欣赏也是中原百姓最喜闻乐见的文化娱乐形式。

　　中原是培育戏曲的摇篮。在戏曲尚未形成之时,中原大地早已拥有多种多样的艺术形式。中原至今流传的古代神话传说、寓言故事的叙事形式,还有禹州出土的 2700 年前的驱邪青铜面具等,都是形成戏曲必备的艺术元素。

　　装扮表演是戏曲的一个重要内涵。春秋战国时期的诸侯国君大都养有以说唱或表演形式进行劝谏的优人,其幽默的语言、滑稽的动作,具有很强的"装扮"表演成分。淇县东汉墓出土铜镜的东方朔戏优人的生动画面,济源汉墓出土的逗笑东汉俳优陶俑即是佐证。汉代以后出现的百戏,是把丰富多彩的技艺集中于一个场地进行,各种艺术的交流加速了戏曲的生成,有些舞蹈出现了情节化的趋势,故事、表演相结合的具有戏剧性质的艺术形式也开始出现,于是有了把装扮表演与叙事艺术综合一体的《东海黄公》;有了把滑稽、游戏、机趣品格引入这种综合的《参军戏》;有了《旧唐书》卷二十九记载的"河内"(今沁阳市)的歌舞小戏《踏摇娘》。后晋刘昫等《旧唐书》卷二十九:《踏摇娘》生于隋末。隋末河内有人貌恶而嗜酒,常自号郎中,醉归必殴其妻。其妻美色善歌,为怨苦之辞。河朔演其曲而被之弦管,因写其妻之容。妻悲诉,每摇顿其身,故号《踏摇娘》。"①从中可看出《踏摇娘》已经具备了音乐、故事、装扮表演这些戏曲的基本因素。但此期艺术形式过分简单,只能认为是戏曲的初级形态。

　　致使中原叙事艺术发生转折始自东汉以来佛教的传入。佛教徒的讲经向人们传播了大量生动的故事,叙事艺术有了曲折的故事情节和表现人物

---

① 〔后晋〕刘昫等:《旧唐书》,中华书局 1975 年版,第 1074 页。

性格的细节。这便催生了中原戏曲艺术的诞生。

北宋是中原戏曲锻造的关键期。北宋都城汴梁诸艺杂陈的瓦舍勾栏中，杂剧堪为"重头戏"。宋孟元老《东京梦华录》卷八记载："七月十五日，中元节。……构肆乐人自过七夕，便般《目连救母》杂剧，直至十五日止，观者增倍。"①这个由《目连救母》变文演变、可以连续演出七八天的杂剧，已经有了相当复杂曲折的故事。况且北宋杂剧已有了参军色、装孤色、引戏色、副末色、副净色，或者是末泥色、装孤色、副末色、副净色等不同的固定的行当分工，足可视其为中国戏曲成熟的先声。

靖康之变，中原失去文化中心的地位。但中原深厚的文化积淀仍然为戏曲的发展提供了丰富的营养。因北宋战乱而流散各地的艺人，促进了南戏的成熟和元杂剧的发展。不少元杂剧作家是中原人或出生于中原，如白朴、郑廷玉、李好古、赵文殷、锺嗣成等。不少元杂剧剧目都把故事发生背景放在中原。元杂剧的曲调属北曲系统，而"中州调"在元杂剧的声腔中占有重要的地位。明初，封地在开封的周宪王朱有燉，深得开封深厚的文化哺育，撰有杂剧 31 种，在当时甚为流行。明中期以后，中原流行传奇剧。明末清初孟津人王铉的《双蝶梦》，清初新安人吕履恒的《洛神庙》及其孙吕公溥的《米勒笑》等，皆轰动一时。

明代也是戏曲发展多样化的时期，当南方诸腔争奇斗艳，昆山腔、弋阳腔相继流入中原之时，中原也在凭着自己的文化积淀孕育着自己的声腔剧种。在北曲进入元杂剧的声腔系统后，中原大地仍然不断产生着时曲小调并广为流行。这些时曲小调多用三弦、琵琶、筝、浑不似等弦索类乐器伴奏，又称为弦索小令。由于其深受民众以及一些文人喜爱，在明末便形成了可与南曲诸腔抗衡的弦索腔。弦索腔包括许多剧种，流行在中原的有罗戏、卷戏、大弦戏、越调，还有被称为河南调的女儿腔等。其在进入清代之后，便成为民间演出的主要剧种。

清代，在全国戏曲多样化发展的大背景下，中原文化的丰富性在戏曲剧种的发展上得到了充分体现。除明代出现的以上弦索腔剧种外，中原又出现了许多各具特色的地方戏剧种，如河南梆子、大平调、怀梆、怀调、宛梆、百

① 〔宋〕孟元老撰，伊永文笺注：《东京梦华录笺注》，中华书局 2007 年版，第 794—795 页。

调、二夹弦、落腔、道情戏、豫南花鼓、嗨子戏、豫东花鼓、汴梁腔、铙钹戏、扬高戏、灶戏等。与此同时,许多外地剧种也纷纷流入中原这片文化沃土,除了明代流入的昆曲、弋阳腔外,又流入了京剧、秦腔、蒲剧、汉剧、楚剧、河北梆子、山东梆子、上党梆子、陇西梆子、四股弦、柳琴戏、眉户、清戏等。中原文化博大包容的特质,使得流入中原的剧种拥有与本地剧种和谐共赢的环境,成为中原戏剧文化的一个有机组成部分。

清末民初,中原戏曲进入兴盛阶段。一些竞争力较强,名声显赫的剧种,如河南梆子、越调、大平调、大弦戏、宛梆、怀梆,还有刚刚登上舞台的曲子戏,及其流入剧种京剧、汉剧、蒲剧都十分红火,每个剧种都有众多名扬四方的班社,每个有名气的班社都有一批身怀绝技、在观众中享有威望的知名演员,可谓名家辈出。中原戏曲的成熟和兴旺,遂使其成为中原广大民众主要的文化娱乐方式。

第二节　中原的剧种及其代表剧目

中原拥有丰富的戏曲资源。清代以来,诞生于河南的剧种和外省流入的剧种约有 50 个。这些剧种主要分为板腔体剧种、曲牌体剧种、综合体剧种、民间小戏、祭祀性剧种几个类型。每一个剧种都拥有丰富的代表剧目,有表现传统生活的传统剧目,有新创作的古代剧目,也有表现当时生活的现代剧目。它们传承和展现着不同时代的道德原则、世态人情、思维及行为方式,是通过其独特的艺术形式所反映的社会发展史,是一笔丰厚的文化宝藏和精神财富。这里不妨分类将中原有代表性的剧种及其代表剧目作如下简明介绍。

一、板腔体剧种

板腔体是戏曲音乐的主要结构形式之一。这种结构形式的基础,是根据唱词上下句结构的对称性,形成音乐上下两个基本对称的乐句。这两个乐句可以借用变化、重复、发展的方式,构成各种大小不同的唱段。所以,它的全部唱腔也是由这种上下句基本形态构成的各种板式组成的。中原戏曲的板腔体剧种有:豫剧、越调、宛梆、怀梆、道情戏、大平调、四股弦、怀调、卷戏等。

（一）豫剧

历史上豫剧曾有河南讴、靠山吼、土梆戏、高调、河南梆子等称谓,豫剧之名初起于20世纪30年代,到该世纪50年代开始普遍使用。豫剧的主要流行区域有河南各地以及山东、河北、山西、陕西、湖北、安徽、江苏、甘肃、青海、新疆、四川、台湾等省区,并曾流播于黑龙江、宁夏、贵州、西藏等省区,是全国范围内影响较大的地方戏曲剧种。

关于豫剧的形成,说法不一。一说是由陕西同州梆子(东路秦腔)演变而来,一说是由河南民歌、说唱艺术演变而来,还有一说是由弦索腔演变而来。最早透露出其蛛丝马迹的是清周玑纂修的《杞县志》,其卷之八中说:"愚夫愚妇,多好鬼尚巫,烧香佞佛,又好约会演戏,如逻逻、梆、弦等类,殊鄙恶败俗。"①还有一本创作于清乾隆年间的"浪子回头"小说——李绿园的《歧路灯》,也提到了一种戏叫"梆锣卷",并且把它与"陇西梆子腔""山东过来的弦子戏""黄河北的卷戏"相提并论。其实这里所说的"梆"就是河南梆子戏。清徐珂《清稗类钞》之《戏剧类》里也说:"土梆戏者,汴人相沿之戏曲也。其节目大率为公子遭难、小姐招亲及征战赛宝之事。道白唱词,悉为汴语,而略加以靡靡之尾音。"②由此看来,河南梆子的产生时间大体在乾隆时期,产生地是开封。

1934年,文人张履谦撰写的《相国寺民众娱乐调查》认为,河南梆子源于开封本地说唱体的"干梆子"。其以梆子击节、简单平直的上下句式的唱腔结构,的确与河南梆子最具特色的"二八板"原始结构非常相似,它也应是河南梆子的母体。清代中后期,随着多种声腔在中原的流播兴盛,河南梆子经历了一个与诸腔互汇混糅的阶段,"曲牌"向"板腔"变体,"本梆"与"外路梆"交融,河南梆子在热闹的"杂陈"中迅速发展成熟。到了清末,流行区域已由原来的开封的"内十处"(祥符、杞县、陈留、尉氏、中牟、通许、仪封、兰

---

① 〔清〕周玑:《杞县志》(影印版),台北成文出版社1976年版,第496页。
② 〔清〕徐珂:《清稗类钞》,中华书局1986年版,第5022页。

阳、封丘、阳武)延伸到了东至商丘,西至渑池,南至确山,北至安阳的广大中原地带。据民国五年(1916)朱仙镇重修明皇宫时所撰的《重修明皇宫碑记》可知,当时众多的河南梆子演出班社纷纷为此举捐资,演出活动也非常红火,这便标志着河南梆子已进入到了一个迅猛发展的时代。

豫剧唱腔音乐系梆子声腔体系,属板式变化体,有其独特的板式结构和音乐程序,主要有慢板、二八板、流水板、飞板四大板类组成。唱腔总体风格高亢、舒展、激昂、豪放。豫剧的唱腔在形成与发展过程中由于受到各地风土人情、语言音调的影响,逐渐形成了各具特色的地域分支。以开封为中心流行的有"祥符调",以商丘为中心流行的有"豫东调",以洛阳为中心流行的有"豫西调",豫东南沿沙河一线流行有"沙河调",黄河以北还流行有"高调"(实际上是"祥符调"在豫北的分支)。从唱腔结构、调式、曲调等构成来看,除"豫西调"自成一家外,其他各调都比较接近,所以现在一般又将传统豫剧分为"豫东调""豫西调"两大类。"豫东调"因旋律多在"徵"和"商"之间进行,故在传统中被称为"上五音",唱法多使用"二本腔"(俗称"假嗓"),音调高亢、挺拔、明朗,善于表现慷慨激昂、热情奔放的情绪;"豫西调"因旋律多在"徵"和"宫"之间进行,故称"下五音",唱法多使用"大本腔"(俗称"大嗓""真声"),音调深沉浑厚,低回婉转,更擅长表现悲情。

20世纪初,长期活跃于村野草台的"土梆戏"面对汴梁城的观众,便有了强烈的改革需求。在该世纪30年代中期,樊粹庭与陈素真组织的豫声剧院和王镇南与常香玉组织的中州戏曲研究社,对"戏剧之科白、词句、腔调、做工、化装、行头,革除旧习,取法京剧",进行了卓有成效的改革,提高了豫剧的文学品位,强化了豫剧的规范性,建立了合理的表演团体运行机制,同时,促进了"豫西调"与"豫东调"的相互交流与吸收,将豫剧的水准大大向前推进。

中华人民共和国成立后的戏曲"三改",使豫剧的人才建设、剧团体制、剧目质量发生了翻天覆地的变化。在对原有豫剧班社进行整顿改革的同时,一批新文艺工作者参加了豫剧团体,1956年先后成立了河南省戏曲学校、河南豫剧院。在有组织有领导地展开对传统剧目的挖掘、整理、加工过程中,不仅注重了人物形象的塑造,还更加注重了剧目的技艺性、观赏性。

豫剧舞台上出现的一批优秀剧目如《花木兰》《穆桂英挂帅》《拷红》《大祭桩》《破洪州》《桃花庵》《洛阳桥》《下陈州》等,不仅深受中原民众欢迎,有的还拍成电影发行全国,受到全国人民的欢迎。

河南豫剧院三团是全国有名的演出现代戏曲的"红旗团",聚集着以杨兰春、王基笑为代表的有志于现代戏的艺术家,创作了《朝阳沟》《小二黑结婚》《刘胡兰》等一大批影响全国的现代戏剧目,创造了更加贴近生活、贴近时代的表演、歌唱、服饰、布景等艺术表现形式,开创了豫剧的一代新风,形成了豫剧史上的一个新流派——"三团派"。在 20 世纪五六十年代,豫剧在省外发展势头迅猛,全国近 20 个省、区都拥有扎根当地的豫剧演出团体,从而使豫剧成为全国瞩目的大剧种。

尤其是新时期以来,一批经过精心打造的传统经典剧目如《七品芝麻官》《香囊记》《五世请缨》,让人百看不厌。新编古代戏《血溅乌纱》、现代戏《倒霉大叔的婚事》《倔公公与倔媳妇》则以新的面貌吸引着新、老观众。在继承传统的基础上,豫剧不断吸纳丰富着自身的表现形式和语汇,作品的文学性、观赏性也大大提高,一批雅俗共赏的精品剧目在全国叫响,如《程婴救孤》《老子儿子弦子》《常香玉》《铡刀下的红梅》《村官李天成》《焦裕禄》等。与此同时,豫剧队伍也在发展壮大,涌现了一大批优秀的演员。

现将豫剧的代表剧目简要介绍如下。

《花木兰》。为陈宪章根据马少波的京剧《木兰从军》移植改编。事见元左克明《古乐府·木兰辞》。此剧主要写的是南北朝时花木兰替父从军的事情,为常香玉演唱的代表剧目,也是她 1951 年为抗美援朝捐献"香玉剧社号"战斗机进行义演时的主要剧目。1956 年长春电影制片厂将此剧拍摄为戏曲艺术片。

《穆桂英挂帅》。又名《老征东》《平安王》《杨文广夺印》。事见明纪振伦(号秦淮墨客)《杨家府世代忠勇通俗演义》。此剧主要是写 53 岁的穆桂英挂帅出征。1954 年马金凤、宋词整理。马金凤饰剧中的穆桂英,可谓帅旦应工,以唱见长。"出征"一场的"辕门外三声炮"唱段,长达百句,脍炙人口。商丘专区豫剧一团于 1954 年演出。1958 年江南电影制片厂将此剧拍摄为戏曲艺术片。

《唐知县审诰命》。又名《审诰命》《保定府》《七品芝麻官》。此剧主要写的是明朝嘉靖年间,新任县令唐成不向权贵低头,刚正不阿,秉公而断,最终将凶手绳之以法的事情。1978 年赵籍身(执笔)、黄同甫、崔承海整理,夏相林、谢巧官为导演,由河南省豫剧二团演出。1979 年,该团与鹤壁市豫剧团主演牛得草组成河南省庆祝中华人民共和国成立 30 周年进京演出代表团,在京演出引起轰动,文化部授予剧本整理和演出一等奖。1980 年由北京电影制片厂拍摄为戏曲艺术片,易名为《七品芝麻官》。

《朝阳沟》。编剧杨兰春,导演杨兰春、许欣。此剧讲的是城市姑娘银环和山村青年拴保高中毕业后,同去拴保家乡朝阳沟务农的事情。1958 年 5 月 19 日,此剧由河南豫剧院三团首演于郑州。1963 年长春电影制片厂将此剧摄制为戏曲艺术片。该剧塑造了一组有血有肉、丰满生动、个性鲜明的人物形象,语言生动风趣,表现形式、音乐唱腔的继承与创新,都达到了时代的最高水平,可以说是一部里程碑式的作品。

(二)越调

其也称作"四股弦",主要流行于河南及湖北、陕西等省部分地区。清末民初南阳人张嘉谋校注的《南阳府志》指出,越调和弦索兴起于明代末年。明傅一臣在其所作《苏门啸》杂剧中所提到的越调特点,与当今越调相似。这些说法证明了越调产生于明代。越调的唱腔音乐原为曲牌联缀体,有"九腔十八调,七十二调门"之说,从清乾隆年间开始向板式变化体过渡。板腔主要有慢板、流水、铜器调、十字头、散板等。曲牌已为数不多,有汉调、上天梯、放牛调、望乡台等十余种。

清代乾隆年间,禹县(今禹州市)即有县衙门和车马行的越调班社。清末南阳、襄城、郏县、许昌、新郑、密县、荥阳等地,有 100 多个越调班。这个时期出现了一批知名演员,如吴春城(艺名真得酥)、陈小金(人称戏子王)等。所演剧目有"老十八本""小十八本"之说。随着越调的发展,移植改编的剧目不断增多,艺人们又把越调的剧目分成"正装戏"和"外装戏"两大类。所谓"正装戏",就是越调原有的传统剧目,唱词少,道白多,词句比较文雅深奥,唱词都按一定的曲牌和调门演唱,如《文王吃子》《抱火斗》等。所谓"外装戏",就是移植的其他剧种和根据说唱故事、小说改编的剧目,唱词多而道白少,通俗易懂。并出现了一些"活词"连台本戏,如《王子龙私访》《李天保吊孝》等。这类"外装戏"大约在清末就代替了"正装戏"。民国初年,越调进入城市戏院演出。1915 年,新郑县越调演员在郑州平阳里搭建席棚戏院演出,同年开封李姓商人在开封天庆茶社旧址设立文明茶社,聘请舞阳县越调班演出;1917 年,南阳公议社越调班进入开封,先后在北羊市、丰乐园演出,引起轰动。主要演员有筱金钩、小玉枝、罗金章等。演出的主要剧目有《打鱼》《苏三爬堂》《铡叶理红》《罗章跪楼》等。抗战期间不少越调班社相继解体。

1947 年中国人民解放军解放邓县,帮助越调演员史道玉等成立了越调剧团。同年,申凤梅、申秀梅姐妹所在越调班在郾城县参加了中国人民解放军第二野战军,随军演出。1950 年前后,在人民政府的支持下,毛爱莲等组建了红光剧社。其他新组织的越调演出团体有九女社、胜利剧团、新生职业剧团、大众剧社等。1955 年先后成立了郑州市越调剧团、商丘专区越调剧团(后调归周口地区)、许昌地区越调剧团、邓县越调剧团等 16 个职业团体。1956 年,在河南省首届戏曲观摩演出大会上,所演出的加工整理的越调传统剧目《收姜维》《哭殿》《大保国》等,荣获多项奖励。1963 年,申凤梅率周口地区越调剧团到北京演出引起轰动,周恩来总理看了申凤梅主演的《收姜维》后,接见了全体演出人员,夸奖"河南的诸葛亮会做思想工作"。越调上演的优秀传统剧目除以上提到的外,其他如《诸葛亮吊孝》《李天保吊孝》《火焚绣楼》《白奶奶醉酒》等,都深受观众喜爱。同时还上演了一批现代戏,如《苦菜花》《扒瓜园》《卖箩筐》等。

现将越调的代表剧目介绍如下。

《收姜维》。又名《天水关》《三传令》《智收姜维》等。事见元末明初罗贯中《三国演义》第九十三回。此剧主要写的是蜀相诸葛亮智收魏将姜维的事情。李甦根据传统戏《遣将》《劝降》改编。1956 年项城越调剧团首演,申凤梅因演此剧赢得"活诸葛"的美誉。1981 年珠江电影制片厂将此剧拍摄为戏曲艺术片。

《白奶奶醉酒》。又名《借女冲喜》《赵老常借闺女》。此剧取材于民间传说,写的是白家营以嗜酒闻名的寡妇白奶奶嫁丑女的事情。1980 年韩伟、刘德言、杜萍整理,许昌地区越调团演出,毛爱莲饰白奶奶。1981年长春电影制片厂将此剧拍摄为戏曲艺术片。

（三）大平调

其又名平调、大梆戏、大油梆。主要流行于豫北、豫东、冀南、鲁西南、皖北等地。大平调的渊源,一说是河南梆子在豫北的一个分支,一说是武安平调流行至濮阳一带演变而成,还有认为是由木偶戏演变而来。

大平调唱腔音乐属梆子声腔,为板式变化体,与豫剧唱腔音乐的板式结构多有相同之处。最初演出形式是地摊演出,开场是长期流传下来的一种程序:"擂鼓鸣金不起梆,尖子(尖子号)、簌篥敬明皇,三起三落君居定,弹拨韵起枣木梆。"清乾隆年间,濮阳一带,这种演出形式还相当普遍。正是在这个时期,高台演出也发展起来。戏班之间经常唱"对台戏",为了招徕观众,创造绝技,促进了整个大平调艺术的发展。清代后期,大平调在豫北、豫东十分兴盛,而一些豪门富绅和衙门班头纷纷组织大平调戏班。

在大平调的发展过程中,由于所流布的不同地区的语音和观众审美趣味的差异,形成了东路平、西路平、河东平三个地域性分支。东路平又称开州平,开州即濮阳,这一支脉自然是以濮阳为中心;西路平是以滑县为中心,流行于浚县、内黄、淇县、延津、鹤壁等地;河东平以东平县、曹县为中心,流行于豫东兰考、民权、宁陵,还有鲁西南一些地区。

抗日战争时期,大平调班社纷纷解体,中国共产党领导下的冀鲁豫边区民主政府把一些流亡的大平调艺人组成了忠义剧社、众艺剧社,编演了一些反映现实生活的现代戏,如《民族英雄范筑先》《发土地证》《寡妇改嫁》等,同时还移植了一些新编古代戏,如《黄巢起义》《闯王进京》《逼上梁山》等。这些剧目在抗日战争中起到了动员民众,积极抗战的作用,同时使大平调艺术面貌一新。中华人民共和国成立后,大平调在民间班社的基础上,先后在濮阳、清丰、南乐、滑县、内黄、延津、兰考等7个县成立了大平调职业剧团,农村业余演出也日益增多。1956年,在河南省首届戏曲观摩演出大会上,所演出的大平调传统剧目《白玉杯》《杨广篡朝》《战洛阳》等,获得多项奖励。新时期,大平调剧团得到进一步发展,仍是豫北、豫东地区为农民群众演出的主要戏曲剧种。

大平调剧目多以"袍带戏"为主,约有 600 出,内容多取材于《封神演义》《三国演义》《水浒》《说唐》等较为严肃的历史小说或其他史料,如《火龙阵》《下陈州》《将相和》等。角色以黑红脸为主,唱、念、做、打并重,表演粗犷夸张。

现将大平调代表剧目介绍如下。

《下高平》。又名《高平关》《借人头》。此剧主要写的是赵匡胤奉郭威之命去取父亲的故交高老鹞人头的事情。饰演赵匡胤的演员以二红脸应工,饰演高老鹞的以大净应工,文武并重,唱、念、做、打俱全。清末民初期间,浚县头皂平调戏班的张兴明擅演此剧,能做 72 个造型不同的身段。其中的"金鸡独立""三不照""蹲裆骑马""回头望月"等,尤为时人称道。而且还有"耍柳圈椅"和"纵身蹲坐"等绝技。

（四）怀梆

其因流行于怀庆府一带而得名,又称怀庆梆子或怀调。关于怀梆的起源,一种看法是由河南梆子流行到怀庆府后变化而成;一种看法是由当地的民间说唱吸收梆子声腔的艺术成分而形成。

在清代乾隆年间,怀庆府已有怀梆的班社活动,称为"行戏班""江湖班"。清末民初,是怀梆的兴盛时期,不仅怀庆府所属 8 县普遍都有怀梆戏班活动,豫西、冀南也有怀梆的班社演出。沁阳县的怀梆戏班分为海神班和江湖班。海神班是以敬奉海神的名义而组成的行会戏班,称为"行戏",多被有权势的官绅把持;江湖班是在乡村演高台的怀梆戏班,为迎神赛社、庆寿、贺喜、还愿等民俗活动演唱。清末民初,怀梆班社中出现一批知名演员,如红卓、王庭顺、田景常等。1946 年,中国共产党领导的太行区民主政府在沁阳县紫陵村曾经组建了怀梆沁河剧团,1948 年与太行第四专署文工团合并。20 世纪 40 年代,萧月芳为怀梆第一代女演员,50 年代则有女演员秦素芳、赵玉清等先后登台。1956 年成立了沁阳县怀梆剧团并保留至今。

怀梆角色行当以及表演特点与豫剧基本相同。唱腔道白使用的是"怀庆府话"音韵和语调。其音乐唱腔板式也与豫剧大体相同,唱腔音乐结构属于板式变化体,有慢板、二八板、流水板、散板 4 个板类。每一个板类又包括多个板式和附属性板式。怀梆唱腔有"后嗓"唱法,就是用假嗓翻高 8 度。

有呼气、吸气两种演唱方法。

怀梆通常上演的剧目有300多出,多为历史故事改编的"袍带戏",如《头冀州》《二冀州》《渭水河》等,也有一些反映民间生活的剧目,如《三娘教子》《老少换等》。中华人民共和国成立后,整理改编演出的传统剧目有《对花枪》《反西凉》《黄金蝉》及连台本戏《乐毅伐齐》《黑石山打虎》等。

怀梆代表剧目为《反西唐》。此剧主要写的是樊梨花刀劈杨藩归唐之后的故事。此剧悬念强烈,情节紧张,阵容强大,在演出上很有特点。清咸丰、同治年间,著名旦角艺人李永泰(银成)演出此剧,红遍整个怀庆府。

(五)宛梆

其也有"南阳梆子""南阳调""老梆子"等称谓,1959年改称为"宛梆"。其主要流行于河南南阳一带以及湖北襄阳、陕西商洛等地。

关于宛梆的起源,一说是同州梆子流入南阳后演变而成;一说它是河南梆子的一个分支。清末民初南阳人张嘉谋在修订《南阳府志》的时候曾批注,南阳调起源于明代。在清道光二十八年(1848),内乡县夏馆镇张珊曾办有南阳调公义班,行当齐全,阵容强大,演出水平很高,经常演出于南阳周围诸县及与陕西、湖北接壤的各县。清末民初,南阳各县有众多南阳调戏班,大都演出于南阳及南阳各县城乡,为民间各种庆典、祭祀活动演出。这一时期的知名演员很多,如郝林荣、马子山、刘桂生等。这是南阳梆子的兴盛时期。

中华人民共和国成立后,成立了内乡县南阳梆子剧团,加工整理了一批传统剧目,同时上演了不少现代戏。1998年,《三院禁约碑》获河南省第七届戏剧大赛金奖。

宛梆的剧目与其高亢嘹亮的唱腔、火爆热烈及粗犷质朴的表演是一体的,多数剧目以"外八角"为主,多取材于历史演义、神话小说、民间传说、元杂剧。有大量的袍带戏、征战戏,即使生活戏,也多有强烈的冲突、热闹的场面。艺人们把代表剧目编为顺口溜:《和氏璧》《九莲灯》《火烧战船》《宇宙锋》;《大江东》《小江东》《刀劈杨藩》《浑圆镜》;《董家岭》《十王宫》《乐毅伐齐》《战樊城》;《头冀州》《二冀州》《水淹七军》《对抓钩》。

(六)怀调

其也曾经写为"淮调",又称"漳河老调"。主要流行于彰德、卫辉、顺德、广平、大名 5 府,所以有"五府怀调"之称。这一剧种,在其流行地域有深远影响,民国时期的民间乐工,经常吹奏怀调《五女兴唐》《响马传》等剧目中的唱腔。

怀调属于梆子声腔,唱腔结构为板式变化体。基本板式有慢板、二八板、流水板、散板。有人认为它是怀梆的一支,但是它的伴奏乐器却更多与大平调相同。文场中以大弦(月琴)、二弦为主。其二弦状似京胡。

清代中叶,怀调已在豫北、冀南广泛流行,各府衙和军队的戏班大多唱怀调。知名演员有花脸二壮、旦角天保、小生杨凤山等。同时,民间的怀调班社也非常普遍。清代怀调盛行期间,艺人们还组织了怀调行会,会所设在安阳二郎神庙内,每年七月七日,怀调各班社云集于此,演唱三天,祭拜老郎神。

中华人民共和国成立前后,安阳、汤阴、内黄、鹤壁等地先后成立了怀调专业剧团和业余剧团,后多数解体或改唱豫剧,仅存安阳县怀调剧团。

怀调略同梆子,所用剧本彼此可以通用。怀调有传统剧目 300 余出。多为袍带戏,如《秦英征西》《平辽东》《闯幽州》《樊梨花投唐》等。

(七)卷戏

其又称"眷戏",在中原各地均有流行。卷戏的起源,一种说法是,寺庙里念经卷的伴奏音乐流入民间,搬上舞台演唱,由此称之为"卷戏"或"卷调";另一种说法,原是一种专为封建帝王的眷属演唱的清曲小调,后来流入民间而称之为"眷戏"。清乾隆年间李绿园创作的《歧路灯》中有关于开封演卷戏的记述,说明它的产生应该远在清乾隆以前。

卷戏总是与河南梆子和罗戏一同演出。清道光年间,泌阳县王庄有一个罗卷戏班。清末民初,在河南的泌阳、遂平、西平、邓县、内乡、唐河、汝南等县,都有卷戏流行,都是与罗戏同台演出。其擅长演出的剧目是《三送徐庶》《三请诸葛》《闯幽州》等。

卷戏的唱腔音乐结构为板式变化体,主要板式有原板、赞子、赋子板、呱嗒嘴、小笛罗等。此外,还有作起腔用的散板"大起板""裁板"和在转板时起过渡作用的"二迷子"等。乐队文场以锡笛为主奏乐器,辅以方笙和竹笛。武场有板鼓、大锣、小锣、手镲、梆子等。其音乐富有特色,优雅婉转,舒展清新,给人一种"笙箫管笛,歌舞升平"的感觉。

卷戏的剧目大都具有扬善惩恶意识,如《龙抓熊氏女》《雷打张继保》《二十八宿归天》等。还有的是唱经文中的故事内容,如《西天古佛出世》《刘全进瓜》等。其他剧目,如《打柳条》《双凤女》《丁郎认父》《鲤鱼闹东京》等,多有道德劝诫的色彩。有的剧目还有传奇意味。可以说,卷戏与说唱艺术的善书有密切关系。

(八)道情戏

其也曾称"道情班""坠子嗡""灶火头戏"。流入开封后,一度更名为"五阳调"。主要流行于豫东、豫皖边界等地区。

唐代已有《九真》《承天》等道曲。南宋时开始用渔鼓和简板为伴奏乐器,因此也叫"渔鼓"。明清以来流传甚广,约在清道光年间,流行在皖西北及河南一带的渔鼓道情,与当地的民间"颍歌"、鼓儿词相结合,逐渐演变成道情戏。三五人围桌而坐,演员自拉自唱,增加了锣鼓、坠子弦,所唱曲调以道情的耍孩儿、清江引诸曲为主,也有鼓儿词、"颍歌"的部分曲调。道情戏形成初期,剧目多为小段对唱,后吸收豫剧、越调艺术等营养和地方民间音乐而发展成熟。

道情戏的音乐属于板腔变化体。主要板类有铜器垛、慢板、散板,唱腔简洁明快,节奏感强。表演具有地方小戏的特点,演出以生、旦、丑构成的"三小戏"为主,轻松活泼、生活气息浓郁。

从班社情况看,道情戏演员的老前辈,大都出生于清道光年间的孙门、高门、阮门及后来的蔡门。孙门在安徽界首一带,高门在颍河北一带,阮门在河南尉氏一带,蔡门是沙河以南的一路。此时也出现了一批知名演员,如高门的李明春、沈成法等,孙门的张广志、杨金生等,以及阮门的张耀然、阮丘玉等。道情戏在形成初期,没有完备的衣箱行头,扮女者着花袄衣裙或胸前佩戴一个红绸结成的绣球花,头顶花手巾或斜插几朵小花儿。扮男者身穿长袍大褂,脸上略涂红色,即登台演唱。也没有什么表演程序,剧目多为小段对唱。清末,道情戏在豫东南一带兴盛起来,各地班社有50余个。民国初,道情戏女演员不断出现,如朱凤仙(艺名老拖车)、李玲(艺名耙床子)、王中宣(艺名小钢炮)、傅喜贵(艺名机关枪)等。所演剧目的内容多是表现公子遭难、小姐招亲、儿女情长的，以家庭生活为内容的小戏，如《撕蛤蟆》《李兴桂打花》《王小卖线》等。角色行当主要是生、旦、丑，且没有严格的分工。民国十五年（1926），罗振乾（罗钱）和朱文宣（黑小）等20余名道情艺人到开封演出，改名为"五阳调班"（也称"五样调"）挂牌演出，以连台本戏《温凉盏》轰动开封。其时，西华、太康、淮阳、尉氏、杞县、鹿邑、睢县、商丘、柘城等县，都有道情戏班演唱活动。知名演员有龚长法（艺名翻毛鸡）、李济广、袁成海等。这些道情戏班，在不少集市、庙会上，常与豫剧抗衡争奇。抗日战争全面爆发后，国民党军队于1938年炸开花园口黄河大堤，豫东南成为黄泛区，百姓流离失所，几乎所有的道情戏班被迫散班，艺人们四散流浪。龚长法、王志明、李济广等收容流散艺人组成一个唯一幸存的道情戏班，活动于太康、西华、扶沟一带。1948年后，这个道情戏班的演员，各自返乡务农，至此戏班全部散班。

1956年，河南省首届戏曲观摩演出大会在郑州举行，李济广、龚长法等9名道情艺人演出了传统剧目《打万监生》《王金豆借粮》，受到好评。其中《王金豆借粮》荣获剧本一等奖。1957年成立了太康县道情剧团。随后加工整理上演了《王金豆借粮》《雷宝童投亲》等，同时上演了一批现代戏，如《两兄弟》《江姐》《彩虹》等。"文化大革命"中，太康县道情剧团并入太康县文工团。曾演出道情现代戏《前进路上》，轰动一时。1978年，以原来演员朱锡梅、蔡青枝等为骨干，并充实了一批新生力量，恢复了太康县道情剧团。上演的传统剧目有《小包公》《钱塘县》《跪洞房》等。其演出的现代戏有《农家乐》《儿女亲事》等。

其代表剧目为《王金豆借粮》。又名《小过年》《皮袄记》。此剧主要写的是太康县王湾村的王金豆因失火家败后，于除夕之夜奉母命前往岳父家借年的事情。此为生、旦应工戏，剧情贴近生活，幽默诙谐，富有情趣，又因歌颂了忠贞的爱情生活，所以在民间广为流传，并被多种剧种移植和改编。

（九）四股弦

因其主奏乐器四胡有四根弦而得名。也有"四根弦""五调腔""乱弹"等称谓。

清光绪三十一年（1905），南乐县四股弦艺人张平欣（艺名画眉）带领一个四股弦戏班,由河北省进入豫北城乡,受到群众欢迎。随后,安阳、淇县、汤阴、清丰、南乐、林县等地先后建立了一批四股弦戏班。四股弦开初多演以生、旦、丑为主的"三小戏",逐渐变为以演"袍带戏"为主。其表演生动朴实、粗犷泼辣,演唱以真嗓吐字、假嗓甩腔,舒展奔放,行腔优美。旦行吐字较轻,旋律由下上行,高宽明脆,犹似画眉鸣春。净行甩腔多鼻腔脑后共鸣音,刚直粗犷。音乐属板腔体,有二板、三板、垛板、流水等板式。

20 世纪 30 年代,由于豫北和冀南两地的民俗和语言音调差异,加之受所在地其他剧种艺术的影响,四股弦逐渐形成了"北府派"(北路)和"南府派"(南路)。北府派较多地受京剧、河北梆子、丝弦、老调等剧种的影响,主要流行于顺德府(今河北省邢台)一带;南府派较多地受豫剧、越调、落腔等剧种的影响,主要流行于彰德府(今安阳市)一带。两派艺术风格迥异,北府派"调直音硬",南府派"调平音软"。两派均有各自的代表演员,当时群众中曾流传着:"北路有个张丙申,南路有个张平欣。"

中华人民共和国成立后,先后成立了安阳县新生、新兴两个五调腔剧团;1959 年合并为安阳县四股弦剧团。1958 年林县(今林州市)豫剧团改为四股弦剧团。四股弦整理上演的传统剧目主要有:《忠保国》《刘金定下南唐》《贺后骂殿》《三上殿》等。

二、曲牌体剧种

"曲牌体"也叫"联曲体",是戏曲曲艺音乐结构形式之一。全部唱腔由若干不同的曲牌联缀而成,其中各个曲牌也可以单独反复。戏曲中如元曲、昆腔、高腔,曲艺中如诸宫调、单弦牌子曲等都属联曲体。中原戏曲中的曲牌体剧种有曲剧、大弦戏、罗戏、扬高戏等。

(一)曲剧

曲剧也称之为"高台曲""曲子戏",20 世纪 50 年代改称为"曲剧",主要流行于河南省及河北、安徽、湖北、山西、陕西、甘肃、江苏等省的部分地区。

曲剧是在河南民间说唱艺术——鼓子曲的基础上,吸收其他剧种营养而形成发展起来的。清代末年,洛阳人王凤桐把坐唱形式的南阳鼓子曲带到洛阳与洛阳曲子结合起来,又与高跷表演结合而形成了高跷曲。高跷曲演唱时慢慢有了装扮,有了老婆、媳妇、姑娘、相公、和尚等行当分工。这样就由叙述体的叙事方式变成了代言体的叙事方式。

高跷曲走上高台的时间大约在 1926 年。当年夏历 4 月,临汝县朱万明所在高跷曲子班在登封演出,因下雨无法踩跷而登上高台,至此高跷曲成为曲子戏。而南阳大调曲的俗派则是由清代宣统年间直接登台演唱而成为曲子戏。

曲剧的唱腔音乐是曲牌联缀体,曲牌名目虽多,但常使用的曲牌也不过三四十种,如阳调、银纽丝、剪剪花、汉江、诗篇、慢垛等。唱腔以真嗓为主,假嗓为辅,真假嗓结合,朴实自然,缠绵悠扬,灵活舒展,抒情性强,生活气息浓烈,一搬上舞台就受到广大群众欢迎。

抗日战争时期,洛阳一带的很多学校组织的宣传队就采用曲子戏的形式宣传抗日,演出了《夫妻从军》《空战前夕》等。1938 年为庆祝"三八"妇女节,流亡到栾川县潭头寨的河南大学在校女学生改编了《红楼梦》,由张长弓谱曲,用曲子戏排演,并制作了布景,学校师生及村民无不交口称赞。此后,河南大学在这里先后演出的剧目有《吵婆家》《水漫蓝桥》《状元祭塔》等,还改编了元杂剧《㑇梅香》和明传奇《汗衫记》。

中华人民共和国成立后,洛阳、郑州、开封、新乡、渑池、偃师等地先后组建了曲剧团,到 1956 年河南省首届戏曲观摩演出大会开幕时,全省已有 25 个曲剧职业团体,成为河南省的第二大剧种。1960 年,成立了河南省曲剧团。河南已拥有曲剧职业剧团 43 个。到了 20 世纪 80 年代,河南曲剧在全国地方戏的剧团数量已排名 14 位,影响力和辐射力非同凡响。

曲剧传统剧目有 200 出左右。搬上舞台初期,演出剧目多从"鼓子曲"、民间故事、其他剧种移植改编而来,一般都是以小生、小旦、小丑为主的"三小戏"。中华人民共和国成立后,整理改编的传统剧目有《陈三两爬堂》《风雪配》《卷席筒》《寇准背靴》《洛阳令》等,演出的现代戏有《翻身乐》《逼婚》等。

曲剧的代表剧目有:

《风雪配》。故事出自明末清初沈自晋的《望湖亭》杂剧及明末冯梦龙的小说《醒世恒言·钱秀才错占凤凰俦》。此剧主要写的是相貌丑陋的富公子颜俊,看中了高员外之女高秋芳,而求表弟钱青代相亲弄假成真的事情。1930 年临汝县郭成章整理,由该县陵头乡毛寨剧团演出。1956 年郑州市曲剧团演出岳军(执笔)、许寄秋、张禄整理本。王秀玲饰高秋芳,张香兰饰钱青。1982 年河南电影制片厂将此剧拍摄为戏曲艺术片。

《陈三两》。故事取材于明代鼓词《二贤传》。此剧主要写的是才华出众的宦门女子陈三两不幸沦落风尘所表现的坚贞节操。这是一出唱工戏,霍林整理并导演,1956 年由开封市曲剧团演出,张新芳饰演陈三两。1960 年长春电影制片厂将此剧拍摄为戏曲艺术片。

《卷席筒》。又名《白玉簪》《曹保山中状元》。清末民初周任编剧。此剧以童丑应工,塑造了一个心地善良、爱憎分明而重情义的张仓形象,鞭挞了“继母”的丑恶行为。此剧曾有多种版本,以郑州市曲剧团演出的张禄、潘永长整理本影响最大,海连池饰张仓,1979 年曾风靡中原,同年由西安电影制片厂拍摄为戏曲艺术片。

(二) 大弦戏

其又称“弦戏”“弦子戏”,主要流行于豫北、黄河两岸以及山东西南部一带。其唱腔音乐结构为曲牌联缀体,曲牌分为唱腔曲牌、器乐曲牌两大类。唱腔曲牌分为锡笛曲、罗笛曲、竹笛曲、大笛曲;器乐曲牌分为大笛牌子、锡笛牌子、三弦牌子。这些曲牌和元、明以来流行在中原的“弦索”北曲和“时尚小令”有渊源关系。音乐细腻幽雅,别具情味。角色以生、净为主,表演粗犷放达,动作幅度大而夸张。

清乾隆年间,开封、太康以至漯河一带,有 18 个大弦戏班,分“礼”“敬”“旺”三门。后来,“礼门”到了山东,“敬门”到了豫北,“旺门”到了山西南部,说明乾隆年间大弦戏在中原相当盛行。清末民初,黄河以东有三个大弦戏班,黄河以西太行山以东有五个大弦戏班。光绪末年,山东大弦戏著名须生党复修、黑脸高文中到濮阳县衙门大弦戏班演唱,颇有影响。

大弦戏上演剧目十分丰富。其题材来源,一是元明清的杂剧、传奇和其他剧种的剧目,如《何良赴会》《金印记》等;二是根据历史演义、故事改编,如《赵公明下山》《伯邑考探监》《牛皋下书》等;三是根据神话故事改编,如《战蚩尤》《补天记》等。

大弦戏的代表剧目为《黑石关》。其又名《平西剑》《鞭打五顶盔》《明英烈》。此剧主要写的是朱元璋命令徐达为帅,常遇春、胡大海、康茂才、郭英四位国公为先行,攻破黑石关的事情。这是一出黑脸、红脸、花脸的武打戏。武打糅进了不少武术、杂技。其中的"盘叉""削柳椽""鞭打五顶盔""葡萄架"等特技十分精彩。

(三)罗戏

在有关文献中也写作"罗腔(戏)""逻逻""猡戏""罗戏",民间则还有"大笛子戏""大笛子罗罗"等称谓。主要流行于河南及山东西南部、山西东南部、河北南部等地区。罗戏源于何时尚待考证,但清康熙、雍正年间发布的官府文告中,多有禁止演唱罗戏的记载,足见当时兴盛之态。但清嘉庆之后,有关罗戏的记载很少看到。

进入民国时期,罗戏的演出越来越少,也有少数班社保留着与卷戏、河南梆子同台演出的形式。有些地方的艺人,把专唱罗戏的戏班叫做"清罗班",把罗戏、卷戏同台演出的戏班叫做"混罗班",把罗戏、卷戏、梆子戏同台演出的戏班叫作"三下汤"。到20世纪40年代末,罗戏已经没有职业班社的活动了。

罗戏的唱腔音乐结构属于曲牌体。常用的曲牌主要有耍孩儿、调子、赞子、山坡羊、嘟噜、呱嗒嘴、哭捻等。罗戏属于河南的地方大戏,其表演与河南梆子、越调等有诸多相似之处,特别是它与河南梆子是经常同台演出的剧种,相同之处更多,表演风格都是粗犷放达,在清代都形成了"四生、四旦、四花脸"的行当体制。河南梆子曾经从罗戏的表演中吸收了许多营养。罗戏较有影响的班社是浚县二步大罗戏戏班。

罗戏的剧目原有三四百出,以反映历史题材的"袍带戏"居多,也有一些以民间生活为内容的"生活戏"。随着罗戏的衰落,其剧目大都失传。20世纪50年代以后的多次调查,知名的罗戏剧目有一百出左右。一些老艺人和业余剧团所会的"包本戏",也就三四十出,如《核桃园》《武信盗马》《秦琼卖孩子》《吴三桂勾鞑兵》《打灶王》等。

(四)扬高戏

扬高戏又叫"弦子戏""羊羔戏""秧歌戏"。其主要流行于河南的灵宝、陕县、卢氏和山西的芮城。有说它是由牧羊人哼唱的山歌小调发展而成,所以称作"羊羔戏";有说它与眉户戏有血缘关系。

清光绪以前属业余性质的自娱自乐的演唱。光绪初年,陕县峪里村农民李羊群从灵宝的南阳村把扬高戏引到峪里村;灵宝县马头村的"自顺子"(艺名)把扬高戏传到阌乡县(治所为今三门峡水库所淹没)的北沟村。自此,峪里村、北沟村、南阳村的扬高戏艺人不断来往,并联合起来同台演出,使这一剧种在当地的影响大大增强。

清末民初,灵宝、陕县、卢氏等地先后成立了一些扬高戏班,1912年,亢子建创办了扬高戏"子"字窝班,招收学员30多名,出科后对扬高戏的发展、传播起到了不小作用。20世纪30年代,扬高戏演员魏鹏举等曾成立过陕灵阌扬高戏剧团。扬高戏的业余演出从未间断,经常应邀参加庙会的祈雨演出。它的唱腔音乐属于曲牌体,曲牌数目有"七十二调"之说。扬高戏属于地方大戏,演出内容广泛,有反映宫廷生活、军国大事的袍带戏,也有反映民间生活、儿女情长的生活戏。如《战洛阳》《反西唐》《牧虎关》《金瓶梅》《司马庄》《明宝珠》等。

三、综合体剧种

综合体剧种,指的是音乐唱腔结构中既有板腔体的成分,又有杂调小曲的剧种,这些剧种大都是由花鼓或其他民间说唱演变而成的剧种,如由打五件、花鼓灯演变而成的豫南花鼓戏、嗨子戏,由豫东花鼓、苏北花鼓演变而成的四平调、二夹弦,此外还有在曲艺莲花落的基础上形成的落腔等。

(一)豫南花鼓

其是流行于信阳一带的地方小戏,又有"麻邑哈""花鼓灯""小鼓子"等称谓,是由信阳一带的说唱艺术豫南花鼓、打五件以及民间小调相互融合、不断丰富而形成的一个戏曲剧种。

作为说唱形式的豫南花鼓又称"灯扭子""放溜子""花鼓灯",属于"走唱类"曲种,边走边唱,表演重心在丑角身上,由一至二人演唱。有以唱为主的,唱中有说,载歌载舞,插科打诨,并有造型动作,唱腔多为民歌小调。还有以说为主的,分散说、韵说。散说使用地方方言,韵说类似顺口溜、数来宝,语言生动明快,幽默诙谐,逗人发笑。说至一段,起唱一两句,一唱众和。

打五件多为一人演唱,也有两人演唱。演唱时,把大锣、马锣、小锣、镲、鼓五件打击乐器悬挂在特制的木架上,演唱者左手击打小锣和鼓,右手击打大锣和镲。左脚系上绳子,绳子牵动击打马锣的锣槌。一人表演时,自打自唱,两人表演时由一人主唱,另一人伴奏兼伴唱或对唱。

说唱艺术的豫南花鼓与打五件具体在何时演变成豫南花鼓戏,无确凿的文字记载,但在信阳市平桥区平昌乡陈店村的一口水井旁边石碑上,记有在道光十三年(1833)花鼓戏班捐款修建的字样,说明此时花鼓戏已经出现。在清光绪年间,光山县境内(今属新县)已经有了杨堤盛花鼓戏班。清末民初,豫南的花鼓戏已经普遍流行,建立的班社有吴晴岚花鼓戏班、陈华山花鼓戏班、周河乡(今属新县)花鼓戏班、罗山县周党乡花鼓戏班、信阳查山街花鼓戏班、息县董洼村花鼓戏班、桐柏县月河乡花鼓戏班等。中华人民共和国成立后,于1953年成立了光山县大众花鼓剧团。1954年,该团到北京怀仁堂演出了花鼓戏《夫妻观灯》。1956年,该团在河南省首届观摩演出大会上演出的传统剧目《假报喜》,获多项奖励。

豫南花鼓戏的音乐由唱腔和击乐两个部分组成。它源于民间的说唱、歌舞,并在发展中与民间歌舞说唱保持着较为亲密的关系。但是其音乐唱腔的主体部分也已经具备了板式变化音乐结构的基本形态,有慢板、行板、快板、散板4个板类。

豫南花鼓戏经常上演的小戏有《张德和休妻》《吴三保游春》《王二醉酒》等;单本戏有《天仙配》《五凤山》等;连台本戏有《郭丁香》《薛丁山征西》等。

(二)嗨子戏

其也称"花篮戏""灯戏""地扑笼子""咳子戏"。嗨子戏因在每句起腔前先起唱"嗨"或"哎嘛"而得名,是由地灯演变发展而成的民间戏曲。其源于固始县,流行于固始周围的淮滨、商城、潢川、息县、光山等地及安徽沿淮地区。

清包㻏《固始县志》卷之二载:"元夕作灯市,自十四日至十六日三夜游玩达旦。十六日多游,俗谓走百病,暮多戏剧。"①由此可见,当年民间戏剧活动的盛况,嗨子戏从灯歌演变成为戏剧的过程,早从400多年前就已经开始。所能知道较早的嗨子戏产生在清代末年,初期仅在固始县境内的泉河、蒋集等地活动。民国初年,逐渐扩展到淮滨、潢川、息县和商城县一带。

由于嗨子戏服装道具简单,只需要两只精致的花篮一挑就能赶集串乡流动演出,因而群众叫它"花篮戏"。鉴于它的演出活动多和"地灯"相连结,一般是白天和傍晚玩"花会"(玩灯),晚上下地场(指嗨子戏),因此当地群众又有叫"灯戏"的。嗨子戏长期以来一直保持着原始的演出形式:锣鼓以节,不托管弦;一人启齿,众人相帮。它属弋阳腔声腔体系,受余姚腔的影响,并吸收当地山歌、小调和地灯曲牌汇集而成。由于嗨子戏生活气息浓郁,表演形式活泼,唱腔音乐朴实优美,加之唱、白均用乡土语言,更加具有浓厚的大别山地区特色,因而为群众所喜爱。

所演剧目多以"二小戏""三小戏"为主,以"苦戏"见长。这些上演剧目又分为正本戏、折子戏、杂调三类。正本戏如《薛平贵》《卖花记》等;折子戏如《别窑》《算粮》等;杂调戏如《秧大麦》《勾鸡》等。

(三)二夹弦

其又称"两夹弦",有些地方也叫"大五音"。因为它的伴奏乐器四胡(四弦胡琴)是每两根弦夹着一股马尾拉奏而得名。其流行于豫东、豫北、鲁西南和皖北一带。

关于二夹弦的起源,一说是在鲁西南和豫东流行的"花鼓丁香"的基础上,以四根弦作为伴奏,声调上吸收了高调梆子、柳子戏中的一些东西,又与当地流行的"赞子""捻子""砍头橛"等曲调结合后发展演变而成。另说二夹弦是由来自山东、河南相交的黄河沿岸的劳动号子、船歌、夯调,吸收了大鼓书词、花鼓秧歌等说唱音乐,以及罗戏、河南梆子等剧种的营养,于清道光年间逐步发展形成的。

二夹弦唱腔音乐板式主要分大板、北词、娃娃三大类。演唱时真假嗓结合,真嗓吐字,假嗓送腔,清新柔和,轻快飘逸。

二夹弦戏班多是业余性质,一般演出于乡村,初期演出剧目大都是"三

---

① 〔清〕包燮:《固始县志》(影印版),书目文献出版社1992年版,第36页。

小戏",后来增加了袍带戏。上演剧目 150 多出。常演的剧目主要是"老八本"(《头堂》《二堂》《休妻》《花墙》《大帘子》《二帘子》《花轿》《抱牌子》)。其他常演的剧目还有《破天门》《陈平抗朝》《吕蒙正赶斋》等。中华人民共和国成立后,濮阳、清丰、延津、开封先后成立了二夹弦剧团,整理改编上演的传统剧目主要有《丝绒记》《货郎翻箱》《打狗劝夫》《贺后骂殿》等。

（四）四平调

其也称"四拼调",因其以花鼓为主,吸收评剧、京剧、梆子等剧种的曲调而形成故名。后改称为"四平调"。或认为是根据其曲调四平八稳、四句一平而得名。其流行于河南、山东、江苏、安徽几个省份的相毗邻地域。

花鼓,因演唱时以腰鼓击节而得名。音乐唱腔结构是单曲反复体。清代中叶已在豫东流行,由三至五人组班演出,行当分工为一生二旦。清同治、光绪年间,河南不同花鼓之间,以及与外省花鼓之间增加了交流,唱腔不断丰富。1945 年增加弦乐伴奏。邹玉振、王汉臣、燕玉成等 30 余人,停演三个多月,反复研究试验,确定用六棱二胡伴奏,唱腔以花鼓的平调为本,吸收其他剧种的唱腔音乐,形成了一个新的剧种。中华人民共和国成立后,商丘市、长垣市、范县等先后成立了四平调剧团。

四平调的唱腔音乐结构以板式变化体为主。主要有平板、直板、念板、慢板、散板五类。演出剧目有《蜜蜂计》《珍珠汗衫记》《金镯玉环记》《小包公》等。

（五）落腔

其因尾音徐徐下滑而得名。其主要流行于豫北以及晋、冀、鲁与河南的交界地区,安阳最盛,所以又有"安阳腔"之称;也有写作"唠子腔""捞子腔""乐腔"的;在清丰、滑县、南乐一带称之为"西北讴"。

落腔是在曲艺莲花落的基础上形成的。清嘉庆年间,安阳一带出现了一种莲花落的新演出样式"粉扮莲花落"。演唱者分角色扮演人物,具有了戏曲的基本形态。后来,内黄县的一位艺人又把当地流行的民间小调加入这种演唱形式,节日庆典时,演出一些短小节目,观众称为"内黄落子"。安阳县的白龙庙戏楼上曾留下安阳县南乡郭某落腔戏班于咸丰二年(1852)夏历十一月初七日的演出题壁,写有掌班人、管账人姓名和演出剧目等。这更能说明,落腔在道光年间已经形成。

咸丰年间,当时尚属河南领域的武安县落腔艺人希顺曾先后4次到漳河南搭班,并到内黄县与赵姓艺人共同组班演出。鹤壁一带,此时也组建了一些落腔玩会班。清末民初,是落腔比较盛行的时期,在豫北建立了大量农忙干活、农闲演戏的半职业性质的落腔戏班。中华人民共和国成立后,清丰县、内黄县成立了落腔职业剧团。农村业余剧团遍及豫北城乡,仅滑县就有24个。1956年,在河南省首届戏曲观摩演出大会上,清丰县落腔剧团男旦赵清文演出的《借髢髢》,获多项奖励。

落腔的音乐唱腔,以板式变化体为主,有慢板、流水板、飞板、娃子等主要板式和垛子、倒三板等附属性板式,此外,还有锯大缸、山歌调等少量的单个小曲。既长于叙事,又善于抒情,其寒韵悲腔更具催人泪下的作用。

落腔的代表剧目为《借髢髢》。其又名《张四姐赶会》。髢髢是妇女的一种头饰。张四姐要回娘家赶会,缺少头饰,去找二嫂借髢髢,于是姑嫂之间发生了你争我辩的斗嘴情节。此剧生活气息浓郁,富有情趣,唱腔音乐保留了莲花落和花鼓等曲艺艺术的特点,很受观众喜爱。

四、民间小戏

民间小戏是指没有形成完整的声腔体系,用一些地方的民间小调演唱的剧种,如固始的灶戏,新蔡县的杠天神。

(一)灶戏

其由灶书演变而来,民间称之为"唱灶",流行于固始、商城、潢川、淮滨以及安徽的霍邱、阜南、金寨等地。清道光年间,流行于固始县东北部一带。杨玉彬是唱灶的最早艺人。他会木工,口齿伶俐,知道不少故事,白天做木工,晚上讲故事,编成唱词,用木工器具击节进行哼唱,于是形成了一个独特的曲艺品种。至于为何叫做"灶书",一种说法是,"灶书"说唱的主要曲目是《郭丁香》,讲的是灶王爷的爱情故事;一种说法是灶书主要是唱给经常活动于锅前灶后家庭妇女们听的;还有一种说法是这一带的木工去一家做活时,要进行拜灶,拜灶时要唱一个开篇,也就是灶书的开篇。唱灶书成为当时木工招揽生意的一种竞争手段。民间流行着"有手艺没有嗓,不算好木匠"和

"木匠不唱灶,手艺卖不掉"的说法。木匠们都在努力适应"工随书开,书跟工走",从而带动了灶书艺术的发展。

清代末年,一部分灶书演唱增加了打击乐,出现了分角色演唱,吸收了嗨子戏、花鼓戏等的音乐唱腔,分为"喜调""怨调""寒腔"几种腔调,开始向舞台剧转化。随之,班社规模也扩大到30人左右。

灶戏最主要的剧目就是《郭丁香》。《孟姜女哭长城》《梁祝姻缘》《站花墙》等也都是其常演的剧目。

（二）杠天神

其是新蔡县的一种地方小戏。民国初年,一位叫周瞎子的杠天神艺人逃荒来到新蔡县,所收弟子刘志明学会了全部《张郎休妻》连台戏。1925年至1943年间,他们组织了一个杠天神戏班,演员都是男性,经常在新蔡县城关和安徽界首、临泉等地演出,演出的剧目大都属于具有浓郁生活气息的家长里短范畴,剧场效果很好。1945年,又招收了女演员,剧中的张万良、郭三姐开始全由女演员扮演。20世纪40年代末,戏班解体。

杠天神的演出剧目只有《张郎休妻》（即《郭丁香》）,故事情节与灶戏、花鼓戏等演出的《郭丁香》基本相同,可以连续演出20余本,无文字脚本存留,仅凭口传心授传承。

第三节　中原戏曲名家及其贡献

中原戏曲自诞生以来,曾涌现出了一批批优秀的艺术名家。各个剧种,可谓流派众多、名角如云。他们为中原戏曲的发展兴盛做出了重要的贡献。这里仅介绍中原几个主要剧种有代表性的名家及其主要贡献。

一、豫剧名家及其贡献

豫剧在清代、民国年间是兴盛发展阶段,每个地域流派都拥有众多身怀绝技、特色鲜明的表演艺术大家。以开封为中心的祥符调流派的代表人物有李剑云和王海晏。小旦李剑云,天赋佳喉,唱腔清脆圆润,悠扬婉转,如珠走玉盘,莺啭上林,被当时优伶界赞为空前绝后之才。须生泰斗王海晏,神扬气足的唱做,为他赢得了"关大王"的美称。以商丘为中心的豫东调流派的"红脸王"唐玉成,因其高低搭配、有说有唱、富于变化的激情演唱而成为红生行当的一面旗帜。豫西"衰派"须生老盛三和豫西"三张"(张同庆、张小干、张福寿),均是豫西调流派的代表人物。老盛三以苍劲醇厚的本嗓唱法,独树一帜地丰富了豫西男声唱腔的演唱方法;张同庆擅演大头老生,嗓音大腔大口,雄浑爽朗;张小干专攻穷生,讲究细唱细做,含蓄深沉;张福寿则擅长"马上红脸",刚健洒脱,自然质朴。

20世纪50年代以来,随着豫剧各地域流派的融合,逐渐形成了以艺术家演唱风格为代表的个人流派,最为著名的是被誉为豫剧"六大名旦"的常香玉、陈素真、崔兰田、马金凤、阎立品、桑振君和须生名家唐喜成、丑角名家牛得草等。

常香玉(1922—2004),巩县(今巩义市)人。原姓张,名妙玲。9岁学戏,10岁登台。1936年随豫剧名家周海水到开封演出,曾主演王镇南改编的《西厢记》(六部本),轰动开封。1938年赴陕西、甘肃演出声名大振。1948年创办香玉剧社,抗美援朝期间巡回义演,捐献"香玉剧社号"飞机一架,有"爱国艺人"之誉。1956年香玉剧社并入河南豫剧院,常香玉任院长。其代表剧目是《红娘》《白蛇传》《花木兰》《大祭桩》等。常派艺术是一个影响最大、流行最广泛的艺术流派,总体风格是:激昂豪放、气势磅礴、节奏鲜明。

常派艺术内涵丰富,最突出的价值在于声腔。在发声方法上,创立了独具一格的"混声唱法",即真假声结合唱法,或称胸腔、口咽腔、头腔混合唱法。这种三个共鸣腔混合的唱法,改变了当时豫西调和豫东调两派真假声水火不容的局面,使豫剧的演唱方法更加科学化,提高了豫剧演唱艺术的技巧性和表现力。

常派艺术在板式创造上,广泛汲取京剧、评剧、秦腔、河南曲剧以及坠子、大鼓等艺术之长,兼容并蓄,独创新腔;在描情绘声上,旋律跌宕、曲折委婉,一人一貌,栩栩如生。常香玉塑造的花木兰,唱腔高亢奔放,舒展自如,既有巾帼气派,又有壮士情怀,明晓畅达,深入人心。她演唱的红娘,独具一格的常派"流水板",绘声绘情,惟妙惟肖,如行云流水,畅快淋漓,被人们称赞为:"西厢花万朵,艺坛独一枝。"

常派艺术传承弟子成就显著者有高玉秋、孙玉菊、虎美玲、卢玉琴、常小玉、谷秀荣、王惠、小香玉等。

陈素真(1918—1994),原籍河南兰封(今属兰考县),落籍陕西富平。原姓王,名若瑜。8岁学艺,10岁小荷初露,17岁人称"豫剧皇后",22岁有"河南梆子大王"之誉,是豫剧首批坤伶中的佼佼者。1936年应上海百代公司之邀,灌制《三上轿》《柳绿云》等剧目唱片,产生了很大影响。1940年西进长安,艺震古城。1953年在兰州创办素真剧团,1961年到天津市豫剧团任主演。曾长期与戏剧改革家樊粹庭合作,成功演出了《麻风女》(《女贞花》)《三拂袖》《涤耻血》《霄壤恨》等新编剧目。这些"樊戏"成就了豫剧多方位的改革,20世纪30年代反响空前。

陈素真的演唱风格是细腻中有锋芒,委婉中含棱角,以假嗓为主,俏丽、清新、典雅。唱腔宗祥符调,但早在1935年就大胆吸收豫西调的一些唱法进行革新,《三上轿》中崔金定一唱三叹的"三起腔",《春秋配》中姜秋莲哀怨凄楚的"慢板七折",均沁人肺腑,曾风靡古都开封的大街小巷,一时形成"家家崔氏女,户户羞答答,无腔不陈"的盛况。

在表演艺术方面,陈素真为河南梆子做出了重大贡献。其做派内蕴丰厚,层次分明,雍容典雅,规范细腻,并广泛吸取京剧、河北梆子等姊妹艺术技巧,呕心沥血,革故鼎新,唱、做、念、打、手、眼、身、步,样样精到,享有"河南梅兰芳"的美誉。在《洛阳桥》中,她饰演痴情女子叶含嫣,将一手好扇子与大辫子配合,洒脱奔放,超凡脱俗。在《宇宙锋》中,她展现了赵艳容悲愤难抑的内心世界,水袖技法姿态万千,使人悲恸难抑,惊心动魄。正如戏剧家田汉赋诗所赞:"袖舞辛酸艳容女,辫飞情焰叶含嫣!"

陈派艺术的传承弟子及再传弟子有关灵凤、吴碧波、郑秋波、袁秀荣、牛淑贤、郭美金、马兰、田敏、武惠敏等。

崔兰田(1926—2003),山东曹县人。11岁入太乙班学艺,先学须生,后改旦角,为著名的豫剧"十八兰"中成就最大者。她主演的《桃花庵》《秦香莲》《三上轿》《卖苗郎》被人们称为崔派艺术的"四大悲剧"。由于她多演端庄贤淑、善良坚贞而又命运悲惨的妇女形象,其唱腔自然形成了深沉哀怨、委婉缠绵的特点,素有豫剧"程(砚秋)派"之称,享有"豫剧兰花"之誉。

崔兰田唱腔的一大优势是音域宽广。演唱以真声为主,低音浑厚扎实,中音圆润甜美,高音舒展明亮。独特的嗓音条件极适合演唱深沉、悲切的豫西调。《桃花庵·哭夫》一折,字少声多的"飞板"和"滚白"中,将头腔、鼻腔、混声、上胸声、切齿音、牙音等技巧发挥到极致,那断连、顿挫和低音区的迂回、气口的控制,可谓炉火纯青。《桃花庵》"站门楼"中"九尽春回杏花开"一段(慢二八),唱得哀怨缠绵,委婉深情,细腻地表达了窦氏 16 年盼夫归,茶不思,饭不想,苦苦等待的真挚感情,而她在《秦香莲》中演唱的"接过来这杯茶我两眼泪如麻"的著名唱段,更是韵味醇厚,属质朴无华的上乘之作。

崔派艺术代表性传承人有张宝英、郭惠兰、崔小田、张晓霞等。

马金凤(1922—2022),山东曹县人。原姓崔,乳名金妮。六岁学艺。曾向管玉田、马双枝、司凤英学戏,后又入太乙班,向豫西著名男旦燕长庚、翟燕身学戏。1945 年前后在安徽界首一带演出,与徐艳琴、毛兰花、阎立品一起被观众誉为"四好名旦"。1956 年带商丘专区人民剧团往洛阳演出被当地政府接收组建为洛阳市豫剧团。她在《穆桂英挂帅》中所扮演的穆桂英,融青衣、刀马旦、武生为一体,既有阴柔美,又具阳刚气,实为马金凤独创的一个行当——帅旦。

马金凤音质圆润、清脆、明亮,吐字真切、清晰、喷吐爽利,行腔运气自如,而又韵味深厚。其唱腔在保持豫东调巧、快、柔等特点的同时,又将豫西调的舒展、深沉融入其中。在叙事性较强的二八板中,惯于使用流畅的叠句和紧凑的连垛等手法,使唱腔显得丰富、多变而又简洁、通俗、口语化。例如《穆桂英挂帅》《对花枪》《花打朝》等剧中的大段唱,马金凤都能唱得丝丝入扣、活泼风趣,令人百听不厌。其俏丽明快、清脆爽利、洒脱刚健的表演风格,很符合河南人干脆、爽朗的性格特点。

马派艺术传承弟子有柏青、韩培玲、许青枝、周桦、赵晓梅等。

阎立品(1922—1996),封丘县人。原名阎桂荣。10 岁入开封义成班学戏,师承杨金玉,并曾受教于祥符调名家周青山、马双枝。早期以《蝴蝶杯》《三上关》等戏唱红开封、太康、许昌、界首等地。长期以来博采众芳,独辟蹊蹊径,以善演闺门旦著称。1945 年拜梅兰芳先生为师,被称赞是"地方戏中少有的闺门旦"。饰演《藏舟》中的胡凤莲、《碧玉簪》中的李秀英、《西厢记》中的崔莺莺和《秦雪梅》中的秦雪梅,尤为出色。

阎立品的唱腔,委婉甜润,清新婉约。讲究声由情发,唱从心出,常常是"为求一新声,苦咏千百遍"。《秦雪梅吊孝》中大段哀婉激情的豫西调(二八板),和独特的"仿哑音"润腔绝技,充分体现了她用声腔塑造人物的艺术才能。一段 40 多句的"祭文"念白,更是被处理得疾徐有致,顿挫相间,哽咽有声,涕泣有节,收到了摧肝裂肺、回肠荡气的艺术效果。

阎派艺术传承弟子有张梅贞、赵玉英、郭应先、李喜华、陈淑敏、李晓香等。

桑振君(1929—2004),开封县仇楼(今开封祥符区仇楼镇)人。原名桑梨花。6 岁随母学唱河南坠子,打下了喷吐利落、吐字清晰的基本功。9 岁进杞县戏班,宗"祥符调",精工"小旦",兼学青衣。她的嗓音清脆、明亮、甜润、俏丽,演唱尤以"口齿伶俐,韵乖字巧"出名。拿手戏是《对绣鞋》《桃花庵》《秦雪梅观文》《打金枝》等。

桑振君在艺术上有强烈的创新精神。在宗祥符调的同时不断借鉴研究豫东调、沙河调、豫西调,并大胆而独特地把河南坠子的唱法融入自己的唱腔,进而创造出了偷、闪、滑、抢和"离调"的演唱技巧,这种委婉细腻、字乖韵巧、百句不竭的唱法被公认为是豫剧唱腔的一绝。扮演《投衙》中的胡凤莲,在慢板转二八、二八转流水等多种板式变化中转换自如,节奏流畅,尤其是对"梭波辙"的滑音处理,别出心裁,收到了出奇制胜的效果。扮演《对绣鞋》中的张纯姐,那偷字、闪板、叠句、抢拍,唱得字字珠玑,巧俏利落,将其性格表达得活灵活现。

桑派艺术传承弟子有谢爱芳、刘伯玲、赵贞玉、苗文华、郭英丽、常俊丽、宋凤丽等。

唐喜成(1924—1993),洧川(今尉氏县洧川镇)人。原名唐发伸。10 岁入长葛县西关"万乐社"学生行,旋经许昌"二油梆"、新郑"四街戏",20 世纪40 年代唱响豫中大地。唐喜成的特点是用"二本腔"演唱,刚劲、峭拔、激越、明亮。在豫剧须生行当中,特色相当鲜明。唐喜成的出现,改变了豫剧须生行当的沙哑唱法,提高了豫剧生行演唱的艺术水平。他演唱《三哭殿》《南阳关》等剧中的唱段,可谓是家喻户晓。因其风格特点突出,为不少须生演员模仿、习唱,从者甚众,甚至有"十生九唐"之说。

唐喜成的演唱艺术之所以能够受到普遍欢迎,还在于他的唱腔朴实无华,乡土气息浓厚,清新、精练、通俗、流畅,吻合了河南人民质朴、豪爽的群体性格特征,具有鲜明的平民化色彩。《三哭殿》一段"下位去劝一劝贵妃娘娘"的唱段,韵味醇厚,通俗家常,入情入理,情真意切,把一个既胸怀国家大事,又深谙人情事理的唐天子李世民刻画得真切感人。

唐派艺术传承人有贾廷聚、杨志立、颜永江、袁国营等。

牛得草(1933—1998),开封人。原名牛俊国。10 岁拜师祥符调名丑李小需,专攻文丑。1947 年参加开封和平剧社,1954 年调入黄河文工团,1958 年随团调往鹤壁市。因天资聪颖,勤奋好学,后又问艺于高兴旺、李同宾、萧长华等名家,在博采旁收、广取众长的基础上融会贯通,自成一格。牛得草的表演既规范严谨,又富有生活情趣。演出中有三绝——快念、快唱、快笑,拥有扎实的口白功、笑功、帽翅功、扇子功、胡子功。其唱腔接近于说唱,尤以大本嗓低八度的演唱和鼻腔共鸣烘托而独具特色。先后在《卷席筒》《三愿意》《做文章》《抓壮丁》《挑女婿》等剧中塑造了众多滑稽风趣、乐观善良的人物,形成了寓庄于谐、格调高雅的表演特色。1979 年,一出《七品芝麻官》使他名扬天下,奠定了他在豫剧丑行中的地位,有"东方卓别林"的美誉。

宗牛派者有王艺红、牛亚非、金不换等。

除以上几位艺术家外,还有李斯忠、赵义庭、高兴旺、张岫云、王素君等,也均属 20 世纪 40 年代在豫剧舞台有"派"份的表演艺术家。

二、曲剧名家及其贡献

曲剧在 20 世纪初叶的代表人物,有嗓音婉转、姿态俏丽的旦角演员朱天水、刘卫生,有表演俊雅飘逸的生行演员朱六来,有将南阳大调曲子与洛阳小调曲子融合得优美娴熟的旦角演员柴清奇,有唱做稳健传神的旦角演员李金波。20 世纪 50 年代以来,旦行名家有张新芳、王秀玲、高桂枝、周玉珍,须生演员马骐、牛长欣,净行演员谢禄,丑角演员海连池、胡希华等,均在观众中享有盛誉。

张新芳(1927—2006),邓县(今邓州市)人。7岁学唱鼓子曲,10岁学戏,工青衣、花旦,13岁登台演出《祭塔》《花庭会》等。1948年入信阳工人曲剧团,同年又入"新生曲剧社",后转入开封曲剧团任领衔主演,1960年调入河南省曲剧团。张新芳是河南曲剧第一代最有影响的女演员,她的唱腔宽厚明亮,高亢纯净,吐字清晰,气壮味浓。尤擅运用"闪颤"技巧,使得演唱旋律抑扬顿挫更加鲜明。张新芳的唱腔属南阳大调派系,但她不墨守成规,既敢吸收豫剧、越调的腔调,也能借鉴吕剧、河南坠子的韵味,融会贯通,自成一格。《陈三两》中,她改造的"阳调带垛",节节相扣,深沉有力;在《秦香莲》中,她采用的"扭丝带垛",句句硬朗,气势威严;在《祥林嫂》中,她设置的"飞板阴阳",声声苍劲,哀怨凄楚;在《洪湖赤卫队》中,她革新的"大调上流",激越奔放。张新芳以质朴的嗓音,铿锵的节奏,灵活的套调,酣畅的气势,创立了独树一帜的曲剧"张派"声腔艺术,在观众中享有很高的声望。

王秀玲(1935—),郏县人。5岁随父学艺,曾得胡定、李金波等老一代名家指教,7岁能演《蓝桥会》《花庭会》,在许昌、漯河一带演出时,人称"九岁红"。1949年参加新生曲剧社,该社于1955年改为郑州市曲剧团,1960年升格为河南省曲剧团。她曾在100多部传统戏和现代戏中创造了不同类型的少女、少妇形象。其唱腔甜美,委婉缠绵。扮相俊秀,风姿绰约,做工细腻,情真意切,内蕴丰富,生动传神。其饰演《风雪配》高秋芳"装箱待嫁"时美而娇、轻而俏的程序表演,饰演《红楼梦》黛玉"葬花"的幽怨的深情和婀娜的身姿,以及饰演《游乡》杜鹃的优美挑担动作等,既继承了传统曲剧的活泼俏皮,又吸纳了京、昆、越剧种的典雅细腻,俗与雅的和谐交融,丰富了曲剧旦角的表演语汇,提升了曲剧的艺术品格。

马骐(1923—2020),封丘人。在20世纪40年代初学唱曲子戏,专攻须生。1949年入灵宝县普及曲剧团,1953年调渑池县曲剧团任主演兼团长,1973年到洛阳地区曲剧团任副团长、主演。唱腔以本嗓为主,假嗓为辅,中音区饱满洪亮,低音区深沉有力,高音常以"脑后抽筋"的唱法表现诙谐风趣的情调。表演广收博采,其髯口功、帽翅功、台步功等均为观众称道。一生演戏300多部,有"活寇准""活宋士杰"之誉。

三、越调名家及其贡献

在越调剧种中,活跃于清代、民国年间的有旦行演员筱金钩、李桂红,以及须生演员罗金章、史道玉、张春德、孙书德等,更为人称道的是生旦兼工、人称"大宝贝"的张秀卿。20 世纪 50 年代以来,在越调舞台上最具影响力的名家是须生名家申凤梅,旦角名家毛爱莲。20 世纪 60—90 年代,崭露头角的越调名家还有何全志、陈静、申小梅、魏凤琴等。

张秀卿(1919—1960),西平县人。著名女须生,7 岁时跟班学戏,15 岁已通晓小旦、青衣、小生、须生多个行当,后到舞阳越调戏班为主演。演遍周口、开封、郑州、驻马店等地,声名日盛,观众称她为"大宝贝""盖河南"。她善于把汉剧、宛梆、大调曲、秦腔等剧种的音乐语汇融入越调的演唱中,表演借鉴京剧的身段、武打技巧和锣鼓经,服装、化妆均进行了不同程度的改革,丰富了越调艺术的表现力。其早年嗓音清脆,激越高亢,声满气足。30 岁以后,她更在运腔吐字上下功夫,喷口处理最妙,角色神情常现于一字之中,风格更趋于苍劲、浑厚、豪迈。她在《秦香莲》中扮演过秦香莲、王丞相、包拯三个行当迥异的角色,都演得生动传神。20 世纪 30 年代饰演《天水关》中的诸葛亮,曾名噪一时,表演从容稳健、气度非凡,唱腔高昂,韵味深长,对申凤梅塑造的诸葛亮形象有直接影响。20 世纪 50 年代饰演《哭殿》中的李世民,俊逸潇洒,一派王家风度,被田汉誉为"河南的周信芳"。

申凤梅(1928—1995),临颍人。著名女须生,11 岁入越调班学艺,14 岁搭班,先后演出于许昌、漯河、周口一带,因唱腔出色,唱对戏时被誉为"铁嗓子大梅"。

她从艺以来,曾在近 200 个传统戏、现代戏、新编历史剧中扮演过生、旦、净、丑各路角色,可谓生旦不挡,悲喜咸宜。20 世纪 50 年代以来,更以"活诸葛"蜚声剧坛。其表演质朴真切、稳健大气,演唱以声传情,吐字清晰、行腔婉转、声音宽厚、气度豪放,形成了独具一格的申派艺术。其代表剧目有《孔明出山》《舌战群儒》《收姜维》《七擒孟获》《诸葛亮吊孝》《明镜记》等。她于 1963 年进京演出,轰动京华,并拜马连良先生为师。她的出现,使一个程序简单、表演粗糙的民间剧种发展成为深受广大民众欢迎的地方大剧种,将越调艺术推向一个前所未有的高峰。

毛爱莲(1930—)，河南舞阳县人。原名杨舍儿，4岁丧母，7岁随漯河养母毛黄氏生活，改名毛爱莲。她9岁学戏，12岁登台，主攻闺门旦，兼演老旦、泼旦。曾得名师邢金奎悉心传授，又广泛学习张秀卿、张桂兰、金凤楼等名家之长，并融会贯通兄弟剧种之精华而自成一格。她嗓音清纯、明丽，吐字清晰真切，其唱腔细腻委婉、自然流畅、如说似唱、悦耳动听，尤其是大段唱腔演唱起来"犹如夜静风吹银铃响，山中飞泉鸣叮咚"，被誉为越调中的"婉约派"。在板式创造上，她注重把握高低、强弱、快慢、收放，加垛加花，旋空变调，并根据人物情感变化加入大量装饰音和衬字，从而达到了妙趣横生、出神入化之境界。其表演俏而不泼、蕴而不涩、细而不繁，注重眉目传情，手袖传情。其代表剧目《火焚绣楼》《李双喜借粮》《白奶奶醉酒》常演不衰。

第四节　中原戏曲所表现的人文精神

中原戏曲作为一种文化形态，虽然其各个剧种异彩纷呈，但具有以下共同的特征。

一、海纳百川的"包容"精神

在中华民族形成的过程中，中原在相当长的时期内都是京师所在地，而作为国家的政治、经济、文化中心的京师又是多种文化的集散地。其所具有的文化必然具有包容精神。由于中原地理位置优越，即使在失去政治、经济、文化中心之后，中原也仍有许多机会融汇八方文化，因此包容性即成为其突出的特点。而"包容"作为一种哲学观念，长期渗透在中原人们的社会生活、民俗活动，乃至心理、性格和行为方式的各个层面。产生于中原文化沃土中的戏曲，则秉承了这种文化品格，表现出极大的包容性和吸纳能力。

正是这种包容性和吸纳力使中原戏曲具有了极强的生命力。正所谓"泰山不让土壤，故能成其大；河海不择细流，故能就其深"。

二、惩恶扬善的道德意识

中原戏曲艺术是一种崇尚伦理道德的载体,以"孝亲"为中心的伦理道德是其弘扬的主要内容。"修齐治平""圣贤之气"的儒家道德观念,在中原戏曲中得到了进一步强化。鲜明的伦理意识和强烈的政治倾向构成了中原戏曲的爱国主义、集体主义、自我奉献精神的主要内容。如豫剧剧目中歌颂的杨继业、佘太君、穆桂英等英雄人物卫国戍边、勇于牺牲的"杨家将戏";歌颂民族英雄岳飞及其后代抗金的"岳家戏";歌颂豪情满怀抵御侵略的巾帼英雄《花木兰》《涤耻血》剧等,都赞颂了英雄品格,弘扬了为国家和民族利益而牺牲个人利益的精神。

与其他地域的戏曲相比,中原戏曲承载着更重的道德内容和政治内容,几乎每一个剧种都把惩恶扬善作为最重要的表现内容。多数反映社会生活的所谓"一国之戏",大都是弘扬刚直忠勇、清正爱民的道德理念,批判背主求荣、误国害民的奸臣奸吏。如表现清官、公案之类的"包公戏"《下陈州》《审牌坊》《铡郭槐》《铡美案》《铡赵王》,"海瑞戏"《安乐州》《严海斗》等,宣扬的是廉明清正、为民请命和替民平冤的正义精神,寄托着人民群众惩恶除奸的强烈愿望。表现封建社会阶级压迫、官逼民反的"水浒戏""瓦岗戏",以及矛头直指神圣不可侵犯的皇权和封建制度的"打朝戏",剧中所塑造的是疾恶如仇、敢于反抗的人物形象,对人们具有比较长久的鼓舞作用。还有以三国时代为背景的征战戏,弘扬的是英勇顽强、舍生取义、励精图治、锐意进取,"先天下之忧而忧,后天下之乐而乐"的道德情操和精神。即使是大量反映家庭生活的"一家之戏",也大都以歌颂正义贬斥不义为中心,具有催人向善的教化功能。中原戏曲对政治风云的敏锐感应,对国家和民族命运的特别关注,也贯穿在现代题材的创作中,例如抗日战争时期,中原几乎所有地方戏曲剧种都编演了宣传爱国、宣传抗战的剧目,如《打土地》《骂寇》《沙区扫荡》等。解放战争和土地改革运动时期编演的《人民怒火》《血泪仇》《枪决赵山林》等,都表现了鲜明的惩恶扬善的文化品格。

三、崇尚自然的理念追求

崇尚自然是中原文化的重要内涵。中原文化源于中原农耕文明,而农耕生产对自然具有很强的依赖性,顺应自然规律,春种夏长秋收冬藏,这样的生产方式顺理成章地产生了崇尚自然的社会心理。这种心理使人们更加尊重自然界,所以,中原商代就有了发达的天文知识,有了日食、月食、风、云、雨的记载和测定时令的方法。这种心理使人们更加尊重事物的本然状态,而这种崇尚自然的心理由道家老子上升为一种"道法自然"的哲学思想,法家韩非也提倡"守自然之道",儒家则把"格物致知"作为重要的人格修养。于是,崇尚"自然"便逐渐成为中原戏曲创作的一种艺术追求。

第一,中原戏曲崇尚"自然"体现在由通俗易懂而形成的观赏状态的自然性。不论是"一国之戏",还是"一家之戏",内容简单明了,人物善恶分明,语无艰涩难懂之词,观赏者没有观赏障碍。观看中原戏,"不论士人闺妇,以及村童野夫,无不通晓",使人感到一切都是自然而然,十分"谐俚耳"。

第二,中原戏曲崇尚"自然"体现在贴近生活上。中原戏曲的多数剧种,所演剧目都没有高度的程式化、规范化,事件如生活中的事件,人物如生活中的人物,语言如生活中的语言,所谓卿相衣冠,牧童声口。清代时期中原官府曾下达了许多禁戏文告,常常说中原的戏曲"村俚不堪,易学易扮",认为其语言粗俗,唱腔非腔非调。其实是从雅文化的角度出发对俗文化的一种贬责。但从这些偏见中则可看到中原戏曲贴近生活的本色。如《打金枝》《三哭殿》《对花枪》这些宫廷戏、征战戏中的矛盾冲突,仿佛是人们经常看得见的家庭纠纷。《抬花轿》中官府人家的迎亲娶亲,是富有中原乡土特色的民风民俗。《花打朝》中程七奶奶的吃鱼动作,《拾玉镯》中孙玉姣的合线、喂鸡的动作,都是生活动作的简单美化与夸张,既符合人物心态,又本色质朴,充满泥土的清香。中原戏曲用的唱词、道白大都是生活用语,例如传统剧目《反西唐》中樊梨花的唱段:"鼓打那个五更鸡叫明,从东方送出来个太阳星星,那么那么大,那么那么明,半拉绿,半拉红,滴滴溜溜悬在正当空。"现代戏《朝阳沟》中脍炙人口的唱段:"棉花白,白生生,萝卜青,青凌凌,麦子个个饱盈盈,白菜长得磁丁丁。""亲家母,你坐下,咱俩随便拉一拉。"诸如此类的唱词全是生活化的语言,观众听了入耳入心,亲切动情,常常会拍手称快。

第三,中原戏曲崇尚"自然"体现在传达情感自然上。表现世俗中的人情世故是中原戏曲文化的一种基本走向,人物的喜怒哀乐,情感的起伏跌宕,总是自然、真切、率直、不做作,观众欣赏时总能自然而然地动情,自然而然地进入戏剧情境。

尤其应该指出的是,中原戏曲常常把所表现的内容做通俗化的变形处理,特别是做符合农民心理情感的通俗化处理。剧中的帝王将相、才子佳人常常被农民化。如传统戏中的红娘是个相府丫鬟,按其生活环境和教养,应是稳重秀气,中规中矩。但豫剧中的红娘完全是个乡村野丫头,风风火火,甚至敢对老夫人指手画脚,某些知识分子看了可能不对口味,但农民观众却感到自然而然。豫剧《秦香莲》《下陈州》中的包拯,《打金枝》《三哭殿》中的李世民,曲剧《寇准背靴》中的寇准、柴郡主,《杨八姐游春》中的佘太君等,都有浓重的农民心理和农民的行为方式。这些舞台展现没有追求现实生活中帝王将相、才子佳人的原本面貌,而是通过变形的方式使人物的情感行为更贴近观众生活的现实,给观众以自然真实的感受。

四、恢宏大气的阳刚品格

恢宏大气,指的是对中原文化风格、品格的把握。而风格、品格则是精神的一种外显形式。"得中原者得天下"的信念使中原历来成为政治家、军事家争夺天下的主战场,从而形成了中原人尚勇好武的心理,这种胸怀、个性、心理转化为文化,自然会显露出恢宏大气的品格特征。而中原文化的丰厚积淀也强化了其厚重感。中原的文学家、诗人大都志存高远,有一股豪情正气,作品风格气势磅礴,质朴厚重。中原的民间说唱,主体风格激情慷慨,故事情节起伏,演唱大腔大调,使听者心情激荡。中原民间舞蹈多气势恢宏,激情热烈,特别是大型的舞队,队伍庞大,乐器庞大,舞蹈动作幅度大、力度强,舞动起来场面壮观,热闹非凡,往往使人顿生英雄豪迈之气。由此文化背景下形成的中原戏曲,自然形成阳刚之美的主调风格。

阳刚品格的特征从戏曲内容上显示出强烈的冲击力和感染力。如豫剧、怀梆、宛梆、大平调等梆子腔剧种,大都是反映忠奸斗争、善恶斗争的征战戏、公案戏、宫廷戏,冲突尖锐、矛盾激烈,塑造的是忠臣良将、英雄好汉、侠义之士,表现的是具有崇高的道德力量和人格力量,给人以震撼和鼓舞。一些反映家庭生活的正剧、悲剧,多是表现贤士、烈女的献身精神,同样是在尖锐的冲突中传达强烈的情感,塑造具有崇高品质的人物,呈现的也是阳刚的品格。尤其是一些表现女性形象的剧目,如《大祭桩》《陈三两》《王宝钏》《秦雪梅》等,剧中的女主人公在忠于爱情、抗拒邪恶的过程中,充分展现了中原女性忍辱负重、善良贤淑的优良品格,展现了她们英勇刚烈、敢作敢为的柔中透刚的性情,以及坚忍不拔、自强不息的"柔韧"之美,其中同样蕴含着一定的阳刚之气。

阳刚品格的特征从音乐唱腔和表演方面表现的是昂扬、奔放、激越、欢快。中原戏曲中的几个梆子腔剧种,如豫剧、大平调、越调、宛梆、怀梆等,唱腔音乐都以高亢奔放为主要特色,有的剧种的乐器,还有尖子号、四大扇,演奏起来犹如战场上人喊马嘶,很容易激起人们的豪迈之情和英雄之气。其唱腔更是大腔大口,高音高调,撼天动地。生、净角色如龙虎,擅用讴音、虎音和炸音,那些出了名的好红脸、好黑头,往往被观众赋予"一声雷""八里嗡""地牤牛""嗡倒山"等绰号,可见其唱腔的激昂醋畅。表演方面则粗犷、豪放、力度强,传达情感擅于抛掉细枝末节,抓住最关键、最典型的动作进行夸张地泼墨式的表达。如豫剧《司马貌告状》中,悲愤难抑的司马貌一脚踏椅、一脚踩桌,手提大笔,抖动须、发、褶子,以大幅度的动作挥写"十大状",告天、告地、告鬼神的表演,确有气吞山河之势。中原戏曲演出的一些喜剧,特别是地方小戏演出的"三小戏",大都追求热闹红火。例如道情、落腔、二夹弦等演出的《借髢髢》《借粮》,还有许多剧种都常演出的独角戏《小二姐做梦》等,情节简单,剧中几乎没有什么矛盾冲突,也能演得热闹非凡,满台生风。中原的这些地方小戏,虽有委婉细腻的阴柔之美一面,但与南方剧种的同类戏相比较,总体风格更显热烈、火辣。

思考与练习

1. 中原戏曲主要有哪些种类?

2. 简述中原戏曲的代表剧目及其主要内容。

3. 中原有哪些著名戏曲名家? 其主要贡献是什么?

4. 中原戏曲所表现的人文精神主要有哪些?

第十三章　中原文化的教育传承

第一节 概述

在中国历史长河中,中原人民勤劳奉献、生生不息,众多的思想家、哲学家、教育家探索争鸣,精神熠耀。他们身上所具有的精神意志和优秀品质共同催生了中原文化,促进了中原教育的发展。中原教育反过来又丰富了中原文化,从而造就了中原地区政治、经济、文化在华夏民族中的中心地位。

早在夏代,中原的学校教育就已出现了。由于许多王朝曾在中原建都,这里是政治中心,因而官学在中原始终比较发达。私学自春秋后期才出现,至战国,诸子蜂起,百家争鸣,私学渐兴。其后形成的汉代经学、宋明理学,中原私学于其中功不可没。特别是唐宋之际兴起的中原书院,对私学教育再增光彩,成了我国封建社会后期重要的教育形式。

古代教育主要指学校教育,包括官学和私学两大系统。在中原地区官学较之私学要出现得早,但私学出现之后其发展要比官学强劲,在某些朝代其作用超过了官学,成为教育活动的主要承担者。

所谓官学,即官府办的学校。中原古代官学包括奴隶社会的官学和封建社会的官学。奴隶社会的官学是指夏、商、周时期的官学,封建社会的官学是指汉武帝创立太学以后出现的官学。

中原是中国最早进入阶级社会的区域,因而中国最早的官办学校就是在这里诞生的。夏代的主要活动范围在中原,因此可以断言,中原官学教育在夏代已经出现。夏、商和西周时期,中原所有的学校都是官学,史称"学在官府",当时严格实行"政教合一"的教育体制,没有私人办的学校。进入春秋以后,王权衰落,礼崩乐坏,一切都不能按旧制度办了。天子的辟雍,诸侯的泮宫,地方的乡校,已经名存实亡,弦诵之声几绝,加之春秋时期诸侯争霸,战争连绵不断,在社会动乱中,没落贵族及其后裔流落民间,文化职官自谋生路,他们把简册器物带出官府漂泊四方,这就是历史上所说的"天子失官,学在四夷"。奴隶制官学逐渐走向衰亡、瓦解。

历史进入汉朝,我国封建社会官学开始出现。汉朝官学分为中央官学和地方官学两种,中央官学最重要的是以传授儒家经典为主的太学,由九卿之一的太常领导管理。地方官学主要是指郡国学。汉朝官学教育不仅确立了儒学在中国封建社会教育中的独尊地位,同时也在教育制度、设施、内容、形式等各个方面都为后来整个封建时代的官学教育奠定了基础。

私学,即私人办的学校。早在春秋末期,孔丘就在中原首开私人讲学之风。进入战国时代,在中原大地上诸子私学如雨后春笋般涌现。孔子是儒学的开山人物,其游学活动主要在中原。墨子提出并在中原各国"上说下教"的"兼相爱、交相利"主张①,以及庄子提出并传授其弟子的"天地与我并生,而万物与我为一"②思想,都是在中原大地孕育而成。自春秋到汉初,数百年间中原教育几乎全靠私学维持。封建官学,由于改朝换代、战争动荡等原因,时有兴衰,而私学却从未间断。在中原私学发展过程中最有代表性的时期是春秋、战国、汉代、北宋和明、清等朝代。

书院则出现于唐末宋初,是中国古代学者研究学问、聚徒讲学的教育场所,一般都建在山林名胜之地。书院初兴时,创办者多是私人,元以后也有官府创办的,但总体说来,主要为私立公助,既与私学不同,也与完全官办的学校不同。中原书院自唐末出现至清末改为学堂,前后存在近1000年,对传播文化、培养人才,产生过深远影响。特别是宋代范仲淹、程颢、程颐、邵雍、张载等借重书院办学,振兴教育,创新理学,不仅把儒学推向一个新的高峰,使其成为宋、元、明、清以来居统治地位的主流意识形态,而且也奠定了书院的教学形式。

解读中原文化,我们不难看出,历史上的中原之所以能够长期成为中国政治、经济、文化中心,成为中华崛起的高地,与教育的繁荣是密不可分的。

中原大地,以"三皇"拓荒为基因,以"五帝"经世为雏形,以先秦诸子哲理为营养,以几千年来华夏子民的勤劳和勇敢为血脉,历经千年孕育、生发,形成了博大精深、昂然向上的中华民族精神。其主要内容为:富贵不能淫、贫贱不能移、威武不能屈的人格精神;勇于探索、自强不息、愚公移山的开创精神;爱好和平、反对分裂、祈盼统一的爱国精神;"天下兴亡,匹夫有责"、居

---

① 〔清〕孙诒让著,孙启治点校:《墨子间诂》,中华书局2001年版,第103页。
② 〔晋〕郭象:《庄子注》卷一,文渊阁《四库全书》(影印版),第22页。

安思危、"先天下之忧而忧,后天下之乐而乐"的忧患精神;励精图治、为民请命、无私奉献的济世精神;广开言路、闻过则喜、从善如流的开明精神;廉洁奉公、光明正大、大义灭亲的刚正精神;扶危济困、见义勇为、除暴安良的侠义精神;尊老爱幼、和谐邻里、助人为乐的敦睦精神;知过必改、反求诸己、洁身自爱的修养精神;虚心好学、不耻下问、见贤思齐的谦恭精神;天下为公、风雨同舟、荣辱与共的集体精神;精忠报国、杀身成仁、孝敬父母的忠孝精神;尊师重教、崇尚知识、举贤任能的礼士精神;实事求是、拨乱反正、义无反顾的求真精神;疾恶如仇、崇尚善良、浩然正气的君子精神;学而不厌、诲人不倦、温故知新的治学精神;学用一致、言之有信、行之有果的力行精神;等等。这些都是我们应当继承和发扬的优秀民族文化传统。而传承和弘扬这些优秀传统文化的最佳途径,则是学校教育。

第二节　私塾教育

私塾是古代私学的别称,私塾教育形式自春秋产生到清末退出历史舞台绵延 2000 多年,对中华文化的传承及创造发挥了巨大作用。私塾作为中国传统教育的重要组成部分,其教学实践对于我们当今促进教育改革和发展具有重要的借鉴意义。

一、私塾概况

"私塾"作为一个概念,是近代以后出现的,以示与公立新式学堂的区别。古代很少把"私"和"塾"两个字直接连起来使用。古人称私塾教育为学塾、书馆、书房、书屋、乡塾、家塾、经馆、精舍、精庐等。私塾按照施教程度,分为蒙馆和经馆两大类。蒙馆的学生主要是儿童,接受初等教育,重在识字、背书;经馆的学生以成年人为主,接受较高程度的教育,大多忙于举业。

（一）私塾的产生和发展

中国私学起源于春秋末期。战国时期,中原地区诸子蜂起,私学林立,培养了许多英杰。诸子所办的私学大都属于成人教育或高等教育,但既有高等教育,必有初等教育,可以肯定,在春秋战国时期的中原大地已经有初级私塾教育。

至汉武帝,实行"罢黜百家、独尊儒术"的文教政策,儒家思想被封建帝王定为一尊,变成了重要的社会统治资源。以传递儒学文化为己任的私塾从此在封建社会站住了脚,历经战乱和改朝换代而绵延不绝。隋唐时期,科举制度的出现推动了私塾的发展。因为当时科举考试主要是围绕儒家经典"四书""五经"展开的,而私塾正是以儒学为主要教育内容的。此外,宋明理学家注重对儿童进行伦理教育,并制订乡规民约,推行社会教化活动。所以,宋明理学的兴起,又进一步促成了族塾、义学的兴盛。值得注意的是,历代帝王都把教育儿童看成是家长的事情,对蒙学虽积极提倡、引导,但官府却很少出资兴办,也从不干预,任凭私塾在民间发展。所以,就初等教育而言,古代私塾的规模和作用远远超过官学。

(二)私塾的种类

根据私塾的设置情况,私塾分为义塾、村塾、族塾、家塾和散馆等。

义塾带有免费教育的性质,以出身清贫家庭的子弟为施教对象。比如,北宋参知政事范仲淹曾以原籍苏州土地千亩作为义田,用以救济同族贫人,并设学校免费让同族子弟入学,此为义学之始。此后,各地知府、州官和县令纷纷效仿,从其田产中拨出少许田地作为族产,族产田所得租税除祭祀外,余款用来兴办义塾,延请本地宿儒当塾师,免费对本族的穷苦子弟进行初级教育。

村塾是一家或数家、一村或几个村单独或联合设立的一种私学,推选地方头面人物作董事,择定地址延师设塾,经费按人分摊,此多为富裕户所办,以使其子弟就塾。村塾先教学生初级基础知识,后讲授儒家经典、理学著作等,学制较长,实际上是准备让童生参加科举考试的场所。所以,人们又称这种私塾为"经馆"。

族塾依靠族产支撑,属于宗族内部办学。族塾往往设在宗祠内,不招收外姓儿童。

富家大户聘请名师宿儒在家专门教授自己的子女,这种私塾称为家塾。

散馆是有文化的人在自己家庭单独设塾,招收附近人家的子弟就读,以收学费维持生活,主要进行启蒙教育。散馆招生不拘姓氏。

（三）私塾的教学和教科书

私塾教学无统一的教学计划和教学进度,实行个别教学,塾师根据不同人的学习基础、接受能力安排课业。私塾教学以读书和写作为主,学生每天都是早上背书,上午读书、写字,下午背书、作文。教师或领句引读或循章讲解,学生多死记硬背。

古代私塾中的教科书按程度分为两大类,高等教育中的教科书在先秦时期主要是诸子经籍,自汉武帝以后一直是儒家经典;而蒙学教科书在两汉时主要有《仓颉篇》《凡将篇》《急就篇》等,魏晋南北朝时期主要有《急就篇》《千字文》等。唐以后蒙学教科书逐渐系统化并分门别类,主要有以下几种:

第一种是综合性的,主要为认字和学习一般知识和道理,如《三字经》《百家姓》《千字文》等。《三字经》全书共有356句,每句三个字。句句成韵,通俗易懂,读来朗朗上口,便于背诵。而且文字简练,善于概括,在认字教学中流传最广。《三字经》全书从教育的重要性开始,开端即说:"人之初,性本善。性相近,习相远。"进而介绍一些名物常识、经书子集、历史朝代、历史上勤勉好学的事例,给读者以较为概括的常识,并鼓励儿童勤勉学习。

此外,还有以学习"杂字"为主的教科书,如《名贤集》《五行杂字》《昔时贤文》之类。"杂字"书切合日用需要,不但是教科书,而且还有字典的作用。熟读背诵之后,遇到要用的字便背诵而得,再查书就能摹写了,这是一种重要的教科书。

第二种是专为培养封建道德观念和在封建社会里修身处世态度的教科书,如《童蒙训》《少仪外传》《性理学训》等。

第三种是历史教科书与历史故事书。这类教材占有重要位置,其主要目的就是用历史或历史人物的"嘉言懿行"来说明封建伦常道德,同时也使儿童从幼时便记得许多典故,扩大历史知识。如《十七史蒙求》《叙古千文》《史学提要》《历代蒙求》《左氏蒙求》等。过去考试作诗文要用许多典故,多掌握此类材料,对考试益处很大。

第四种是诗歌。学塾中吟咏诗歌不但是为了"趋向鼓舞,中心喜悦",发抒情感,振作精神,而且作诗是科举考试所必需,多读诗歌,也有培养写作能力之效,而且诗歌有韵,易于记诵。诗歌不算正课,只是重要的辅助教材。《神童诗》《千家诗》《唐诗三百首》等都是此类教材。

第五种是专讲名物制度和自然常识的教科书,这一类主要有《名物蒙求》,其内容涉及天文、地理、人事、鸟兽、草木、衣服、建筑、器具等。

(四)私塾的教育目的

早在孔子办私学时,就确立了培养以"仁""知""勇"为标准的君子的教育目的,这一教育思想不仅符合统治阶级的利益,而且也有利于维护社会和谐秩序。因此,自汉以后,历代封建王朝出于维护自己统治地位的需要,都对孔学大加褒扬,儒家私学的核心,更成为历代教育亘古不变的宗旨。与之相适应,历代私学,都十分注重学生思想道德教育,基本上以传播封建传统道德为核心,以《论语》及《孝经》为主要德育教科书,目的是培养正统的封建士大夫。如南北朝时颜之推办家学,其《颜氏家训》开首第一篇就说:"夫圣贤之书,教人诚孝,慎言检迹,立身扬名,亦已备矣。"①

二、中原古代私塾教育

如前所述,早在春秋末期,讲学即在中原出现。战国时期中原私学进一步发展。汉初半个多世纪,中原教育几乎全靠私学维持。汉武帝时私学始与官学并存,但 2000 多年间官学时有兴废,而私学却从未间断。

(一)春秋战国时期中原的私塾教育

中原私学起源于春秋末期,孔子是当时私学的代表性人物。"孔子以《诗》《书》、礼、乐教,弟子盖三千焉,身通六艺者七十有二人。"②孔子周游列国活动的地点主要在中原,而且他的弟子中有许多中原人,他们大都从事教育活动。汉班固撰、唐颜师古注《汉书》卷八十八之《儒林传》载:"仲尼既没,七十子之徒散游诸侯,(师古曰:'七十子,谓弟子者七十七人也。称七十者,但言其成数也。')大者为卿相师傅,小者友教士大夫,或隐而不见。故子张居陈,(师古曰:'子张姓颛孙,名师。')澹台子羽居楚,(师古曰:'子羽姓澹台,名灭明。澹音徒甘反。')子夏居西河,(师古曰:'子夏姓卜,名商。')

---

① 〔明〕梅鼎祚:《北齐文纪》卷三,文渊阁《四库全书》(影印版),第 21 页。
② 〔汉〕司马迁:《史记》,中州古籍出版社 1996 年版,第 555 页。

子贡终于齐。(师古曰:'子贡姓端木,名赐。')如田子方、段干木、吴起、禽滑釐之属,皆受业于子夏之伦,为王者师。(师古曰:'子方以下,皆魏人也。滑音于拔反。釐音离。')"①孔子的贤弟子子张、子夏、漆雕开、高柴、巫马期等人都曾在中原从事私学教育。墨子也是在中原大办私学的人,汉高诱注《吕氏春秋》卷二云:"孔墨之后学,显荣于天下者众矣。"②战国时期中原私学林立,在百家争鸣过程中,中原出现的一大批著名学者,大多是由私学培养出来的。

(二)两汉时期中原的私塾教育发展

两汉时期中原地区形成了比较完善的私学教育系统,有初级的"书馆",也有中、高级的"经馆"或称"精庐"。

书馆亦称"书舍",为两汉儿童识字习字之场所。书馆教师称为"书师"。两汉儿童的识字课本,有秦李斯的《仓颉篇》、西汉司马相如的《凡将篇》、汉元帝时黄门令史游的《急就篇》等。其中《急就篇》影响最广,流传至今的有2144个单字,采用二、三、四、七字一句的形式,将2000个左右的单字串起来,形成能够表达一定思想的韵文。其内容包括姓氏、农艺、饮食、器用、音乐、生理、兵器、飞禽、走兽、医药、人事等方面的应用字。《急就篇》比较适合儿童的心理特点,好教、易记、适用,一直使用到唐代才被新的字书所取代。③汉代儿童,约八九岁入书馆学习,年限不定。习完字书后,即进而学习《孝经》《论语》,以作学经前的准备。汉代书馆塾师在教学中管理严格,常采取体罚,西汉学者王充讲到,他"八岁出于书馆。书馆小僮百人以上,皆以过失祖谪,或以书丑得鞭"④。"经馆"是汉代中原层次较高的私学,主要讲授儒家经书。东汉经师讲学之风盛况空前,一些经师鸿儒,及门弟子和历年著录的门生,常有数百、数千之众,乃至万人以上。求学者亦不顾背井离乡,远行千里,负笈寻师。两汉经师讲学之所以兴盛,一方面是受国家"以经术取士"的影响;另一方面是私人讲学思想束缚较少,不仅精通儒经,还兼及天文、历法、算学、律学等知识的传授,因而颇受人们欢迎。

---

① 〔汉〕班固撰,唐颜师古注:《汉书》,中华书局1962年版,第3591页。
② 〔汉〕高诱注:《吕氏春秋》卷二,文渊阁《四库全书》(影印版),第12页。
③ 孙培青:《中国教育史》,华东师范大学出版社2000年版,第108页。
④ 〔汉〕王充:《论衡》卷三十,文渊阁《四库全书》(影印版),第1—2页。

（三）魏晋南北朝中原的私塾教育

魏晋南北朝时期，私学较之官学要发达，是这一时期内最活跃的教育形式。正是私学，使得中国传统文化在当时数百年的大动荡中得以延续，而不至于毁灭。

魏晋时期，社会动荡，不少士子为躲避战祸而隐居民间，多从事私学教育。因官学不兴，所以私学受业生徒众多，达到成百上千的规模。如晋宋纤，"明究经纬，弟子受业三千余人。……注《论语》，及为诗颂数万言"①。北朝时积极采取汉化措施，许多名师硕儒在河西和中原的一些地区传播儒经。北魏太和年间，都城由平城迁到洛阳后，私学教育更加兴盛，史称："时天下承平，学业大盛。故燕、齐、赵、魏之间，横经著录，不可胜数。大者千余，小者犹数百。……横经受业之侣，遍于乡邑。"②此语反映出当时私学兴盛的状况。这些私学已成为官学教育的重要补充，承担着为社会培养人才的任务。

魏晋南北朝时期中原地区的私学蒙童教育，主要是识字、书写、记诵及进行简单的计算。汉代的《急就篇》和南朝梁周兴嗣（今沈丘县人）的《千字文》等是当时较为流行的蒙童识字和习字的教科书。

（四）隋唐五代时期中原的私学教育

隋唐时期，官学较为发达，以致使人们产生私学衰微的错觉。其实，这一时期，私学也很发达，社会上每一种专门学术都有私学传授。

唐朝明文鼓励私人办学，是一个人才辈出，群星灿烂的时代，出现了许多著名的思想家、文学家、艺术家等。这些著名人物的成长与他们接受的早期私学和家学是密切相关的。许多名流学者，一方面居官理事，一方面招徒讲学，从事教育活动。比如，韩愈倡言师道，且身体力行，他从任地方官开始，直至为国学之祭酒，都在家中接纳生徒，辅导学业。他的弟子中，著名的有李翱、张籍等。柳宗元贬官至柳州，"江岭间为进士者，不远数千里皆随宗元师法；凡经其门，必为名士"③。也有一些博学大师甚至隐居乡间，以招收

---

① 〔唐〕房玄龄等：《晋书》卷九十四，文渊阁《四库全书》（影印版），第34页。
② 〔唐〕李延寿：《北史》卷八十一，文渊阁《四库全书》（影印版），第3—5页。
③ 〔后晋〕刘昫：《旧唐书》，中华书局1975年版，第4214页。

生徒讲授知识为专职。唐代是我国诗歌发展的高峰,学习诗歌也成为私学和家学的一个重要内容。著名诗人元稹曾记载了学童们学诗的情景。经过私学以及其他教育形式的培养,使许多人成为名流学者、社会贤达,这些人又开办私学,招收学生,进一步促进了私学的发展。唐代从事私学教育的人远不止上面所提到的几位。具有不同层次、办学灵活、机构简单、形式多样、内容丰富、覆盖面较广的唐代私学,成为唐代教育制度中不可缺少的一个组成部分,也为唐代文化教育事业的繁荣做出了重要的贡献。①

(五)宋代中原的私学教育

宋代的中原,为王都所在,政治、经济、文化发达,经师名儒设经馆、学舍,讲学授徒十分流行。这些经馆的学生大都具有一定的学问基础,是一种较高阶段的私学。比如洛阳人程颢、程颐兄弟(以下简称"二程")讲学于河、洛之间,就是办的这种私学,这类私学后来发展为书院。

蒙学是宋代中原私学教育的一个重要方面。蒙学既有常日开课的私塾、家塾和义学,也有只在农闲时开课的冬学。宋代中原蒙学主要教识字、写字、背书和简单的道德规范,为以后入地方官学或高一级的经馆打基础。蒙学教材主要有《三字经》《百家姓》《千字文》,合称"三百千"。

(六)元代中原的私学教育

元朝统治者定鼎中原后,受汉地儒家文化的影响,深刻地意识到尊用汉法的重要性,其治国理念开始由征战讨伐转变为以文治国,注意启用儒士,一些富有才学的汉儒,甚至官至宰相。这些举措刺激了儒学的恢复和发展,士人读书的愿望日益迫切,这就加速了私学的恢复和发展。更重要的是,中原的一些儒者和前朝名士,或为躲避战乱,或宋亡后不愿奉仕新朝,退而以讲学为事,对私学教育的发展起到了一定的推动作用。

元代中原私学亦分为蒙养阶段和高级阶段。教学的内容仍以儒学为主,但与以往历朝相比更为丰富,兼及天文、地理、数术、阴阳历法、医学等。

元代学者、教育家程端礼制定了一套私塾教学由蒙养阶段到高级阶段的程序和计划,即《程氏家塾读书分年日程》,规定:学生入学先读朱熹的《小学》,然后再教读《四书》及《孝经》,接下来再教学生读《经书》——《易经》

---

① 孙培青:《中国教育史》,华东师范大学出版社 2000 年版,第 158 页。

《书经》《诗经》《仪礼》《礼记》《周礼》和"春秋三传"等。此外，为配合读背经书，还要练习习字、考字、演文。这个读书日程可以说是元、明、清三朝学校教育最典型的教学计划，影响颇大。

（七）明、清时期中原的私学教育

明、清时，中原私学仍很盛行。儿童教育主要由私学进行，形式包括私塾、义学、社学等。其中义学，由于政府提倡，中原每县都有义学多处。义学与私塾不同之处，在于义学不收束脩（即学费），有时还发学习用品。社学最初为官办，明初以后允许私立。私塾、义学和社学都属私学初级阶段。教材主要有《三字经》《百家姓》《千字文》《千家诗》，合称"三百千千"。此外还有《小儿语》《女四书》《弟子规》《唐诗三百首》等。程度较高的还读《唐宋八大家文钞》《古文观止》等。

明、清中原高级阶段的私学，老师主要是民间学者、离职官员和边做官边讲学的人，他们的教学机构主要是书院。

三、中原私塾教育的特点及影响

中原私塾教育在长期的实践中，不断总结前人的教学经验，研究教学规律，形成了自身独特的教育特点。特别是蒙学教育，在漫长的教育实践中摸索出了许多符合儿童身心发展规律的教学方法，至今仍有重大借鉴意义。

（一）学生来源广泛，实行"有教无类"

"有教无类"的教育方针始于孔子私学，他说："自行束脩以上，吾未尝无诲焉。"①只要本人有学习的愿望，主动奉送10条干肉作为师生见面礼，就可以成为弟子。孔门弟子来自各个诸侯国，且成分复杂，出身于不同的阶级和阶层。实行开放性的"有教无类"方针，满足了平民入学受教育的愿望，利于扩大办学的影响，所以，后代私学基本上沿袭了这一方针。如汉代，私学招收学生不以贫富、地域、年龄和辈分为限，这使得学生的来源十分广泛。私学中"教授数百人""门徒常千人"的很多。在贫富问题上，私学学生中许多

---

① 〔三国魏〕何晏集解，〔宋〕邢昺疏：《论语注疏》卷七，文渊阁《四库全书》（影印版），第3页。

是家境贫寒的子弟,如东汉修武人卫飒,"家贫好学问,随师无粮,常佣以自给"①。在地域问题上,许多私学招收的学生,均不是出自一地,而常常是"弟子自远方至""远方至者常数百人""学者随之"。在年龄和辈分上,也没有限制。② "有教无类"是顺应历史发展潮流的进步思想,它打破了贵族对学校教育的垄断,使平民有了受教育的权利。

(二)严格要求,打好基础

私塾中的蒙学教育是基础教育,在这个阶段严格要求,打好基础,对于儿童日后的发展将会长期起作用。如孔子言:"少成若天性,习贯之为常。"③因此,古代蒙学教育十分强调对儿童进行严格的基本训练。例如,在生活礼节方面,要求儿童居处必恭,步立必正,视听必端,言语必谨,容貌必庄,衣冠必整,饮食必节,堂室必洁等。在学习方面,重视儿童良好学习习惯的培养。宋朱熹《训学斋规》最能说明这一点,其有:"凡读书须整顿几案,令洁净端正,将书册整齐顿放,正身体,对书册。详缓看字,子细分明读之。须要读得字字响亮,不可误一字,不可少一字,不可多一字,不可倒一字,不可牵强暗记,只是要多诵遍数,自然上口,久远不忘。古人云:'读书千遍,其义自见。'谓读得熟,则不待解说,自晓其义也。余尝谓读书有三到:谓心到、眼到、口到。心不在此,则眼不看子细,心眼既不专一,却只漫浪诵读,决不能记,记不能久也。三到之中,心到最急。心既到矣,眼口岂不到乎!……凡写文字须高执墨锭,端正砚磨,勿使墨汁污手。高执笔双钩端楷书,字不得令手揩着毫。凡写字,未问写得工拙如何,且要一笔一画,严正分明,不可潦草。凡写文字须要子细看本,不可差误。"④治学严谨的塾师,对生徒要求甚严,如学生行为不符合学校要求,或未完成背书、习字任务,即遭塾师体罚。"严师出高徒"是古代塾师的信条。南北朝时颜之推关于家学提出:"笞怒废于家,则竖子之过立见。"⑤不过,良好的生活、学习习惯一经形成,确实有利于儿童的

---

① 〔南朝宋〕范晔撰,〔唐〕李贤等注:《后汉书》卷一百六,文渊阁《四库全书》(影印版),第2—3页。
② 王炳照:《中国古代私学与近代私立学校研究》,山东教育出版社1997年版,第130页。
③ 〔汉〕戴德:《大戴礼记》卷三,文渊阁《四库全书》(影印版),第4页。
④ 〔元末明初〕陶宗仪:《说郛》卷七十一,文渊阁《四库全书》(影印版),第27—28页。
⑤ 〔北齐〕颜之推:《颜氏家训》卷上,文渊阁《四库全书》(影印版),第9页。

成长,而且还会使他们终生受益。

（三）坚持道德教育和文化知识教育相结合

私塾教育始终坚持教学的教育性原则,将思想品质教育置于具体知识传授过程之中,把道德品质的培养与文化知识的教学紧密结合在一起,这样就使学生既接受了文化知识,也受到了道德品质教育的熏陶。如朱熹的《小学》就是在知识教学中教以伦理道德规范,在道德灌输中加强识字、写字等知识教学的练习,以巩固知识教学的成果。

（四）因势利导,重视儿童的兴趣

私塾教学重视符合儿童的身心发展规律,采用顺应儿童性情、鼓舞儿童心态的教学原则。北宋著名的中原学者程颐曾说:"教人未见意趣,必不乐学。……别欲作诗,略言教童子洒扫应对事长之节,令朝夕歌之,似当有助。"①朱熹亦主张用历史故事、道德诗歌来教育儿童,并开展"咏歌舞蹈"等文娱活动,以引起他们的兴趣,增加他们学习的自觉性,"使其习与智长,化与心成"②。同时,他们又根据儿童记忆力强、理解力弱的特点,强调对学习内容要熟读牢记。明代哲学家、教育家王守仁从他的"致良知"说出发,认为乐是心中本体,教学必须引起儿童的乐学情绪,他要求教育儿童要从积极方面入手,要用培养、诱导、顺应儿童情绪、鼓舞儿童兴趣的方法进行教学。

（五）私学教育内容的多样性

古代私学教育内容始终呈现多样性。春秋战国时期,私学教育内容可谓百花齐放,如孔门尚"礼",农家"重农",法家论法,墨者说"兼爱",兵家讲武,等等。西汉独尊儒术后,私学虽然以学习儒家经学为主,但仍有不少私学兼顾其他学科,如医学、文学、书学、算学、佛学等,这一特点在中原私学的发展史上比较突出。如汉代私学,有黄老之学、法律、天文、星历、图纬、医学等。③ 再如两晋时期,家塾中除了儒学的传授外,其他如书学、医学等知识技能也是重要的传授内容。另外天文、历算、地理学等自然科学知识的传播,基本上是依靠家学来进行的。可以说,当时很多不在官学中传授而生命力

---

① 〔宋〕朱熹、吕祖谦同编,宋叶采集解:《近思录》卷十一,文渊阁《四库全书》（影印版）,第4页。

② 元戴良:《九灵山房集》卷二十一,文渊阁《四库全书》（影印版）,第7页。

③ 王炳照:《中国古代私学与近代私立学校研究》,山东教育出版社1997年版,第132页。

极强的学科,基本上都是在私塾中传授。这些以传授专门学科为内容的私学出现,对我国专门学科的研究、自然科学知识等的传播,有着不可估量的作用。

综上所述,可以看出古代中原私学源远流长,分布广泛,影响深远。其授业者往往是一些名师硕儒,学术精湛,颇能吸引学生,其教育面之广,规模之大,对以儒家为主要内容的汉文化的传播,对社会教化功能的发挥,丝毫不亚于官学教育。私学对古代中原的政治、经济和文化教育事业的发展做出了重要贡献。

第三节　书院教育

书院是中国古代私学发展到高级阶段的产物,是私学的制度化阶段。书院集教学与学术研究于一身,同时具有藏书、著书、刻书、修书等多种功能,为中国传统文化的弘扬和传播做出了重大贡献。

一、中原书院的发展历程

书院发源于中原,遂波及四方,是唐以后出现的特有的教育组织形式,至清末,有千年的发展历史。其对传播中原文化、培养人才、教化社会,以及对推动整个华夏文明的进步发挥过深远的历史作用。

（一）中原书院的萌芽阶段

书院萌芽于唐代。唐玄宗开元十二年(724),朝廷下令在洛阳明福门外建丽正书院;十三年(725),又改丽正书院为集贤殿书院,这是中原书院的萌芽。书院产生之初,仅仅是校书、藏书之所,还不是教育机构。中原严格意义上的书院起于五代。现已知中原建于五代的书院有两所,分别是五代后唐时期创建的洛阳龙门书院和五代后周时期创建的登封太乙书院,太乙书院宋初改称为嵩阳书院。

（二）中原书院的兴盛时期

北宋时期书院进入大发展阶段。宋初,百废待兴,政府尚无暇顾及教育,于是私人创办的书院就成了士子们读书的主要场所,加上政府的支持和资助,书院如雨后春笋般发展起来。但是,北宋时期书院在教学模式上还保留有以往经馆的特点,还没有形成自己的风格,所传习的内容,仍是汉唐流传下来的注经学、诗赋、文章等;教学的目的亦与官学一样,以培养学生参加科举考试为目标,书院的作用仅仅是处于地方官学的代替和补充的角色。

南宋时期书院的发展进入到一个新的阶段,其标志就是书院与理学的结合。南宋理学家十分重视交流切磋和注意传播学术思想,并采纳了书院这种教育形式。因此,大批理学家纷纷自创书院讲学,使得理学和书院同时勃兴,不但促进了理学的繁荣,也加强了书院自身的完善,奠定了书院作为一种独特教育机构的基础。南宋是书院发展的极盛时期,几乎取代了官学而成为主要的教育机构。

宋代中原著名的书院有嵩阳书院、应天府书院、百泉书院、龙门书院、花洲书院、伊皋书院、欧阳书院等。

嵩阳书院原为太室书院,位于今登封市嵩山南麓。其前身为嵩阳寺,始建于北魏太和八年(484),为佛教寺院。隋炀帝时改名为嵩阳观,成为道教活动场所。唐高宗李治同武后到嵩山访游,以嵩阳观为行宫,因此又称奉天宫。按清耿介《嵩阳书院志》卷之一"沿革"载,嵩阳书院于五代后周时建。宋至道三年(997),赐名太室书院。景祐二年(1035)重修,宋仁宗赐额,更名为嵩阳书院。[①] 北宋著名学者程颢、程颐曾在此讲学。嵩阳书院、应天府书院、白鹿洞书院和岳麓书院一起合称宋代四大书院,在宋代教育史上占有重要位置。

应天府书院位于商丘,也称睢阳书院。其历史可上溯到后晋。后晋虞城人杨悫在今商丘市创办南都学舍,教授生徒。五代末至宋初,著名教育家戚同文在此求学并毕生执教于此。戚同文关心国家,锐意进取,加之教学有方,逐渐形成了一个文化中心,所办的学校人才辈出,宋初"请益之人不远千里而至。登第者五六十人,宗度、许骧、陈象舆、高象先、郭成范、王砺、滕涉皆践台阁"[②]。景祐二年(1035),仁宗又赐应天府书院学田10顷,名为应天

---

① 〔清〕耿介:《嵩阳书院志》卷之一《沿革》,丽泽堂藏版,第1页。
② 〔元〕脱脱等:《宋史》,中华书局1985年版,第13418页。

府学,于是成为地方官学。北宋著名文学家、政治家范仲淹曾执教于此。书院聘请名师,整饬校风,俨然为中州一大学府,"二十年间,相继登科而魁甲英雄,仪羽台阁,盖翩翩焉,未见其止"①。仁宗庆历三年(1043),宋廷又将其改为南京国子监,其地位更高于一般地方学校,而与东京(今开封市)、西京(今洛阳市)的国子监互相辉映。应天府书院在北宋一代,学校由私学到官学,从书院而升为府学,再由府学升为国子监,经历了一个长期的发展过程。这所学校人才济济,影响及于全国,在宋代的文化史上占有突出地位。②

　　百泉书院故址在辉县市百泉镇。据明马书林《百泉书院志》卷之一"沿革"载,"北宋五子"之一邵雍受学共城县令李之才,有安乐窝。元耶律楚材酷嗜邵学,即其地老于此。元理学家柳城(治所在今西华县红花集镇柳城村)人姚枢、河内(治所在今沁阳市)人许衡、肥乡(今河北肥乡县)人窦默,都隐居讲道于此。明成化壬寅(1482)提学副使吴伯通始建书院于百泉之滨。③

　　花洲书院位于邓州,是范仲淹在庆历五年(1045)任邓州知事时期所设讲学之所。龙门书院在洛阳,为理学另一创始人"北宋五子"之一张载讲学之所。伊皋书院在伊川(今伊川县鸣皋镇),为理学重要创始人"北宋五子"之一程颐创办。欧阳书院故址在今滑县老城内,是北宋庆历兴学时欧阳修担任滑县通判时修建,欧阳修曾在此讲学多年。

　　(三)元代中原书院

　　元代初叶,许多汉族知识分子不愿到蒙古人的政权中做官,也不肯到官办的学校中讲学,而往往执教于书院,所以,虽经社会动荡,而书院教育未曾中断,其教化功能以及稳定社会的作用也逐渐引起了官府的重视,于是,元政府转而提倡和奖励书院教育,积极对书院加以扶植,政府委派院长并授予官衔、发给官俸,书院的教授、学正等教职的任命、提升都由政府批准,院生经地方官员推荐、考核可分配作学校学官,放松了对书院教学活动的干预。这样一方面缓和了中原汉儒的反元情绪,起到了推动书院发展的作用;但同

---

① 〔宋〕范仲淹:《范文正集》卷七,文渊阁《四库全书》(影印版),第3页。
② 刘卫东、高尚刚:《河南书院教育史》,中州古籍出版社1991年版,第230页。
③ 〔明〕马书林:《百泉书院志》卷之一,国家图书馆藏明嘉靖刻本,第4页。

时也使各级书院逐步官学化,在很大程度上削弱了书院"自由讲学"的性质和特色。所以元代书院虽然在数量上有了很大的发展,但实际在质量上却远不及南宋。

元代中原书院除宋代已有书院以外,新建的主要书院有陈留(今开封县陈留镇)的志伊书院、登封的颍谷书院、开州(治所在今濮阳市)的崇义书院、南阳卧龙岗的诸葛书院、永城的浍滨书院等。

(四)明代中原书院

明代书院发展曲折,历经由衰至兴的过程。明初统治者重视文化教育,但并不喜欢标榜自由讲学的书院,而是注重发展各级官学。所以,在明初的100年间,书院一直处于沉寂状态,直至弘治年间(1488—1505)以后,书院才开始复兴。明代著名学者王守仁、湛若水等对书院的兴盛起到了重要的推动作用,他们不但提出了心学的思想,形成了影响巨大的学术思潮,还广建书院作为其交流思想和讲学的基地,更重要的是在他们及其弟子的努力下,书院恢复了自由讲学的精神。但自由讲学之风引起了明朝统治者的不满,后来引发了历史上著名的四次禁毁书院事件。

明代中原有书院80余所。其中新建的书院中,著名的有开封大梁书院和丽泽书院、襄城县紫云书院、伊阳县(今汝阳县)汝坟书院、陈州府城(治所在今周口市淮阳区)思鲁书院、南阳志学书院、汝南天中书院、洛阳伊洛书院、睢州(治所在今睢县)锦襄书院、开封游梁书院、商丘文正书院、郑州天中书院,等等。这些书院中,除少数为学者所建外,大多为巡抚、道台、知府、县令所建。明代中原最有名的书院是开封的大梁书院,其次为辉县的百泉书院。唯物主义思想家王廷相、爱国英雄史可法等曾就学于开封大梁书院。

(五)清代书院

清初统治者对书院采取抑制政策,使得大多数书院处于沉寂、废弃的状态。清前期,中原共有省、道、府、州、县各级书院100余所。影响最大的是辉县百泉书院和开封大梁书院,它们都属省级。清初著名学者孙奇逢在百泉书院执教长达25年,中原及四方学者云集于此。孙奇逢是明清之际著名的思想家,对理学发展史的研究有开创意义,理学思想也有独到之处。其学术成就受到当时学术界的广泛尊敬,他的学生遍布全国各地,有许多是清朝著名的官吏,被誉为"一代名师"。①

清初,另一学术大师耿介主持嵩阳书院教育事业近 30 年,为自宋以后嵩阳书院教育事业的复兴,做出了巨大贡献。耿介身体力行,躬身实践,严谨采用博学、慎思、审问、明辨、笃行的治学态度,律己教人,为清代中州教育之中流砥柱。②

清初中原府级书院中最有代表性的是南阳书院,曾编有《南阳学规》传世。

清中期,统治者对书院由原来的消极防范逐渐变为积极支持,书院开始复兴。此期,中原道级书院中最有名的是位于武陟的河朔书院,其地位仅次于开封大梁书院,此外,当时中原知名的书院有安阳昼锦书院和固始的临淮书院等。这时书院建设的规模发展到了历史上的高峰,书院教育得到了全面普及。但政府在经费、掌教、学生等方面牢牢控制了书院,使书院的官学化更加严重,书院自由讲学的精神已消失殆尽了。

清后期,中原书院开始没落。当时书院的教学陷入义理、考据、辞章的泥坑,教学内容陈旧,教学方法落后,没有培养出多少有用人才。"八国联军"侵华后,迫于国内要求改革的压力,清廷实施新政,其中 1901 年 9 月 2 日颁布兴学诏书,"着各省所有书院,于省城均改设大学堂,各府及直隶州均改设中学堂,各州县均改设小学堂"③。从此中原书院陆续改为学堂。如大梁书院改为河南大学堂,河朔书院改为河朔中学堂,豫南书院改为豫南师范学堂,昼锦书院改为彰德府官立中学堂,百泉书院改为辉县官立高等小学堂,嵩阳书院改为登封县师范传习所,花洲书院改为邓州官立高等小学堂等。

二、中原书院的教育活动

中原书院在其千年之久的办学历程中,形成了一套独具特色的办学模式,为我国传统教育事业的发展做出了重要探索。书院历代都是由学识渊博、通达经籍、身体力行的教育家们主持,他们在教育目的上主张学为圣人;

---

① 刘卫东、高尚刚:《河南书院教育史》,中州古籍出版社 1991 年版,第 272 页。
② 刘卫东、高尚刚:《河南书院教育史》,中州古籍出版社 1991 年版,第 276 页。
③ 朱寿朋:《光绪朝东华录》,中华书局 1958 年版,第 4719 页。

在教学内容上重视理学;在教学实践上实行"门户开放"、自由讲学、注重自学和思考、质疑问难、因材施教等原则和方法,这些教育探索和实践,其中不乏宝贵经验,在今天仍具有很大的借鉴意义。

(一)中原书院的教学目的

书院教育,是培养品学兼优、求道传道和济世报国的实用人才,实际就是古代士人所追求的"修身、齐家、治国、平天下"。宋初理学创始人"二程"在教育目的方面就是引导学生求道和学为圣人,强调学以致用。其指出:"今之学者有三弊:一溺于文章,二牵于训诂,三惑于异端;苟无是三者,则将何归? 必趋于道矣。"①关于圣人之道,二程指出:"圣人之为大中至正。"②"圣人之德无所不盛。"③二程心目中的圣人实际上就是"仁、义、礼、智、信"伦理道德的理想化身,是统治阶级的理想人物,是书院教育的主要培养对象。邵雍执教百泉时也指出,教育的目的在于"正人伦"。他说:"君天下者得不用圣帝之典谟、行明王之教化?"④为了达到"正人伦"的根本目的,他提出"润身为本""学以人事为大""以道经世"等要求,这其实仍是儒家传统教育目的中的"修、齐、治、平"。

(二)中原书院的教学内容

与其教学目的相适应,书院教学内容主要是儒家经典"四书""五经"和程朱性理之学。

一般书院都是先授"四书",进而再讲"五经"。"四书""五经"是历代书院通用的基本教科书;除此之外还有史鉴、古文、诗赋、八股文等科,这些课程必须按照《劝学八则》的要求进行讲授学习。"四书""五经"课程,要求学生熟读精思,从中探求并得到经义、名理的学问。史鉴、古文课程要求学生"读史,观古今之变",即掌握历史演变规律,进而达到"识力日增,可以应务"的目的。"八股文"课要求学生做文章必须遵循前人创立的规范,选时文,每日诵之,模仿写作。

北宋时期,中原书院教学除儒家经典外,还特别重视理学。如程颢在明

---

① 〔宋〕程颢、程颐:《二程集》,中华书局1982年版,第187页。
② 〔宋〕杨时:《二程粹言》卷上,文渊阁《四库全书》(影印版),第5页。
③ 〔宋〕杨时:《二程粹言》卷下,文渊阁《四库全书》(影印版),第70页。
④ 〔宋〕邵伯温:《闻见录》卷十九,文渊阁《四库全书》(影印版),第5—6页。

道书院,程颐在嵩阳书院、伊皋书院都大力倡导理学,宣传自己的思想。

书院重经术、明性理的学风一直延至明、清,如明、清时南阳方城县书院要求"学者必尽其心,尽其心则知其性,知其性,反而诚之,圣人也"。教学内容,以读经为主,兼攻理学,博经史辞章。①

另外,有不少书院受传统私塾的影响,会传授一些儒学之外的实用知识,如邵雍在讲授知识时多涉及自然科学知识,这在一定程度上避开了儒家传统教育轻视自然科学的根本弱点。

(三)中原书院教育的特点

1. "兼容并蓄""门户开放"

中原书院在治学上实行"兼容并蓄",允许不同学术流派和学术观点互相交流、共同发展。如,范仲淹在应天府书院时期,邵雍、张载、司马光、"二程"等名师巨儒,政治主张和学术见解各不相同,但他们均在应天府书院讲过学,各抒己见,百家争鸣。后来"二程"主持明道书院、伊皋书院时,又多次被邀请到嵩阳书院讲学,嵩阳书院还建了"二程"祠予以祭祀。张载属于关学学派,但他执教于龙门书院时曾多次与"二程"一起探讨问题。书院成为不同学术流派之间展开讨论、争鸣、相互交流的重要场所。中原书院不仅教师之间可以相互学习,而且对学生也实行"门户开放",学生可以自由选择书院博求知识。范仲淹主讲的花洲书院,偏居河南西南隅,但各地学子千里迢迢来邓州求教问学,以致花洲书院很快名闻天下。邵雍主讲的百泉弟子也可以到"二程"的伊皋书院就读。

除师生可以相互流动外,书院在讲授内容上还有较大的自由性,大师们可以自由阐述各自的学术创建,如程颐在伊皋书院讲述自己的著作《易传》,张载在龙门书院传播关学。书院里没有统一的教科书,更没有统一的教学计划和教学大纲。

北宋书院"兼容并蓄""门户开放"的治学之风,为后代所沿袭,如清代教育家耿介主持嵩阳书院时,延请中州名儒前来观摩与讲学,互相争辩论证学术。先后聘请李来章、窦克勤等主讲,还邀请到中州视学的吴子云、徐乾学

---

① 刘卫东、高尚刚:《河南书院教育史》,中州古籍出版社1991年版,第244页。

等来书院讲学。①

2. 注重自学

注重自学是书院教学的一大传统。比如,宋张载指出,为学必须通过自己的自求自得,才能进进不已,绝非他人所能代替。他说:"须是自求,己能寻见义理,则自有旨趣,自得之,则居之安矣。"②清耿介执教嵩阳书院,也提出以学生个人读书钻研为主,培养学生的自学能力。他曾制订过"为学六则":一曰立志,二曰养志,三曰穷理,四曰实践,五曰虚心,六曰有恒。③ 书院教学要求生徒对儒家典籍熟读精思,独立钻研。大师在聚徒面授时,只是提纲挈领地点拨一二,而指导生徒学会读书则是教学的重要任务。教师在讲学过程中,将自己研究儒家经典的方法、心得、体会等传授给生徒,剩下的就是学生们大量阅读、内发感悟。一般的书院藏书相当丰富,可以供学生借阅参考,这也使生徒自学成为可能。

3. 质疑问难

书院教学,除教师讲授、学生自习外,也兼采用"问答式",即鼓励生徒问难论辩,通过争论,辨明义理,相互质证,融会贯通,牢固记忆。教师针对学生的难点或疑点进行讲解。比如范仲淹执教应天书院时,"泛通《六经》,长于《易》,学者多从质问,为执经讲解,亡所倦"④。张载在龙门书院提倡"学则须疑",认为在学习过程中"疑"是学的开始,思的起点,又是实作、求新的表现。他说:"在可疑而不疑者,不曾学;学则须疑。"⑤又说:"不知疑者,只是不便实作;既实作,则须有疑。必有不行处,是疑也。"⑥书院这种质疑问难的教学方法能有效地启发学生思维,提高他们发现问题、解决问题的能力,培养出了一批批有独立见解的人。

4. 因材施教

"因材施教"是教学中的一条重要原则,为孔子所首创。书院教学谨守

---

① 刘卫东、高尚刚:《河南书院教育史》,中州古籍出版社1991年版,第172页。
② 〔宋〕张载:《张子全书》卷六,文渊阁《四库全书》(影印版),第3页。
③ 刘卫东、高尚刚:《河南书院教育史》,中州古籍出版社1991年版,第172页。
④ 〔元〕脱脱等:《宋史》,中华书局1985年版,第10267页。
⑤ 〔宋〕张载:《张子全书》卷七,文渊阁《四库全书》(影印版),第6页。
⑥ 〔宋〕张载:《张子全书》卷五,文渊阁《四库全书》(影印版),第11页。

此道,程颐在伊皋书院就指出:"君子之教人,或行之,或拒之,各因其所亏者,成之而已。"①尤为可贵的是书院教师能在因材施教的过程中,用发展的眼光来看待学生:"中人以上可以语上也,中人以下不可以语上也。此谓才也。然则中人以下者终于此而已乎? 曰:亦有可进之道也。"②张载③执教龙门书院也提出:"进而不顾其安,使人不由其诚,教人不尽其材;人未安之又进之,未喻之又告之,徒使人生此节目。不尽材,不顾安,不由诚,皆是施之妄也。教人至难,必尽人之材,乃不误人。观可及处,然后告之。"④明末清初著名学者、教育家孙奇逢在百泉书院执教 25 年,他始终反对机械地向学生灌输知识的讲学方式,提倡因人施教,主张师生坐在一起,一问一答式的授业方式,颇受学生欢迎。⑤ 耿介也主张因材施教,他说:"圣门七十二子之徒,气质学能尽同,夫子所以教之者,皆是随其资质而成就之。"⑥

5. 祀奉先贤,传承学派

宋代中原书院很注意祀奉一个学派的先贤。应天府书院祀奉先师戚同文,嵩阳书院祀奉先师"二程",花洲书院祀奉先师范仲淹,百泉书院祀奉先师邵雍等,被祭祀者都是一个学派的创始人。例如邵雍,作为北宋中叶著名的哲学家和教育家,长期在百泉书院著述、讲学,尤精先天之学,遂开儒家哲学新派,被公认为"百源学派"的创始人。辉县百泉书院祀邵雍像,纪念这位先贤,正是为了传承"百源学派",加强对院生的传统教育。再如范仲淹,作为北宋著名的政治家和教育家,曾主讲应天府书院,创办花洲书院,这两个书院均长期祀奉范仲淹像,以他"先天下之忧而忧,后天下之乐而乐"的思想激励后人,教育后人,明显起到了"推重学统、加强教导"的作用。程颢、程颐曾主讲嵩阳书院,书院祀奉"二程"像,也是为了让院生继承他们排佛尊儒,兼取佛道思想的理学学说。

6. 刻印书籍,鼓励学术

宋代中原书院都注重藏书、刻书,并由此来推动学术研究。应天府书院

① 〔宋〕杨时:《二程粹言》卷下,文渊阁《四库全书》(影印版),第 69 页。
② 〔宋〕朱熹:《二程遗书》卷九,文渊阁《四库全书》(影印版),第 4 页。
③ 〔宋〕张载:《张子全书》卷十二,文渊阁《四库全书》(影印版),第 18 页。
④ 刘卫东、高尚刚:《河南书院教育史》,中州古籍出版社 1991 年版,第 274 页。
⑤ 刘卫东、高尚刚:《河南书院教育史》,中州古籍出版社 1991 年版,第 276 页。
⑥ 刘卫东、高尚刚:《河南书院教育史》,中州古籍出版社 1991 年版,第 19 页。

最初藏书 1500 余卷,建有藏书楼;嵩阳书院得到皇帝亲赐印本"九经",设置尊经阁;花洲书院春风堂内摆满了各种图书典籍;百泉书院和龙门书院皆以藏书之多名闻中原。宋代印刷术的进步,刊刻图书数量多、质量高,也促进了书院藏书事业的发展。同时,上述这几所书院均为当时最高学府,院生多有著述。为了鼓励院生积极从事学术研究,提高教学水平,书院都建有刻印机构。刻印书籍分为两类,一类是刊印书院师生研究所得,推动书院的著述活动;另一类是刊印阅读参考书,增强院生的读书自学能力。宋代中原书院藏书、刻书盛行,保存了许多珍贵的文献典籍,并成为当时中原乃至全国的学术活动中心。[1]

7. 尊师爱生

中国教育史上素有尊师爱生的优良传统,私学教育中尤盛。孔子对学生就十分关心,他的弟子冉伯牛患了不治之症,他亲自探望予以慰问;颜回病逝,他哭得很伤心,这些都表现了他与学生休戚与共的感情。孔子爱护学生,受到学生们的尊敬,在学生们心目中威望极高。书院发扬了这一传统,比如,范仲淹执教应天书院期间,"尝推其奉以食四方游仕,诸子至易衣而出,仲淹晏如也"[2]。当时还是穷秀才的孙复来书院求学曾得到过范仲淹两次资助。后来,"孙生笃学,不舍昼夜,行复修谨",10 年后终成大器,"道德高迈,朝廷召至太学",成为"德高天下"的大儒。[3] 作为老师关心学生,自然会得到学生的尊敬和爱戴。脍炙人口的"程门立雪"就说明了这一点。一天,杨时和游酢二人一起拜见程颐,不巧赶上老师正在屋中打盹儿,而这时天又飘起了鹅毛大雪,但两人静立门口,恭恭敬敬等老师醒来。"颐既觉,则门外雪深一尺矣。"[4]

(四)书院的管理

1. 制定学规

书院学规是书院教育的总方针,它规定书院的培养目标、为学之序,以及书院生活的一些基本守则,对书院发展起着重要的指导作用。因之,书院

---

① 刘卫东、高尚刚:《河南书院教育史》,中州古籍出版社 1991 年版,第 20 页。

② 〔元〕脱脱等:《宋史》,中华书局 1985 年版,第 10268 页。

③ 〔宋〕魏泰:《东轩笔录》卷十四,文渊阁《四库全书》(影印版),第 8 页。

④ 〔元〕脱脱等:《宋史》,中华书局 1985 年版,第 12738 页。

一开始就非常重视学规建设。比如,应天府书院早在戚同文主讲时,就严格教学管理制度,"先生乃制为学规,凡课试、讲肄、劝督、惩赏,莫不有法"①。范仲淹主讲应天府书院时,认真总结先师戚同文的教学方法,为书院制定出一系列学规,提出"为学次序"和"读书次序",严格要求院生学习。此间他写下了有名的《上执政书》,其中提出要"重名器",就是要慎选举、敦教育,初步形成了宋初河南书院教育的基本宗旨。② 这些早期的书院学规,对后代书院教育能够沿着比较正确的轨道发展产生了极其深远的影响。

在书院史上,第一个系统完整的学规是南宋朱熹制定的《白鹿洞书院学规》,这是南宋以后,历代书院共同依据的总学规。它规定了书院的"五教之目",使学生明了父子、君臣、夫妇、长幼、朋友之间的伦理关系;"为学次序":博学、审问、慎思、明辨、笃行。再次规定了修身处世接物之要。朱熹师承中原理学,是程颐的再传弟子,由此我们可以认为《白鹿洞书院学规》是源于中原书院学规。③

2. 组织管理

书院业务工作主要分为学术研究、教学、会讲、藏书、刻书、祭祀等,涉及文化的积累、研究、创造、传播等各个方面。书院在五代、北宋时期的管理比较简单,只是由山长负责书院的教学和管理。随着书院的发展、完善,到明、清,其管理水平日益提高,因而逐步增设了许多专门的管理职事,除山长外,另设有堂长、讲书、经长、斋长等。

山长或称院长、洞主,其职责是主持书院的教学和行政管理。堂长主要负责督课考勤、课堂记录、搜集诸生中的疑难问题等。讲书主要负责书院经书讲解。经长由山长从生徒中选出精熟经籍者担任,负责为生徒解析疑义。斋长也是在诸生优秀者中选出,协助山长从事书院的教学、行政、日常生活的管理工作。

另外,书院还有掌书、掌祠、首士,以及火夫、更夫、堂夫等若干工役人员。

---

① 〔宋〕徐度:《却扫编》卷上,文渊阁《四库全书》(影印版),第 10 页。
② 刘卫东、高尚刚:《河南书院教育史》,中州古籍出版社 1991 年版,第 7 页。
③ 孙培青:《中国教育史》,华东大学出版社 2000 年版,第 208 页。

3. 生徒管理

与普通私学一样,书院生徒来源广泛,择生只有品德和学业上的基本要求,没有年龄、身份和地域的限制。书院一般供给正式生徒食宿费用,这种经济援助保障了寒门子弟接受教育的机会,使书院教育带有浓厚的平民色彩。

在宋代,书院已初步确立了以德行、学业为内容的生徒考课制度。出于对办学经费和教育质量的考虑,书院正式生徒的定额有限,并由山长主持招生入学考试。平时的学业考试、德业考查都制度化,且德行考核的结果成为奖惩生徒的重要依据。德行与学业相结合的多样化、制度化考课是书院教学管理的重要手段。

4. 经费与学田

书院的经费来源主要依靠学田,书院学田一是私人捐赠,一是官方划拨。比如,嵩阳书院的维持主要是靠地方官绅、学者捐赠田产。清初,在教育家耿介的倡导与影响下,中州各方官绅、名儒,共为嵩阳书院捐学田地1500多亩,使嵩阳书院经费充裕,大大改变了办学条件。① 其次是官方正式赐、拨给学田。在宋仁宗时期赐给嵩阳书院学田1顷,宝元元年(1038)又赐给嵩阳书院学田10顷。在清乾隆四年(1739)嵩阳书院得到官府田产130余亩。这些学田所得到的收入都由书院自行掌管。再如应天府书院,仁宗景祐二年(1035),应天府书院改为府学,官府拨给学田10顷,充作学校经费。② 书院经费的用途很多,包括山长和教师、工役人员的薪金,生徒的补贴,书院的维修费、祭祀费,购置图书,师生以及工役人员的伙食费等。经费的多寡也是书院兴衰的重要原因。

(五)书院的德育教育

中国是有着几千年文明的礼仪之邦,中原大地更是民风敦厚。究其原因,我们不难发现其中有着教育的重大作用。实际上我国古代教育一向以传道育人、教化社会为首任,作为古代教育中的重要组成部分,书院在这方面发挥了重要作用。

① 刘卫东、高尚刚:《河南书院教育史》,中州古籍出版社1991年版,第275页。
② 刘卫东、高尚刚:《河南书院教育史》,中州古籍出版社1991年版,第229页。

1. 确立德育教育目标

道德教育是书院教育的核心。如范仲淹提出教育要"敦之以诗、书、礼、乐,辩之以文、行、忠、信"①。他认为德育的目的就是培养忠、孝、仁、义、信、明人伦的人。他在南阳邓州花洲书院时特别重视对学生的德育教育,要求学生树立先天下而后自己的人生观,他在这里写下了千古名言:"不以物喜,不以己悲;居庙堂之高,则忧其民;处江湖之远,则忧其君;是进亦忧,退亦忧。然则何时而乐耶? 其必曰:'先天下之忧而忧,后天下之乐而乐'乎。"②程颐也提出"学以至圣"的学习目的,"夫学者必志于大道,以圣人自期而犹有不至者焉"③。张载在龙门书院同样要求,教育目的是学"为人""贤人""圣人"三个层次。"学为人"是教育的基本目的。④

2. 创设良好的德育环境

为了提高德育效果,书院重视设置良好的德育环境,使学生在潜移默化中受到品格熏陶。主要举措有:书院选址多选在风景优美、环境幽静的地方,像嵩阳书院、百泉书院、伊皋书院等都是如此;院内悬挂先师先贤像、张贴蕴含道德深义的门楹堂联等,把书院的学规、学训书写置于墙壁;把经典名言刻石立于书院;等等。如嵩阳书院悬挂的对联:"道本中庸只是君臣父子夫妇昆弟朋友,理岂高远须要博学审问慎思明辨笃行。"⑤此上联讲师生应遵循的道德伦理,可谓德育;下联则讲为学方法,且具有很强的鼓励性。这样,书院构成一个优美文明的环境,使学生潜移默化,自然而然地受到道德感染。

3. 教师以身作则

"以身作则"是为人师者的一条基本素养。春秋时期孔子对此就十分重视,他认为教师对学生进行教育的方式,不仅有言教,还有身教,言教在说理,以提高道德认识;身教在示范,对学生有重大感化作用,因此身教比言教更为重要。孔子把身教作为教育原则,对教师提出了严格的要求,他讲道:

---

① 〔宋〕范仲淹:《范文正集》卷八,文渊阁《四库全书》(影印版),第15页。
② 〔宋〕范仲淹:《范文正集》卷七,文渊阁《四库全书》(影印版),第5页。
③ 〔宋〕杨时:《二程粹言》卷上,文渊阁《四库全书》(影印版),第32页。
④ 张载:《张子全书》卷十二,文渊阁《四库全书》(影印版),第4页。
⑤ 〔清〕傅澤洪:《行水金鉴》卷一百六十一,文渊阁《四库全书》(影印版),第17页。

"其身正,不令而行;其身不正,虽令不从。……不能正其身,如正人何?"①书院大师继承了这一教学传统,他们恪守师道,既能言传,又能身教。如范仲淹在应天府书院,"常宿学中,训督学者,皆有法度。勤劳恭谨,以身先之"②。程颢在明道书院讲学时性情敦厚,温文尔雅,使学生有"如坐春风"之感。

4. 知行一致

道德教育注重于德行,德行就是要求道德体现于行为,即道德实践问题。孔子就提倡"力行",要求人们言行一致,不要出现脱节,道德认识的真假、深浅,依靠道德实践的检验而证实。他认为只言不行的人,只承诺义务而不实行的人,都不是道德高尚的人。书院教育秉承儒学之道,大力提倡知行一致。如程颐主张笃行结合,他说:"学不博者不能守约,志不笃者不能力行。"③"学贵乎成,既成矣,将以行之也。学而不能成其业,用而不能行其学,则非学矣。"④这种学以致用、知行统一的思想,就是要学者必须加深对道德的认识和修养,并且在日常生活行为中付诸行动,转化为道德行为,而不是只记诵道德教条,不去实践。宋高宗建炎年间,程颐之子程端中知六安军,当金兵来犯时,他抗金而死。这与程颐笃行道德的教育不无关系。邵雍也主张"轻言尚行",并把是否"尚行"与社会风气的好坏联系起来,他说:"夫天下将治,则人必尚行也;天下将乱,则人必尚言也。"⑤他倡导学生多干实事,少说漂亮话,不断把道德认识转化为道德行为乃至养成习惯,从而提高道德修养水平。

三、中原书院的贡献及其影响

书院始创于中原,兴于两宋,这与宋初社会政治、经济、文化等方面的发展迅猛,中原硕儒大师荟萃,理学观念逐渐深入社会各个层面有很大关系。我们说,书院的出现,有力地推动了中原乃至整个华夏文明的进步,对促进中原文化乃至中华传统文化的发展,功莫大焉。

① 〔清〕阮元:《十三经注疏》(影印版),中华书局 1979 年本,第 2507 页。
② 〔宋〕章如愚:《群书考索后集》卷二十六,文渊阁《四库全书》(影印版),第 20 页。
③ 〔宋〕程颢、程颐:《二程集》,中华书局 1981 年版,第 1191 页。
④ 〔宋〕程颢、程颐:《二程集》,中华书局 1981 年版,第 1197 页。
⑤ 〔宋〕邵雍:《皇极经世书》卷十二,文渊阁《四库全书》(影印版),第 3 页。

　　首先,中原书院推动了中华优秀文化的传承和创新。对此,我们仅举嵩阳书院作一说明。嵩阳书院在两宋时期先后聚集过大批著名文人学者,培养出许多优秀的学生。其中最有影响的要数程颢和程颐兄弟二人了。他们创立了"洛学",是北宋"濂洛关闽"四大学派之一。"二程"是北宋理学的创始人,为南宋朱熹理学大成的直接源头。"二程"又是中国古代书院教育史上有着重要影响的教育家,在嵩阳书院十几年的教学生涯中,不仅他们的理学和教育思想得以形成,而且也对嵩阳书院成为著名书院起到了关键作用。"二程"在其一生中,培养出许多有名的学者,如谢良佐、杨时等。北宋灭亡后,他们的弟子南迁,其中杨时回到家乡江苏无锡专门从事讲学活动,把"二程"的学术思想带到江南,开南宋理学之先河。南宋的学者大都直接或间接地受到他的影响,他因此被称为南宋理学大师。后三世传至朱熹,朱熹继承和发展了"二程"的学术思想,成为理学的集大成者,这就是后世所称的程朱理学。谢良佐等开了陆(九渊)王(阳明)心学之先河。理学和心学是封建社会后期最重要的两派学术思想,为元、明、清历代统治者所提倡和采用,影响中国思想、文化和教育达七八百年之久。

　　其次,中原书院丰富了我国古代教育理论。书院推行讲学自由、教研合一、质疑问难、因材施教、鼓励学术、尊师爱生、注重德育等教育实践,对于当时乃至今天教育发展来说,都是重要的探索,有着不可替代的积极作用,而其办学经费的多途径筹集、教学管理的原则性和灵活性相结合、教学环境的人文化建设等成功经验,也为我们当今教育的发展提供了重要借鉴。

　　再次,中原书院促进了社会进步。中原书院实施"有教无类",拓宽了民间办学的境界,进一步打破了"学在官府"的等级教育传统,促进了教育形式的多样化,有力地推动了我国教育的世俗化进程,这对我们今天推动教育民主化有着重要的参考价值。

　　总之,中原书院在其存在的千余年间,极大地促进了中原教育的发展,促进了中华民族文化的繁荣和学术传播的昌盛,培养出了一代代济世安邦的栋梁人才和学识渊博的鸿儒大师。中原书院为我国古代社会文明进步,为传承创新中华文化做出了重大贡献。

思考与练习

1. 简述中原私塾教育的特点及其影响。

2. 试述中原书院的发展历程及其教育的特点。

3. 两宋时期中原著名的书院有哪些?

4. 试析中原书院文化的贡献及其影响。

第十四章　中原非物质文化遗产

第一节　概述

非物质文化遗产(以下简称"非遗")是与物质文化遗产相对应的概念。联合国教科文组织在《保护非物质文化遗产公约》中为其下的定义是:"指被各社区、群体,有时是个人,视为其文化遗产组成部分的各种社会实践、观念表述、表现形式、知识、技能以及相关的工具、实物、手工艺品和文化场所。这种非物质文化遗产世代相传,在各社区和群体适应周围环境以及与自然和历史的互动中,被不断地再创造,为这些社区和群体提供持续的认同感,从而增强对文化多样性和人类创造力的尊重。"(2003)《中华人民共和国非物质文化遗产法》中的定义表述简明:"非物质文化遗产,是指各族人民世代相传并视为其文化遗产组成部分的各种传统文化表现形式,以及与传统文化表现形式相关的实物和场所。"(2011)

"非遗"通行分类方法,包括 5 个方面、10 个大类:①民间文学和方言。包括现行"非遗"代表性项目名录(以下或简称"非遗名录")中的"民间文学"大类。②表演艺术。包括现行非遗代表性项目名录中的"传统戏剧""传统曲艺""传统音乐""传统舞蹈""传统体育、游艺和杂技"等五个大类。③传统手工艺。包括现行非遗代表性项目名录中的"传统技艺""传统美术""传统医药"大类中的中医药炮制技艺归入"中医药文化"。④传统医药。中原地区主要是中医药及其文化表现。⑤民俗。综合性,包括有关自然界和宇宙的知识和实践,传统节庆、仪式、历法等。

非物质文化遗产是国际化用语,在中国过去称传统文化和民族民间文化。我国 21 世纪以来的"非遗"保护就是在两者的基础上开展起来的。两者相同的地方都是文化遗产;两者不相同的地方是传统文化和民族民间文化的概念外延比较大,"非遗"是其中仍然存活着的部分;两者大部分是重叠的。中原"非遗"分布广泛、内容丰富、价值很高,而且包容性和扩散性很强。截至2022 年,河南有"人类非物质文化遗产代表作"项目 3 个、国家级"非遗"代表性项目 125 个、代表性传承人 126 名,省级"非遗"代表性项目 1030

个、代表性传承人 1147 名,市级"非遗"代表性项目 3311 个、代表性传承人 3976 名,县级"非遗"代表性项目 9481 个、代表性传承人 10971 名(均含升格为上一级的项目)。另外。有国家级"非遗"生产性保护示范基地 5 个、国家级"非遗"保护研究基地 2 个、国家级文化生态保护试验区 2 个、河南省文化生态保护实验区 6 个、河南省"非遗"研究基地 69 个、河南省非物质文化遗产展示传习示范馆(所)133 个、河南省"非遗"生产性保护示范基地 30 个。现存"非遗"得到有效的保护和传承弘扬,产生了巨大的社会效益和经济效益,成为河南的文化品牌,对于形成社会文化共识、树立文化自信、培根铸魂,建设社会主义现代化都发挥出了有益的促进作用。

厚重黄河"非遗"。黄河干流在河南境内有 711 公里长,还有两个重要支流伊河和沁河。河南黄河文化的核心区域是黄河干流流经的 24 个县级行政区,河南黄河文化的密集区域是黄河干流流经的 8 个省辖市(区),河南黄河文化的辐射区域是 6 个黄河故道和引黄受水区省辖市,共计 14 个省辖市(区)。河南黄河流域"非遗"地位显著,截至 2022 年的情况是:太极拳、二十四节气成功列入联合国教科文组织人类"非遗"代表作名录。98 个项目入选国家级"非遗"代表性项目名录,占全省总数的 78%;107 人入选国家级"非遗"代表性传承人名录,占全省总数的 84%。847 个项目入选省级"非遗"代表性项目名录,占全省总数的 82%;709 人入选省级"非遗"代表性传承人名录,占全省总数的 62%。另外,市级"非遗"代表性项目共有 2855 项、代表性传承人 3354 名,县级"非遗"代表性项目共有 7472 项、代表性传承人 8704 名。由此可以看出,黄河"非遗"在河南占比达 2/3 以上。保护、传承、弘扬好黄河"非遗",就奠定了河南"非遗"的大局。2019 年,习近平在郑州主持召开了黄河流域生态保护和高质量发展会议,提出了黄河大保护、大治理的理念,号召要讲好黄河故事。会后,从国家层面到沿黄九省(区)立即行动起来,规划先行,搞好顶层设计。河南位处黄河中心,理应有所担当。2021 年 9 月 29 日,河南省人民代表大会常务委员会通过了《河南省人民代表大会常务委员会关于促进黄河流域生态保护和高质量发展的决定》。2022 年 6 月,河南省文化和旅游厅(以下或简称"文旅厅")发布了《河南省黄河流域非物质文化遗产保护传承弘扬专项规划》。2023 年 12 月,河南出台了《黄河国家文化公园(河南段)建设保护规划》。继之,河南省围绕"非遗"开展了一系列活动。2022 年 10 月 10 日,沿黄九省(区)暨晋冀鲁豫 4 省传统戏剧线上展演活动启动。位于洛阳的黄河流域"非遗"保护展示中心已于 2023 年建成。这一切预示着河南黄河"非遗"保护传承弘扬将出现崭新的面貌。

中原"非遗"社会价值巨大。对于河南"非遗"的价值和意义,有多种表述,但有几点是共同的:一是中原"非遗"是华夏历史文明的根源文化。河南地处中原腹地,是中国农耕社会的中心地区。可以说,在河南"非遗"名录中,随便掂出一项,都是"活化石"。这无疑是中原人乃至中华民族精神的见证。二是中原"非遗"的属性是农耕文化。河洛地区是华夏原始农业的萌发区域,是麦粟丝麻产区。三是中原"非遗"一体多元,兼容并蓄。四是中原"非遗"厚重强韧,生生不息。五是中原"非遗"被认同的族群大、人群大、人数多,是民众共同的永久的集体记忆。中原"非遗"许多项目与宗教、敬祖、民间信仰密切相关,神秘而又神圣。这诸多因素成就了中原非物质文化遗产具有顽强的生命力,厚重强韧,生生不息。

第二节　中原"非遗"的"活态"存在

"非遗"的一个显著特征是至今仍"活态"存在于民众的生产和生活之中,并且被不断地"再创造",以适应变化着的自然生态环境和人文社会环境。所以,通过"非遗"资源普查和保护工作,我们能够比较清楚地看到中原"非遗"的现存状况。县、市、省、国家四级"非遗"代表性项目名录和代表性传承人名录是河南"非遗"的"台账",而且两个名录是在不断更新和扩展之中。这里以列入省级"非遗"代表性项目和代表性传承人名录为素材,从五个方面分别介绍河南"非遗"的存续状况。

一、民间文学和方言

民间文学是"非遗"所有门类中数量最多、分布最广、影响最大的一个门类,而且民间文学滋养着其他门类的非物质文化遗产。民间文学按体裁分为散文、韵文和熟语三大类。散文主要包括神话、传说、故事,有时也统称为民间故事或民间传说故事。韵文主要包括歌谣、对联(楹联)。熟语包括谚语、歇后语、俗话等惯用语;另外还有谜语和方言。截至 2022 年,民间文学代表性项目列入国家级"非遗"名录的有 10 项,代表性传承人 1 人;列入省级"非遗"名录的有 83 项,涉及传承单位 110 个,代表性传承人 49 人。在 2009年"非遗"普查中,民间文学项目在县本级立项的有 62160 个,在市本级立项的有 28570 个,在省级立项的有 10820 个,在普查中还发现一批重要民间文学项目。

(一)中原神话

中原神话不但蕴藏量丰富,也充分体现出了中原"非遗"的根源性特质。中原神话自成体系,在中华神话中独树一帜,已经得到了学界的公认。中原神话主要包括盘古开天辟地、女娲抟土造人和炼石补天、燧人氏取火造火、葛天氏发明歌舞、伏羲、黄帝、神农、蚩尤、嫘祖养蚕缫丝、仓颉造字、大禹治水、尧帝、颛顼、帝喾等创世神话和原始神话,以及愚公移山、牛郎织女、嫦娥奔月、哪吒等传说。除上面提到的一些外,还有龙马负图、夸父逐日、羿射十日、仪狄作酒等原始神话。中原神话在分布上呈面上分散、点上聚集的"神话群"状态。如女娲神话,在桐柏山、嵖岈山、新密、西华、济源邵原等地密集地传布着。中原创世神话幻想色彩浓郁,具有极大的认识价值。再如夏代,典籍记载吉光片羽,考古发现凤毛麟角,而夏代神话丰富多彩。神话里有历史的影子。如鲧盗息壤、禹生父腹、启生于巨石、《河图》《洛书》、空桑伊尹、刘累豢龙、夏启盗天乐、后羿和宓妃等。在程健君《中国民间文学大系·神话·河南卷》三卷中,收录中原神话 1389 篇。

(二)历史名人传说

中原历史上名人辈出,形成了丰富多彩的名人文化资源。名人故事也多是英雄故事、圣贤传说。老百姓普遍有个英雄情结,热爱圣贤,崇拜英雄,传颂他们的善迹德行,甚至将他们神化,建庙立祠,昭示后人。名人传说故事已经列入省级"非遗"名录的就有数十个。如许由传说、伊尹传说、比干传说、姜太公传说、孙叔敖传说、范蠡传说、老子传说、列子传说、赵氏孤儿的传说、张良传说、王莽撵刘秀传说、竹林七贤传说、潘安的传说、玄奘传说、吴道子传说、韩愈传说、张清丰孝道故事、岳飞传说等。中原圣人多,如孔子周游列国的故事、诸葛亮的故事、药王孙思邈的传说、医圣张仲景的故事、乐圣朱载堉的故事等。历史名人故事在民间广泛流传着,而且在全国也有一定影响。

(三)七大民间爱情传说

汝南的梁祝故事、武陟和济源等地的董永传说、虞城的木兰传说、南阳和鲁山的牛郎织女传说、鹤壁的白蛇闹许仙传说、林州的孟姜女哭长城传说、封丘的相思树的故事,合称为中原七大民间爱情传说。前3种已经升格成为了国家级"非遗"代表性项目名录。七大民间爱情传说内容或凄美、或悲壮、或忠贞、或婉约,感人肺腑、催人泪下。

(四)民间叙事长诗《郭丁香》

以表现灶王奶奶郭丁香和灶王爷张万良爱情纠葛和生活故事为主要内容,很久以前就在河南、湖北、安徽相毗邻的地区以"灶书"的形式广为流传,尤以在信阳固始县流传得比较悠久和集中。(详见本书第十二章戏曲艺术。)信阳市和固始县民间文化工作者历时多年,搜集到了7000多句灶书唱词资料。《郭丁香》反映了农耕社会里基层民众尤其是妇女们的精神诉求,被学术界誉为"汉民族的生活史诗"。收录5000行诗句的《郭丁香》,河南人民出版社已于2007年正式出版发行。

(五)中原方言

民间文学是口头文学,通过口耳相传流传于民众之中,所以方言成为民间文学的表达方式和媒介。中原方言呈现一体多元的多样化存在,主体是中原官话,以洛阳方言为代表。例如唐诗中有些诗句用现代普通话念诵不押韵,而用洛阳话则合辙押韵。多样化很是明显,如听人一开口,便能猜出他是开封人,或是商丘人、安阳人、信阳人、南阳人,甚或是林州人、镇平人。如某事可行,河南许多地方说"中",而豫东人则说"管"。方言是地方戏剧和曲艺、民歌民谣的媒介,用地方话演唱才有味道;如果用普通话演唱,便失去了那味儿。

二、表演艺术

表演艺术包括"非遗"代表性名录中的5个大类,至2022年进入前5批省级"非遗"名录的传统音乐大类有代表性项目 63 项、代表性传承人 77 人；传统舞蹈大类有代表性项目 105 项、代表性传承人 115 人；传统戏剧大类有代表性项目 112 项、代表性传承人 205 人；曲艺大类项目有代表性项目 48 项、代表性传承人 69 人；传统体育游艺与杂技大类有代表性项目 62 项、代表性传承人 83 人；五大类总数有代表性项目 390 项、代表性传承人 549 人，分别占该时期省级"非遗"名录总数的 38%、48% 之多。在 2009 年"非遗"普查中发现：传统音乐在县级立项的有 5420 项、在市级立项的有 2780 项、在省级立项的有 620 项；传统舞蹈在县级立项的有 5320 多个、在市级立项的有 2090 多个、在省级立项的有 1010 多个；传统戏剧在县级立项的有 3780 多个、在市级立项的有 1740 多个、在省级立项的项目有 400 多个；曲艺在县级立项的有 3791 个、在市级立项的有 1435 个、在省级立项的项目有 237 个。

（一）传统戏曲

豫剧是河南和全国第一大地方剧种。据 2020 年东方出版社出版，文化和旅游部组织编撰的《全国戏曲剧种普查报告》显示，至 2015 年 8 月 31 日，豫剧流行于 13 个省（市区），演出团体有 1133 个，其中国办团体 139 个，位居全国 348 个剧种之首。河南在豫剧、曲剧、越调三大剧种之外，尚有数十个地方稀有剧种，仅列入前 5 批省级"非遗"名录的剧种就有 37 个之多。有些剧种仅有一个团，像道情、宛梆等。目连戏源于宋代，被称为中国戏曲的"活化石"。（地方戏剧详见本书第十二章戏曲艺术。）

濮阳传统戏剧文化生态保护试验区。濮阳是个大戏窝子。据 2015 年建立濮阳传统戏剧文化保护试验区时的统计，在濮阳 5 县 1 区中，平均 22 万人就拥有一个剧种，在 20 平方公里内就会有一个剧团，每 130 多个人中就有一个戏剧工作者，平均每天有上百场演出。尚在演出并被有关部门认可的有 18 个剧种。其中国家级"非遗"代表性项目 6 个：大平调（濮阳县）、大弦戏（濮阳县）、四平调（范县）、目连戏（南乐）、柳子戏（清丰县）、罗卷戏（范县杨集乡）；省级"非遗"代表性项目 8 个（不含国家级）：五腔调（四股弦，南乐县）、大罗戏（南乐县韩张镇）、枣梆（范县龙王庄乡、台前清水河乡）、落腔（南乐县）、二夹弦（濮阳县白堽乡）、坠剧（南乐县）、皮影戏（濮阳县白堽乡）、木偶戏（蔡村提偶）。另外，有市级代表性项目 13 个和县级代表性项目

21 个(均不含上一级项目)。濮阳地方戏集戏剧、武术、杂技于一体。其中有动真刀真枪武打的,也有光膀子上台的,更有开膛破肚等特技场景。戏剧、曲艺、杂技、武术,对于濮阳人来说,荒年里是他们乞讨谋生的活路,丰年里是他们的娱乐和情怀抒发的方式。戏曲成了他们生活的一部分,也是他们生命的一部分。在濮阳一带,大凡婚丧嫁娶、起屋上梁、添丁进口、许愿还愿、升学晋级、庙会集市等礼俗活动中,都有请戏、听戏的不成文的规矩。请戏剧种的选择、剧团的规模、剧目的大小、演出的时长等,成为主家身份地位和经济实力的重要象征。传统戏剧有着庞大的观众基础,形成了戏剧演出的重要市场,不仅能够养活当地一二百个大小剧团,而且吸引着外地剧团前来演出。对于促进剧种交流、活跃戏剧生态具有重要意义。

(二)河南是曲艺强省

河南有全国叫得响的曲艺,那就是"河南坠子"。河南有全国闻名的书会,那就是宝丰"十三马街书会"。据统计,清代以来河南流行的曲种有 50 个左右。[①] 2004 年 10 月,在荥阳举行的河南省首届民间传统优秀戏曲汇演中,有 12 个曲种参演。河南有曲艺团队 471 个(2007)。至 2022 年,河南曲艺进入国家级"非遗"名录的有河洛大鼓(洛阳)、河南坠子、三弦书(南阳)、大调曲子(南阳)、陕州锣鼓书等 5 个曲种,国家级代表性传承人 5 人;进入省级"非遗"名录的有 17 个曲种,涉及 48 个传承单位,代表性传承人 69 人。2020 年 10 月,河南省文旅厅制定了《河南省曲艺传承发展实施方案》,并于当月在全省举办了曲艺周活动。曲艺有个现象是艺随人走。书目和曲牌都记在艺人的脑子里,每个人都有自己的拿手绝活。师徒传承是曲艺发展的主要渠道,按辈分拜师收徒是历史上曲艺的行规。保护好了艺人,就如同护住了源头活水。

(1)河南坠子。初名坠字。虽然只有 120 多年的历史,却从河南唱响京、津,风靡全国 28 个省(区)。在宣统元年的时候,开封就有"河南坠字研究会",会员达 200 多人,唱坠字的分"七真八派",单在相国寺内就有 7 家唱坠字的茶园。[②] 河南坠子在河南有东路坠子、西路坠子、北路坠子之分,而且

---

① 张凌怡等:《河南曲艺史》,河南人民出版社 2007 年版,第 11 页。
② 张履谦:《相国寺特种调查之二·民众娱乐调查》,开封教育实验出版部 1936 年。

各有名家传人。

（2）马街书会与说唱文化（宝丰）生态保护区。正月十三马街书会是曲艺艺人的盛会，每年都有几百、上千的曲艺艺人来这里亮书、写书。天当幕、地当台，麦苗地里唱起来。马街是距宝丰县城东十几里地的一个村庄。宝丰过去煤窑多、瓷窑多，当地有在农历正月十四、十五、十六3天唱书的习俗，所以艺人便在正月十三前赶到这里，在麦地里同台亮书，等候人家"写书"。写书即是订购曲艺节目。每年马街书会吸引宝丰周边十几个县乃至安徽、湖北等省的曲艺艺人来赶会。据统计，历年来在马街书会演出过的曲种有30多个。马街书会已成为河南曲艺的一个品牌。为从整体上保护传承弘扬马街书会，2017年1月文化部在宝丰建立了国家级"说唱文化（宝丰）生态保护实验区"，试验期结束后正式升格为"说唱文化（宝丰）生态保护区"。

（三）音、舞结合的民间表演艺术

虽然在"非遗"代表性项目名录中，将传统音乐和传统舞蹈分为独立的两个大类，实际在表演中除个别器乐和声乐外，大部分是融为一体的，甚至在音舞表演中融入了武术和杂耍。锣鼓艺术是一大宗。在豫中许昌、遂平、郏县一带流行大铜器，队伍大、用器多、程式多，很受民众喜爱。传统音乐和舞蹈成为民众文化生活不可或缺的组成部分。

（1）鼓动黄河万里浪。鼓，鼓乐，鼓舞，擂起来震天动地，舞起来排山倒海。现今常说的鼓乐舞，多指的是独立演出的，不包括戏曲伴奏鼓乐。黄河沿岸鼓乐舞在数千年传承发展中，涌现出一批风格鲜明、套路成熟、传承有序的样式。比较有代表性的鼓乐舞有：①开封盘鼓（国家级"非遗"代表性项目），属于民间广场鼓舞。表演人数少则十几人，多则几十上百人，一般按"鼓二镲一"的比例组合。开封盘鼓与北宋"迓鼓"有直接的渊源关系，迓即迎接的意思。朝野有"无鼓不成会"的说法。刘震是开封盘鼓的国家级代表性传承人。据介绍，开封市盘鼓协会成立于1991年，已有会员队286支、会员4670人（2008）。单老开封县（今开封祥符区）盘鼓协会就有会员队70多支，队员上千人。②中州大鼓。中州大鼓流传在黄河北岸的新乡一带，起源于明朝万历年间，至今已有400多年的历史。在古代主要用来祭祀祖先、请神驱鬼、迎接宾客、为朋友送行、传递信息、计时报时，以及为军队征战助威、发号施令等。大鼓内有拉簧,敲打后发出金属声音。中州大鼓已被列为国家级"非遗"代表性项目,国家级代表性传承人是李星光。另外,在河南黄河文化核心区域沿黄县域内,还有温县的《司马懿得胜鼓》等 10 个鼓乐舞项目被列入省级"非遗"名录中。在河南黄河文化密集区域沿黄 8 市中列入市级"非遗"名录的鼓乐鼓舞还有 23 项(不含国家级、省级项目)。

(2)沁阳唢呐:激起黄河千顷波。中国唢呐文化之乡沁阳位于黄河北岸。沁阳唢呐艺术属于首批国家级"非遗"代表性项目。沁阳是乡乡有唢呐、村村有乐声。县域内有上百支唢呐队伍常年活跃在城乡,连农民下地腰里也掖把唢呐,地头歇息时吹几段解乏。沁阳唢呐的兴盛和明代宗室乐圣朱载堉直接有关。朱载堉用科学的方法阐明了"十二平均律",解决了历代众说纷纭的"旋相为宫"难题。他在唢呐八音孔的基础上研制出了"三眼管子"。据说他曾在九峰寺创建"金鼓会",每逢农历九月二十三,各地的唢呐班都要在这里聚会。沁阳境内的唢呐整体上可分为两大派、四大家。以沁河为界,分为沁北派和沁南派:沁北派以张家、贺家、马家为代表,沁南派以贾家为代表。据不完全统计,沁阳唢呐演奏的曲目多达 300 首。唢呐班常年参加民俗活动,也成为了民俗活动的重要组成部分。民间乐器称"唢呐为王,不是上天,就是入洞房"。民间的婚、丧、嫁、娶、礼、乐、典、祭及庙会等,都能够听到唢呐的声音,已是满满的仪式感了。

(3)中原五大瑞兽舞。在中原民间拟兽舞蹈中,神兽瑞禽舞是特别受到民众叫好的传统舞蹈。它们是民众理想化了的自然崇拜对象,代表着威武雄壮、法力无边、惩恶扬善,以及祥瑞、幸运、吉庆、佑护,瑞兽已经成为了文化符号。观看瑞兽舞有四看:一看道具,扎制的是否地道;二看舞蹈套路,有没有绝活;三看舞者状态,有没有精气神;四看配乐,音舞是否照点。中原五大瑞兽舞是:舞龙、舞狮子、龙凤灯、耍老虎、麒麟舞。

(四)河南是杂技大省

杂技中包括魔术、驯兽等表演项目。河南境内北有濮阳杂技之乡(东北庄杂技和清丰驯兽),东有周口杂技之乡(太康和项城),西有宝丰魔术之乡,南有新野猴艺。列入国家级"非遗"代表性名录的杂技代表性项目有东北庄杂技 1 项,代表性传承人 1 人;省级"非遗"代表性名录的有 9 项,代表性传承人9人。另外，南阳卧龙区陆营镇吕西杂技、濮阳县娄昌湖杂技、濮阳华龙区宗氏杂技被分别列入了市级"非遗"名录。城市杂技团比较著名的有郑州市、开封市、漯河市的国有杂技团。民营杂技团主要分布在太康、项城、宝丰、濮阳县、清丰等县(市)。杂技表演无语言障碍，成为"走出去"对外文化交流的大使。

(五)河南是武术强省

河南不仅是武术大省，而且是强省。传统武术分徒手和器械两大类，套路有上百种。至2022年底，传统武术列入国家级"非遗"名录的有5批、6种(登封少林功夫、温县太极拳、漯河和周口的心意六合掌、荥阳苌家拳、月山八极拳、开封撂石锁)，代表性传承人11人；列入省级"非遗"名录的有5批、33种，传承单位45个，代表性传承人99人。据2007年中原文化资源调查的情况，全省有民营武术表演团体275个，超过100个的市有郑州市(107)、开封市(115)两个市。单在登封，武校最多时有70多所，经过调整后也有40多家，学员有十数万人(2010)；登封一带民间拳风很盛，在大大小小的少林武校之外，还有20来个练功密集村镇。陈氏太极拳源于温县陈家沟，男女老少皆可习练。武术文化已经成为河南传统文化中的一张名牌。

太极拳。太极拳于2020年12月成功入选联合国教科文组织在《人类非物质文化遗产代表作名录》。申报由河南牵头，还有河北、北京、天津三省共同推动。陈氏太极拳源于河南黄河北岸温县陈家沟村，由陈王廷开创于清康熙年间。他以祖传108势长拳为本，博采众长，运用《易经》阴阳五行变化原理，参入道家导引、吐纳之术和中医经络学说，创编出一套集技击和健身于一体的新拳种。自开创300多年来，风靡全国，流行世界。太极拳流派众多，已得到公认的有5宗：杨式、武式、和式、孙式、吴式。演练太极拳的民众遍及祖国各地，数以亿计。许多拳师应邀到海外传授拳艺，据2008年的统计，太极拳已传播到150多个国家和地区，有80多个国家和地区建立了太极拳组织，单是陈小旺创建的"世界陈小旺太极拳总会"在全球40多个国家和地区建有50多个分会。正是太极拳有这样大的民众基础、这么多的魅力，才成为了名副其实的"人类非物质文化遗产代表作"。

三、传统手工艺

传统手工艺关乎国计民生。河南传统手工艺分布于生产、生活的方方面面,大众须臾离开不了。其特点是品种繁多、分布广泛、历史悠久,掌握绝活特技的艺人和工匠呈家族式传承。

何谓"传统手工艺"？联合国教科文组织在《保护非物质文化遗产公约》中确定"非遗"包括五个方面,其中之一是"传统手工艺"(2003 年)。国务院办公厅《关于加强我国非物质文化遗产保护工作的意见》(国办发〔2005〕18号)的附件中,提出非物质文化遗产的范围包括"传统手工艺技能"。《中华人民共和国非物质文化遗产法》在"非遗"分类中将其列为"传统技艺"(2011)。河南省政府办公厅公布的《河南省省级非物质文化遗产申报评定实施意见》(豫政办〔2006〕104 号)文件中,申报省级"非遗"名录的范围,包括"传统手工艺术和技能。包括制造(含酿造、铸造、烧制、食品烹饪等)、建筑、织染、印刷等"。这些术语都具有法律效力。在传统美术大类中,包括传统工艺(又称传统工艺美术)。文化部、工业和信息化部、财政部发布的《中国传统工艺振兴计划》的定义是:"本计划所称传统工艺,是指具有历史传承和民族或地域特色、与日常生活联系紧密、主要使用手工劳动的制作工艺及相关产品,是创造性的手工劳动和因材施艺的个性化制作,具有工业化生产不能替代的特性。"

(一)小杂多散:中原传统手工艺的资源存在

就目前中原传统手工艺存续现状来看,有以下几种情况:

(1)从社会表象上看,是冰火两重天。火红的一面,比如陶瓷业、汴绣业、餐饮业、传统医药业。衰落的一面,数量上占多数的小杂项和老字号,不死不活或半死不活。

(2)从经济结构上看,是国营的普遍解体,民营的如雨后春笋般冒了出来。

(3)从新、旧上看,是老的手工艺中有一些在逐渐消退,新兴的或改良的手工艺不时进入视野,出现在市场上。

(4)从业态上看,是生活类手工艺品多,原产地手工艺品多,传统强势行业仍是独大,恢复的老行业、老字号、老手艺多,小杂手艺多,生活类手工艺品多。

中原传统手工艺的现状可以归纳为这样几点:①河南传统手工艺的业态是小、杂、多、散。②河南强势传统手工艺数量虽然少,但特别突出。③有一些传统技艺不可避免地成为"记忆",走向博物馆。④当今河南传统手工艺发展存在诸多薄弱环节。如说起来历史悠久而在近现代衰落;美其名曰风格粗犷而实为简陋、粗糙;传统工艺后继乏人,其根本原因是传统手工艺"生存难""致富难"。

(二)"非遗"代表性项目名录中的传统手工艺

至2022年,河南全省进入前5批省级(含国家级)代表性"非遗"项目名录的项目共计有192项,传承单位371个,传承人426人(不包括传统医药中的丸、膏、散等炮制技艺)。其中,在传统技艺大类中省级(含国家级)代表性"非遗"项目有134项,涉及传承单位有236个,代表性传承人有255人。在传统美术大类中,省级"非遗"名录中有58项,涉及传承单位133个,省级代表性传承人171人。在2009年全省"非遗"普查中,传统技艺在县级立项的有18270个,在市级立项的有6490个,在省级立项的有2470个;传统美术在县级立项的有5680个,在市级立项的人1920个,在省级立项的人450个;呈金字塔型结构。

(1)陶瓷。陶瓷又分为陶器和瓷器。陶器用泥质材料低温烧制,不破坏泥料的分子结构,不施釉或施薄釉。瓷器在胎上施釉,高温一次或两次烧成。河南瓷窑分官窑和民窑两类。顾名思义,官窑是为宫廷烧制日用和陈设的瓷器。如钧官窑(禹州)、汝官窑(宝丰清凉寺)。民窑在历朝历代均有广泛分布。如鹤壁沿南太行山曾有"四十五里烧造坡"之盛况。至现代,陶瓷业仍是河南长盛不衰的支柱产业。钧瓷产于河南禹州一带,源于唐宋。钧瓷烧制技艺以窑变著称,有着"入窑一色,出窑万彩"之誉。钧瓷产品即使造型一致,釉色也没有相同的。钧瓷属于乳光釉。传统的钧红釉是艺人无意中掺入铜料而形成,现代经过艺人的创新,又出现了多种釉彩。任星航建起了钧窑炉博物馆。现今在神垕一带,钧窑有数十家乃至上百家,其中涌现出一批大师级艺人,如国家级"非遗"代表性传承人杨志、任星航、孔相卿、苗长强等。汝瓷产于河南汝州、宝丰一带,源于唐宋。汝瓷以天青釉系列的釉色纯净、自然纯朴而著称,并以宋代以来古瓷器稀少而珍贵。它体现了宋代的审美精神和社会风貌。改革开放以来涌现出一批代表性艺人,如国家级"非遗"代表性传承人朱文立、孟玉松、李廷怀、王君子等。唐三彩产于洛阳一带,源于唐,并沿着丝绸之路传播到西域。唐三彩属于低温施釉陶,在素坯上施釉,低温烧成后形成以黄、绿、白为主的五彩斑斓色彩,因而得名"三彩",实为多彩。其国家级"非遗"代表性传承人为高水旺。洛阳郭爱和利用三彩技艺,开创平面三彩烧制技术,能够生产数百平方米的大型三彩壁画,大气磅礴,震慑人心。

(2)种植技艺。栽培和种植技艺是典型的农耕文化,对于农业大省河南来说意义非凡。进入省级前5批"非遗"名录的种植技艺有12项:信阳毛尖茶采制技艺、新郑钘枣技艺、柿树栽培与柿饼制作技艺(荥阳)、银条种植栽培及烹饪技艺(偃师)、上庄姜种植与加工(博爱)、鄢陵古桩腊梅盆景制作技艺、芝麻种植与传统小磨油制作技艺(驻马店驿城区和西平、清丰、鹿邑)、荥阳河阴石榴栽培技艺、中牟白大蒜栽培技艺、葡萄栽培与果酒酿造技艺(民权)、金顶谢花酥梨栽培和加工技艺(宁陵)、香稻丸种植技艺(息县)。另外,在传统医药大类中有四大怀药栽培技艺(国家级)。栽培和种植技艺一般都和加工连在一起。

信阳毛尖。绿茶。信阳毛尖茶采制技艺包括采摘和炒制两个环节,以细、圆、光、直和多白毫、汤清香高而受到人们青睐。喝后有清心明目、提神醒脑、去腻消食等功效。产地以"五云两潭"(东云山、华云山、云雾山、天云山、连云山和黑龙潭、白龙潭)为佳。国家级"非遗"代表性传承人是周祖宏。2022年,信阳毛尖茶采制技艺作为"中国传统制茶技艺及相关习俗"的支撑项目,被联合国教科文组织列入人类非物质文化遗产代表作名录。

(3)木版年画。利用木刻雕版手工刷印的年画。河南木版年画按工艺分为两大体系:黄河以南是以朱仙镇木版年画为代表的套色刷印技艺,产地为开封、登封、尉氏、正阳(德胜祥)、兰考(李氏)等地;黄河以北是以滑县慈周寨神像画为代表的墨线版加人工上色技艺,产地还有获嘉小杨庄、内黄李新张、濮阳范县(何氏)、卢氏等处。

朱仙镇木版年画。朱仙镇位于开封市南 25 公里的古运河畔,水陆交通发达。朱仙镇木版年画为中国木版年画的源头,在宋代时已蔚然大观。线条版为黑色,套版多色刷印,主要有三色板(黄、红、青),暖色多,有时多达十来种色版。朱仙镇木版年画的特点是造型粗犷、线条简练、色彩搭配对比强烈。表现题材取材于神话传说、演义小说、戏曲等,代表作品是门神。武门神中以大小馗头、秦叔宝(琼)和尉迟敬德(融)为主,文门神以福禄寿、五子等为主。国家级"非遗"代表性传承人有郭泰运、任鹤林,省级代表性传承人有张继中、尹国全、张廷旭、朱永敬等人。

滑县木版神像画。产地在滑县东南部慈周寨一带。俗称轴画。创始于明朝武宗年间,至今已传近 30 代。其特色工艺是线版墨印,然后手工着色,色彩艳丽,以大黄、大红、大绿、朱红为主。题材以神像、族谱(祖宗轴)为主,扇面画多为戏曲故事和民间传说故事。国家级"非遗"代表性传承人是韩建峰。

(4)民间剪纸。剪纸俗称窗花。剪纸是传统美术中最大众化、最普及、最民俗的草根艺术,几乎每个村落、街区都有"巧巧手"。剪纸入门容易,工具和材料简便易取。剪纸用于人生礼仪和岁时节令的诸多场合,属于吉祥文化,题材广泛,无所不包。尤其是在陕县(今三门峡市陕州区)地坑院中流行黑色剪纸,洞房中也贴黑色剪纸,当地人认为黑色是正色、避邪。实为夏代尚黑观念的民间延续。河南剪纸进入国家级"非遗"名录的有:豫北辉县剪纸(代表性传承人李爱荣),豫西灵宝剪纸(代表性传承人王蓬草),卢氏剪纸(代表性传承人杨春枝)。另外,进入省级"非遗"名录的有 14 项:陕县剪纸(代表性传承人任孟仓、焦从仙、朱秀云、刘灵巧)、夏邑剪纸(代表性传承人胡明)、郑州管城回族区剪纸(代表性传承人连德林)、鲁山剪纸(代表性传承人李福才、陈子豪)、洛宁剪纸(代表性传承人张秀琴)、禹州剪纸(代表性传承人徐光豫)、汤阴剪纸(代表性传承人袁小光)、信阳剪纸(代表性传承人许煦)、鹿邑剪纸(代表性传承人梁加付)、洛阳市孟津区剪纸(代表性传承人畅杨杨)、安阳殷都剪纸(代表性传承人陈艳清)、石林剪纸(代表性传承人刘树东)、召陵剪纸(代表性传承人常桂连)、河洛剪纸(代表性传承人曹慧贞)等。

（5）汴绣。其为河南刺绣的代表。汴绣产于古都开封,源于宋代宫廷绣,又称为宋绣,得现名于 1954 年。汴绣针法达 30 多种,针脚细腻,擅长摹绣古代名画,代表作是汴绣《清明上河图》。另外,花鸟虫鱼也是汴绣的大宗产品。王素花为国家级"非遗"代表性传承人。另外,程曼苹、韩玉琴、刘双凤、王玲为省级"非遗"代表性传承人。汴绣技艺特色之一是加入了中国画笔墨效果,造型采用点与线结合表现,层次感强;之二是丝线色彩搭配虚实、冷暖、对比和谐,画面有温度、有情感。

（6）玉雕。南阳独山玉为中国四大名玉之一。在独山附近黄山考古发现了古代玉石器作坊,距今有 4000—5000 年。镇平玉雕集中在该县石佛寺一带,已经形成了全国最大的集玉雕、玉石交易为主的集散地,买卖世界玉石。十多万销售队伍卖遍全国,拉动镇平玉雕产业迅猛发展。另外,不产玉的沈丘也是玉雕基地,在外务工的玉雕匠人回乡创业,形成了文化产业。河南另一个玉雕品种是密玉俏色雕刻,利用当地玉石不同颜色皮料,开创俏色雕刻。河南玉雕的兴盛,和中原人赏玉、崇玉、佩玉的观念密切相关。

（三）豫菜与长垣厨师之乡

豫菜是河南菜馔的统称,以五味调和、口味适中为特色。"非遗"代表性项目有洛阳真不同水席、开封小吃、信阳菜、逍遥镇胡辣汤等。每个市县都有自己的地方名吃。河南菜肴历史上尊崇商代名相伊尹为厨祖。2007 年 8 月 7 日,河南省商务厅等八部门联合发布《关于振兴"豫菜"的实施意见》。当年 8 月 22 日河南省餐饮行业协会公布了首批豫菜传统菜点代表性品种,有十大传统名菜、十大传统面点、十大风味名吃、五大传统名羹（汤）、五大传统卤味。这些品种比较全面地反映了豫菜"选料严谨、讲究制汤、五味调和、质味适中"的特点,表现了豫菜作为中国传统烹饪文化代表所具有的深厚的历史文化内涵,彰显了河南烹饪文化所独有的包容性与适应性。

长垣市是中国厨师之乡。长垣籍厨师遍布全国,从钓鱼台国宾馆到驻外使领馆,从河南省内到全国八大菜系中,都能看到长垣厨师在煎炒烹炸,常年外出行艺的长垣籍厨师达数万人。名厨多,名店多。长垣设立有烹饪职业技术学院（大专）,建立了食博园。2003 年 4 月,中国烹饪协会认证长垣为"中国厨师之乡"。

（四）传统手工艺的保护与振兴

开展"非遗"保护以来,振兴传统工艺被写进了党中央和国务院的文件中。2006年,商务部开始实施"振兴老字号工程"。在2017年,中办、国办转发了文化部、工业和信息化部、财政部三个部委的《中国传统工艺振兴计划(2017—2020)》。2015年8月,河南省文化厅印发《河南省传统美术抢救保护工程方案》。2017年,河南又发布《河南省传统工艺振兴计划》和任务分解,由省政府办公厅转发各地实施。2018年5月,有16个项目入选首批国家级传统工艺振兴目录。同年12月,公布了河南省第一批传统工艺振兴目录,共49个项目入选。河南省非物质文化遗产保护中心还先后举办了两期河南省传统技艺保护和传承培训班,开展了关于"非遗"的系列活动,推动文旅融合发展,有效地开发文创产品。2021年以来,河南创造性开展"黄河非遗点亮计划"活动,随后升级为"黄河非遗点亮老家河南"青年乡村营造行动,遴选鹤壁市等8个市(县、区)为首批河南"非遗助力乡村振兴"试点,从政策、资金、人才等方面加大对试点地区的支持力度,充分发挥"非遗"项目在带动城乡就业、促进增收方面的独特优势。2022年7月,河南省被文旅部非物质文化遗产司列为全国五个"非遗助力乡村振兴"试点省份之一。

这里尤其值得一提的是"老字号"。我们说,老字号既是一个经济概念,也是一个文化概念。从一般概念上讲,开办商贸、服务、医疗、生产企业,都要给企业起个名字,也就是字号。开办的时间长了久了,就成了老字号。但我们现在讲的老字号,已不仅仅是个经济的和时间的概念,也是文化概念了。河南现行有三个老字号评定标准:一个是商务部2006年为"中华老字号"下的定义和条件;另一个是河南省民间文化遗产抢救工程在2005年评选"河南老字号"时下的定义和条件;第三个是河南省商务厅2008年认定"河南老字号"的标准。比较三个评定标准的异同,发现河南民间文化遗产抢救工程"河南老字号"的标准主要从文化上界定,没有拥有商标所有权或使用权和资本控股的限制。河南省商务厅的"河南老字号"认定条件承袭了中华老字号的条件,但把创立时间延伸到1966年。"中华老字号"和"河南老字号"中均未收入戏曲班社类文艺团体。

2006年,《商务部关于认定第一批"中华老字号"的通知》(商改发

〔2006〕607号)公布,我省开封第一楼、洛阳真不同、商丘大有丰、洛阳酒家4家被重新认定为"中华老字号"。2006年,《商务部关于实施"振兴老字号工程"的通知》(商改发〔2006〕171号)发布,随后于当年4月制定了《"中华老字号"认定规范(试行)》。2011年2月,在第二批"中华老字号"中,我省又有10家入选,河南先后两批共22家。2023年重新登记时,通过19家,2家附条件通过,1家未予通过。

针对老字号的保护问题,河南省民间文化遗产抢救工程率先在2005年开评"河南老字号",先在全省开展老字号普查,第一批76家于2007年公布,当时是以河南省委宣传部和河南省文联的名义颁布的。至2021年陆续评定、公布了八批,共计484个老字号入选。2011年11月,收录第一批和第二批116家河南老字号的专著《河南老字号》,由大象出版社出版。

随之,老字号的保护工作变成了政府的行为。2009年,河南省商务厅下达了《关于继续开展"河南老字号"认定工作的通知》(豫商商贸〔2009〕197号)。2011年1月10日,河南省商务厅发布的《关于认定第二批河南老字号的通知》(豫商商贸〔2011〕2号),认定河南饭店等39个企业(品牌)为第二批"河南老字号"。2006年河南向商务部推荐的21家"中华老字号"为首批"河南老字号",至2022年已经评选出8批,达267家。

在河南省级"非遗"名录的建设当中,老字号也受到了应有的关注。一是在已公布的五批河南省级"非遗"名录中,直接以老字号名义入选的共有163家。其中,传统技艺大类中有93家,传统医药大类中有47家,传统美术大类中有23家。入选的老字号多是以"字号+产品(技艺)"的形式一块入选的,像真不同洛阳水席制作技艺、开封马豫兴桶子鸡等。二是一批老字号传承人被认定为省级"非遗"代表性传承人。三是一批老字号支撑的"非遗"项目被列入名录。对于被评上"非遗"代表性项目的老字号及其传承人,给予一定的资金扶持。

四、中医药

"非遗"语境下的中原传统医药是传统中医药文化。中原传统中医药文化是华夏传统文化中的精华与国粹。传统中医药文化的根在中原。中医药项目迄今已有 5 批、87 个项目被列入省级"非遗"代表性项目名录,代表性传承人有 97 人。其中有 6 个项目升格为国家级"非遗"代表性项目,7 人为国家级"非遗"代表性传承人(2022)。涵盖了内外科诊疗、制药、保健养生和药市诸方面。太行山、伏牛山、大别山盛产中草药,地道药材有"四大怀药""密二花""山茱萸""南召辛夷"等。太行山下辉县百泉药市,有"药不过百泉不全"之誉。禹州药市以炮制成药闻名,有"药不过禹州不香"之名。下面两项"非遗"项目尤为值得称道。

(一)孟津平乐郭氏正骨

国家级"非遗"代表性项目。初创于清代乾隆年间,由郭祥泰传承至今已有八代,名医代出,后代已从洛阳走向省会郑州、陕西渭南、广东深圳等地。开创了一整套理论体系和诊疗技术方法。平乐正骨第五代传人高云峰(1905—1976)于 1952 年将郭氏正骨祖传秘方捐献给了国家,打破了郭氏正骨"传本家不传外姓"的族规。1956 年 10 月,她编写出了《郭氏正骨学》,奉献给全社会。1958 年 9 月,河南省平乐正骨学院成立,可谓为新中国正骨学界的首创之举。平乐郭氏正骨法首先由广东申报为国家级"非遗"代表性项目,后由洛阳申报为第二批国家级扩展项目,国家级代表性传承人为郭艳锦、郭艳幸。

(二)膏药

全国膏药看河南。据郑州市膏药协会介绍,河南省现有膏药生产企业500 多家(不含各地医院和专科自制膏药)。膏药品种涉及内、外、妇、儿、五官、皮肤、康复、治未病等各科,不低于 900 个品种。从业人员 5 万人以上,年生产膏药数十亿帖。据河南羚锐企业厂方介绍,该厂每分钟有 1.1 万帖膏药下线,年生产膏药长度达 20 万公里。由于电脑、空调、手机、小轿车的普及和城镇化建设加快,患颈肩腰腿疼痛的病例快速增加,膏药市场规模也随之扩大。

五、民俗

民俗是个综合性大类别。包括传统礼仪、节庆、庙会、祭祀,天文和历法,以及传统风俗习惯,人们对自然界和天文的认识、知识和社会实践。至

2022 年,列入省级"非遗"名录的民俗项目有 5 批、70 项,涉及传承单位 74 个,代表性传承人 32 人。2009 年河南省"非遗"普查时,在 18 个省市立项的民俗有 8400 项。河南庙会数量多、分布广,而且大庙会多。中原民间知识中,有 5 个称得上是国家级的秘笈宝典:首推伏羲先天八卦和文王推演的后天六十四卦,二为风水(堪舆)和阴阳五行(金木水火土)学说,三为农历历法,四为二十四节气,五为十二生肖属相纪岁纪年。中原民俗由两根绳子维系着,一根是岁时节令,一根是人生礼仪。民俗就是民生。(详见本书第十章《中原民俗文化》。)

(一)夏历(俗称农历)二十四节气

2016 年 11 月,联合国教科文组织将其列为人类"非遗"代表项目时的全称为"二十四节气——中国人通过观察太阳周年运动而形成的时间知识体系及其实践"。名字虽然很长但说得很明确、很到位。该项目是由中国农业博物馆牵头申遗的,河南有两个支撑项目:登封市的观星台和内乡县的打春牛。平顶山市级"非遗"名录中,也有"农历二十四节气"的项目,为郏县申报项目。实际上,农历二十四节气是古人依据黄河中、下游的气候而制定出来的。农历二十四节气按照农历分为:

春季:立春、雨水、惊蛰、春分、清明、谷雨;

夏季:立夏、小满、芒种、夏至、小暑、大暑;

秋季:立秋、处暑、白露、秋分、寒露、霜降;

冬季:立冬、小雪、大雪、冬至、小寒、大寒。

(二)中原三大民间信俗

观音信俗、关公信俗和老子信俗,为中原三大民间信俗,在民间影响很大。典籍有记载,地上有遗址,民间有传说,民众有祭祀,庙宇祠堂遍布城乡。

观音信俗。平顶山香山寺塔座下地窟中,立有一座大石碑,名为《香山大悲菩萨传碑》,为北宋元符三年(1100)所立,由唐代高僧道宣口述,汝州知州蒋之奇润色,北宋名臣蔡京书丹。记载了佛教观音中国化的成道故事,已为佛教界所公认。"妙善观音传说"和"香山妙善观音信俗"双双进入省级"非遗"代表性项目名录。观音寺(阁)遍布中原大地,其普度众生的博爱精神具有普世价值。观音有 33 个法相,法力无边,送子观音影响较大。

关公信俗。关公是汉末三国时人,其死后被尊为忠义的化身,受到历代皇帝的封号。也受到道、释两教的推崇,民众的爱戴,被奉为武财神。大庙如各地的春秋楼,小阁如商号中的神龛。"洛阳关林朝圣大典"和"关公信俗"已被列入省级"非遗"代表性项目名录。

老子信俗。老子为周朝柱下史,姓李名耳,字聃(一说字伯阳,谥曰聃)。他西出函谷关时应关令尹喜所请,写下《道德经》。老子被道教奉为鼻祖,称"太上老君"。老子被用火行业奉为祖师爷。老子遗迹遗址和庙宇遍布中原大地,难以胜数。老子故里在鹿邑。"老子传说"已被列入国家级"非遗"代表性项目名录。栾川县"老君山庙会"、鹿邑县"老子生日祭典"作为民俗项目进入省级"非遗"代表性名录,后者也是国家级"非遗"代表性项目。

第三节　中原"非遗"的保护与传承弘扬

河南"非遗"保护工作,大致可以分为两个阶段。起始阶段:从 2006 年开始到 2013 年年底的 8 年;依法保护阶段:从 2014 年 1 月 1 日《河南省非物质文化遗产保护条例》开始实施以来的 11 年。未来发展趋势,将会逐步进入整体性和系统性保护阶段。

一、河南"非遗"保护工作历程

(一)"双工程":河南"非遗"保护工作的铺垫和基础

河南"非遗"保护工作,正式启动于 2006 年。标志有两个:一是当年 11 月河南省政府印发了省级"非遗"名录评定意见。二是 2006 年国务院公布了第一批国家级"非遗"名录,河南有 22 项入选。在这之前,河南先后启动了"河南民间文化遗产抢救工程"(2003)和"河南省民族民间文化保护工程"(2004)。两个文化工程并行不悖,一个重在抢救,一个重在保护。这为以后的"非遗"保护工作,做了扎实的铺垫,打下了坚实的基础。

(1)抢救工程。起始于 2002 年的中国民间文化抢救工程,是由以冯骥才为主席的中国民间文艺家协会主持的,计划用 10 年时间(2002 年 1 月—2011 年 12 月)全面抢救和保护民间文化遗产,弘扬中华文明,为建设中国式现代化,实现中华民族的伟大复兴,以及丰富人民群众的文化生活服务。河南抢救工程以 2002 年 10 月 28 日举办的开封"中国木版年画国际学术研讨会暨全国木版年画大联展"为标志,打响了第一枪。于 2003 年 6 月成立了以时任河南省委宣传部部长为组长、主管文化的副省长为副组长的领导机构;9 月召开大会,在全省实施抢救工程。先后开展了全省民间美术等多项大型民间文化普查,编纂完成了《中国民间剪纸集成·豫西卷》等一系列大型图书,配合中国民协考察、评估、命名了 60 多家"中国民间文化之乡",率先评选、认定河南老字号和中原贡品,仅工作简报就编写、发放了 300 多期,多次受到省委主要领导的表扬和公众的称赞。

(2)保护工程。中国民族民间文化保护工程由原文化部主持。2003 年 1 月 20 日,文化部在京召开会议,宣布启动中国民族民间文化保护工程,并于同年 4 月 28 日与财政部联合下发了《关于实施中国民族民间文化保护工程的通知》(文社图发〔2004〕11 号),在全国启动保护工程。2004 年 4 月,河南浚县和淮阳传统庙会文化被确定为中国民族民间文化保护工程第二批试点单位。以此为标志,河南省民族民间文化保护工程奠基。2004 年 9 月 7 日,河南省文化厅和财政厅联合召开了"全省基层文化暨民族民间文化保护工作会议",在全省正式启动民族民间文化保护工程,建立领导小组,公布了《河南省民族民间文化保护工程实施方案》(豫民文保〔2004〕1 号)。2005 年 1 月,河南省民族民间文化保护中心在省群众艺术馆正式挂牌。管理工作由原文化厅社会文化处负责。2006 年开展"非遗"保护后,保护工程换名义、换牌子、换旗帜,转向"非遗"保护工作。

(二)开展"非遗"普查,摸清家底

开展"非遗"保护和传承弘扬的基础是掌握全省非物质文化遗产资源的种类、数量、分布状况、生存环境、保护现状及存在问题。从 2006 年以后,按照文化部的要求,河南省也开展了一些前期的"非遗"普查培训,个别县(市)先行了一步,全面铺开是在 2009 年度。河南省文化厅制定了《河南省非物质文化遗产普查工作实施方案》(豫文社〔2009〕36 号)。"非遗"普查的基层是在县(市、区)一级,要求县(市、区)做到"五个一":有一册普查工作文件汇编、一份普查工作的报告、一套普查资料档案、一本普查成果汇编、一份资源项目分布图。各地普查工作的经费主要由当地财政支出,中央财政按照专项经费管理办法给予适当补贴。据河南省文化厅统计,全省各级财政总共投入 1600 万元,直接投入普查人员达 16 万人。至 2009 年年底,全省已基本完成普查任务,并在 2010 年 1 月通过了文化部督查组的验收。全省普查各类"非遗"线索 180 余万条,其中在县级立项 176760 个、在市级立项 71280 个、在省级立项 26965 个(三级中包括重复交叉项目)。加工整理出《河南省非物质文化遗产资源分布图集》一套。整理出县级资料汇编 1016 册、市级资料汇编 616 册。共整理文字资料 3 亿多字、照片 10 余万张、录音 3800 小时、录像 4300 小时。全省"非遗"普查工作取得了丰硕的成果,一是基本摸清了全省"非遗"资源分布状况,形成了一套资料;二是锻炼和培养起了一支"非遗"保护队伍;三是取得了诸多"非遗"保护的有效举措和成功经验;四是扩大了"非遗"保护宣传,营造了"非遗"保护氛围。

自 2005 年以来,河南省相关部门和行业也开展了文化普查工作。2007 年,河南省开展了"文化强省大型调研活动"。2007 年 9 月至 2008 年,河南省工艺美术行业协会在全省进行了一次工艺美术普查。2010 年,河南中医药局开展了新中国成立以来首次对中医的大型调查活动;2012 年年底,河南又开展了第三次中药资源普查。

(三)以编制"非遗"四级名录为抓手,带动全省"非遗"保护工作

2006 年 12 月 15 日,河南省人民政府办公厅印发了《关于印发〈河南省级非物质文化遗产申报评定实施意见〉的通知》(豫政办〔2006〕104 号)。此前,在国务院公布的第一批国家级"非遗"名录中,河南入选了 22 项。河南是先有国家级"非遗"项目,后有省级"非遗"名录的。2007 年 2 月《河南省第一批省级非物质文化遗产名录》(豫政〔2007〕11 号),以省政府的名义公布,有 14 大类、148 个项目入选。至 2022 年,连续公布了 5 批名录,有 1030 个项目入选;有 5 批、1147 人被评定为省级"非遗"代表性传承人。在此期间,河南有 5 批、125 个项目入选国家级"非遗"名录,126 人成为国家级"非遗"代表性传承人;有 4 个项目入选联合国"人类非物质文化遗产代表作名

录"。在省级"非遗"名录建立的同时,市、县"非遗"名录也相继建立了起来。以四级名录的建立为抓手,按照"保护为主、抢救第一、合理利用、传承发展"十六字方针,在全省开展一系列"非遗"保护工作。

(四)进入依法保护"非遗"的新阶段

从2014年1月1日起,《河南省非物质文化遗产保护条例》开始实施,标志着全省"非遗"保护工作进入依法保护的新阶段。在条例框架下,河南制定、出台了一系列基础性工作文件,比如《河南省省级非物质文化遗产申报评定实施意见》(2007)、《河南省传统工艺美术保护办法》(省政府令第118号,2008)、《河南省省级非物质文化遗产代表性传承人认定管理办法》(2016)、《河南省文化生态保护实验区申报暂行办法》(2011)、《河南省省级非物质文化遗产保护专项资金管理办法》(2022)、《河南省非物质文化遗产2016—2020年培训工作计划》(2016)等。保护有法可依,实施有预算保障,上下有管理机构,干事有人员。河南"非遗"保护工作开创了新局面。

(五)"非遗"保护的中国模式和中国经验

"非遗"和"'非遗'保护"是从联合国引进的概念,中国与世界同步,河南与全国看齐。20年来,实行"政府主导、社会参与"的策略,取得了举世公认的保护成效,为世界贡献了中国模式和中国经验。从整体来看,河南省"非遗"保护工作称得上是全国"非遗"保护工作的一个缩影。

(1)"非遗"厅际联系会议。2006年12月15日,河南省政府办公厅印发《河南省省级非物质文化遗产申报评定实施意见》,附件为《河南省省级非物质文化遗产厅际联席会议职责和成员》。随之建立了由原文化厅牵头、11家单位组成的厅际联席会议。2013年7月7日下发通知,又对厅际联席会议进行调整完善,扩大到20家成员单位。联席会议的主要职责是:贯彻落实省委、省政府关于非物质文化遗产保护工作的重大决策部署,督促落实有关法律、法规;协调解决非物质文化遗产保护工作中的重大事项和问题。

(2)生产性保护。其全称是"非物质文化遗产生产性保护"。2012年,原文化部下发《文化部关于非物质文化遗产生产性保护的指导意见》(文"非遗"发〔2012〕4号),提出进一步规范、加强"非遗"的生产性保护。河南省禹州市星航钧窑有限公司等5家"非遗"企业进入国家级"非遗"生产性保护示范基地名录。河南省先后命名了3批、30个省级"非遗"生产性保护示范基地。2013年6月,组织开展了"薪火相传:河南省非物质文化遗产生产性保护成果展"。2017年10月,《河南省非物质文化遗产展览传习示范馆管理办法》发布。迄今已经先后评估、命名了62个示范传习所和71个示范展示馆,授牌的同时给予财政扶持。2018年10月25日,在洛阳召开了河南省"非遗"生产性保护示范基地座谈会。2019年6月9日,全省3个项目入选"国家级'非遗'代表性项目优秀保护实践案例"。2020年6月13日,河南省文旅厅公布了16项"河南省非物质文化遗产保护优秀实践案例"。

（3）示范传习所（展示馆）。其全称是"河南省非物质文化遗产示范传习所"和"河南省非物质文化遗产示范展示馆"。

（4）文化生态保护区。设立文化生态保护区,是"非遗"整体性保护的重大举措。2017年2月9日,"国家级说唱文化(宝丰)生态保护实验区"正式揭牌成立。2020年6月,文化和旅游部正式批复同意在洛阳市设立国家级"河洛文化生态保护实验区"。2021年10月14日,河南省文旅厅印发了《河南省文化生态保护区管理办法》。至2022年年底,河南先后命名了登封少林文化生态保护实验区等6地为省级文化生态保护实验区。

（5）系统性保护。即采用系统性思维和系统工程方法开展"非遗"保护。专项由文旅厅推进,综合性由省政府部署。主要有:①实施了"河南省稀有剧种抢救工程"(2012);②"河南省传统美术抢救保护工程"(2015);③"河南省振兴传统文艺计划"(2016);④"河南省传统技艺抢救保护工程"(2017);⑤2020年10月21日,河南省文旅厅印发《河南省曲艺传承发展实施方案》;⑥2020年6月11日,河南省委宣传部、省文旅厅、省财政厅贯彻中央精神,联合印发了《河南省非物质文化遗产传承发展工程实施意见》,从整体上系统安排河南省2021—2025年间的"非遗"保护传承发展工作;⑦"河南省非物质文化遗产传统医药保护工程"(2022)。

二、展望未来,"非遗"保护永远在路上

河南是"非遗"资源大省,但不是"非遗"保护强省。和周边省、先进省相比,差距还很大;和民众对"非遗"保护的期望相比,提升空间还很大;和"非

遗"保护需要相比,还有许多工作亟待要做。"非遗"的保护、传承、发展、弘扬,传承是最好的保护,发展是最有力的传承,弘扬是最有效的促进。

(一)不宜过高评估河南"非遗"保护工作形势

对形势的误判,往往会导致认识上的误区,导致政策和行动上的失策。例如有人提出,"非遗"抢救工作已经做得差不多了,现在需要大发展。实际上,仍有很多"非遗"得不到有效的保护,仍有很多"非遗"处于濒危状况或行将消失,仍有很多"非遗"被颠覆、被戕害。所以,"保护为主、抢救第一、合理利用、继承发展"的十六字方针在相当长一个时期内,仍是指导全省"非遗"保护工作的主导方针。实际上,河南省"非遗"保护有很多短板,例如基础薄弱,保护资金投入严重不足,缺少国家级"非遗"节会、展会入驻,进入国家级"非遗"名录的数量与"非遗"资源大省不相称,理论研究落后于"非遗"保护实践,等等。

(二)实施"非遗"整体性和系统性保护

习近平多次强调要扎实做好非物质文化遗产的系统性保护,更好满足人民日益增长的精神文化需求,推进文化自信自强。2023 年 6 月 10 日"文化和自然遗产日"的主题之一是"加强'非遗'系统性保护,促进可持续发展"。很多政府部门已经在本部门管理的领域内开展了"非遗"保护工作。如农业部门保护农业"非遗"、建设美丽乡村,城乡建设部门保护传统村落,民政部门评选千年古县、千年古村落,人社部门为民间艺人评职称等。"非遗"种类多,代表性项目多,代表性传承人多,受众更多,在"非遗"系统性保护中表现出了文化的多样性。可以预测出"非遗"保护未来走向,是逐步进入整体性和系统性保护阶段。

(三)大力开展黄河"非遗"和大运河"非遗"保护和弘扬工作

河南是"双河"并存。随着国家黄河文化公园的开辟,上位规划和省级规划相继出台。尤其是河南的黄河"非遗",既是国家黄河文化公园的重要组成部分,也在全省"非遗"中占住了大头。宏观规划需要子规划来充实,纸面上的概念需要项目去支撑,这方面是大有作为的。讲好黄河故事,讲好黄河"非遗"。

2024 年 8 月 7 日,《人民日报》刊发中宣部部长李书磊《深化文化体制机制改革》的文章,指出:"文化遗产承载灿烂文明,传承历史文化,维系民族精神,是不可再生、不可替代的宝贵财富,保护好祖国的文化遗产是我们的历史责任、神圣使命。习近平总书记对文化遗产十分珍视,强调要像爱惜自己的生命一样保护好历史文化遗产,对文化遗产保护有一系列深刻论述、明确要求,我们要深入贯彻落实。要理顺体制机制,建立文化遗产保护传承工作协调机构,建立文化遗产保护督察制度,组织开展文化遗产保护督察,着力推动文物古迹、古老建筑、名城名镇、历史街区、传统村落、文化景观、非遗民俗等文化遗产系统性保护和统一监管,加快构建大保护格局。"此语可谓宏观而具体,对于非物质文化遗产的保护和弘扬工作极具鼓舞性。由此,我们也深深感到中原非物质文化遗产的保护和弘扬工作,任重而道远。

思考与练习

1. 你的家乡有哪些非物质文化遗产代表性项目?

2. 你理解的非物质文化遗产的现代价值有哪些?

3. 如果你的家人和亲戚中有从事"非遗"传承的,学习了这一章后,你能够给他们提供怎样的指导意见?

主要参考资料

1. 〔清〕张澍:《姓氏寻源》,枣华书屋藏版,清道光十八年刻本。

2. 〔宋〕孟元老等:《东京梦华录》(外四种),古典文学出版社 1957 年版。

3. 〔宋〕司马光编著,〔元〕胡三省音注:《资治通鉴》,中华书局 1976 年版。

4. 〔清〕阮元:《十三经注疏》(影印版),中华书局 1979 年版。

5. 冯友兰:《中国哲学史新编》,人民出版社 1982 年版。

6. 〔唐〕李吉甫撰,贺次君点校:《元和郡县志图志》,中华书局 1983 年版。

7. 〔宋〕佚名:《宣和书谱》,上海书画出版社 1984 年版。

8. 钱穆:《朱子新学案》,巴蜀书社 1986 年版。

9. 徐珂:《清稗类钞》,中华书局 1986 年版。

10. 刘文典撰,冯逸、乔华点校:《淮南鸿烈集解》,中华书局 1989 年版。

11. 刘卫东、高尚刚:《河南书院教育史》,中州古籍出版社 1991 年版。

12. 牟钟鉴:《道教与中国传统文化》,中华书局 1992 年版。

13. 〔唐〕林宝撰,岑仲勉校记:《元和姓纂》,中华书局 1994 年版。

14. 〔宋〕郑樵撰,王树民点校:《通志二十略》,中华书局 1995 年版。

15. 梁启超:《先秦政治思想史》,东方出版社 1996 年版。

16. 〔清〕孙诒让著,孙启治点校:《墨子间诂》,中华书局 2001 年版。

17. 〔清〕顾炎武著,黄汝成集释,栾保群、吕宗力校点:《日知录集释》,上海古籍出版社 2005 年版。

18. 〔宋〕乐史撰,王文楚等点校:《太平寰宇记》,中华书局 2007 年版。

19. 徐光春:《中原文化与中原崛起》,河南人民出版社 2007 年版。

20. 高梓梅:《河南民俗与地方曲艺》,郑州大学出版社 2007 年版。

21. 贾文丰:《中原文化概论》,中州古籍出版社 2010 年版。

22. 〔清〕张丑撰,徐德明校点:《清河书画舫》,上海古籍出版社 2011 年版。

23. 〔宋〕佚名撰,王群栗点校:《宣和画谱》,浙江人民出版社 2012 年版。

24. 张岱年、方克立:《中国文化概论》,北京师范大学出版社 2013 年版。

25. 贾丰臻:《中国理学史》,上海三联书社 2014 年版。

26. 程有为:《中原文化通史》,河南人民出版社 2019 年版。

后　记

　　本人原主编的《中原文化概论》,作为第一本中原文化走进大学课堂的教科书,一时引起相当的轰动,诸多媒体竞相报道,荣获了 2010 年度河南省社会科学优秀成果二等奖。但随着对中原文化的研究深入,在该书发行期间,虽然我们对其进行了修订,但毕竟还存在着不尽如人意之处。根据河南开放大学相关领导的意见,又征求多方面的意见,以突出其"思想性""教育性""实用性"为目的,遂决定对其重编,继而拟定章节,与专家、学者讨论撰写方案,将其命名为《中原文化教程》。

　　鉴于时间紧、任务重的情况,本书编写采用分工撰写、主编统稿、副主编协调撰写工作的办法。具体分工如下:

　　前言、第一章、第二章、第八章、第十章、后记:贾文丰(开封职业学院两宋文化研究院院长、教授,河南开放大学教授)。

　　第三章:李喜民(河南牧业经济学院教授,郑州工商学院图书馆馆长、教授)。

　　第四章:刘钦荣(郑州师范学院文学院院长、教授)、靳海涛(郑州师范学院传播学院副院长、副教授)、李进宁(郑州师范学院文学院副教授、博士)。

　　第五章:高君(河南开放大学副教授、博士)。

　　第六章:王溶冰(河南开放大学课程主持教师、博士)。

　　第七章:马纪岗(开封职业学院党委副书记、副校长、教授)。

　　第九章:高自双(河南开放大学原党委副书记、副教授)。

　　第十一章:魏崇周(河南财政金融学院文化与传播学院院长、教授、博士)。

第十二章:谭静波(河南省艺术研究院原副院长、研究员)。

第十三章:王献玲(郑州大学博士生导师、教授、博士)。

第十四章:乔台山(海燕出版社原副总编辑、编审、中原非遗研究院院长)。

毫无愧色地说,本书有两大亮点:一是富有新意。很多内容是作者多年研究中原文化的新成果,其中揭橥了颇多关于中原文化鲜为人知的知识。二是言之有理,持之有据。为避免以讹传讹,谬误误人,本书持论,引经据典,凡引言,必注明出处,包括作者、书名、出版社、出版年代和页码。不作"网抄公",不人云亦云,凡问题必追根溯源。相信读者诸君,阅览此书后,对我们所说的以上两大亮点,定会颔首称是。

这本书可以说是我们在汲取前彦今贤研究中原文化的基础上,精心思考的结果,也是我们多年研究学术的结晶。在本书的编撰中,大家不避酷暑,辛苦不言而喻。然而与志同道合者共同完成一件颇有意义的事情,又皆感莫大快乐!

中原历史悠久,中原文化博大精深,近年研究中原文化者,可谓人才济济,欲写一本有新意、有特色的教科书,着实不易!尽管我们力求严谨,但限于水平,书中谬误之处在所难免,这里翘首以待专家和读者不吝指正!

贾文丰

2024 年 8 月 28 日

定稿于开封职业学院两宋文化研究院